本书受到 2018 年国家社科基金青年项目（编号：18CGJ029）的资助

Us Predicament in Afghanistan

美国在阿富汗的困境

富育红　著

中国社会科学出版社

图书在版编目(CIP)数据

美国在阿富汗的困境／富育红著. —北京：中国社会科学出版社，
2020.4（2021.8 重印）

ISBN 978 - 7 - 5203 - 5380 - 9

Ⅰ.①美… Ⅱ.①富… Ⅲ.①美国对外政策—研究—阿富汗
Ⅳ.①D871.20

中国版本图书馆 CIP 数据核字（2019）第 227775 号

出 版 人	赵剑英	
责任编辑	赵　丽	
责任校对	王佳玉	
责任印制	王　超	

出　　版	中国社会科学出版社	
社　　址	北京鼓楼西大街甲 158 号	
邮　　编	100720	
网　　址	http://www.csspw.cn	
发 行 部	010 - 84083685	
门 市 部	010 - 84029450	
经　　销	新华书店及其他书店	

印　　刷	北京明恒达印务有限公司	
装　　订	廊坊市广阳区广增装订厂	
版　　次	2020 年 4 月第 1 版	
印　　次	2021 年 8 月第 2 次印刷	

开　　本	710×1000　1/16	
印　　张	20.5	
插　　页	2	
字　　数	286 千字	
定　　价	89.00 元	

凡购买中国社会科学出版社图书，如有质量问题请与本社营销中心联系调换
电话:010 - 84083683

目　　录

第一章　导论

第一节　历史上的阿富汗战争

历史上的阿富汗占据东西方丝绸之路要冲，这样的地理位置既给阿富汗带来了融合东西方文化的机遇，同时也使之成为诸多亚洲帝国的必争之地。自现代阿富汗国家成立以来，它始终难以摆脱外部大国干涉、内部势力割据的命运。历史上曾经意图称霸世界的英国、苏联和美国先后发动过阿富汗战争，但他们无不例外地折戟于此，并使阿富汗获得"帝国的坟场"的绰号。虽然历次阿富汗战争在时代背景、进程、参与者及性质等方面存在巨大差异，但从理解大国在阿富汗的行动及其结果来看，我们会发现这几场阿富汗战争存在一定的共性，而每个时代世界上最为强大的国家，在阿富汗这个虚弱的国度都难以自行其是。

一　战争的背景

第一次英阿战争（1839—1842）与第二次英阿战争（1878—1880）分别爆发于19世纪上半叶和下半叶，时值俄国与英帝国因对外扩张而展开了长达百年之久的"大博弈"时期。19世纪下半叶，英属印度向北部方向扩展，而俄国向南部中亚地区推进，阿富汗不可避免地成为英俄争霸的前沿阵地，历任阿富汗统治者都不得不选择依赖一方以制衡另一方。第三次英阿战争（1919—1921）爆发于第一次世界大战之后，当时英国人关注阿富汗最主要的原因是苏联在阿富汗的存在，以及阿富汗统治者阿曼努拉·汗（Amanul-lah Khan）采取了转向苏联的政策。①

20世纪下半叶，苏联入侵捷克斯洛伐克之后明确提出"勃列日涅夫主义"（Brezhnev Doctrine），即任何社会主义国家都有权利用武力干涉社会主义事业受阻的任何地方。苏联入侵阿富汗之后，勃列日涅夫指出真正的威胁是阿富汗成为"我们南部边界上的帝国主义的军事桥头堡"。② 也就是说，鉴于当时苏联与美国和中国的敌对状态，以及美国与中国关系的不断推进，确保阿富汗不成为敌对势力的国家对苏联的生存环境十分重要。在阿富汗内部，20世纪70年代人民民主党"人民派"和"旗帜派"之间政治斗争不断，而苏联迫切寻找代理人以替换阿富汗领导人哈菲佐拉·阿明（Hafizullah Amin）的角色。1979年，苏联出兵入侵阿富汗，进行了长达九年的战争。从80年代中期左右开始，从某种意义上说，这场战争的性质由苏联入侵阿富汗、阿富汗游击队抗击侵略转变为苏、美两国在阿富汗争取世界霸权的战争。③

苏联解体后，随着两极国际政治格局的消解、美国实力的剧增，以及全球化进程的加快，世界各国政府日益面临或担忧伊斯兰极端分子暴力活动的威胁。"9·11"事件发生之前"基地"组织曾发动过针对美国大使馆的袭击，美国也用巡航导弹袭击过阿富汗境内的"基地"组织营地，但当时的美国并不愿意卷入阿富汗地面战争。在塔利班执政时期，阿富汗国内经济社会发展几乎停滞，塔利班在国内实施的极端主义政策引起了国内和国际社会的强烈反对。2001年"9·11"事件发生后塔利班领导人毛拉·奥马尔（Mullah Omar）拒绝了美国引渡本·

---

① ［美］沙伊斯塔·瓦哈卜、［美］巴里·扬格曼：《阿富汗史》，杨军、马旭俊译，中国大百科全书出版社2009年版，第116页。

② ［美］沙伊斯塔·瓦哈卜、［美］巴里·扬格曼：《阿富汗史》，第171页。

③ 刘温国、郭辉：《强弩之末——前苏联入侵阿富汗秘闻》，社会科学文献出版社2001年版，第299页。

拉登（Bin Laden）的要求。2001 年 10 月 7 日，美国正式发动了阿富汗战争。这场战争一直延续至今，成为美国历史上持续时间最长的海外战争。

历史上阿富汗战争的背景体现出如下两个特点：

第一，阿富汗的内部争斗与虚弱往往导致外部干预不断。比如第一次英阿战争和第二次英阿战争前夕，阿富汗统治阶层内部出现了同室操戈的内部权力斗争。当竞争者失败而成为弱小者时，他们会寻求外来势力的帮助，从而为英、俄等国干预阿富汗事务创造了条件。[①] 19 世纪下半期阿富汗现代民族主义者马赫穆德·塔尔奇（Mahlmud Beg Tarzi）提出了"不怕外患，只怕内忧"的思想，他认为是内部纷争消耗了阿富汗整个民族的力量，并导致阿富汗失去大片领土，所以应认识到内讧、内耗给阿富汗人带来的历史教训。[②]

总体来看，18 世纪下半叶至 19 世纪，一方面，尽管阿富汗杜兰尼王朝统治者不断积聚权力、领土以维护国家独立，但其国力虚弱、统治阶层内讧、地方部落势力强大及其关键的地缘位置等因素引起了外部大国的不断干涉。另一方面，在阿富汗社会中居于弱势地位的集团同样也会寻求外部势力的支持。比如第二次世界大战后阿富汗人民民主党在苏联的帮助下发动政变推翻了达乌德政权；20 世纪 80 年代苏联入侵时期，阿富汗伊斯兰武装组织在国际社会寻求帮助，加强与其他伊斯兰国家和邻国的关系；90 年代阿富汗内战中各主要武装派别也都有外部支持的背景，从而为外部大国在阿富汗开展"代理人战争"创造了条件。

第二，外部势力的介入受到大国博弈和国际局势的影响。比如三次英阿战争都是在英俄"大博弈"的背景下展开的。而苏联出兵阿富汗被视为苏美全球争夺的组成部分。苏联阿富汗战争前夕，阿

---

①　黄民兴主编：《阿富汗问题的历史嬗变》，中国社会科学出版社 2013 年版，第 184 页。

②　彭树智、黄杨文：《中东国家通史·阿富汗卷》，商务印书馆 2000 年版，第 188 页。

富汗最高领导人阿明在外交上疏远苏联，与美国逐渐缓和，是苏联决定直接干预阿富汗的重要原因。与此同时，阿富汗各地穆斯林武装力量迅猛发展，阿富汗政府的权力受到严重威胁，苏联不愿看到阿富汗出现伊朗式的"伊斯兰革命"。[①] 伊朗伊斯兰革命提高了阿富汗对苏联的战略价值，苏联在阿富汗的存在被赋予了一层新的意义。[②]

可见，阿富汗战争在某种程度上映射了国际政治格局。19 世纪的英国、20 世纪的苏联，以及 21 世纪初的美国作为每个时代世界上最为强大的国家相继发动了阿富汗战争并干预阿富汗事务。与英俄"大博弈"时期不同的是，随着第二次世界大战后亚洲国家的相继独立，巴基斯坦、伊朗、沙特阿拉伯、土耳其，以及联合国等国家和国际组织均能对阿富汗施加不同程度的影响。特别是在全球化与世界政治多极化趋势日渐明朗的今天，介入阿富汗事务的国家、国际组织等非国家行为体的数量不断增长。阿富汗国内外各种行为体之间的互动、各种新旧矛盾的更迭，还体现了当今世界面临着的"全球化进程、以宗教和意识形态为基础的跨国运动以及种族—民族运动的多种挑战"。[③] 这就暗含着这样一个讯息，即在某种程度上，每个时代的阿富汗战争和阿富汗问题能够折射出当时的国际格局。或者说，透过阿富汗这个微观视角，我们可以窥探宏观国际政治的变迁。

二 战争的进程

根据沙伊斯塔·瓦哈卜（Shaista Wahab）和巴里·扬格曼（Barry Youngerman）的描述，1839 年 4 月第一次英阿战争开始，英军在随后的几个月内不费吹灰之力就侵占了坎大哈和喀布尔，并

---

① 刘啸虎：《帝国的坟场——阿富汗战争全史》，台海出版社 2017 年版，第 144 页。
② [挪] 文安立：《全球冷战》，牛可等译，世界图书出版公司 2013 年版，第 332 页。
③ [美] 卡伦·明斯特：《国际关系精要》，潘忠岐译，上海人民出版社 2007 年版，第 128 页。

取得了所谓的戏剧性成就。而到了 1841 年夏，阿富汗已经爆发了
全国性的血腥暴动。① 喀布尔的英国守军如深陷囹圄，被迫撤军。
与第一次英阿战争相比，英军在第二次英阿战争中更加熟悉普什图
人的战术，在不到两个月的时间战胜了当地的抵抗运动，并占领了
坎大哈、贾拉拉巴德，以及喀布尔南部的古勒姆河谷。② 随后，阿
富汗国内的反叛活动相继爆发，各地阿富汗人顽强地打击着占领
军。1881 年 4 月，英军全部撤到印度，它意图将阿富汗变成殖民
地的努力再次落空。③ 在第三次英阿战争中，英军运用所有政治和
军事力量阻止阿富汗边境地区发生全面暴动，但仍被拖得精疲力
竭。1921 年 11 月英阿双方签署了最终条约后，在阿富汗与印度边
境地区，英军与部落民之间的暴力冲突仍在持续。类似地，1979
年底，苏联军队在入侵阿富汗初期也取得了迅速成功，但随后也如
英军一样陷入了痛苦而漫长的抵抗运动。在 2001 年底美国发动的
阿富汗战争初期，美军的猛烈打击致使塔利班政权迅速溃败。随着
塔利班和"基地"组织在巴基斯坦部落地区重整旗鼓，以及阿富汗
国家重建步履维艰，美国和北约陷入了漫长的反恐战争。

通过对几场阿富汗战争进程的进一步了解，我们可以发现：

第一，在这几场战争中，外部大国的军备较为先进，他们占领
阿富汗的模式通常是首先迅速取得军事胜利，随后无一例外地深陷
于叛乱活动。比如在第一次英阿战争中，阿富汗巴拉克扎伊王朝的
军队只有 1.5 万人，装备落后，无力抵挡英军进攻。而英军一路势
如破竹，很快占领坎大哈，进逼喀布尔。在第二次英阿战争中，英
军火力强大，具有良好的纪律和训练水平，以及有组织的后勤体
系。英军在铁路和电报网络的支持下直接突破阿富汗边界，许多先
进武器（如格林机关枪）被首次用于战场。而阿富汗反英武装仅是
一群临时集结的战士，训练水平低下、武器装备落后，组织形式也

---

① ［美］沙伊斯塔·瓦哈卜、［美］巴里·扬格曼：《阿富汗史》，第 91—93 页。
② 同上书，第 99—100 页。
③ 张敏：《阿富汗文化和社会》，昆仑出版社 2007 年版，第 252 页。

参差不齐。第三次英阿战争中，英军总数多达 34 万人，装备包括飞机。而阿富汗军队总数不过 6 万人，装备只有陈旧的步枪、火炮和刺刀。① 20 世纪 70 年代末苏军入侵阿富汗时期，苏军在阿富汗境内的军事行动进展神速。苏军在战场上使用了战斗机、轰炸机、武装直升机、火炮、坦克和装甲运兵车等现代化装备，而阿富汗游击队大多只有原始兵器，且严重缺乏弹药和正规训练。同样，美军与阿富汗反叛武装的装备质量差距更为悬殊。然而正如刘伯瘟所形容的，每一场试图征服阿富汗的闪电战或速决战往往都变成了持久战，很快各地部族起义（或抵抗运动、反叛活动）遍及阿富汗全国。阿富汗战争的困难性和复杂性绝非现代高技术武器可以解决。英国和苏联曾碰到的难题同样让美国束手无策。②

第二，其他外部力量不同程度地影响了阿富汗战争的进程。比如 19 世纪末德国的崛起曾使英俄两国联手对付德国，英俄在中亚地区的"大博弈"，以及二者在阿富汗的竞争也得到暂时性缓解。在苏联阿富汗战争时期，阿富汗穆斯林武装抵抗组织得到了国际社会的大力支持，特别是美国、巴基斯坦、伊朗和沙特阿拉伯等国为抵抗苏联的武装组织提供了大量金钱与物资援助。在美国发动的阿富汗战争中，周边和域外相关国家在阿富汗形成的复杂利益关系实际上也制约着战争中各方的行动。

第三，地理、部落与民族因素影响了战争进程。阿富汗各部落之间（及部落内部）平时矛盾不断，但在外敌入侵时常常能够团结起来一致对外。在第一次英阿战争时期，是松散的地方部落而非中央政权担当起击退外国入侵的任务。1842 年初，阿富汗无尽的山地和错杂的沙漠、严酷的自然环境与恶劣的气候条件曾导致撤退中的英军精疲力竭。而习惯气候、熟悉地形、善于游击战的阿富汗部族武装则能够灵活机动使用战术，打击英军。在苏联入侵时期，阿

---

① 刘啸虎：《帝国的坟场——阿富汗战争全史》，第 68、88、98、114 页。

② 刘伯瘟：《阿富汗战争大解密》，凤凰出版社 2012 年版，前言。

富汗各地抵抗者利用有利的地形，广泛地展开各种形式的游击战且不断取得胜利。在苏联占领区，只要苏军主力一撤出，游击队就会迅速重新夺回原来的地区。有学者比喻为苏军用"拳头"打击"跳蚤"，用以形容其尽管力量很大，却难以击中目标。① 而这种类似的情况也出现在美国阿富汗战争中。

另外，阿富汗不同的民族、部族与邻国有密切的亲缘关系，不同地区的反叛组织也得到了相应外部势力的支持。而且民族、部族因素还与阿富汗国家部队士兵倒戈的现象有关。在苏联入侵阿富汗时期，阿富汗政府军经常大批投诚，而美国阿富汗战争时期，阿富汗国家安全部队也多次发生"内部袭击"事件。

第四，阿富汗人在战争中的顽强抵抗精神。经过几代阿富汗人的粉饰和传说，历史上的阿富汗战争最终和其他因素共同形成了阿富汗人不屈的民族意识与抵抗外国入侵的传统。比如在第一次英阿战争中，领导抗英武装的穆罕默德·阿克巴汗（Muhammad Akbar Khan）② 被誉为"阿富汗的幸福与光荣之星"，阿富汗人赞扬他的诗歌直到现在还在国内广为流传。③ 在第二次英阿战争中，迈万德战役让英国人认识到阿富汗人的骁勇善战。在苏联入侵阿富汗时期，阿富汗穆斯林游击队在国外势力的援助下掀起了具有广泛民族基础的抗苏运动，使苏联付出了惨重的代价。阿富汗反叛分子和抵抗者在战斗中表现出的顽强的抵抗精神，使经历过阿富汗战争的外国军队难以忘怀。

第五，外部大国执政者变更及领导人个人因素在某种程度上对战争进程产生影响。在第一次英阿战争中，英国驻印总督制订的侵略阿富汗的计划得到了英国政府的支持，但随后上台的英国新政府

---

① 刘温国、郭辉：《强弩之末——前苏联入侵阿富汗秘闻》，第 200 页。
② 穆罕默德·阿克巴汗（1816—1845）是多斯特·穆罕默德之子，他曾是抗英武装的领袖，于 1845 年被英国间谍毒死，年仅 29 岁。
③ ［美］沙伊斯塔·瓦哈卜、［美］巴里·扬格曼：《阿富汗史》，第 92—101 页。

禁止任何支配阿富汗内部权力安排的行动。① 这种对阿富汗的"不干涉主义"政策一直延续到第二次英阿战争前夕。1874 年英国新任首相本杰明·迪斯累利（Benjamin Disraeli）决定在阿富汗恢复"积极的政策"，迪斯累利的保守党政府带有强烈的反俄色彩。而 1880 年 4 月迪斯累利的保守党在大选中失败，威廉·尤尔特·格拉斯顿（William Ewart Gladstone）的自由党内阁上台后决定在阿富汗实施新政策。② 在这段时期，正如沙伊斯塔·瓦哈卜和巴里·扬格曼指出，关于如何理解和回应俄国的挺进，在很大程度上取决于哪个政党在英国执政。③

　　在苏联阿富汗战争中，出兵阿富汗是苏联最高当局小范围秘密讨论的结果，对阿富汗问题起决定性作用的主要是苏联最高领导人勃列日涅夫和安德罗波夫、乌斯季诺夫。④ 勃列日涅夫认为对阿富汗的干涉将会是一次"有限的行动"，"将在几个星期内结束"，认为除掉阿明领导集团后消灭阿富汗穆斯林武装不会耗费太长的时间。⑤ 总之，苏联出兵阿富汗暴露了决策机制和小团体思维的弊端，以及个人因素的影响。与安德罗波夫和契尔年科（Chernenko）不愿在撤军问题上妥协不同，戈尔巴乔夫（Mikhail Sergeyevich Gorbachev）掌权后表达了希望通过政治途径解决阿富汗问题的态度。

---

　　① ［美］沙伊斯塔·瓦哈卜、［美］巴里·扬格曼：《阿富汗史》，第 93 页。
　　② 迪斯累利将对抗俄国的使命交给了 1876 年就任英属印度总督的李顿勋爵。李顿有一套"小物体总被大物体吸引的理论"。按照他的理论，"如果阿富汗不被英国吸引，肯定会被俄国吸引。在两个有同等引力的物体之间，运动着的那个物体的引力总要大于那个不运动的物体的引力"。意思简单明确，"运动着的"俄国必然要吸引"不运动的"阿富汗，阿富汗在英国和俄国之间不可能保持平衡关系，英国的责任就是尽快将阿富汗这一俄国人的工具粉碎掉。俄国使团的出现引起了李顿的愤怒，他要求机会均等，要求阿富汗接受以尼维尔·张伯伦为首的英国使团。参见刘啸虎《帝国的坟场——阿富汗战争全史》，第 89 页。
　　③ ［美］沙伊斯塔·瓦哈卜、［美］巴里·扬格曼：《阿富汗史》，第 102 页。
　　④ 刘啸虎：《帝国的坟场——阿富汗战争全史》，第 147 页；黄民兴：《阿富汗问题的历史嬗变》，第 208—209 页。
　　⑤ 刘啸虎：《帝国的坟场——阿富汗战争全史》，第 166 页；［挪］文安立：《全球冷战》，第 334 页。

在戈尔巴乔夫任期内，阿富汗国内外和谈进程加速，最终苏联军队全部撤出。在对美国阿富汗战争的分析中，也有很多学者强调了美国最高领导人的变更对美国阿富汗政策带来的影响。

此外，大国国内舆论和国内局势等因素也对战争进程产生了一定的影响。比如在第三次英阿战争中，英国国内的厌战情绪及爱尔兰地区骚乱等因素推动英国政府尽快结束阿富汗战争，而如今美国和北约制订撤军阿富汗的计划也与国内的反战情绪与经济形势等因素有关。

三　大国使用的手段

除了军事进攻，英国在三次英阿战争中使用的手段还包括金钱收买、利用或离间地方势力，以及培植代理人等。比如在第一次英阿战争爆发前夕，英国就试图通过贿赂各普什图部落首领以获得他们的支持。[1] 英国素有一句名言："钱袋策略一经停止，刺刀策略就开始了。"1841 年 9 月，英国当局由于财政紧张决定停止向阿富汗各部族发放补助金，从而彻底引爆了局势。[2] 另外英国还在阿富汗国内寻求设置代理人。在第一次英阿战争中，英国安置沙阿·舒贾（Shah Shuja）为阿富汗"合法"统治者及自己的代理人。而在第二次英阿战争中，为摆脱叛乱活动的纠缠及顺利撤军，英军寻求与当地首领阿卜杜·拉赫曼·汗（Abdur Rahman Khan）合作，并推动后者成为阿富汗的统治者。[3]

武力干涉、设置代理人和思想灌输等是苏联在阿富汗采取的主要手段。20 世纪 70 年代末，苏联在阿富汗致力于创建自己的人民民主党派别以控制国家武装力量，而后者却难以得到广大民众的支

---

① ［美］沙伊斯塔·瓦哈卜、［美］巴里·扬格曼：《阿富汗史》，第 90 页。

② 1840 年，为了缓和局势，英国当局一度推广金钱贿买政策——不仅仅是吉尔查依部落，而是向每个阿富汗部族每年提供 3000 英镑补助金。参见刘啸虎《帝国的坟场——阿富汗战争全史》，第 73 页。

③ 彭树智、黄杨文：《中东国家通史·阿富汗卷》，第 165 页。

持。于是苏联开始采用传统方法，即用苏联式的信仰和价值观对阿富汗年轻一代进行再教育。① 然而这种强行推销的"文化产品"很难得到阿富汗人的支持和认同。20 世纪 80 年代后期，苏联在阿富汗战争中还重视使用政治和外交手段。从美国发动阿富汗战争到塔利班政权倒台期间，美国主要采取了以空中打击和地面进攻为主的军事手段，但在这段时间内美国也开始协调各反对派武装，以及贿赂收买部落或民兵组织领导人。塔利班政权倒台后至今，美国在阿富汗采用了军事、经济和外交等综合性手段，如军事上打击叛乱武装分子、培训阿富汗国家安全部队，经济上为阿富汗提供援助，外交上协调盟友和国际社会的力量，以及与阿富汗地方势力建立联系等。

从上述外部大国在阿富汗战争中使用的主要手段，我们可以发现：

第一，外部大国在阿富汗战争中逐渐注意到军事手段的局限性。英国、苏联和美国在阿富汗战争中都曾采用过金钱收买、拉拢地方势力，以及培植代理人的做法，说明外部大国意识到自身资源与手段的不足。第二次英阿战争中迈万德战役使英国人认识到，在阿富汗仅使用军事手段是无法解决问题的，并在第三次英阿战争中吸取了教训。在第三次英阿战争中，英国与阿富汗进行了两年之久的谈判，双方于 1921 年签订条约，英国正式承认阿富汗完全独立的国家地位。②

在苏联阿富汗战争后期，苏联领导人逐渐改变了对阿富汗的策略，比如不再使用"焦土"政策，以及运用政治方式赢得阿富汗人的合作等。有学者评论说，此时的苏联开始巧妙地利用部族间的分歧，以及民众对伊斯兰传统的尊重，并通过金钱收买的手段削弱民众对游击队的支持。苏联还对巴基斯坦展开了全面"攻势"，在外交上大力支持巴国内反对派，向齐亚·哈克（Muhammad Zia-ul-

---

① ［美］沙伊斯塔·瓦哈卜、［美］巴里·扬格曼：《阿富汗史》，第 181 页。
② 刘啸虎：《帝国的坟场——阿富汗战争全史》，第 99、115 页。

Haq）总统施压，要求巴基斯坦政府放弃对阿富汗抵抗武装的支持。[①] 实际上，苏联一直尽力为其在阿富汗的军事存在寻求国际解决办法。比如早在 1980 年 3 月，苏联政治局阿富汗委员会就建议用撤退来换取由美苏联合担保的阿富汗和巴基斯坦双边互不干涉协议。[②] 在美国阿富汗战争中，美国政府也从以军事手段为主转变为使用综合性手段，并逐渐重视巴基斯坦等地区国家在解决阿富汗问题中的作用。

而外部国家设置"代理人"的做法，使阿富汗执政者常常被视为外部势力的"傀儡"。在第一次英阿战争中，阿富汗领导人舒贾被民众视为英国人的工具。在苏联阿富汗战争时期，阿富汗领导人巴布拉克·卡尔迈勒（Babrak Karmal）也被阿富汗民众所反对，"卡尔迈勒是苏联人的俘虏"，"卡尔迈勒政权靠苏联军队的存在而存在"等声音在阿富汗国内不绝于耳。[③] 而在美国阿富汗战争中，受到西方国家支持的阿富汗中央政府领导人也常由于被国内其他势力集团视为西方的工具而削弱了其政权合法性。

第二，外部大国的行动常常表现出对阿富汗民众的不尊重。比如沙伊斯塔·瓦哈卜和巴里·扬格曼指出，在第一次英阿战争中，英军在撤退中途经加兹尼城时除掉了伽色尼王朝马赫穆德坟墓的木门，此举招致了包括印度穆斯林在内的敌对情绪。[④] 20 世纪 80 年代，苏联军队在阿富汗施行残忍的"焦土"政策掀起了阿富汗国内反抗与报复活动的浪潮，而 21 世纪初期美国和北约军队在阿富汗国内由于误炸、焚经、虐尸等劣行激起了该地区普遍上升的反美、反西方情绪，加剧了美国在该地区的反恐行动中出现的"越反越恐"现象。这些"意外事件"也极大地削弱了外部国家在阿富汗存在的合法性。

---

① 刘温国、郭辉：《强弩之末——前苏联入侵阿富汗秘闻》，第 324 页。
② ［挪］文安立：《全球冷战》，第 362 页。
③ 同上书，第 201 页。
④ 彭树智、黄杨文：《中东国家通史·阿富汗卷》，第 150 页。

四　战争的影响

阿富汗战争对阿富汗和外部干预大国都产生了重要影响。

第一，外部干预势力撤出以后，阿富汗往往陷入内乱。比如第一次英阿战争后，多斯特·穆罕默德的儿子们展开了激烈的王位争夺战，阿富汗再度陷入内战。而第二次英阿战争后，英国人撤走后阿富汗内部又爆发了内战。苏联阿富汗战争结束后，和平仍然没有到来，随之内战爆发，各派军阀展开了拓疆扩土的混战。刘啸虎认为，19世纪阿富汗内乱不休反映了阿富汗王室无法有效地驾驭国内政治力量以推进现代化进程和民族国家建构，无法有效地应对在现代化中出现的新矛盾和新的社会力量，无法克服王室内部权力斗争的痼疾。第二次世界大战后阿富汗抵抗运动中的种种派系及其相互间的矛盾冲突，反映了阿富汗的社会经济变迁和国内潜在矛盾的表面化。对于那些对本身社会经济与政治地位感到不满的各阶层、民族来说，抗苏战争给予他们宣泄愤懑、提高政治地位的契机。鉴于阿富汗各地区间社会经济的松散联系，以及中央对地方控制的薄弱，中下阶层及宗教、民族少数派的崛起意味着阿富汗内部分裂因素的增长。[1]

苏联入侵对阿富汗的影响极其深远。在苏阿战争中，阿富汗各穆斯林武装游击队迅速壮大，美国培育的伊斯兰主义者得到发展。正如文安立所说，伊斯兰世界里存留着来自冷战的仇恨，而这种仇恨在未来很长一段时间里为"基地"组织这样的恐怖组织提供着动力。对于许多第三世界国家所陷入的半永久性内战状态，冷战意识形态和超级大国的干涉起到了推波助澜的作用。[2] 另外，苏联撤军阿富汗，以及随之而来的阿富汗内战使国家走向解体，社会经济各个方面遭到灾难性破坏。在美国阿富汗战争中，国际社会帮助阿富

---

[1]　刘啸虎：《帝国的坟场——阿富汗战争全史》，第82、101、186、286页。

[2]　［挪］文安立：《全球冷战》，第401、413页。

汗开启了重建进程，但国内外多方行为体出于不同动机对阿富汗的干预又加剧了阿富汗问题的复杂性，并使阿富汗出现了国家建构与解构同步进行的现象。恐怖主义、反叛活动、毒品走私及难民问题等至今仍是阿富汗面临的主要问题。

第二，阿富汗战争影响了涉入大国的相对实力和国际地位。比如第一次英阿战争曾致使英国国库费用一度吃紧，严重损耗了英国东印度公司军队的实力，此次阿富汗战争被一些学者认为是1857年印度独立战争爆发，以及英国威望戏剧性下降的主要原因之一。而第二次英阿战争的结束预示了英国在印度扩张时代的终结。① 苏联入侵阿富汗为苏联经济增加了沉重的负担，加速了苏联国力的损耗与国际声望的下降，并遭到了国际社会的强烈指责和抵制，包括苏联的支持者在内的很多国家都加入阿富汗反苏战线中。而21世纪初期美国在阿富汗久拖不决的战争在经济危机的背景下逐渐成为沉重的包袱，美国国内关于阿富汗战争的持续争论也在某种程度上加剧了党派分裂，美国作为世界上唯一的超级大国在脆弱的阿富汗不胜而退，亦削弱着自身的国际威望。在19世纪、20世纪和21世纪的阿富汗战争中，外部大国在阿富汗无一例外遭遇了巨大困境与挑战。

第二节　研究问题的提出

一　研究的问题与意义

从2001年至今，美国发动的阿富汗战争历时十八年，成为美国参加过的最久的海外战争。在很大程度上，美国的阿富汗战略未能实现既定的目标，它在阿富汗的巨大投入与牺牲也未能为该地区带来和平与稳定，反而制造出更多的混乱和不安。正如有学者形容

---

① ［美］沙伊斯塔·瓦哈卜、［美］巴里·扬格曼：《阿富汗史》，第94—103页。

的，驻阿美军已被置于"打又打不赢，走也走不了"的尴尬境地。① 关于美国在阿富汗遭遇困境的原因，国内外大多数学者并未达成共识，甚至在美国是否"失败"的问题上也存有激烈的争论。

国内外对"美国在阿富汗遭遇困境"这一问题引起的兴趣，首先源自这样一个认识，即美国作为世界上最强大的国家，不但无法在一个弱国自行其是，反而遭遇了重重阻力。这个认识的背后隐含着现实主义的逻辑，即国家的综合实力应与其所要达致的政策目标相符。对于类似反复出现的有违意愿的行为结果，罗伯特·杰维斯（Robert Jervis）称之为"历史的讽刺"。② 实际上，"以弱胜强"的例子自古以来比比皆是，而强国不断"重蹈覆辙"的原因也在于遵循了同样的现实主义逻辑，正如修昔底德（Thucydides）在《伯罗奔尼撒战争史》中所描述的"强者能够做他们有权力做的一切，弱者只能接受他们必须接受的一切"。③ 然而这个逻辑却越来越难以解释国际政治博弈的现实，也即在全球化趋势日渐明显的背景下，强国越来越难以控制弱小国家，而弱国及某些非国家行为体却能够在某些议题领域具有优势。

美国作为当今世界上最为强大的国家，它为什么在阿富汗这样的弱国遭遇了诸多困境，其阿富汗战略也未能取得成功？对此，相关学者从不同的观察角度提出了不同的答案。可以说，美国在阿富汗遭遇困境的原因是多方面的，其中有美国国内方面的原因，有国际体系方面的原因，也有来自阿富汗方面的原因。对于政治事件所涉及的多样性因素问题，哈罗德·D. 拉斯韦尔（Harold D. Lasswell）和亚伯拉罕·卡普兰（Abraham Kaplan）曾提出"多重因果关系"原则，意指政治事件中既存在多重的原因，也包括多

---

① 王世达：《美国在阿富汗：打不赢，跑不了》，《世界知识》2011 年第 19 期。
② ［美］罗伯特·杰维斯：《系统效应——政治与社会生活中的复杂性》，李少军等译，上海人民出版社 2008 年版，第 60 页。
③ 《伯罗奔尼撒战争史》第五卷第七章记载了弥罗斯人与入侵的雅典人之间的辩论，成为揭示国际权势斗争本质的经典篇章。

重的影响，而对于孰因孰果的分析又是一项颇为复杂的任务。① 本书提出，阿富汗的关系—结构权力是导致美国在阿富汗的行动遭遇诸多困境的一个重要原因，它产生了既能够循环发生又处于动态关系变化中的因果机制。本书将探讨阿富汗的关系—结构权力是什么，以及它是如何导致美国在阿富汗遭遇困境的？笔者认为，对该课题的研究具有重要的现实意义和理论意义。

冷战结束以后，来自第三世界国家、特别是许多不发达国家的政治事件对国际体系和国际秩序产生了日益重要的影响。挪威学者考思克·罗伊（Kaushik Roy）认为，阿富汗战争模式涉及的各种国际问题将对亚欧大陆的大部分地区产生重要影响，对阿富汗问题的研究具有重要的现实意义。② 秦鸥在《美反思海外征战"滑铁卢"》中提到美国内许多思想库都在研究美军在世界各地能够赢得"战斗"却输掉"战争"的原因，并将之视为"一项能够挽救更多生命的'高尚课题'"。③ 笔者认为，对于美国在阿富汗战争中遭遇困境的研究至少具有四点现实意义：第一，恐怖主义等非对称冲突，以及国内冲突与国际干预等问题或将成为美国等国家未来对外政策的主要关切。对美国何以失掉阿富汗战争的研究有助于为这些问题的应对提供借鉴意义。第二，美国对外政策中体现出的不自制特点有可能在未来导致对抗性联盟的出现，并削弱美国在经济、军事和政治等方面的优势。对该课题的研究能够帮助我们理解弱国（弱者）为何及如何应对国际体系中的强国（强者）。④ 第三，国家、国内集团与国外势力之间的联系、斗争与妥协标志了许多第三世界

---

① ［美］哈罗德·D. 拉斯韦尔、［美］亚伯拉罕·卡普兰：《权力与社会——一项政治研究的框架》，王菲易译，上海人民出版社 2012 年版，第 7 页。

② Kaushik Roy, "Introduction: Warfare and the State in Afghanistan", *International Area Studies Review*, 2012, 15（3），p. 201.

③ 秦鸥：《美反思海外征战"滑铁卢"》，《中国国防报》2013 年 3 月 12 日，第 004 版。

④ Ivan Arreguin-Toft, *How the Weak Win Wars: A Theory of Asymmetric Conflict*, UK: Cambridge University Press, 2005, pp. 19 - 21.

国家的政治生态。对该课题的研究有助于我们理解跨国力量和跨国关系对国内秩序或社会变革的影响。第四，该课题研究有助于我们在回答大国为何难以轻易战胜弱国的同时，也揭示了弱国动荡不断与转型艰难的深刻根源。

对于该课题的研究还具有重要的理论意义。在新的时代背景下，单方面追求经济权力、军事权力或是文化权力难以达成各种权力资源的最优配置。对美国在阿富汗遭遇困境的研究能够激发我们对国际关系权力理论的重新思考，使我们对权力的认识更加系统化和多元化。本书提出的关系—结构权力理论分析框架以新结构观为视角，进一步打破了单纯以物质或文化力量为核心的结构观，同时借鉴了社会学等学科的概念与路径，有助于丰富国际关系中既有的权力理论，把握国际关系的复杂性和多样性，揭示繁杂现象背后的因果机制，使结构与单元的分析有效地结合。换言之，关系—结构权力分析路径有助于打破以国家为中心的研究范式，将国内外因素的分析有效地整合到一个分析框架，从而对行为体的权力势能作出相对更清晰、更符合现实的判断。此外，该课题研究中涉及的恐怖主义、反叛活动、国内冲突与国际冲突的关联等问题，还有助于重塑关于现代世界国际安全的讨论。①

二 文献综述

"9·11"事件以后，美国发动的阿富汗战争随即成为国际社会关注的焦点，其后出现的关于阿富汗问题的专著在数量上可谓汗牛充栋，在研究范围及学科跨度方面也日趋深入。更为难得的是，还有很多学者的阿富汗问题研究是建立在长期实地考察的基础上。

总体来看，国内外研究阿富汗问题的文献可归为三大类。第一

---

① 约瑟夫·奈指出反叛集团和恐怖组织等非国家行为体之间的武装冲突，加之这些组织之间的联系，以及外部国家的支持体现了目前出现的"第五代现代战争"的趋势。对此的论述，参见［美］约瑟夫·奈《武装力量的未来》，2015 年 2 月 10 日，联合早报网（http://www.zaobao.com/forum/expert/others/story20150210－445372）。

类是阿富汗的国情研究，内容涵盖阿富汗的历史、地理、政治、经济、社会与文化等，主要涉及历史学、人类学、地理学与社会学等学科。第二类是从国际关系角度对阿富汗问题的分析，内容涉及美国阿富汗战争、战后重建，以及相关国家与非国家行为体的互动，问题焦点主要是大国干预、国家重建的挑战与塔利班反叛活动等。第三类是与阿富汗战争相关的纪实性著作。这主要指记者、学者，以及政府或军方官员通过采访、田野调查或亲身经历等途径而获得的第一手资料对外界鲜为人知的重要信息的披露。

在国内外既有研究中，与美国阿富汗战争密切相关的代表性著作不胜枚举。在西方学者中，比如英国学者克里斯托弗·特纳（Christopher L. Turner）和丹尼丝·乔达诺（Denise M. Giordano）主编的《阿富汗安全与稳定的评估与发展》着重从安全维度对美国等西方国家在阿富汗的政策与行动进行了总结与评估。文中对阿富汗反叛组织的经济活动及其与国内政治腐败的关联也有较为详尽的论述。[1] 英国罗德岛大学学者祖培达·贾拉勒扎伊（Zubeda Jalalzai）和不列颠哥伦比亚大学学者大卫·杰弗里斯（David Jefferess）的著作《全球化的阿富汗：恐怖主义、战争和国家建设》是从理论与实践方面考察全球化与地方之间关系的重要文献。作者相信，阿富汗问题在理论和实践层面都为理解全球化进程提供了洞见，而全球化研究也对阿富汗在国际政治中的地位及其现代化国家建设提出了关键性问题。通过对阿富汗问题的研究，作者对全球化进程中的权力、资金、民主、主权和正义等问题予以了重新思考和界定。[2]

美国学者凯里·格拉德斯通（Carey Gladstone）主编的《阿富汗问题：安全、毒品与政局》深入地探讨了阿富汗国家治理面临的

---

[1]　Christopher L. Turner, Denise M. Giordano ed. , *Assessments and Developments in the Security and Stability of Afghanistan*, New York: Nova Science Publishers, Inc. , 2011.

[2]　Zubeda Jalalzai, David Jefferess, *Globalizing Afghanistan: Terrorism, War, and the Rhetoric of Nation Building*, Drham and London: Duke University Press, 2011.

一系列困难与挑战。① 特别是该著作第七章对阿富汗军阀问题、腐败问题与反叛活动之间的复杂关联有着极其详尽与精彩的论述，对于我们了解阿富汗及地区政治生态具有重要意义。塔肖恩·布尔维克（Tashawn N. Burwick）主编的《阿富汗：对安全力量与关键问题的思考》重点探讨了国家安全力量建设及军阀问题对阿富汗经济与政治的影响。作者在结论中对阿富汗的未来表达了较为乐观的态度，他还提到阿富汗部分地区的安全形势，以及国家安全部队的能力建设都在朝积极的方向发展，特别是阿富汗的新生一代正在超越民族集团利益而崛起，并努力在国家重建中发挥建设性作用。② 另外，美国资深媒体人马克·马泽蒂（Mark Mazzetti）的《美利坚刀锋：首度揭开无人机与世界尽头的战争》（新世界出版社 2014 年版）和美国退休将军、前中央司令部副司令迈克·德龙（Michael Delong）的《我在指挥中央司令部：阿富汗和伊拉克战争真相》（东方出版社 2006 年版）是两本关于阿富汗战争纪实性著作的代表。前一本著作通过研究大量政府机密文件，采访美国、巴基斯坦数十名军政高层及高级智库人员，披露了十多年来美国在全球（主要是巴基斯坦部落地区）展开的无人机秘密战争内幕，为我们了解阿富汗战争提供了另一个不同的视角。后一本是关于阿富汗战争和伊拉克战争的回忆录性质的著作，它有助于我们对这两场世纪之战获得较为全面和真实的了解。

除了来自西方学者的研究，在阿富汗、巴基斯坦、印度和中国等周边国家，也有越来越多的学者开始关注和研究阿富汗问题。比如阿富汗学者哈菲佐拉·艾马迪（Hafizullah Emadi）的专著《阿富汗的政治发展机制》从国内、国外两个层面对阿富汗的政治发展机制展开了细致的分析。作者认为民族、部落与宗教因素在阿富汗国

---

① Carey Gladstone ed., *Afghanistan Issues*: *Security*, *Narcotics and Political Currents*, New York: Nova Science Publishers, Inc., 2007.

② Tashawn N. Burwick ed., *Afghanistan*: *Key Issues and Security Force Considerations*, New York: Nova Science Publishers, Inc., 2013, p. 140.

内政治动员与联盟形成中起到主要作用，同时巴基斯坦、伊朗与美国等外部国家的介入也影响了阿富汗的政治进程。另外作者还探讨了国际非政府组织对阿富汗的干预、巴基斯坦对阿富汗政治与文化的影响，以及美国的一系列政策失误及其后果等。① 这些内容有助于我们辩证地理解和评价国际社会在阿富汗的干预活动。阿富汗裔美国作家塔米姆·安萨利（Tamim Ansary）在其《无规则游戏：阿富汗屡被中断的历史》中体现出较强的叙事能力，该著作有着大量一手素材，它涉及的阿富汗内部争斗、外部干涉及反叛活动等问题，对我们了解当前阿富汗问题的困境具有很高的参考价值。②

巴基斯坦学者赛义德·萨利姆·沙扎德（Syed Saleem Shahzad）的专著《"基地"组织与塔利班》介绍了 1996 年至 2010 年间的"基地"组织、塔利班、哈卡尼网络等阿富汗国内重要的反叛组织，并对他们的关系、行动与政治议程展开了详尽的分析。③ 作者的研究有助于我们了解这些武装组织行动背后的深层次动因及其未来的演变趋势。这本著作在阿富汗反叛活动的相关研究中具有一定的代表性。印度学者希拉米·凯利格（Hiranmay Karlekar）的《阿富汗残局：谁的游戏？》是一部了解美国阿富汗战争的重要著作。作者在开篇提出一个重要论点：在很大程度上，美国与巴基斯坦的关系、美国与阿富汗的关系，以及美国与塔利班和"基地"组织的关系决定了阿富汗的未来。此外，作者还探讨了阿富汗和解问题、巴基斯坦的作用，以及阿富汗国家安全部队的能力建设等问题，并特别对阿富汗政治和谈中相关各方的动机、行动，以及和谈的可能性与限度等予以了详细的梳理和分析。④

---

① Hafizullah Emadi, *Dynamics of Political Development in Afghanistan*, New York: Palgrave Macmillan, 2010.

② ［美］塔米姆·安萨利：《无规则游戏：阿富汗屡被中断的历史》，钟鹰翔译，浙江人民出版社 2018 年版。

③ Syed Saleem Shahzad, *Inside Al-Qaeda and the Taliban*, London: Pluto Press, 2011.

④ Hiranmay Karlekar, *Endgame in Afghanistan: For Whom the Dice Rolls*, New York: Sage Publications, 2012.

2001 年以后国内关于阿富汗问题的专门性著作相对较少，如下几本代表性著作采取了不同研究角度，体现了国内目前对战后阿富汗问题研究的几个主要方向，他们主要是：黄民兴主编的《阿富汗问题的历史嬗变》从历史与国际关系的角度对不同发展阶段的阿富汗问题产生的历史根源进行了阐述与梳理，并从国内、国际方面对阿富汗民族国家重建中的各方博弈与矛盾展开了透彻的分析。这篇著作论述严谨、深刻，是目前国内存在的全面了解现当代阿富汗问题的重要文献。孙壮志的专著《中亚安全与阿富汗问题》对"9·11"之后阿富汗问题对中亚地区安全的影响展开了深入探讨，特别是回答了阿富汗在中亚地区安全中的作用、中亚地区国际关系的演变、跨国安全机制的作用，以及中国的角色等重要问题。该著作是从国际关系地区性视角研究阿富汗问题的重要文献。朱永彪的专著《"9·11"之后的阿富汗》深入探讨了"9·11"之后的阿富汗塔利班、阿富汗战后国家重建、国家认同、难民、毒品，以及中国与阿富汗的关系等重要问题，是一部全面了解"9·11"之后阿富汗问题的重要著作。

近年，国内也相继出版了专门研究阿富汗问题的学术著作。比如杨恕、宛程的《阿富汗毒品与地区安全》是一部研究阿富汗毒品与安全问题的文献。四川大学南亚研究所课题组的《阿富汗：后冲突时期的稳定与重建》以美国及北约撤军阿富汗为背景，考察了阿富汗局势发展的主要特征，以及影响阿富汗稳定与重建的主要内外部因素等。这两本著作对于研究阿富汗局势、地区安全与阿富汗重建等问题提供了有益的参考。李琼的《苏联、阿富汗、美国：1979—1989 年三国四方在阿富汗的博弈研究》考察了苏联、阿富汗人民民主党、阿富汗抵抗组织与美国三国四方的博弈与相互关系，对我们理解当前的阿富汗问题中内外关联的复杂性仍具有借鉴意义。王冲的《战后美国对阿富汗政策的演变研究》关注于第二次世界大战后美国在不同历史时期对阿富汗政策的成因、内容和影响，有助于我们较全面地了解美国对阿富汗政策的演变历程及其规律。钱雪梅的

《阿富汗的大国政治》探讨了阿富汗历史上的大国对抗、当前主要大国在阿富汗的目标和战略，以及中国在阿富汗的机遇和挑战，是一部了解阿富汗内部政治生态与外部大国政治结构的重要文献。

上述著作具有重要的学术价值，同时国内也存在一些可读性较强且资料丰富的纪实性著作。比如班卓在其《陌生的阿富汗》中用回忆录和散文的形式记录了 2001 年阿富汗战争刚结束后普通阿富汗人的生活。这种写作视角不同于其他以战争、大国、恐怖主义等为主题的著作，它从微观角度对阿富汗人生活的考察有助于我们了解一个更为真实的阿富汗。又如刘伯瘟的《阿富汗战争大解密》通过对阿富汗历史、文化、地缘特征、外部大国干预等方面的分析，运用图文并茂的方式为我们展示了大国在阿富汗的博弈。刘啸虎的《帝国的坟场：阿富汗战争全史》重点讲述了苏联入侵阿富汗与当前美国阿富汗战争的情况，该书文笔生动，可读性强，资料翔实。总体而言，国内研究阿富汗问题的专门性著作相对落后于国外的研究。不过除了专著之外，国内外还存在着大量关于当代阿富汗问题研究的学术性论文与报告。

目前，国内外关于阿富汗问题的研究成果规模庞大，其中不乏围绕本书的研究主题——美国在阿富汗战争中遭遇困境之相关解释方面的研究，而且大致可以分为单一因素解释和综合因素解释两种路径。

（一）单一因素解释路径

单一因素解释路径是指相关学者根据研究需要或观察角度的差异，将美国在阿富汗遭遇困境的原因归结为单一要素并展开深入的讨论。根据国内外学者的研究，这种单一因素解释路径主要包含如下几个方面。

第一，地理因素，即认为阿富汗的地理特征导致了美国在阿富汗的困境。地缘位置作为制约国家政治形式与政策的重要因素，它在阿富汗国家发展进程中无疑扮演着重要角色。几个世纪以来，阿富汗关键的地缘位置引起了外部大国的不断干预，其复杂的地形也增加了外部干预的难度。挪威学者文安立（Odd Arne Westad）在其《全球冷战》中提到，阿富汗恶劣的地形条件，以及不同民族和部族的分布加剧了国家改革任务的艰巨性。而且阿富汗的地理条件也使反叛武装在苏军入侵后能够迅速化整为零，从而加剧了后者的军事困难。[1] 美国学者索尔·伯纳德·科恩（Saul Bernard Cohen）也在其《地缘政治学：国际关系的地理学》中利用地缘政治理论探讨了地理特征对美国阿富汗战争的影响。

印度学者森基瓦·巴达乌里亚（Sanjeev Bhadauria）在其《阿富汗的地缘政治机制及美国的战略视角》中将阿富汗的地缘政治机制总结为五个方面：一是阿富汗处于伊斯兰教、东正教、佛教和印度教四大文明交汇处，它拥有的战略位置是该地区不稳定的因素之一。二是阿富汗碎片化的社会结构，以及地区行为体之间的联系，导致该国对内、对外双重脆弱性持续存在。三是各武装团体以邻国巴基斯坦领土为避难之地，这是阿、巴两国不稳定的原因之一。四是中亚地区的石油、天然气储量是地区及域外行为体力图在该地区地缘政治中发挥影响力的一个动力。五是阿富汗国内外的民族联系及其与邻国的地缘政治紧张加剧了阿富汗的困境。[2] 森基瓦·巴达乌里亚的观点充分体现了地理因素与影响地区形势的其他因素的联系与互动，既说明地理因素在阿富汗问题分析中不可或缺，也表明使之与其他因素相结合的必要性。

在安东尼·吉登斯看来，从地理的角度对事件进行解释是"通过发现空间法则"来确定"各组事实之间的空间关联"，并"通过研究空间问题的模式或系统"来构建空间理论或阐明"不同法则本身的关联"。但我们必须将"空间"与互动系统的其他构成要素结

---

① ［挪］文安立：《全球冷战》，第308—361页。

② Sanjeev Bhadauria, "The Geo-Political Dynamics of Afghanistan and the American Strategic Perspective", in Arpita Basu Roy, Binoda Kumar Mishra ed., *Reconstructing Afghanistan: Prospects and Limitations*, Kolkata: Maulana Abul Kalam Azad Institute of Asian Studies, 2011, p. 81.

合起来思考。① 也就是说，我们需要在这种"系统"中挖掘其他因素，以建立更为一般性的政治逻辑与机理。正如阿、巴边界地区作为一个空间维度的地理性存在，它在卷入了国内外复杂的文化、部族和政治等因素才变得敏感而重要。

第二，政策因素，即将美国在阿富汗的困境归因于一系列政策性失误。比如杰奎琳·罗宾逊（Jacqueline R. Robinson）与弗朗西斯·米利埃（Francis Millier）提出美国在阿富汗战争中的"转包"政策加剧了自身的失败。在他们主编的《伊拉克战争与阿富汗战争的转包合同：控制成本与降低风险》中，作者通过对战争"转包"业务及其影响的考察，窥探了美国阿富汗战略中存在的严重弊端与内在矛盾。② 而马特·瓦尔德曼（Matt Waldman）认为，美国阿富汗政策中存在的失误不仅削弱了阿富汗政府的合法性，而且也带来了很多其他的负面后果，并主要体现在以美军为首的西方部队在阿富汗导致的平民伤亡、低效的援助活动，以及对地区"对手"的误读。③ 另外，奥地利学者、普林斯顿大学教授傅吾康·丹斯贝格鲁伯（Wolfgang Danspeckgruber）主编的《通往阿富汗的和平与繁荣之路》也认为，美国在阿富汗遭遇的失败主要源自美国外交与军事政策优先性的不恰当选择。④

还有一些学者从西方联盟内部的视角探讨了美国的政策性失误。尼克·海尼克（Nik Hynek）和皮特·马顿（Peter Marton）的

---

① ［英］吉登斯：《社会的构成：结构化理论大纲》，李康、李猛译，生活·读书·新知三联书店 1998 年版，第 518 页。

② Jacqueline R. Robinson, Francis Millier ed. , *Wartime Contracting in Iraq and Afghanistan: Controlling Costs and Reducing Risks*, New York: Nova Science Publishers, Inc. , 2012.

③ Matt Waldman, "Strategic Empathy: The Afghanistan Intervention Shows Why the U. S. Must Empathize with Its Adversaries", *New America*, April 2014.

④ 该著作内容涵盖了阿富汗地区合作、腐败、法治、外部援助、媒体与公民社会改革、塔利班组织特性、政治和解与军阀问题等。作者还从国内、邻国与国际社会三个层面提出了解决阿富汗问题的相关建议，重点强调了各方的沟通、透明的程序，以及地方民众参与的重要性。参见 Wolfgang Danspeckgruber ed. , *Working Toward Peace and Prosperity in Afghanistan*, Princeton: The Trustees of Princeton University, 2011。

著作《阿富汗国家重建：多国的贡献》考察了驻阿国际安全援助部
队的任务与行动，并以美国西方盟友参与阿富汗战争的动机为贯穿
全文的主线，从西方国家的视角对阿富汗战争的相关问题作出解
答。作者的中心假设是，"联盟的独立"与"威胁的平衡"是西方
盟友加入阿富汗战争最为关键的结构性动机。① 另一部从美国的西
方盟国视角考察阿富汗问题的重要著作是美国学者查尔斯·米利埃
（Charles A. Miller）的专著《西方国家的阿富汗残局》。该著作始终
围绕这样一个问题展开讨论：为何最初获得西方国家广泛支持的战
争，现在却被包括美国自身在内的西方国家所反对？作者在文中采
取了案例研究方法，对美国及其五个主要盟国的阿富汗战略，以及
国内公众的态度分别进行了研究。作者的一个重要观点是：阿富汗
战争之所以日益失去民众的支持，一方面是因为人员伤亡代价过
高，另一方面是因为公众关于阿富汗地面战争正在失败的看法日益
加剧。② 另外，中国学者刘丰在其《联合阵线与美国军事干涉》一
文中也提到，战后西方联合阵线内部缺乏统一、连贯的战略，以及
存在成本分担的博弈等问题，致使他们在阿富汗的行动遭遇了诸多
困难。③

可见，美国在阿富汗行动中存在的政策性失误加剧了美国及其
盟友的困境。然而，政策解释并不能揭示为何美国会采取在苏联阿
富汗战争中已经被证明无效的政策，也不能说明为何政策经历的变
化未能获得不同的结果，或者说，政策的制定与实施受到了哪些制
约性因素的影响，从而导致了政策制定的非本意结果。而这正是本

---

① 作者还认为西方国家的阿富汗政策应从外交政策中的"角色概念"、国家认同、团结的原则、保护的责任理念、对阿富汗的偏见、对人员伤亡的敏感、组织利益、国内政治需求、公众对美国的态度等因素予以考量。对此的论述，参见 Nik Hynek, Peter Marton, *Statebuilding in Afghanistan*：*Multinational Contributions to Reconstruction*, London and New York：Routledge, 2012, pp. 6 – 8。

② Charles A. Miller, *Endgame for the West in Afghanistan? Explaining the Decline in Support for the War in Afghanistan in the United States*，*Great Britain*，*Canada*，*Australia*，*France and Germany*, Carlisle, PA：The Stategic Studies Institute, June 2010.

③ 刘丰：《联合阵线与美国军事干涉》，《国际安全研究》2013 年第 6 期。

书的研究需要回答的问题。

第三，心理因素，即阿富汗人对驻阿美军和北约部队的认知、态度与情感为美国行动增添的障碍。马特·瓦尔德曼（Matt Waldman）和托马斯·鲁迪希（Thomas Ruttig）指出，政策制定者对于"权力位置"的定义和判定不应局限于军事方面，道德方面的判断也应作为重要的标准。驻阿西方部队需要通过公平而广泛的政治解决途径，来重新修复已在阿富汗民众心中失去的道德地位。[①] 阿尼拉·达乌拉特扎伊（Anila Daulatzai）的《怀疑的流动：喀布尔的腐败与亲缘关系》从心理与情感角度分析了阿富汗国际援助中存在的腐败问题对社会关系及民众对西方国家信任的影响，作者相信这些因素加剧了西方国家在阿富汗的困境。[②] 约瑟夫·奈也注意到美国海外行动存在"合法性认知"问题，并认为美国未能充分应对宗派暴力和反叛活动削弱了外界对其能力的感知。前驻阿富汗盟军指挥官斯坦利·麦克里斯特尔（Stanley McChrystal）将军曾说过，"最大的问题是如何说服阿富汗人。这完全是一场认知的战争，而不是一场与战斗中消灭敌军的人数、占领区域的面积和炸毁桥梁的数量有关的现实战争"。而且阿富汗塔利班也"开始了一场复杂的信息战，同时使用现代的和一些传统的媒体工具，塑造更温和的自身形象以赢得阿富汗地方民众的支持，应对美国在阿富汗赢得思想和人心的新行动"。[③]

中国学者柳思思的《公众情感引导机制研究——塔利班与美国对阿富汗的公众情感引导比较》一文在认知心理学与建构主义规范认同理论的基础上，从公众情感的研究角度对塔利班和美国对阿富

---

① Matt Waldman, Thomas Ruttig, "Peace Offerings: Theories of Conflict Resolution and Their Applicability to Afghanistan", *AAN Discussion Paper*, 2011 (01), p. 9.

② Anila Daulatzai, "Flows of Suspicion: Corruption and Kinship in Kabul", in Conrad Schetter ed., *Local Politics in Afghanistan: A Century of Intervention in Social Order*, New York: Columbia University Press, 2013, p. 193.

③ ［美］约瑟夫·奈：《权力大未来》，王吉美译，中信出版社2012年版，第6—24页。

汗公众的情感引导过程进行了比较分析，指出"塔利班在军事与实力上尽管处于相对弱势，但时刻不忘在情感上引导阿富汗人，使他们向其靠拢；美国在军事上尽管赢得了阿富汗战场的胜利，在情感上却与阿富汗人渐行渐远"。[①] 作者在文中对阿富汗塔利班情感传递途径的分析较为具体，但实际上美国在阿富汗战争后期也意识到赢得人心的重要性并相应采取了许多措施。另外阿富汗人的情感也不完全由塔利班和美国的"策略"所致，历史、文化与民族等因素也在起作用。作者在文中提出的调查问卷、饼图信息为揭示阿富汗公众情感情况指明了方向，但相对忽略了阿富汗高度异质化、分裂化的社会现实对调查结果可能产生的影响。

第四，文化因素，即认为西方国家的困境主要源于他们忽视阿富汗的国情，以及将西方模式机械地移植到阿富汗。苏珊娜·施迈德勒（Susanne Schmeidl）在《参与阿富汗传统司法机制》中提到，国际社会漠视阿富汗的历史与文化及其"由上至下"的改革方式是导致阿富汗塔利班占据大片国土的主要原因。[②] 怀特·梅森（Whit Mason）主编的《阿富汗的法律统治：错失的机会》中多篇文章也持有类似的观点。通过揭示国际社会在阿富汗采取的"由上至下"国家建构方式的种种弊端，作者为我们了解阿富汗国家重建进程缓慢的原因，以及国际社会在阿富汗发挥的作用提供了重要线索。[③] 该著作是从法治角度研究阿富汗国家重建问题的重要文献。与之相关，印度学者阿尔皮塔·芭素·罗伊（Arpita Basu Roy）和比诺达·库玛尔·米莎拉（Binoda Kumar Mishra）主编的《阿富汗重建：前景与局限》也集中阐述了西方"和平建设"理论与阿富汗实践之间的矛盾

---

① 柳思思：《公众情感引导机制研究——塔利班与美国对阿富汗的公众情感引导比较》，《世界经济与政治》2013 年第 2 期。

② Susanne Schmeidl, " Engaging Traditional Justice Mechanisms in Afghanistan ", in Whit Mason ed. , *The Rule of Law in Afghanistan*：*Missing in Inaction*, UK：Cambridge University Press 2011 , p. 150.

③ Whit Mason ed. , *The Rule of Law in Afghanistan*：*Missing in Inaction*, 2011.

与不适应性。① 另外考思克·罗伊也指出，美国对阿富汗地方文化与传统的不了解，决定了美国主导下的阿富汗国家重建注定走向失败。② 而在艾哈迈德·瓦利·马苏德（Ahmad Wali Masoud）看来，阿富汗集权化的总统制政体并不适于其分裂化的社会，且加剧了精英竞争与地区冲突，从而成为阿富汗历史灾难的主要根源。③

在对阿富汗地方社会的研究中，著名阿富汗问题专家安东尼奥·朱斯托齐（Antonio Giustozzi）与穆罕默德·伊萨克扎德（Mohammad Isaqzadeh）的著作《阿富汗的治安：蹩脚的利维坦政治》④ 以阿富汗地方警察机制建设为关注点，深入探讨了警察力量与地区腐败、反叛活动的复杂关联，是一部考察阿富汗地方政治与安全的重要著作。而另一部尤其值得推荐的阿富汗地方政治研究著作是波恩大学学者康拉德·舍特尔（Conrad Schetter）主编的《阿富汗的地方政治：对社会秩序的世纪干预》。该著作提出将阿富汗置于"现代性阴影"下的研究方式存在严重缺陷，并对以国家为中心视角、不符合地方多样化现实的宏观研究给予了批判，同时结合阿富汗独特的社会结构提出了以"地方"为中心的分析路径，竭力避免在阿富汗问题研究中产生偏见。⑤ 更为难能可贵的是，该著作中多位作者都曾亲身实地在阿富汗地方考察过，他们关注阿富汗的微观领域、地方视角，但同时也不失宏观

---

① Arpita Basu Roy, Binoda Kumar Mishra ed. , *Reconstructing Afghanistan：Prospects and Limitations*, 2011.

② Kaushik Roy, "Introduction：Warfare and the State in Afghanistan", pp. 198 – 199.

③ Ahmad Wali Masoud, "Political Reform and Peace-Building in Afghanistan", in Shanthie Mariet D'Souza ed. , *Afghanistan in Transition：Beyond 2014 ?* New Delhi：Pentagon Press, 2012, p. 78.

④ Antonio Giustozzi, Mohammad Isaqzadeh, *Policing Afghanistan：The Politics of the Lame Leviathan*, London：Hurst & Company, 2013.

⑤ 在该著作收录的文章中，阿富汗问题专家托马斯·巴菲尔德（Thomas Barfield）的《阿富汗北部地方政治的变与不变》（Continuities and Changes in Local Politics in Northern Afghanistan）提出，那种认为阿富汗拥有强大中央政府就能维持国家稳定的假设忽视了地方与中央合作的历史传统。对此的论述，参见 Conrad Schetter ed. , *Local Politics in Afghanistan：A Century of Intervention in Social Order*, pp. 143 – 144。

的分析与把握。他们的研究高度尊重了阿富汗地方社会多样化的客观现实，以及中央与地方的传统关系，这种研究方式有利于揭示美国等西方国家的干预为何常常适得其反，并为相关政策制定者的分析与判断提供了重要启示。

此外，中国学者汪金国和张吉军认为，包括部落和宗教在内的阿富汗传统政治文化与传统势力的强大，是阿富汗塔利班重新崛起及其赢得部分阿富汗民众支持的重要原因。[1] 吴雪也在其博士论文《冷战后美国应对"国家失败"政策研究》中指出，美国在失败国家进行民主扩展或重建时倾向于忽视对对象国民族构成、传统政治和社会文化与习俗的了解，从而在对象国产生许多摩擦与冲突。可见，外部国家漠视阿富汗历史与文化而展开的军事行动或国家重建进程很可能会带来重重障碍而难以推进。

与此相关，美国外交官与教育家皮特·汤姆森（Peter Tomsen）认为阿富汗广大农村部落和宗族社区是阿富汗真正的权力与权威所在。[2] 在吸取以往经验教训的基础上，美军和北约部队逐渐重视阿富汗社会文化对于战场形势的影响。美军在军事行动前通常会对历史上的穆斯林抵抗运动模式进行研究，[3] 北约曾派上千名民事和军事"人类地域系统"（Human Terrain System）专家驻扎在阿富汗各省区，研究、分析各地区宗族谱、确认地方关系中盟友和对手的特点、政治倾向，以及各宗族与部落团体的地理位置。对农村地区互为对手的普什图部落的分类与分析成为驻阿西方部队的一个重要任务。[4] 这说明在阿富汗战争后期，西方部队认识到掌握阿富汗部落

---

① 汪金国、张吉军：《论后塔利班时代阿富汗的政治发展——从政治文化维度的探讨》，《南亚研究》2013 年第 1 期。

② Peter Tomsen, *The Wars of Afghanistan: Messianic Terrorism, Tribal Conflicts, and The Failures of Great Powers*, New York: Public Affairs, 2011, pp. 656–657.

③ Syed Saleem Shahzad, *Inside Al-Qaeda and the Taliban*, p. 224.

④ Peter Tomsen, *The Wars of Afghanistan: Messianic Terrorism, Tribal Conflicts, and The Failures of Great Powers*, p. 57；对此的描述，还可参见 Montgomery Mcfate, Janice H. Laurence ed., *Social Science Goes to War: The Human Terrain System in Iraq and Afghanistan*, UK: Oxford University Press, 2015。

文化对于顺利开展军事行动具有重要作用。

第五，历史因素，即"帝国坟墓"或"帝国粉碎机"说，这个观点主要包括两层含义，一个是指阿富汗在历史上多次打败入侵强国，从而也将使所有入侵大国陷入战争泥潭的历史模式。1994年，美国《纽约时代周刊》刊登了阿富汗普什图族穆斯林抗苏指挥官阿卜杜勒·哈格（Abdul Haq）的预测性言论：

> 对于我们而言，阿富汗被摧毁了。然而，不仅对我们，也对于世界上的其他人，阿富汗已经成为一种毒药。如果你是一个恐怖分子，无论你来自哪里，你都可以在这里找到栖身之所。日复一日，毒药日益增长。也许有一天，会有人派遣成千上万的军队来解决这一问题。但是，一旦踏入这片土地，这些外来的军队就会深陷其中。在阿富汗，我们有大英帝国坟墓，有苏联坟墓，而且，我们也将有美国坟墓。[1]

该观点的另一层含义是认为对阿富汗的入侵将导致外部大国踏上衰落的道路。比如英国发动三次英阿战争以后，其国际地位亦随之下降。同样，伴随苏联入侵阿富汗的是前者国力的消耗及随之而来的解体。尼古拉斯·戴维斯（Nicolas J. S. Davies）在《为什么阿富汗人挖掘了帝国坟墓》中同意"帝国坟墓"的说法，但认为是阿富汗国内和入侵大国国内双重原因导致了这一结局。[2]

通过对阿富汗历史的考察，我们发现入侵阿富汗的外部大国无一例外地折戟于此。然而选择放弃大量具体的分析，仅将其原因归结为历史宿命论的方法，对于我们理解当前阿富汗的局势与地区国际关系的发展并无助益。而且所谓阿富汗在历史上从未被战胜的神

---

① Peter Tomsen, *The Wars of Afghanistan: Messianic Terrorism, Tribal Conflicts, and The Failures of Great Powers*, p. 549.

② Nicolas J. S. Davies, "Why Afghans Dig Empire Graveyards", November 28, 2009 (http://thenationpress.net/en/news-11932.html).

话大多发生于山区和部落地带，其他城市或北方地区的情况并非如此。另外，虽然入侵阿富汗加剧了外部大国的国内矛盾、削弱了其国际威望，但大国的衰落源自多方面。

第六，阴谋论，即认为美国基于地缘政治考量而有意实施"三心二意"的军事行动。目前，有很大一部分人相信美国是出于战略原因而增加在阿富汗的存在，而且不会轻易撤离该地区。评论家诺姆·乔姆斯基（Noam Chomsky）认为，阿富汗战争使美国在中亚地区建立了军事基地，在争夺中亚资源的大博弈背景下，这有助于美国树立更为有利的位置，尤其是向更为重要的波斯湾地区挺进，从而加强美国在全球的主导地位。[①] 还有一些人相信美国能够轻而易举打败阿富汗塔利班，但基于与其他国家的地缘政治博弈，美国并非真心在阿富汗反恐。[②] 换言之，美国为了维持在该地区的战略存在而有意在阿富汗维持了不战不和的局面。这种类似的阴谋论观点不仅在阿富汗国内，而且在周边国家十分流行。

不过，英国学者安东尼·韦斯顿却认为，阴谋或超自然力量的干涉一般不适宜作为对复杂事件的合理解释。尽管人们倾向于关注或放大戏剧性事件中的矛盾与古怪之处，并以此证明阴谋论的合理性，但这些解释与其他经过缜密推敲的解释相比，"无论后者多么不完整，前者通常会留下更多没有说清楚的地方。不要假定任何稍显怪异之处都一定有某种邪恶的解释。把基本情况弄清楚是很难的"。[③] 就阿富汗的情况而言，美国在不到两个月推翻了塔利班政权，与它在阿富汗展开平叛行动及推动国家重建并非一回事。美国在该地区确实存在战略性考量，但"阴谋论"并不能充分解释阿富汗问题中涉及的许多复杂现象。我们对此还需要进行大量细致而具

---

① Zubeda Jalalzai, David Jefferess, *Globalizing Afghanistan：Terrorism，War，and the Rhetoric of Nation Building*，p. 7.

② Vanessa M. Gezari, "The Secret Alliance", August 19, 2011（http：//www. newrepublic. com/article/world/magazine/92775/taliban-conspiracy-theory）.

③ ［英］安东尼·韦斯顿：《论证是一门学问：如何让你的观点有说服力》，卿松竹译，新华出版社 2011 年版，第 68—69 页。

体的分析。

第七，非对称战争的结果，即阿富汗战争的非对称性导致美国即使拥有强大的军事力量也难以战胜反叛组织。马丁·埃文斯（Martin Ewans）的专著《阿富汗冲突：非对称战争研究》和美国空军研究学院教授亚当·罗瑟（Adam B. Lowther）的专著《美国与非对称冲突：黎巴嫩、索马里与阿富汗》是以非对称战争的视角研究阿富汗问题的两部代表性著作。前一部著作主要从非对称战争的角度探讨了阿富汗"悲剧性"历史遭遇的形成。作者的重要观点是：在不对称战争中，大国的政治、军事和外交手段乃至战争双方的目标都会受到影响，战争的非对称性使大国的权力受到削弱从而无法赢得战争。而且阿富汗战争中外部力量的渗透，以及塔利班和其他反叛武装形成的恐怖主义网络，对阿富汗及地区秩序构成了主要威胁。[1] 后一部著作是关于美国在海外发动非对称战争的理论与案例研究。作者在著作中全面、系统地论述了非对称战争理论，并以阿富汗战争作为其中一个案例，从军事层面较为明晰地论述了美国的策略、变化及其在对象国受到的限制。[2]

雷蒙·阿隆在其名著《和平与战争：国际关系理论》中提到，"亚洲和非洲对欧洲的胜利确定无疑，这有很多原因。然而在正式分析的层次上，必须注意到，对手之间意志的不平等比物质力量的不平等更加突出。在保守派和反叛者的战争对话中意志、利益和敌意的不对称，是法国作家所称的西方失败的最终溯源"。[3] 与此相关，中国学者关山远在《1839 年阿富汗 VS 1840 年中国》中通过对这段时期英国在亚洲发动的两场战争的比较，回答了为何英军入侵中国和阿富汗产生了不同的结局。作者在文中的一个重要观点

---

① Martin Ewans, *Conflict in Afghanistan*: *Studies in Asymmetric Warfare*, New York: Routledge, 2008.

② Adam B. Lowther, *Americans and Asymmetric Conflict*: *Lebanon*, *Somalia*, *and Afghanistan*, London: Praeger Security International, 2007.

③ ［法］阿隆：《和平与战争：国际关系理论》，朱孔彦译，中央编译出版社 2013 年版，第 35 页。

是，"精神的落后导致的灾难性后果远远大于物质、技术的落后"。① 另外，秦鸥的《美反思海外征战"滑铁卢"》对于理解美国在阿富汗的困境也具有重要意义。在作者看来，美国在海外"输掉"战争取决于几个方面的原因。一是双方的战争意志和政治决心的差异。由于战争对于双方的意义不同，弱者表现出来的顽强意志与强烈使命感往往能够弥补兵力上的劣势。二是非对称战争的特点增加了美国的战争成本与代价，并使弱势的一方获得了相对优势。三是军事胜利与政治胜利的差异。即美国凭借强大的军事力量在战争初期赢得的胜利无法转化为长期持久的政治控制，也难以在后期的抵抗运动中取胜。②

在这些非对称战争视角的解释中，许多学者区分了军事打败反叛分子与战后实施政治控制的差别。有评论者指出，美国之所以重复了苏联和大英帝国的错误，就在于它未能理解控制阿富汗要比入侵阿富汗艰难得多。③ 换言之，美军在阿富汗具有军事打击力量的优势，但它缺少军事行动后的控制与重建力量。正如针对约翰·米尔斯海默提出的权力是国家拥有的具体资产或物质资源，且主要指军事权力及国际政治最后的手段，肯尼思·沃尔兹（Kenneth Neal Waltz）却认为，军事力量不是统治一国最适合的工具，军事权力无法再带来政治控制。④

美国学者西约·布朗和罗伯特·斯凯尔斯主编的《美国在阿富汗和伊拉克的政策：经验与遗产》总结和分析了 21 世纪初美国分别在阿富汗和伊拉克发动的两场战争中的经验与教训。作者在文中

---

① 关山远：《1839 年阿富汗 VS 1840 年中国》，《新华每日电讯》2014 年 4 月 25 日，第 015 版。

② 秦鸥：《美反思海外征战"滑铁卢"》，第 4 版。

③ Jagmohan Meher, "America's Coming War in Afghanistan: The 'Bloody' Iraq Model", in Arpita Basu Roy, Binoda Kumar Mishra ed. , *Reconstructing Afghanistan: Prospects and Limitations*, pp. 107 – 108.

④ Paul D'Anieri, *International Politics: Power and Purpose in Global Affairs*, Wadsworth: Cengage Learning, 2010, p. 66.

提到了一个值得重视的观点：干预国在对象国的行动若要取得成功，首先要深入了解自身拥有的权力限制。换言之，摧毁一个政权相对容易，但建立一个新的政治与经济秩序异常困难；一国对别国国家建设的干预有可能取得成功，但时间与资源条件对于干预者提出了较高的要求；一国可以为其他国家的建设提供帮助，但对象国国家建设中的权利与义务必须由该国民众来承担。① 中国学者傅小强在分析阿富汗问题时也曾指出，美国在阿富汗的核心目标是打击、摧毁和解除"基地"组织的威胁，但它运用参与国家重建等广泛手段来实现这一有限的目标。②

此外，在非对称战争视角的分析中，还有不少学者将美国在阿富汗战争中的困境归因于巴基斯坦对阿富汗塔利班反叛组织的支持。比如皮特·汤姆森就认为，只有解除巴基斯坦对印、巴冲突的忧虑，阻止巴基斯坦部分机构继续利用阿富汗作为战略工具，美国和西方国家才有可能打破阿富汗战争的僵局。这也是为什么许多人认为美国的阿富汗政策应始于巴基斯坦的原因。③ 前巴基斯坦驻华大使里亚兹·穆罕默德·汗（Riaz Mohammad Khan）在《阿富汗与巴基斯坦：冲突、极端主义及对现代性的反抗》④ 中对巴基斯坦与反叛活动之间的关联及其背后的深层机理展开了深入的分析，该著作是考察阿富汗与巴基斯坦的关系、巴基斯坦在地区冲突与极端主义发展中的作用的重要文献。总之，在解释弱国或较弱行为体如何赢得战争方面，非对称冲突视角的优势是其解释适用范围比较广泛、理论分析性较强。但一般而言，非对称冲突理论更多的是从军

---

① Seyom Brown, Robert H. Scales ed. , *US Policy in Afghanistan and Iraq: Lessons and Legacies*, London: Lynne Rienner Publishers, 2012, p. 174.

② 傅小强：《美国阿巴战略进展与阿富汗问题前景》，《现代国际关系》2010 年第12 期。

③ Peter Tomsen, *The Wars of Afghanistan: Messianic Terrorism, Tribal Conflicts, and The Failures of Great Powers*, pp. 692 – 694.

④ Riaz Mohammad Khan, *Afghanistan and Pakistan: Conflict, Extremism, and Resistance to Modernity*, Washington, D. C. : Woodrow Wilson Center Press, 2011.

事角度对大国与非国家行为体的博弈进行分析，这种视角欠缺综合性的考虑。

（二）综合因素解释路径

综合因素解释路径是选择多个原因作为自变量的解释。在萨那乌拉·塔萨尔（Sanaullah Tasal）看来，政治因素（如阿富汗政府与军队的虚弱）、经济因素（如经济衰败及其依赖性特征）和地区性因素（如外部国家的干预和地区恐怖主义）共同导致了阿富汗的不稳定。① 而贾格莫汉·梅赫尔（Jagmohan Meher）认为，巴基斯坦为对付印度而实施的"战略纵深"政策，崎岖、可渗透的阿巴边境，毒品贸易的挑战，阿富汗反对外国的"圣战"传统，以及民众对反叛分子的支持等都导致了美国在阿富汗行动的困难。② 另外，兹比格涅夫·布热津斯基在其《战略远见：美国与全球权力危机》中提到，小布什政府无视阿富汗复杂的文化环境与民族仇恨，以及阿富汗周边（特别是巴基斯坦和伊朗）地区存在的争议，令美国在阿富汗的行动变得极其复杂。布热津斯基相信任何解决阿富汗冲突的建设性方案最终都必须包括喀布尔政府与各反对派别的政治和解，以及阿富汗主要邻国与域外国家形成一个地区性的框架。③

皮特·汤姆森的专著《阿富汗战争：宗教恐怖主义、部落冲突与大国失败》是研究美国阿富汗战争的重要文献。作者重点论述了阿富汗部落、宗教等传统机制的作用，以及巴基斯坦在阿富汗实施的"代理人战争"及其对美国阿富汗战略的影响。作者提出的几个论点值得关注：一是外国军队在阿富汗重蹈覆辙的原因在于他们不了解部落文化与地方政治机制。二是巴基斯坦实施的"代理人战争"破坏了阿富汗国内政治力量的平衡，

---

① Sanaullah Tasal, "Challenges of Peace-Building in Afghanistan", in Arpita Basu Roy, Binoda Kumar Mishra ed., *Reconstructing Afghanistan: Prospects and Limitations*, pp. 69 – 74.

② Jagmohan Meher, "America's Coming War in Afghanistan: The 'Bloody' Iraq Model", p. 104.

③ ［美］兹比格涅夫·布热津斯基：《战略远见：美国与全球权力危机》，洪曼、于卉芹、何卫宁译，新华出版社 2012 年版，第 68—129 页。

成为影响阿富汗战争进程的关键因素。三是阿富汗地方军阀与
非政府组织扰乱了中央与地方的传统关系，导致政府与民众关
系进一步疏远。四是西方国家必须结束阿富汗战争的"美国
化"，使阿富汗人在国家重建中发挥主导作用，同时敦促巴基斯
坦扮演更为积极的角色。①

　　中国学者赵华胜在《阿富汗失去的机会和前景》一文中认为阿
富汗局势恶化是由综合因素造成的，其中阿富汗重建的政治模式、
路径选择、伊拉克战争，以及大国反恐同盟破裂四个因素最为重
要。② 王冲在《奥巴马政府"阿富巴"战略：挑战与展望》一文中
从非国家行为体层次（以普什图部落社会为生存环境的各种恐怖主
义、极端主义和部族主义势力）与国际体系地区层次（美、俄、中
三大地缘政治棋局之间的权力博弈）对美国阿富汗战略遇到的困境
作出解释。③ 李建波、崔建树在《美国在阿富汗的困境研究》一文
中指出，阿富汗复杂的地理环境和地缘政治态势，步履维艰的国内
政治重建进程及其"反恐"行动在国际社会招致的批评等因素导致
了美国阿富汗战争的久拖不决。④ 而在傅小强看来，影响阿富汗问
题的变量主要包括美国在阿富汗投入的可持续性，巴基斯坦的角
色，阿富汗国内政治、经济和社会的演化，以及其他阿富汗周边和
域外国家的影响。⑤

　　综上，对于美国在阿富汗遭遇困境的相关解释中，研究者出于
不同的研究视角或研究需要而提出不同的解释路径。其中，单一因
素解释路径较多采用了严格分析方法，即将国际关系现象发生的原
因归结为一个基本的逻辑关系，该方法对现象逻辑关系的解释较为
明晰，有助于对类似事件的理解与判断。其缺点是结论与客观实际

　　① Peter Tomsen, *The Wars of Afghanistan: Messianic Terrorism, Tribal Conflicts, and The Failures of Great Powers*, pp. 689 – 711.
　　② 赵华胜：《阿富汗失去的机会和前景》，《国际观察》2010 年第 6 期。
　　③ 王冲：《奥巴马政府"阿富巴"战略：挑战与展望》，《国际展望》2011 年第 6 期。
　　④ 李建波、崔建树：《美国在阿富汗的困境研究》，《国际展望》2012 年第 6 期。
　　⑤ 傅小强：《美国阿巴战略进展与阿富汗问题前景》，第 24—29 页。

有一定的差距，从而导致这种解释路径具有一定的片面性。而综合因素解释路径较为广泛地使用了全面分析方法，研究者试图从多个方面进行综合性分析，其解释较为全面，结论与实际情况也较为接近，并有助于制定综合性的政策方案。其缺点是无法确定起决定性作用的因素，从而也难以发现规律性的因果关系。而且综合因素解释路径的研究结论无助于对其他类似现象的理解。[①] 进而，综合因素解释路径的分析与阿富汗问题的实际情况较为接近，但纷繁复杂的多层面因素让我们很难挖掘问题的根源，或容易导致我们将一些表面现象与特征作为原因进行解释。各种解释路径在理论上主要涉及地缘政治理论、建构主义理论、历史制度主义理论，以及非对称冲突理论等。但既有研究的理论分析与构建比较薄弱，而且回避了国际关系权力理论的解释路径。在内容上，许多阿富汗问题的相关研究建立在"现代统一国家"的假设或背景之下，从而容易产生某种"偏见"或得出普遍性的结论。

实际上，在美国阿富汗战争遭遇的困境中，很多因素都在起作用，而且一些原因与结果之间还可能互相影响。阿诺德·汤因比曾说，即使精确掌握了所有适合进行科学研究的民族、环境与其他数据，我们也无从预测这些数据代表的那些力量的互动结果。"某种难以测定衡量、也不能在事先进行科学评估的力量是影响结局的决定力量。"[②] 而且与自然科学方面的"精确答案"不同，人类的行为及其动因十分复杂以至于常常难以得出统一的结论。在这种情况下，我们需要挖掘的是那些本质的、循环发生的因果机制，并通过构建一种恰当的分析框架来为美国在阿富汗遭遇困境的因果关系作出清晰的阐释。

---

① 阎学通、孙学峰：《国际关系研究实用方法》，人民出版社 2006 年版，第 124—125 页。

② ［英］汤因比：《历史研究》，郭小凌等译，上海人民出版社 2010 年版，第 74—75 页。

三　研究方法与基本结构

（一）研究方法与创新

研究视角或出发点反映了研究者的兴趣，此外研究者还需要选择具体的研究方法来开展他们的研究。本书在撰写过程中主要采取了国际关系规范研究方法、层次分析法、归纳法与演绎法，以及多学科研究方法等。

迈克尔·汉伦认为对于阿富汗问题的研究不宜采用简单的量化方法，比如塔利班的威胁性与组织弹性使我们无法从其相对小的组织规模中寻得慰藉。迈克尔·汉伦进而指出，数据统计是必要的，但仅根据数据来分析其价值是不准确、有限度的。[1] 根据阿富汗问题的特点，本书主要采用了国际关系的传统研究方法或规范研究方法，即通过尽可能详尽地掌握资料，通过定性分析和推断来得出结论，并强调国际关系现象所隐含的内在性质的变化。

层次分析法假定某一个或几个层次上的因素会导致某种国际行为或国际结果。这种方法有助于研究人员辨析和确定不同的变量，并在这些变量之间建立起可供验证的关系假设。[2] 层次是能被定位的解释因果的特定区域，透过层次，我们想要的目标由一系列从小到大的空间性范围限定。[3] 研究人员根据研究领域和视角而采用不同的层次分析，对所有适当的国际问题均可作某种层次划分和分析，其缺陷是有可能导致对其他层次的忽视。正如巴里·布赞和理查德·利特尔指出，包括现实主义在内的大多数国际关系理论都将国家置于优先地位，而掩盖和歧视那些明显不能适合这一模式的跨

---

① Michael O'Hanlon, "Assessing Counterinsurgency Operations", in Seyom Brown, Robert H. Scales ed. , *US Policy in Afghanistan and Iraq: Lessons and Legacies*, pp. 130 – 133.

② 秦亚青：《层次分析法与国际关系研究》，《欧洲研究》1998 年第 3 期。

③ 巴里·布赞指出在国际关系中，层次分析方法往往加强了国家中心的思想。参见〔英〕巴里·布赞、〔丹〕奥利·维夫、〔丹〕迪·怀尔德主编：《新安全论》，朱宁译，浙江人民出版社 2003 年版，第 7—9 页。

国单位。① 著名社会学家乔尔·米格代尔（Joel S. Migdal）也意识到大多数学者的国家定义都过于拘泥于马克斯·韦伯（Max Weber）的理想型国家概念，并远远脱离了第三世界的实际情况。② 针对阿富汗问题的独特性与本书研究的主题，笔者将大量笔墨集中于阿富汗的地方层次，以及国内外行为体互动的地区层次。

演绎法与归纳法的结合。演绎法指以已知的事实为前提条件，提出假设并通过相关的推理过程而得出结论。而归纳法则是根据对个别现象的分析而推导出普遍性的结论或规律。③ 在演绎法与归纳法的基础上，约翰·鲁杰（John Ruggie）提出了溯因推理（Abduction），即演绎法与归纳法的辩证结合。具体而言，在不同的案例领域中，研究者可以按照演绎方法提出研究假设，再利用通过归纳方法而得到的见解来补充演绎法的论点，从而把两者结合起来提出一种解释。玛莎·芬尼莫尔（Martha Finnemore）认为，只有把演绎和归纳结合起来，使他们相互印证，才能得出一个更好的结果。④ 本书首先采用了演绎法，即在掌握大量资料的基础上首先提出了结论与假设，继而根据分析框架和问题领域展开相关的分析，来验证提出的结论与假设。在对各案例领域的分析中，本书则采用了溯因推理法，试图将演绎法和归纳法结合起来。

此外，在布赞和利特尔看来，为了克服和消除威斯特伐利亚"情结"对国际关系研究的负面影响与局限性，有必要引入和借鉴其他社会科学对国际关系理论进行重新构建。⑤ 约翰·格莱德希尔（John Gledhill）相信，人类学的研究能够提供理解国家"深层政

---

① ［英］巴里·布赞、［英］理查德·利特尔：《世界历史中的国际体系——国际关系研究的再构建》，刘德斌等译，高等教育出版社 2004 年版，第 70—72 页。

② ［美］乔尔·S. 米格代尔：《社会中的国家：国家与社会如何相互改变与相互构成》，李杨、郭一聪译，张长东校，江苏人民出版社 2013 年版，第 2 页。

③ 阎学通、孙学峰：《国际关系研究实用方法》，第 107—111 页。

④ ［美］芬尼莫尔：《干涉的目的：武力使用信念的变化》，袁正清等译，上海人民出版社 2009 年版，第 12 页。

⑤ ［英］巴里·布赞、［英］理查德·利特尔：《世界历史中的国际体系——国际关系研究的再构建》，第 70 页。

治"的关键，特别是通过对地方层次的过程及权力的微观机制的研究，对民族政治文化及区域权力体系的"亲密文化"予以分析。[①]而雷蒙·阿隆认为，社会学能体现国际关系中的决定因素（空间、人数、资源），以及国际关系主体（国家、政体、文明）的变化情况。[②] 除了以上提及的方法外，本书还借鉴了人类学方法强调"地方层次"研究的视角，并利用社会学结构分析法提出了本书的理论分析框架。

本书的创新之处主要是：第一，解释视角的创新。关于解释美国阿富汗战争困境之原因的著作和文章数不胜数，但以国际关系理论为分析框架予以深入探讨的文献屈指可数。笔者认为，在对该问题的研究方面，本书提出的关系—结构权力理论的解释视角具有一定新意。第二，分析框架的创新。本书提出的关系—结构权力理论分析框架批判地建立在既有研究的基础上，可视为对国际关系结构思想和权力思想的新发展，也是在结构与单元相结合的过程中既增强解释力又不失简洁性的一次尝试。第三，概念的创新。本书通过结合国际关系理论与社会学理论的相关分析，对"关系结构""关系—结构权力"等概念大胆地予以表述并运用到阿富汗问题的研究中。第四，观点的创新。本书在对阿富汗相关问题的考察过程中提出了一些具有新意的观点。比如本书在结论部分提出阿富汗的"弱国"逻辑成为其"地方"的力量之源，并对地区安全与政治产生重要影响。

然而，本书的撰写也存在一些困难与不足。比如在理论方面，较之于其他结构理论，本书的关系—结构权力理论虽然能够将相对更全面的解释变量融入一个分析框架中，但由于区分了内部与外部关系结构两个层面，致使该理论分析框架的独立理论建构意义大打折扣。在方法方面，本书区分了地区层次、国家层次和地方层次，

---

① ［英］约翰·格莱德希尔：《权力及其伪装——关于政治的人类学视角》，赵旭东译，商务印书馆2011年版，第173页。

② ［法］阿隆：《和平与战争：国际关系理论》，第18页。

但在对美国和阿富汗政府面临的一些困难进行评估时，却又倾向于陷入以国家为中心视角的窠臼。在内容方面，本书对阿富汗部落的描述主要以普什图部落为分析对象，而对北方少数民族部落并未予以过多探讨。这对于分析阿富汗的地方政治来说具有一定的片面性。此外，如何在动态的时事变化中挖掘阿富汗及地区政治的本质及其隐含的深层次稳定机制也具有一定难度。

（二）结构安排与布局

本书的结构安排和主要内容如下：

第一章是本书的导论部分，包括历史上的阿富汗战争，研究的问题与意义，文献综述，研究方法与基本结构及理论分析框架。在理论分析框架部分，本书对国际关系中的结构权力思想发展脉络进行了梳理，批判地借鉴了国际关系学中以"关系"为基础的权力思想和社会学的"社会结构"思想，提出了体现为国内社会关系与社会结构的内部关系结构，以及强调行为体互动关系与相对位置的外部关系结构。本书认为关系—结构权力理论分析框架适用于解释为何美国等强国难以轻易战胜弱国和其他非国家行为体，揭示相关外部国家或非国家行为体在阿富汗等弱国的角色和作用，有助于我们透过纷繁复杂的表面现象，挖掘该地区存在的各种思想和行为背后更深层的事物，以及那些持续时间较长的特征。

第二章"阿富汗的关系—结构权力"是本书的核心。其中"阿富汗的内部关系结构"由民族关系、普什图部落和伊斯兰教构成。这些要素构成了现代阿富汗政治生活的基本框架，深刻地影响着各地区民众的价值取向和行为方式，指导并管理着地方社会生活与社会关系，在阿富汗国家政治中形成了稳定的深层次力量。由阿富汗民族、部落与宗教等要素结合而成的"天然"纽带及其情感功能形成了广泛而持久的"强关系"，其共享的身份与信任网络构成了结构化的社会模式，有利于维持相关团体间的团结与合作，以及地方集团的动员与招募。阿富汗与邻国在地缘、民族和宗教等方面的深厚渊源，还为国内外各行为体的联系与互动创造了更多的可能性空间。内部关系结构构成了理解行为体为何、如何建立关系结构的起点与国内条件，对几乎所有阿富汗相关问题的考察都离不开对其内部关系结构的剖析。

"阿富汗的外部关系结构"由三个部分构成，即重建中的国家间关系、反叛组织及其关联，以及地方军阀的内外关系。相关外部国家围绕着各自在阿利益形成了多个复杂的三边与多边关系结构，他们影响着阿富汗重建的方向，同时也制约着各国的利益与行动。而主要活动于阿、巴边境部落地区的各反叛武装形成互为支持的组织网络，加之外部势力对部分团伙的支持，使这些反叛组织获得了强大的反弹能力和组织能量，为该地区未来安全局势增添了更多不确定性。另外阿富汗军阀在国家及地区政治中也发挥重要作用。阿富汗现代军阀形成的内外关系构成一种"动力性"因素，其"结构性"的作用与地位在研究中不应被忽视。外部关系结构为相关行为体的行动提供了结构性的约束与机会。阿富汗国内外势力的复杂关联是该地区难以走向和平与稳定的主要症结。总之，在内部与外部关系结构的作用下，阿富汗关系—结构权力的转化对各方的行动产生了重要影响。

从第三章到第七章，本书分别以军事行动、政治和谈、毒品问题、外部援助和公共外交五个问题领域作为案例，旨在探究阿富汗的关系—结构权力在这些问题领域中发挥的作用及其对美国困境的影响。那么在复杂的阿富汗问题中，本书为何选取这五个问题作为案例研究？首先，对这些问题领域的探究具有必要性和现实性。驻阿美军和北约部队的军事行动是其阿富汗政策中最为主要、也是最具争议的部分，因而被笔者作为本书案例分析中首先予以考察的对象。在阿富汗战争后期，美国等西方国家逐渐发现军事手段难以彻底打败阿反叛组织，于是通过政治途径解决阿富汗问题便成为相关各方的重要议程。阿富汗政治和谈是实现国家及地区和平与稳定的重要一环，也是美国阿富汗政策的重要内容。另外，阿富汗毒品—犯罪网络的破坏性力量也受到相关各国学界与政策界的高度重视。阿富汗作为世界上最大的毒品供应国，其毒品问题的解决对国内经济、安全与法治秩序的影响，以及对其他国家和地区安全与发展的意义不言而喻。由此，"军事行动""政治和谈"和"毒品问题"可被视为考察和评估美国阿富汗行动的主要问题领域。

美国作为世界上最为强大的国家，其硬力量除了"军事"之外，还包括"经济"和"文化"等软力量。美国是为阿富汗提供发展援助最多的国家，阿富汗也是美国对外发展援助中最主要的受援国。自贝拉克·侯赛因·奥巴马政府上台以来对阿富汗政策的调整，以及美军阿富汗行动任务重点从反恐向平叛运动的转换，表明美国已认识到外部援助对于西方部队巩固军事成果，赢得阿富汗民心的重要性。然而美国的巨额援助未能实现其预定目标，阿富汗也由于外部援助存在的弊端而出现大量的负面后果，甚至有国际组织官员称阿富汗为"研究怎么不去提供援助的极好案例"。另外，"9·11"后美国历届政府的反恐怖主义政策都强调了公共外交的作用，但美国在阿富汗、巴基斯坦等恐怖主义活动高发地带投入大量公共外交的努力未能遏制暴力极端主义思想蔓延，以及缓解地区强烈的反美情绪。本书对于外部援助、公共外交领域的分析有助于加深对美国"硬权力"限制的理解，探析美国的反恐努力常常适得其反的原因。

其次，对这些问题领域的考察具有一定的充分性。"军事行动""政治和谈""毒品问题""外部援助"和"公共外交"这五个问题领域涉及阿富汗安全、政治、经济和文化等多个重要层面，并强调了对阿富汗"地方层次"的分析，从而能够使我们的观察与阿富汗的社会现实进一步拉近距离。而且在这几个问题领域中，美国的政策目标与政策效果之间的背离体现得颇为明显，这有助于本书充分探究美国在阿富汗遭遇的困境及其背后的原因。需要指出的是，这五个"分离的"问题领域实际上也是互相影响、互相渗透的。

在第三章"阿富汗塔利班的演化与美军的困境"中，本书首先探讨了阿富汗塔利班组织结构和政策的演化及其动力，考察了该组织剿而不灭的内在原因；接着选取了美国军事战略在阿富汗战场上的实施效果，阿国家安全部队的重建，巴基斯坦的军事行动，以及西方部队军用物资运输的"转包"方式四个方面，探讨了美国军事战略的实施及其面临的困难。在第四章"阿富汗政治和谈的可能性与限度"中，本书以阿富汗内部的政府、塔利班、非普什图族政治集团和外部的巴基斯坦、美国及外籍极端暴力组织作为重点分析对象，总结了他们作为主要的参与方、推动方或破坏方在阿富汗政治和谈中的动机及行动。通过考察内外行为体的互动分析了阿富汗政治和谈进程面临的困难与机遇。在第五章"阿富汗毒品问题与禁毒行动的困难"中，本书首先简要介绍了阿富汗毒品问题的发展概况及其对国内及地区安全与发展的影响，接着探讨了西方国家在阿富汗的禁毒政策，重点分析了阿富汗毒品—恐怖网络的形成，以及美军禁毒与平叛任务之间的矛盾。在第六章"西方援助在阿富汗的'恶性循环'"中，本书重点探讨了西方援助为阿富汗带来的负面影响，以及西方对阿富汗援助存在的主要矛盾。尤其分析了西方援助的分散化与地方化、政治化与军事化的特点，以及西方援助加剧了阿富汗的"援助诅咒"。在第七章"美国公共外交的反恐作用与局限"中，本书以反恐背景下美国对阿富汗、巴基斯坦的公共外交为例，梳理和分析了美国公共外交发挥反恐作用的方式与局限，旨在从学理层面进一步挖掘不同的权力方式在反恐怖主义活动中的应用，理解美国的公共外交努力常常产生非意图性后果的原因。在第八章"结论及进一步的讨论"中，本书总结了研究发现，并试提出阿富汗的"地方动力"思想。

第三节　理论分析框架

在21世纪，国家正经历着全球化风潮、超国家政治实体和分裂性民族冲突的冲击。① 世界权力日益分散于不同的"问题领域"和权力控制者手中，这使得单方面追求经济权力或军事权力已难以达成各种权力资源的有效配置。从权力思想的发展轨迹来看，产生权力的基本要素随国际政治的变迁而经历深刻的变化。从硬权力到软权力、从关系权力到结构权力，"权力"的内涵更为丰富，也更加难以判断和界定。本节内容对国际关系中权力思想的发展脉络进行了梳理，同时批判地借鉴了诸位学者以"关系"为基础的权力思想和社会学的"结构"思想，提出了内部与外部关系结构相结合的关系—结构权力分析框架，为本书后面章节的内容奠定了理论基础。

一 国际关系中权力的发展

在政治学和国际关系学中，关于权力概念的界定充满争议和多元化。随着国际关系的变化，以及社会科学中各学科的交叉发展，国际关系中的结构权力思想逐渐受到学者的重视。

（一）多元化的权力概念

在政治学中，权力的概念可谓争论最多、最难以界定的问题之一。正如约瑟夫·奈曾说，权力犹如爱情，易于体验却难以衡量。著名政治学者罗伯特·达尔（Robert A. Dahl）将权力界定为使得他人做其不愿意做的事情的能力。② 马克斯·韦伯从社会学的角度认为，"权力是把一个人的意志强加在其他人的行为之上的能力"。③ 而在戴维·加兰（Davey Galan）看来，权力指那些无论社会关系存在于何时、何处都会起作用的各种支配、从属与力量不均衡的形

---

① ［美］乔尔·S. 米格代尔：《社会中的国家：国家与社会如何相互改变与相互构成》，第 255 页。

② ［美］约瑟夫·奈：《硬权力与软权力》，门洪华译，北京大学出版社 2005 年版，第 112—113 页。

③ 《马克斯·韦伯论经济和社会规律》（英文版），剑桥大学出版社 1954 年版，第 323 页，转引自倪世雄等《当代西方国际关系理论》，复旦大学出版社 2001 年版，第 261 页。

式。① 社会学家史蒂文·卢克斯（Steven Lukes）在其《权力：一种激进的观点》中提出了三维权力观，认为"当各种机制通过误导人们而反对他们的真正利益并因此扭曲了其判断力的时候"，就构成了权力的第三种维度。② 换言之，第三种维度的权力能够让自己想要的结果也成为他人想要的结果。而安东尼·吉登斯认为，即使是史蒂文·卢克斯提出的第三种维度的权力仍体现出一种零和的权力观。安东尼·吉登斯通过他提出的社会系统里控制辩证法（Dialectics of Control）来理解权力，认为社会系统里的权力具有一定的时空连续性，权力意味着行动者在社会互动的具体情境中形成的自主与依附的关系，而且所有的依附形式都存在某些资源，这使得被支配者也可以借助这些资源来影响支配者的活动。③

国际关系学者对权力的分析推动了权力思想的发展。尼古拉斯·斯皮克曼（Nicholas John Spykman）认为权力是一个国家对另一个国家的控制。④ 阿诺德·沃尔弗斯认为，权力是驱使他人按照自己的意志采取行动或不采取行动的能力。⑤ 雷蒙·阿隆将国际舞台上的权力定义为一个政治单元将其意志施加于其他政治单元的能力。⑥ 而汉斯·摩根索认为权力是"人支配他人的意志和行动的控制力，政治权力是公共权威的掌控者之间以及他们与一般公众之间的控制关系"。汉斯·摩根索的权力概念涉及了权力行使者与行使对象之间的心理关系，前者通过影响后者的意志而对其某些行动产生支配力量。汉斯·摩根索指出，政治学中任何一种概念的价值都取决于它解释大量政治活动现象的能力，若要使政治权力概念的内

---

① ［美］史蒂文·卢克斯：《权力：一种激进的观点》，彭斌译，江苏人民出版社2012年版，第83页。

② ［美］史蒂文·卢克斯：《权力：一种激进的观点》，第15页。

③ ［英］吉登斯：《社会的构成：结构化理论大纲》，第78页。

④ 倪世雄等：《当代西方国际关系理论》，第263页。

⑤ ［美］詹姆斯·罗尔蒂、［美］罗伯特·法兹格拉夫：《争论中的国际关系理论》（中译本），世界知识出版社1987年版，第95页。

⑥ ［法］阿隆：《和平与战争：国际关系理论》，第18页。

涵在理解国际政治方面有所裨益，那就必须扩大国内政治领域中权力概念的内涵。① 为此，他区分了权力与影响力、权力与武力、可用的与不可用的权力，以及正当的与非正当的权力。

以上这些具有代表性的权力概念特别强调了影响力和控制力，而由于影响或控制他人的能力往往与拥有某种资源相关，许多国际关系学者尤其重视权力资源中物质性力量的作用。比如约翰·米尔斯海默认为权力是国家拥有的具体资产或物质资源，权力主要指军事权力，它是国际政治中最后的手段。而肯尼思·沃尔兹却认为，美国在越南的失败表明军事力量不是统治一国最适合的工具，军事权力无法再带来政治控制。②

约瑟夫·奈将权力分为以军事、经济实力为主的硬权力和体现为文化、价值观念等具有吸引和同化作用的软权力。虽然约瑟夫·奈的"软权力"并未形成具体的理论框架，其软权力的概念也经历了一定程度的变化，但约瑟夫·奈在其理论中强调的核心观点十分明确，他认为随着世界政治日益复杂化，世界政治中权力的性质也发生了改变，"权力的定义不再强调昔日极其突出的军事力量和征服。技术、教育和经济增长因素在国际权力中的作用越来越重要"。"因此，美国面临的关键问题不在于它是否是 21 世纪拥有最充沛资源供应的超级大国，而在于它能够在多大程度上控制政治环境，使其他国家按照美国的意愿行事。"③ 约瑟夫·奈提出的软权力（及后来的巧权力）在各国学界和政界被广泛使用。实际上，约瑟夫·奈的权力观始终认为仅从超越他国实力的角度来思考问题是不够的，一国必须从实现目标的角度来思考权力，这是一种基于政策导向的理论视角，属于以行为结果为导向的权力。尤为重要的是，约

---

① ［美］汉斯·摩根索著，［美］肯尼思·汤普森、［美］戴维克·林顿修订：《国家间政治：权力斗争与和平》（第七版），徐昕等译，北京大学出版社 2011 年版，第 55—56 页。

② Paul D'Anieri, *International Politics: Power and Purpose in Global Affairs*, p. 66.

③ ［美］约瑟夫·奈：《硬权力与软权力》，第 98—99 页。

瑟夫·奈在纷繁复杂的国际政治现实中，在信息社会急剧发展的全球化时代提出了软权力的概念，不仅使我们深刻认识到国际关系的现实格局，其丰富的想象力和创造力也给许多学者以极大的启发。

无论是"控制""影响"还是"吸引"，以上这些权力概念实际上都包含着一种"不平等"的社会学意义，换言之，各种权力概念都强调了权力的资源"不平等"地控制于不同的行动者手里。将"不平等"作为权力的实质表明无论权力来源于何处，"不平等"或"等级"的方式常常是权力存在并得以发挥作用的源头。正如在大多数情况下，拥有权力资源相对较少的小国或弱国往往难以"影响"或"控制"大国或强国。然而古今中外，具有明显"硬权力"或"软权力"劣势的弱者战胜强者的事例亦不胜枚举。特别在冷战结束后，强国越来越难以控制弱国，而弱国及某些非国家行为体却能在某些议题领域占有优势，这种现象在全球化趋势日渐明显的背景下越加普遍。

国际关系主流理论对于权力作用的分析存在差异，但他们都强调对权力的限制。比如古典现实主义大师汉斯·摩根索强调用均势、国际道德和世界舆论对权力进行限制；罗伯特·基欧汉和约瑟夫·奈提出的"复合相互依存"理论认为，在相互依存的国际关系中，"强国越来越难以运用支配地位控制其他问题的最终结果。各种议题相互联系的战略使弱国也获得了解决个别问题的权力"。[①]也就是说，在复合相互依存中存在着相互影响、相互关联的多种渠道，使得强国难以运用强大的军事、经济实力来控制弱国和小国在某些议题上的结果。亚历山大·温特在《国际政治的社会理论》中指出，"权力可能无处不在，但是权力形式的重要程度是不相同的。有组织进行暴力活动的权力是最根本的权力之一，这种权力的分配和制约是一个关键问题"。[②] 可见，国际政治中既存在无处不在的

---

① 樊勇明：《西方国际政治经济学》，上海人民出版社 2006 年版，第 38 页。
② ［美］亚历山大·温特：《国际政治的社会理论》，秦亚青译，上海人民出版社 2008 年版，第 8 页。

权力扩张，也存在无处不在的权力制约。

约瑟夫·奈也承认，随着世界政治变得更加复杂，所有大国实现其目标的能力均会遭到削弱。约瑟夫·奈认为随着非国家行为体的重要性日益上升，国家不仅面临着其他大国的挑战，更为重要的是面临着权力的普遍扩散。约瑟夫·奈还提出了"三维棋盘"的权力分配模式，他将国际政治权力分为上、中、下三个层次，分别为军事权力、经济权力和跨国关系的分散权力所占据，而美国强大的军事实力在最下层领域的作用是有限的。史蒂芬劳·古齐尼（Stefano Guzzini）也认为跨国政治的发展削弱了国家的控制能力，并指出权力的差异不再能够轻易地决定结果，"结构的"因素似乎日益塑造并改变着世界政治。①

（二）结构与结构权力

17 和 18 世纪，发展迅速的物理学、化学和生物学等自然科学领域的研究首先采用了结构方法。19 世纪中期，"结构"的方法被普遍应用于几乎所有领域，但这一时期的"结构"是可见的或者在理论上是可被察觉的。随着心理学和社会学的发展，"结构"成为只能通过推理和对其后果的观察才能够予以研究的独立对象。② 赫伯特·斯宾塞（Herbert Spencer）、埃米尔·杜尔凯姆（Émile Durkheim）、塔尔科特·帕森斯（Talcott Parsons）和格奥尔格·齐美尔（Georg Simmel）等人发展的社会结构思想在社会学中具有较大影响力。从以"文化和规范"为内容的社会结构到作为"关系"形式的社会结构，这些社会学家在"结构"思想的内涵上并未取得共识，但他们的观点都反映出"结构"具有稳定性、固定性和一般性的特点，"结构在一个社会中是一般和反复出现的。正是这种一般性，才使结构

---

① Stefano Guzzini, "'Power' in International Relations: Concept Formation Between Conceptual Analysis and Conceptual History", Paper prepared for the 43rd Annual Convention of the International Studies Association in New Orleans, March 24－27, 2002, p. 17.

② ［英］洛佩兹、［英］斯科特：《社会结构》，允春喜译，吉林人民出版社 2007 年版，第 14—15 页。

形式成为一种社会事实"。① 此外，"结构"还意味着与"随意"和"混乱"相反的模式和安排，它使定位于其中的人们的态度和行为具有可预期性，从而可以通过"结构"管理人们相互之间的关系。由此，结构方法逐渐成为处理社会世界的普遍方式。②

事实上，国际关系的主流理论都是强调"结构"的理论。结构现实主义奠基人肯尼思·沃尔兹提出的结构按照权力（实力）的大小排列并决定单元的互动。以罗伯特·基欧汉和约瑟夫·奈为代表的新自由主义也是一种结构理论，他们在肯尼思·沃尔兹"权力结构"的基础上引入了"制度"变量。而建构主义代表人物之一亚历山大·温特在其理论中将肯尼思·沃尔兹的"权力结构"变成了由国家间互动而产生的"文化结构"。其他的主要理论如世界体系论和依附论也属于结构理论，他们聚焦于国际资本主义的结构，并强调这种结构对于理解任何社会中支配与变革的重要性。③ 英国学派的学者也明确地拥护结构方法，他们强调的是国家的共同道德和哲学环境构成的社会结构对国家偏好和行动的塑造与调和。④ 在国际关系中，从肯尼思·沃尔兹的"实力"、亚历山大·温特的"文化"到伊曼纽尔·沃勒斯坦的"经济"，国际关系的"结构"概念也未能取得共识，但他们对体系结构的强调有利于把握国际关系大的形势和方向，并在一定程度上反映了国际关系理论与现实的变化和发展。

结构取向的理论方法把"结构"看成因果变量，继而从中推导出行动者和利益，认为结构而非行动者在本体上是原初的，并构成了分析的起点。⑤ "结构"对单元行为的限制作用始终受到了大多

---

① ［英］洛佩兹、［英］斯科特：《社会结构》，第 70 页。

② 同上书，第 2—3 页。

③ ［美］乔尔·S. 米格代尔：《社会中的国家：国家与社会如何相互改变与相互构成》，第 7 页。

④ ［美］玛莎·芬尼莫尔：《国际社会中的国家利益》，上海人民出版社 2012 年版，第 10—13 页。

⑤ ［美］玛莎·芬尼莫尔：《国际社会中的国家利益》，第 10 页。

数学者（特别是结构主义者）的重视。然而，无论是社会学的结构还是国际关系学的结构，其思想常常由于静态性、反历史性，以及对微观变量作用的忽视而饱受批评。冷战结束后，系统主导的结构主义流派的影响力逐渐消退，伊拉·卡茨内尔森认为"这个流派已经失去了活力、想象力和领导地位"。[①] 但也有一些学者开始对结构思想进行有益的修正和发展，以使其能够更为准确地描述、解释和预测现实情况。比如在社会学中，马汀·奇达夫引入了网络演变轨迹的概念，将静态的社会结构与能动性的个体行动者连接起来，消除了结构主义的宏观过程与个体主义的微观过程在方法论上的隔阂。[②] 而安东尼·吉登斯在《社会的构成：结构化理论大纲》中也努力寻求社会结构与个体能动性之间合适的交汇点，以解决二者之间的张力问题。在国际关系理论中，新古典现实主义修正了结构现实主义关于国家是单一、自主性单元的假定，并试图通过对个人和集团等国内变量的重新关注，架构起结构现实主义体系层次和古典现实主义单元层次的桥梁。[③]

需要提及的是，随着结构理论的发展，社会网络分析作为一种社会科学研究方法已引起人们越来越多的关注。这种方法强调行动者之间的关系，力图描绘群体关系的结构，挖掘个体在群体中所占据的位置及其行为之间的关联。[④] 社会网络方法有助于我们理解行动者是如何构建、维持和利用社会结构，并受到社会结构的约束，以及不同层次的关系网络如何互相嵌入与影响。然而，对于网络方法仅关注统计模型、忽视微观层次结构与社会生活本质的批评不绝

---

① Ira Katznelson, "Structure and Configuration in Comparative Politics", in Lichbach and Zuckerman, *Comparative Politics*, 转引自［美］乔尔·S. 米格代尔《社会中的国家：国家与社会如何相互改变与相互构成》, 第246页。

② ［美］马汀·奇达夫、蔡文彬：《社会网络与组织》, 王凤斌等译, 中国人民大学出版社2007年版, 第131页。

③ 刘丰、左希迎：《新古典现实主义：一个独立的研究纲领?》,《外交评论》2009年第4期。

④ 孙立新：《人际公民行为成因研究：社会资本和社会网络视角》, 光明日报出版社2013年版, 第3页。

于耳。①

首先将"结构"融入国际关系的"权力"并发展出完整的"结构权力"理论框架的是英国政治学家苏珊·斯特兰奇。她在《国家与市场》中提出"结构权力"这一术语，并将结构权力定义为"形成和决定全球各种政治经济机构的权力"，它由安全、生产、金融和知识四个各不相同但彼此依靠、相互影响的结构组成。斯特兰奇的理论分析框架的可贵之处在于它使人们透过20世纪80年代中后期"美国霸权已衰"的表象，更为深刻地认识了国际权力的分配格局，而且她在理论建构中也十分强调价值观，以及知识和文化因素。斯特兰奇把"结构"作为权力的来源和国际关系的本质，给其他学者带来耳目一新的启示作用。② 但斯特兰奇主要是从国际政治经济学的角度提出结构权力理论的分析框架，其结构的"四分法"对于国际关系中更为广泛的议题分析来说依然是不够的。随着国际政治中弱国（弱者）挑战强国（强者）现象的频繁出现，以及跨国关系在世界政治舞台上的作用与日上升，以"关系"为基础的结构权力思想逐渐受到学者的重视。

二　关系—结构权力的提出

从上述权力思想的发展轨迹来看，相关学者对于权力的分析基本反映了时代背景的变化。这些不同的权力概念有助于我们思考如何在理论上从更为广泛的视野中理解权力及其作用的方式，正如史蒂文·卢克斯指出，"权力在最不引人注目的时候是最有效的"。③ 而权力思想的发展对国际政治实践的启示意义在于，只有从多重视角理解权力，才能有效地考察那些不符合既定权力政策的结果。

（一）关系—结构权力的界定

与硬权力和软权力不同，关系—结构权力以"关系"为权力资

---

① ［美］马汀·奇达夫、蔡文彬：《社会网络与组织》，第75—76页。
② 樊勇明：《西方国际政治经济学》，第114—119页。
③ ［美］史蒂文·卢克斯：《权力：一种激进的观点》，第1页。

源和运作平台，是行为体根据所在关系结构中的位置实施其意愿的能力，它使得互动领域中具有明显硬权力和软权力劣势的弱者，由于在关系结构中占据了相对优势的位置，从而也能够对强者的行动施加一定的影响。关系—结构权力属于国际关系中结构权力思想的一部分，为进一步明确关系—结构权力的内涵及其生成逻辑，首先我们来了解关系权力（Relational Power）与结构权力（Structural Power）的区别与联系。

阿诺德·汤因比曾指出，人类社会本身就是一种关系系统，作为个体的人类脱离了与其余部分的关系是无法存在的。① 可以说，"关系性"是国内社会和国际社会的基本特点。秦亚青十分重视对国际体系过程和国际社会中复杂关系的研究，他在《关系与过程——中国国际关系理论的文化建构》中提出了一种关系权力的假定，一方面表示权力在关系网络中的孕化，另一方面表明关系就是权力。"关系和关系网络是重要的权力资源。"② 徐勇也指出，"关系权"既意味着关系即权力，权力在关系中，也意味着对政治社会现象的概括，可以作为一种分析工具。这种权力并不是人们直接占有物质（实体权或物质性权力）或思想（意识权或非物质性权力），而是借助于某种人与人、人与事的特殊联系获得某种权力。只有从关系中才能深刻地理解权力的存在和作用，无关系便无权力。③ 哈罗德·D. 拉斯韦尔和亚伯拉罕·卡普兰在《权力与社会——一项政治研究的框架》中曾指出权力是一种三位一体（Triadic）的关系。④ 他们对于权力的分析启发了许多国际关系学者对于权力理论的重新思考。

---

① ［英］汤因比：《历史研究》，第 211 页。

② 秦亚青：《关系与过程——中国国际关系理论的文化建构》，上海人民出版社 2012 年版，第 67—69 页。

③ 徐勇：《"关系权"：关系与权力的双重视角——源于实证调查的政治社会学分析》，《探索与争鸣》2017 年 7 月，第 30—33 页。

④ ［美］哈罗德·D. 拉斯韦尔、［美］亚伯拉罕·卡普兰：《权力与社会——一项政治研究的框架》，第 83 页。

约瑟夫·奈在《权力大未来》中指出，根据"国家权力要素"来定义权力具有误导性，而 20 世纪后半叶开始主导社会科学分析的行为或关系分析法则是一种更好的方法。约瑟夫·奈认为，我们如今生活的世界相当于一个由有形与无形的社会力量构成的网络，在那些间接的或"结构性"的无形力量中，人们根据自己的选择而识别并关注其中一些约束和力量，从而使得网络和连通性成为相关权力的重要来源。比如，"如果你与其他朋友的沟通要通过我来完成，那么我就获得了权力"。如果社交网络中的边缘节点之间并不直接相连，各方之间的沟通要通过中心点来完成，对中心点的依赖便能够塑造各方的议程。① 在罗伯特·杰维斯的系统效应理论中，他认为相互联系是指"在一个系统中，一个单元的命运及其与其他单元的关系受到其他地方和较早时候所发生的互动的强烈影响"。这种连带效应使得国家间双边关系必须从他们各自与第三国的关系来理解。比如在国家间谈判中，罗伯特·杰维斯认为谈判实力主要不是源自该国自身的实力，而是该国在三角关系中所处的位置，这种权力来源于"格局"而非军事和经济力量的观点是从关系的角度而非综合国力的角度来理解权力。②

辜学武在《结构实力猜想：逻辑与命题》一文中明确提出在硬实力和软实力之外存在着一种看不见摸不着的"结构实力"，它类似于一种机械杠杆力，其大小通常不取决于所施加的力的大小，而是取决于它在机械结构中的着力点的位置。这种杠杆力通过对硬实力和软实力的抵消或中和，使得拥有强大硬实力和软实力的国家难以战胜弱小国家。③ 更为明确提出"结构权力"的概念与理论分析框架的是德国波恩大学学者简·弗雷德里克·克雷默（Jan-Frederik

---

① ［美］约瑟夫·奈：《权力大未来》，第 7、12—24 页。
② 许嘉等：《美国国际关系理论研究》，时事出版社 2008 年版，第 645—646 页。
③ 辜学武：《结构实力猜想：逻辑与命题》，《同济大学学报（社会科学版）》2013年第 2 期。

Kremer）和安德烈·普斯托夫斯基（Andrej Pustovivskij）。在《重新理解结构权力》中，两位作者以"外部选择"（Outside Option）、"商品"（Goods）和"需求"（Needs）为核心概念架构起结构权力理论的分析框架。其主要思想是，在两个或多个行为体的交易/关系中，行为体之间的"商品"和"需求"形成了一个结构，而"外部选择"是影响国家权力位置的重要变量。结构权力的存在使得弱国对强国亦能施加重要的影响。[①]

从以上几个具有代表性的权力思想中，我们可以发现关系权力和结构权力之间的关联主要在于，"关系"是关系权力与结构权力的权力资源和运作平台，两种权力类型都需要通过行为体之间的相互关系才能表现出来。另一方面，关系权力与结构权力还存在着差异。关系权力强调行为体之间的"互动"及其包含着的具有相互性和主体间性的关系。关系权力中存在的是一种在时间和空间上都极其有限的"关系"，这种关系在行为体的互动中形成。由于它局限于某种特定、具体的互动过程，其权力效果（Effect）也仅与行为体的意图（Intention）相关。概言之，关系权力并不具有时空上的连续性，也未能独立于行为体的互动过程。[②]

与关系权力中的"关系"不同，结构权力中的"结构"虽然也源于行为体之间的关系，但却能够发挥独立的作用，并对行为体的行动施加一定的影响。"结构"强调行为体之间互动关系所构成的一种格局，以及各行为体在这种格局中的相对位置。它意味着具有稳定性和一般性的（关系）模式，使定位于其中的行为体的行为具有可预期性，并且可以通过"结构"管理行为体之间的关系。"结构"所具有的独立作用使之能够作为因果变量从而推导出行为

[①] Andrej Pustovitovskij, Jan-Frederik Kremer, "Structural Power and International Relations Analysis: Fill Your Basket, Get Your Preferences", Working paper for the Institut für Entwicklungsforschung und Entwicklungspolitik der Ruhr-Universität Bochum, Volume 191, Bochum 2011.

[②] Andrej Pustovitovskij, Jan-Frederik Kremer, "Structural Power and International Relations Analysis: Fill Your Basket, Get Your Preferences", p. 12.

体和利益，并构成分析的起点。

此外，与国际关系主流理论强调"结构"对"单元"的制约作用（即系统限制力）不同，以"关系"为基础的结构权力除了强调这种制约作用，它还注意到"结构"能放大"单元"的能力或赋予"单元"更多的行动空间。换言之，这种关系结构既能够放大权力，也可以制约权力。比如约瑟夫·奈提到的网络和连通性能够成为权力的来源，以及罗伯特·杰维斯提到的行为体的"关键地位"能够使其获得经济和军事资源之外的收益。

总之，结构权力揭示了权力来源的另一种维度，为观察国际政治现象提供了独特的视角。不过，这种以"关系"为基础的结构权力分析至少可以在如下两个方面予以补充：

第一，在"结构"发挥"力量"的过程中，既有的结构权力分析未能充分说明策略在结构权力中的作用，也就是未能考虑到行为体的能动性对结果产生的影响。正如约瑟夫·奈指出，策略与结构两个因素在权力的运用中都在发挥着作用：

> 一些理论家将权力的这三个层面分别称为公开层面、隐藏层面和无形层面，这种划分反映了权力的运用对象发现自己受到权力影响的难度。隐藏层面和无形层面体现了结构性权力。结构是组成整体的各部分的安排。人类置身于复杂的文化、社会关系和权力结构之中，受其影响与约束。一个人的行动领域"受到与其没有互动或交流的行为体的限制，受到发生在遥远时空范围的行为的限制，受到并非以自己为明确目标的行为的限制"。有些权力的运用反映了特定行为体的国际决策，而有些权力的运用则是无意识的因果关系与更大的社会力量的结果。①

---

① ［美］约瑟夫·奈：《权力大未来》，第20页。

　　事实上，各行为体既受到结构性因素的制约，行为体本身又具有能动性，并能够在结构给予的限度内作出选择或实施策略，从而使得整体性结构成为一种具有弹性的可能性网络。① 换言之，各种权力资本结合在一起是否能产生行为体想要的结果不仅取决于"结构"，而且与各方采取的策略有关。比如美国在阿富汗的行动虽然受到阿富汗内外"关系结构"的制约，但美国在这种关系结构中也具有选择的空间，它制定的政策也能够对其行为结果产生某种程度的影响。

　　在本书的分析中，尽管"策略"的效用并非关系—结构权力的内容，也不是本书的分析重点，但关系—结构权力需要通过对行为体策略与行动的影响而体现出来，因此"策略"本身也可以被视为关系—结构权力理论分析框架的一部分。

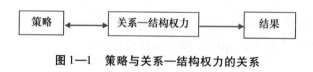

图1—1　策略与关系—结构权力的关系

　　第二，既有的结构权力分析以单一国家为假设，忽视了对国内层次的分析，以及"结构"中更为稳定和持久的深层次力量。在全球化与相互依赖日渐明显的趋势下，国内政治与国际政治之间的联系通道也在不断增加，如何打开国家"黑箱"以加强理论的解释力成为许多理论构建者的追求。海伦·米尔纳（Helen V. Milner）认为，同类国家的假设导致人们忽视国家内部行为者的偏好与制度之间的差异，而国家内部特征的差异对国际政治具有重要的影响。② 英国学者米切尔·黑尧（Michael Hill）也认为，国内层次"黑箱"

---

　　① ［美］史蒂文·卢克斯：《权力：一种激进的观点》，第61—63页。
　　② ［美］海伦·米尔纳：《政治的理性化：正在显现的国际政治、美国政治与比较政治研究的综合》，选自［美］皮特·卡赞斯坦等编《世界政治理论的探索与争鸣》，秦亚青等译，上海人民出版社2006年版，第154页。

的概念与权力的特性有关。① 正如徐勇指出，将"关系权"作为分析工具还要注意关系的多层次性和各种关系的叠加性，并由此带来作为权力运行的复杂性。②

在本书提出的关系—结构权力理论分析框架中，关系结构包括体现为国内社会关系与社会结构的内部关系结构，以及强调行为体之间互动关系与相对位置的外部关系结构，关系—结构权力通过内部与外部关系结构的作用对各方的行动产生影响。

那么，关系结构如何产生了权力，或者说，关系—结构权力生成的逻辑是什么呢？如上文所述，既有研究中的权力概念都包含了一种"不平等"的社会学意义，强调权力资源在各个对象之间不平等地分配，这表明无论权力来源于何处，"不平等"或"等级"的方式通常是权力存在并得以发挥作用的源头。进而，关系—结构权力生成的逻辑就相当于在关系结构的作用下，各行为体处于支配/被支配地位、主导/从属地位或具备优势/劣势的互动过程。为了进一步理解关系—结构权力的生成，我们还需要了解"领域"与"位置"这两个概念。

由于权力日益分散于不同的问题领域，因而在大部分的权力分析与比较中，更为普遍的做法是比较各方在不同问题领域中的权力，也就是依据不同议题或领域分析不同的互动结果，这些既相互分离又相互渗透的议题范围被称为"领域"，它类似于史蒂文·卢克斯提出的"情境范围"（Contextual Range）。③ 史蒂文·卢克斯指出，"一旦权力被界定了，它的完整定义与任何特定的运用都不可避免地依赖于一系列预先确定其经验应用范围的特定价值"。④ 哈

---

① 俞新天等：《强大的无形力量——文化对当代国际关系的作用》，上海人民出版社 2007 年版，第 272 页。

② 而且任何权力都有其特定的"关系领域"，并依照关系特性运行，由此会造成不同关系领域权力相关方的互动。参见徐勇《"关系权"：关系与权力的双重视角——源于实证调查的政治社会学分析》，第 34 页。

③ ［美］史蒂文·卢克斯：《权力：一种激进的观点》，第 68 页。

④ 同上书，第 18 页。

罗德·D. 拉斯韦尔和亚伯拉罕·卡普兰也强调"情境"的重要性，"经验的重要性就是要说明重要性各异的变量在不同社会情境中的相互关系"。①

对"领域"的分析不仅符合国际权力结构从"总体权力结构"向"问题领域结构"的转换，②而且能够减少复杂性及便于分析。巴里·布赞相信"领域"意味着某些事情在分析上是意义重大的，而考虑"领域"的方法之一是确认他们为某种特殊类型的互动。各个领域通过选择与众不同的互动模式的一部分，分解到作为一个整体的分析意图。领域能够确定独特的模式，尽管他们是复杂整体不可分离的部分。③另外，不同问题领域的实证性分析还取决于研究者的关注点或涉及的最具争议、对局势发展至关重要的研究范围，而这需要进行具体问题具体分析或对不同的国家和社会进行比较分析。

在不同的问题领域中，资本④在占据不同地位的行动者之间不均衡地分配，这种不同的地位可称为"位置"，它形成了类似于主导与从属、优势与劣势，以及支配与被支配的不平等关系，那些获得资源并占据优势位置的行动者能够主导该领域并获得收益。在互动领域中获得优势的位置是各方斗争的基础和动力。

综上，笔者提出，在各互动领域中存在着不同的行为体，在内部与外部关系结构的作用下，这些行为体形成了各种力量不均衡的形式，并占据着不同的权力位置（即支配/被支配、主导/从属或优势/劣势地位）。结合史蒂文·卢克斯对权力的分析，如果互动领域

---

① ［美］哈罗德·D. 拉斯韦尔、［美］亚伯拉罕·卡普兰：《权力与社会——一项政治研究的框架》，第9页。

② 刘中民：《非传统安全问题的全球治理与国际体系转型——以行为体结构和权力结构为视角的分析》，《国际观察》2014年第4期。

③ ［英］巴里·布赞、［丹］奥利·维夫、［丹］迪·怀尔德主编：《新安全论》，第11页。

④ 资本是蕴含于行动者关系之中的资源，各行动者交换着物质性资源和包括文化资源在内的非物质性资源，各种资源形式的重要性依据不同行动者的偏好而确定。参见［美］马汀·奇达夫、蔡文彬《社会网络与组织》，第32页。

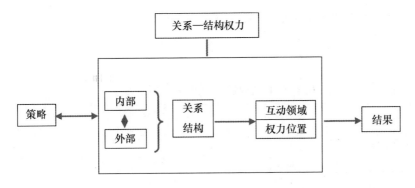

图1—2　关系—结构权力生成的逻辑

中某个行为体比其他行为体控制了更大的议题范围、对资源的利用及策略选择的范围更大、引起对局势发展具有重要意义的结果或者承担更低的成本，那么我们就认为该行为体在该互动领域中处于支配、主导或优势的位置。[①] 比如在阿富汗军事行动领域，虽然西方部队能够对塔利班反叛组织发动大规模攻势或利用无人机袭击重创其领导层，但深厚的部落根基、有利的地理条件，以及多元的外部支持等因素，使得反叛组织获得了较大的再生能力和组织能量。而且反叛武装利用当地资源发动的游击战和恐怖袭击等战术，能够以小成本的牺牲提高西方部队的代价，在某种程度上抵消或对冲了西方部队强大的军事实力，从而相对增强了反叛组织在该领域中的权力位置。需要注意的是，对关系—结构权力的比较或评估还可能包含研究者的价值判断。

总之，关系—结构权力以"关系"为权力资源和运作平台，是行为体根据所在关系结构中的位置实施其意愿的能力。它使得互动领域中具有明显硬权力与软权力劣势的弱者也能够对强者的行动施加一定的影响。关系—结构权力对各方行动的影响需要通过内部与外部关系结构的作用而实现。可见在关系—结构权力生成的逻辑中，关系结构的作用是最为重要的内容。不过在不同的

———————

① ［美］史蒂文·卢克斯：《权力：一种激进的观点》，第72—73页。

跨文化环境中，"关系"的含义既具有共性，也具有文化特殊性和本土性。

表1—1　　　　　**关系权力/结构权力/关系—结构权力异同**

	关系权力	结构权力	关系—结构权力
权力资源	关系	关系	关系
核心概念（是否独立）	关系（否）	关系结构（是）	关系结构（是）
特点	强调互动、意图	强调位置	强调位置、互动
	不稳定、时空不连续	稳定、时空连续	稳定、时空连续
			文化特殊性
分析层次	国家	国家	地区、国家、地方

（二）内部与外部关系结构

1. 内部关系结构

对于内部关系结构的分析是理解国家能力的基础。根据安东尼·吉登斯的观点，结构化理论中的"结构"指的是社会再生产过程里反复出现的规则与资源。其中，规则具有规范性要素和表意性符码两种性质，而资源也具有权威性资源和配置性资源两种类型。社会系统作为一个整体，其结构性特征是指已在时空向度上具有稳定性的各种关系。[1] 这就意味着，作为整体系统的组成部分，那些规范性要素与权威性资源能够形成各种稳定性的关系，并对互动过程与结果产生重要影响。在本书的分析中，内部关系结构是指国家内部在时空向度上具有连续性和稳定性的社会关系与社会结构，它由民族、部落与宗教等各种规范性要素与权威性资源构成。行为体在互动过程中围绕着这些要素形成了模式化的社会关系，不同群体

---

① ［英］吉登斯：《社会的构成：结构化理论大纲》，第52页。

的社会关系网络也往往相互重叠或渗透。① 内部关系结构构成了理解行为体为何、如何建立关系结构的起点与国内条件。

保罗·科维特（Paulette Covairt）与杰弗里·勒格罗（Geoffrey Legros）曾指出，相对于物质实在而言，习惯和风俗在政治结果的决定因素中往往更为重要。② 这些习惯和风俗还类似于尤尔根·哈贝马斯提到的社会群体的"背景知识"，他们使得各种行为取向之间建立了一种内在的联系，并体现为符号性的表达，而外在关系则存在于世界中的实体之间。③ 实际上，民族意识、语言习惯和宗教信仰等要素不仅使人们可以恰当地推断彼此的意图，而且影响着社会群体的行为方式，这也表明他们作为社会生活中的"规范性要素"与"权威性资源"，能够形成稳定而持久的、具有结构性特征的社会关系。

在许多第三世界国家，民族、部落和宗教等要素代表着广泛的政治团体及其认同模式，为各团体之间的合作、联盟或冲突创造着动力。哈沃德（Hayward，S. F.）认为，身份是权力关系的产物，文化适应与身份构成过程将对行动者的行动领域施加限制，其中就包括社会中主导性群体成员对于从属性群体成员的民族、文化、信仰或地域等各种认同的不承认或错误承认。④ 本尼迪克特·安德森（Benedict Richard O' Gorman Anderson）也曾指出，在一些国家内部，军官阶层的成员经常会从统治群体中招募，其依据的就是对"民族"背景的界定，以及对"民族化"权力结构的坚决捍卫。⑤ 而宗教不仅为社会中不同群体之间的联系搭起桥梁，也经常被各种

① ［美］皮特·M. 布劳：《社会生活中的交换与权力》，李国武译，商务印书馆2012 年版，第406—407 页。

② ［美］皮特·卡赞斯坦编：《国家安全的文化：世界政治中的规范与认同》，宋伟、刘铁娃译，北京大学出版社2009 年版，第427 页。

③ ［德］尤尔根·哈贝马斯：《交往行为理论：行为合理性与社会合理化》，曹卫东译，上海人民出版社2004 年版，第44—50 页。

④ ［美］史蒂文·卢克斯：《权力：一种激进的观点》，第102—116 页。

⑤ ［英］约翰·格莱德希尔：《权力及其伪装——关于政治的人类学视角》，第218 页。

政治势力利用为动员和增加权力基础的工具，并成为国内及地区冲突的来源之一。① 可见，民族、部落与宗教等要素所具有的认同模式，构成了不同社会力量之间斗争与妥协、冲突与联合的分界线。

需要补充的是，在民族关系的形成中，地理、民族和语言等要素的交织构成了一种"与生俱来的"纽带，并具有稳定性和持久性的特点，在国内政治乃至地区政治中发挥着重要作用。其中地理要素能够促进或阻止社会群体的"流动"，决定了政治实体相互影响的能力。特别是在技术条件相对落后的社会中，地理环境在很大程度上塑造了行为体之间的互动能力。② 鉴于地理要素对行为体的互动能力产生重要影响，以及地理与民族等要素紧密交织且共同作用于社会关系与社会结构的形成，因此本书也将其作为内部关系结构的构成要素。对国家内部关系结构的关注与研究，不仅能够加深我们对国内政治集团之间合作与冲突的理解，而且有助于我们了解国内外行为体之间关联的内在动力。

2. 外部关系结构

国内外主要行为体之间的结构性互动关系，通常能够对相关行为体的权力位置，以及地区政治进程产生重要影响。罗伯特·杰维斯曾指出，权力通常并不是来自军事或经济力量，而是来自置身于其中的结构。由三个国家构成的体系其衍生结果很可能支配行为的即时的和直接的效应。③ 这也表明，两个行为体之间的关系常常决定于他们各自与第三方的关系。在本书的分析中，外部关系结构是指行为体的互动关系与相对位置，它由相关国家之间、国家与非国家行为体之间，以及非国家行为体之间的关系而构成。外部关系结构为相关行为体的行动提供了结构性的约束与机会。

---

① ［英］巴里·布赞、［英］理查德·利特尔：《世界历史中的国际体系——国际关系研究的再构建》，第58—290页。

② ［美］查尔斯·蒂利：《身份、边界与社会联系》，谢岳译，上海人民出版社2008年版，第68页。

③ ［美］罗伯特·杰维斯：《系统效应——政治与社会生活中的复杂性》，第215页。

　　在很多情况下，卷入弱国内部争斗的外部国家会由于利益分歧与矛盾而形成对抗性的政策。他们之间的关系不仅影响了对象国的发展进程，而且也限制了各方的行动。比如印度与巴基斯坦之间、沙特阿拉伯与伊朗之间的冲突关系不仅影响阿富汗问题的解决，而且也影响相关国家在阿富汗的利益与政策。换言之，地区冲突的解决，以及相关国家权力位置的变化，与外部介入者的数量及其彼此之间的关系密不可分。另外，在许多第三世界弱国内部，主要的政治或民族集团背后一般都存在支持性的外部力量，这种内外不同行为体之间的复杂关系也在一定程度上决定着地区政治的发展进程。

　　同时，由非国家行为体展开的（跨国）行动与联系也在地区政治舞台上扮演着重要角色。在全球政治变革的进程中，一些跨国行为体正在形成多种权威中心并与国家行为体展开竞争，从而获得了国际关系行为主体的地位与资格，他们之间及其与国家之间的互动模式和过程，构成了国际体系跨国政治的主要内容。[1] 在由众多非国家行为体的联系而构成的复杂网络结构中，非国家行为体的部分权力基础源自其"社会性"，也即他们大多依靠社会性的权威资源来维持其活动的合理性和有效性，尤其是一些跨国暴力团体往往在地方存在深厚的社会根基。比如一些跨国恐怖主义和非法犯罪团体通过社会支持网络在当地社区进行动员、招募、组织和训练等活动，体现了这些（跨国）非国家行为体的社会性。[2]

　　这也表明，内部与外部关系结构之间存在紧密的关联。实际上，内部关系结构与外部关系结构都是在连续不断的实践过程中逐渐塑造而形成的，他们还是在互构中产生的既相互独立又相互作用的部分，并在整体结构中发挥着不同的作用。而关于二者的分析也往往是互为补充和融合的（尽管这并非本书重点）。比如一些国内外集团与派别之间构建的外部关系结构，就需要通过对民族和部落

---

① 王金良：《跨国关系与跨国权威》，法律出版社2012年版，第1—3页。
② 同上书，第66—67页。

等内部关系结构要素的解释才能得到充分的理解。总之，上述内部与外部关系结构各要素能够形成稳定的"结构性"力量，加强或制约着各方的权力势能。

三 关系—结构权力的转化

根据约瑟夫·奈的观点，权力的转化是把潜在的权力资源变成实际权力的能力。[①] 换言之，"转化"意味着权力本身的实现与运用。关系—结构权力的"转化"体现为两个方面：一是通过关系结构的基本要素，互动领域中各行为体的权力位置得到了增强（或制约），使得单个行为体的能力大于（或小于）其本身的力量，而不同行为体的总体能力大于（或小于）单个行为体简单叠加后的力量。二是通过关系结构的基本要素，权力将转移或分化于不同的问题领域。这两个方面经常同时进行，或者说是同一过程的两个层面。关系—结构权力的"转化"以一定的背景条件为前提，且通过内部与外部关系结构的作用而实现。

（一）"转化"的背景条件

汉斯·摩根索说过，当我们谈到国家权力，说此国十分强大而彼国十分虚弱的时候，我们总是暗含着比较。权力概念是一个相对的概念。[②] 换言之，权力不是绝对的，更加不是在真空中发生的，权力的有效运用需要一定的背景条件。前文提到在关系—结构权力的生成中，"领域"限定了行为体之间互动的情境、意义与内涵。大卫·鲍德温（David A. Baldwin）在《权力分析与世界政治：新趋势与旧倾向》中也强调了权力的"范围"（Scope）和"领域"（Domain），也即具体情势分析的重要性。在鲍德温看来，学者之所以在弱国影响强国的问题上预测失效，是因为未能将权力的具体情势考虑在内，或者说，未能认识到国家在某些情势中虚弱，但可

---

① ［美］约瑟夫·奈：《理解国际冲突：理论与历史》（第五版），张小明译，上海人民出版社 2005 年版，第 72 页。

② ［美］汉斯·摩根索：《国家间政治：权力斗争与和平》，第 55—56 页。

能在其他情势中强大的状况。①

　　对"领域"的强调也意味着历史（冲突）背景具有重要性。
在皮埃尔·布迪厄看来，"领域"中社会关系的核心表现是冲突。②
在国际政治和国内政治的实证性检验标准中，冲突的背景或历史条
件被视为规定权力特征的重要因素。在关系—结构权力的生成逻辑
中，构成关系结构的各要素本身的存在是相对静止的，但在一定的
历史（冲突）背景下，结构中各要素的流动和作用被激发，从而使
既定的历史（冲突）背景作为一种动力推动了关系—结构权力的产
生。正如辜学武所强调的背景"状况"对于确认和理解"结构实
力"具有关键作用。换言之，背景状况是权力产生及发挥作用的前
提，关系结构中各要素只有处于一定的背景条件下才能够成为一种
权力资源，从而转化为实际的权力。比如只有在国内、国际政治较
量的历史背景下，阿富汗与巴基斯坦部落社会中"亲缘关系"这种
普通的社会纽带，以及部落山区的地理条件才能够作为权力的资源
而转化为实际的权力，并对博弈中各方的权力位置产生影响。③ 这
也表明，只有在既定的背景条件下，我们才能确认和感知关系—结
构权力的存在。总之，一定的历史背景条件限定了关系—结构权力
的作用范围，是关系—结构权力产生与转化的前提。

（二）关系结构的作用

1. 内部关系结构的作用

　　在关系—结构权力的转化中，内部关系结构的作用主要体现为
三个方面。第一，民族、部落与宗教等要素作为"规范性"与
"权威性"资源通过产生合法性力量而带来某种支配模式，从而加
强或制约着不同行为体的权力位置。一方面，民族、部落与宗教等

---

　　① David Baldwin, "Power Analysis and World Politics: New Trends versus Old Tendencies", *World Politics*, 1979, Vol. 31, No. 2, pp. 163 – 164.

　　② ［美］乔尔·S. 米格代尔：《社会中的国家：国家与社会如何相互改变与相互构成》，第 23 页。

　　③ 辜学武：《结构实力猜想：逻辑与命题》，第 30—33 页。

要素结合而成的"天然"纽带及其情感功能形成"强关系"(即由情感、义务、范围和持久性定义的关系特征),这种关系模式有利于维持团体之间的团结、信任与承诺,而他们共享的身份与信任网络在面临外部威胁时,还往往能够加强共同抵御的力量。① 比如历史上阿富汗国内各集团在面临外部入侵时经常能够搁置分歧、团结一致抵御外敌,而在如今阿富汗的反叛活动中,地方民众基于民族、部落或宗教的一致性而给予部分反叛武装的支持,构成反叛组织动员与招募的不竭动力。另一方面,这种"强关系"还体现在地方非正式制度在大部分民众生活中所扮演的关键角色,即历史制度主义者强调的既定的制度结构对政治互动关系的塑造。② 比如阿富汗地方争端的解决与社会关系的管理大多诉诸传统的风俗习惯法,而非国家官方司法程序,从而使地方传统机构或政治精英在与外界的一些交往中能够获得更多的优势。

第二,通过促进或阻止社会群体的"流动",以及塑造行为体之间的互动能力,地理要素既能够加强地方团体的权力位置,也能够制约竞技场中外部"强者"的权力位置。正如雷蒙·阿隆所说,一些地理位置有利于防守性权力的产生,比如山脉、河流、沙漠和距离便给(外部国家的)征服之途设置了障碍。作为"小国"的自然屏障,其地形条件为共同体提供保护、减少外来干涉的可能性,并加强了其依据空间特征而变化的防守性权力。③ 而辛诺波利(Sinopoli)根据组织理论提出,拥有避难之所将使得分散性组织能够通过集中化(Centralizing)提高战斗效率。④ 比如阿富汗与巴基斯坦边境部落的多山地带,为盘踞于此的诸多武装团体创造了有利的条件。

---

① [美]查尔斯·蒂利:《身份、边界与社会联系》,第70—84页。
② 马雪松:《政治世界的制度逻辑:新制度主义政治学理论研究》,光明日报出版社2013年版,第85—92页。
③ [法]阿隆:《和平与战争:国际关系理论》,第53页。
④ Kaushik Roy, "Introduction: Warfare and the State in Afghanistan", p. 201.

第三，许多国家的民族、部落与宗教等往往与周边邻国有着深厚的渊源，从而为国内外行为体的联系与互动创造了更多的可能性空间。比如基于地缘与民族的亲近性，阿富汗与部分周边邻国的边境地区极易渗透，为国内外武装团体实施跨境袭击、毒品走私等犯罪活动提供了便利。而且部分周边国家对阿富汗国内不同政治集团的支持，也在很大程度上与地缘和民族的亲近性密切相关。总之，在关系—结构权力的转化中，内部关系结构中各要素形成了稳定的社会关系与社会结构，加强或制约着各方的权力势能。

2. 外部关系结构的作用

在关系—结构权力的转化中，外部关系结构的作用主要体现为三个方面。第一，相关行为体通过联盟与合作而获得更多的资源或实现对部分区域的支配，从而改变相关行为体之间的力量关系。比如从历史经验来看，外部大国控制或渗透弱国的一贯做法通常是利用资金收买或设置代理人，而弱国内部不同政治势力为扩大权势范围也竭力寻求外部的支持。在这种关系中，外部大国得以增强对弱国的渗透与控制，而那些受到外部支持的国内派别与集团的权力位置也得到了增强。不过，弱国内部的权力平衡极有可能因此遭到破坏，从长期来看或许并不符合外部介入国家的利益。

第二，行为体通过在关系网络中占据关键位置而获得更多的权力优势。那些处于"中介"位置的行为体不仅能在相互联系的各行为体间传递重要信息，而且能把各种不同的关系结构联结在一起。[①]那么，当行为体参与到更多的关系结构中，该行为体塑造偏好与设置议程的能力也会得到加强。约瑟夫·奈指出，在 21 世纪信息时代，行为体在社交网络中的位置日益成为一种重要的权力资源，能够弥补或利用这些结构性空缺的行为体可以控制其他行为体之间的交流，从而将"位置"转化为权力资源。如上文所述，"如果你与其他朋友的沟通要通过我来完成，那么我就获得了权力"。如果社

---

① ［美］马汀·奇达夫、蔡文彬：《社会网络与组织》，第 32—64 页。

交网络中的边缘节点之间并不直接相连，他们之间的沟通要通过中心点来完成，这种依赖性就会塑造他们的议程。[①] 比如巴基斯坦在推动阿富汗政府与塔利班的和谈中能够起到"中介"作用，从而在综合实力落后于（地区对手）印度的情况下，仍能在阿富汗政治和解问题领域通过增强塑造议程的能力而获得相对优势。

这也表明，当两个行为体处于分歧与对立的关系时，第三方可能由于发挥着"替代选择"与"谈判杠杆"的作用而处于有利位置。进一步来说，当行为体有可行的替代选择或者能够轻易变更联盟的时候，那么它在与对手及潜在盟友谈判时就获得了更多讨价还价的能力，从而处于优势的位置。因此，权力不仅是行为体相对力量（硬权力与软权力）和彼此间关系的作用（关系权力），而且是他们之中每一方与第三方之间现存与可能关系的作用（结构权力）。[②]

第三，关系网络中更多行为体的介入还意味着更多新知识或新技能的注入，从而使得相关行为体的整体能力得到了加强。比如在阿富汗与巴基斯坦边境部落地区，"基地"组织向塔利班反叛组织传授的恐怖袭击和新媒体技术增强了该地区反叛组织网络的能量。总之，外部关系结构为相关行为体的活动提供了结构性的约束与机会，并使原本不相关的行为体联结起来，不断推动着各行为体之间的联盟、分化与重组，增强（或削弱）了相关行为体现实与潜在的权力势能。

此外，随着世界政治日益分裂为不同的问题领域，关系—结构权力还在不同的问题领域之间转化。比如阿富汗反叛组织在军事行动中获得的相对优势能够增强他们在政治和谈中讨价还价的能力，而反叛组织在毒品贸易中获得的收益也为其军事行动增加了更多优势。也就是说，各问题领域是互相渗透、互相影响的。

---

① ［美］约瑟夫·奈：《权力大未来》，第6—24页。
② ［美］罗伯特·杰维斯：《系统效应——政治与社会生活中的复杂性》，第216—223页。

结　语

在本书提出的关系—结构权力中，笔者批判地借鉴了相关学者以"关系"为基础的权力思想和社会学的"社会结构"思想，将关系结构分为体现为国内社会关系与社会结构的内部关系结构，以及强调行为体互动关系与相对位置的外部关系结构。在阿富汗的环境中，前者是指国家内部在时空向度上具有连续性和稳定性的社会关系与社会结构，它主要由民族、部落与宗教等各种规范性要素与权威性资源构成；后者是指行为体之间的互动关系与相对位置，它由相关国家之间、国家与非国家行为体之间，以及非国家行为体之间的关系而构成。在各互动领域中，内部关系结构与外部关系结构分别发挥了不同的作用，增强或制约着关系结构中各方的权力位置。

关系—结构权力与硬权力和软权力不同，但并不否定硬权力和软权力的存在，这三种类型是对权力形式的不同理解，是权力维度的不同层面，他们在相互重叠与交互中共存。"权力在关系中"是一个历史演变过程，[1] 权力理论的发展对国际政治实践的启示在于，只有从多重视角理解权力才能有效地考察那些不符合既定权力政策的结果。

---

[1]　历史越往前追溯，整体性越强，人的社会关系越简单，权力的互动性越弱，权力更多表现为单向的支配权。历史越往前发展，个体性越强，人的社会关系越丰富，权力的互动性越强，权力更多表现为互相影响的过程。权力的演变反映了马克思所说的人类由整体性走向个体性的历史逻辑。参见徐勇《"关系权"：关系与权力的双重视角——源于实证调查的政治社会学分析》，第35页。

第二章　阿富汗的关系—结构权力

在一个越来越由全球化进程所塑造的世界里，政治却越来越走向了地方化。① 现代阿富汗国家的一个显著特点是它存在高度异质化、分裂化的社会。民族在阿富汗国家政治生活中扮演着十分重要的角色，国内许多政治组织以民族②作为分野标准，主要民族在各自主导的传统区域内享有一定的自治权。各民族群体之间的交往形式又受到地理和语言等因素的影响，民族和语言的差异也体现在地理性分配中。阿富汗还是一个以部落为基本结构的国家。作为历史上数次阿富汗战争的主战场，加之其独特的部落文化，普什图部落一直受到国内外学者的关注。普什图部落传统文化指导并管理着民众的社会生活与社会关系，部落与国家之间的关系映射了现代阿富汗国家在大部分时期的国内政治生态及特征。另外，阿富汗伊斯兰教不仅影响着各地区民众的行为方式，而且在国家及地区政治中发挥着重要作用。法兰西斯·福山指出，在一些人看来，宗教是暴力、冲突与社会不协调的主要来源，但从历史上看，宗教也是凝聚社会的源泉，具有加强规范和支撑社区的功能。③ 伊斯兰教为阿富汗人提供了一整套信仰与道德体系，以及约束和调节机制，深刻地影响各地区民众的价值观与行为方式。同时阿富汗各地方权力精英

---

① ［美］曼纽尔·卡斯特：《认同的力量》，第66页。
② 本书的民族是指各个族群，即狭义上的民族，而非作为统一国家的整体民族。
③ ［美］福山：《政治秩序的起源：从前人类时代到法国大革命》，毛俊杰译，广西师范大学出版社2010年版，第37页。

也会利用宗教思想和其他资源来加强政治地位。

2014 年底前，西方国家主要驻阿作战部队撤离阿富汗，阿富汗周边及域外相关国家希望在阿富汗事务中发挥更为积极的作用。这使得各国与阿富汗的关系不可能有完全独立的发展轨迹，他们在阿富汗的行动也无法相互绕开。从国际体系地缘政治来看，阿富汗位于俄罗斯主导下的中亚次安全体系，印度—巴基斯坦安全结构下的南亚安全复合体系，以及以中国为主的东南亚安全复合体系三个地区安全复合体的汇合点。在地区层面，相关国家围绕各自在阿利益形成了多个复杂的三边与多边关系，各国在不同的关系中扮演着不同的角色，他们的对阿政策也受到多边关系结构的制约。在多边关系结构中，各国互为冲突的利益诉求还制约着阿富汗重建进程，他们在阿富汗问题中占据的位置也释放着巨大的合作潜能。与此同时，活动于阿、巴两国的主要反叛团伙相互联系与配合，已在两国境内整合多条战线，对地区安全与稳定构成严峻挑战。在各团伙互为联系的网络中，"基地"组织、哈卡尼网络和"伊斯兰国"极端组织发挥了独特的"桥梁"作用，加上外部势力根据各自利益对部分反叛团伙的支持，使他们获得了强大的反弹能力和组织能量，至今威胁不减。这不仅影响了阿富汗战场的局势，也在某种程度上左右着本地区未来的地缘政治。此外，阿富汗各地军阀不断积聚实力，试图在国家政治中发挥更大的作用。阿富汗现代军阀是国内长期战乱的产物，并在战后国家重建进程中得到发展。在中央政府有效治理严重缺失的情况下，军阀等非国家行为体控制着地方资源配置，提供基本公共产品，并将广大边境与农村地带作为垄断权力的平台。阿富汗中央政府和外部干预者将容纳或扶植主要军阀作为重要（生存）策略，那些拥有强大军事实力的旧军阀被纳入国家政权分享权力，他们占据着政府与安全机构的关键职位并成为国内部分地区事实上的统治者。在阿富汗这样一个部族文化盛行的国家，弱中央政府、强地方势力的格局表现出强大的历史惯性。本章主要探讨了阿富汗内部关系结构与外部关系结构的内容。

第一节　阿富汗的内部关系结构

民族、部落与宗教等要素形成稳定的关系模式和深层次力量，构成了阿富汗内部关系结构的主要内容。他们既影响了国内的政治生态，也扩大或制约了国内外势力之间的联系通道。

一　民族关系

地理、民族和语言的紧密交织，以及普什图族与非普什图族之间紧张的政治关系，对阿富汗政治生态的变化产生了重要影响。作为中央政权极度虚弱的多民族国家，民族在阿富汗国家认同中起到双重作用，并在某种程度上成为影响国家及地区和平与稳定的重要因素。

（一）地理、民族和语言的交织

阿富汗是一个中等规模的中亚内陆国。从地区层次来看，阿富汗地处西亚、中亚、南亚和东亚之间，在古代和现代"丝绸之路"路线中占据着重要位置。作为东西方交通的要冲及南亚次大陆的战略屏障，阿富汗在历史上一直是兵家必争之地、民族迁移之途。① 几个世纪以来，阿富汗不断遭遇来自各个方向的侵略和移民，并经受东西方各种文化的冲击。正如塔米姆·安萨利写道：

> 对阿富汗来说，地理位置是最重要的问题。阿富汗是一个中间地带，是列强之间为争夺比阿富汗更大的赌注而苦苦挣扎的地方。在古代，突厥、波斯与印度文明在此交汇，他们都对阿富汗有所影响，但阿富汗却又那么与众不同。人民在此不断

---

① 黄民兴:《阿富汗问题的历史嬗变》，第15页。

融合，但这片土地从来不是波斯的边疆，也未变成印度北部的一部分。古往今来，介入阿富汗的大国势力不断变化，争夺从未停止，但阿富汗却从未消失。阿富汗非但没有被融合，反而不断从入侵者那里吸收各种因素，将自己塑造成一个有别于邻国和入侵者的实体。[1]

在阿富汗国内，世界上最大的山脉之一兴都库什山自东北向西南斜贯全国。东部和东南部的苏莱曼山是阿富汗和巴基斯坦的分界线，在分布于该山脉的众多山口中，从喀布尔通往贾拉拉巴德到白沙瓦的开伯尔山口（Khyber Pass）具有重要的经济和军事意义。阿富汗北部地区是倾斜山麓平原和阿姆河沿岸平原，东北部是巴达赫尚和瓦罕山地高原，该地区人口稠密，水利灌溉条件良好，而南部地区是大面积高原和沙漠，中部地区是山区与河谷，且地势崎岖、交通不便。[2] 现代阿富汗的首都喀布尔坐落于东部中心地区，是主要民族普什图族、塔吉克族和哈扎拉族分布区的交汇地域；第二大城市坎大哈位于南部中心地区，域内大部分居民是杜兰尼部落普什图人；第三大城市赫拉特位于西北地区，毗邻伊朗东北部和土库曼斯坦南部，它作为文化与经济中心在波斯文化史上具有重要地位；而北部最大的城市马扎里沙里夫主要居住着乌兹别克人，以及部分哈扎拉人、土库曼人等其他民族。[3] 阿富汗其他重要的城市还包括加兹尼、贾拉拉巴德、巴尔赫、巴米扬、昆都士和法拉第。受地形条件影响，阿富汗主要城市均位于边缘地区，各地区之间经济联系薄弱，但与邻国联系十分方便。比如邻近巴基斯坦的喀布尔、贾拉拉巴德，邻近伊朗的赫拉特，以及邻近中亚国家的马扎里沙里夫和昆都士。[4]

---

[1]　［美］塔米姆·安萨利：《无规则游戏：阿富汗屡被中断的历史》，第376页。
[2]　彭树智、黄杨文：《中东国家通史·阿富汗卷》，第4—5页。
[3]　［美］沙伊斯塔·瓦哈卜、［美］巴里·扬格曼：《阿富汗史》，第26—30页。
[4]　黄民兴：《阿富汗问题的历史嬗变》，第19页。

　　阿富汗国内有三十多个民族，主要有普什图人、塔吉克人、乌兹别克人、哈扎拉人、艾玛克人、土库曼人和俾路支人。其中普什图人也称"帕坦人"，主要分布在东部、东南和南部地区，坎大哈是其历史上的中心，包括喀布尔在内的阿富汗中部、东部地区混杂着普什图族和非普什图族多个民族，而在北部地区的普什图人不到当地人口的15%。自18世纪建国以来，阿富汗历代国王和大部分军政要员主要由普什图人担任，他们在国家政治、经济、军事和文化等领域占据主导地位。[1] 阿富汗塔吉克人主要分布于北部地区，其文化程度相对较高，构成了城市地区中等、中上阶层的主体，约占总人口的三分之一，该族还有大量人口居住在塔吉克斯坦，少量居住在中国新疆和伊朗。阿富汗乌兹别克人和土库曼人散居于兴都库什山以北，主要从事农牧业，乌兹别克语和土库曼语均属阿尔泰语系突厥语族。哈扎拉族是阿富汗第三大民族，为蒙古族后裔，主要居住在阿富汗中部地区。[2]

　　阿富汗官方语言普什图语（Pashto，属印欧语系伊朗语族）主要是普什图族使用的语言。另一官方语言达里语（Dari，即波斯语）主要是塔吉克族和哈扎拉族的母语。

表2—1　　　　　　　　　　阿富汗国内主要语言使用比例[3]

语言	达里语（官方语言）	普什图语（官方语言）	突厥语（主要是乌兹别克语和土库曼语）	30余种少数民族语言
比例	50%	35%	11%	4%

---

　　① 杜兰尼部落是普什图部落最大、最重要的分支，1747年至1978年间的阿富汗中央政权一直由杜兰尼家族把持。

　　② Louis Dupree, "Afghanistan", Princeton, 1978, pp. 57－94, 转引自黄民兴《阿富汗问题的历史嬗变》，第16页。

　　③ "The World Factbook 2010", Washington D. C.：Central Intelligence Agency, 2010, p. 5（https：//webvpn. jlu. edu. cn/https/77726476706e69737468656265737421f2f643992b7e60516a0080b88a403021057266af/cgi/pt? id = osu. 32435081986192&view = 1up&seq = 3&size = 150）.

表 2—2　　　　　　阿富汗国内主要民族、语言分布比例①

民族 比例	普什图族 （42%）	塔吉克族 （27%）	哈扎拉族 （9%）	乌兹别克族 （9%）	艾玛克族 （4%）	土库曼族 （3%）	俾路支族 （2%）	其他 （4%）
语言	普什图语	达里语	达里语	乌兹别克语	达里语/ 努里斯 坦语	土库曼语	俾路支语	其他

知识扩展

历史上阿富汗国家语言政策的演变

1747 年，阿赫迈德沙·杜兰尼（Ahmad Shah Durrani）国王以民族（Ethnic）和部落认同为基础建立了现代阿富汗国家。阿赫迈德及其继位者都是普什图族人，但阿赫迈德并未采用倾向普什图语的语言政策。1776 年，其继位者提莫（Timur）将阿富汗首都从坎大哈迁至喀布尔，② 规定达里语为中央王朝的通用语。③ 其后阿富汗不同时期的统治者曾尝试采用提高普什图语地位的政策。19 世纪中叶，埃米尔·舍尔·阿里·可汗（Amir Shir Ali Khan）规定所有军事用语（如军事头衔、军事命令等）需使用普什图语，这一传统至今仍在阿富汗军事领域发挥作用。④

20 世纪 20 年代，阿富汗语言问题的重要性开始凸显。1924 年，在阿曼努拉国王统治下，阿富汗国家宪法文本和政府法规全被翻译成普什图语。1927 年，为促进普什图语言和文学发展，一些著名普什图学者在政府支持下成立了"普什图社团"（Pashto Maraka，或 Pashto Society）。

20 世纪 30—40 年代，阿富汗官方语言问题十分突出。1936 年，阿富汗中央机构规定普什图语为官方语言，全国范围内小学教育需使用普什图语教学；一些达里语报刊标题等也转换成普什图语。1946 年，沙阿·马哈茂德·汗

① BBC（http：//news. bbc. co. uk/hi/english/static/in_ depth/world/2001/war_ on_ terror/key_ maps/ethnic_ groups. stm）.

② 当时喀布尔是印度到中亚地区贸易路线的重要路经之地。

③ Harold F. Schiffman ed. , *Language Policy and Language Conflict in Afghanistan and Its Neighbors：The Changing Politics of Language Choice*, Leiden and Boston：Brill, 2012, pp. 7 - 8.

④ Harold F. Schiffman ed. , *Language Policy and Language Conflict in Afghanistan and Its Neighbors：The Changing Politics of Language Choice*, p. 34.

(Shah Mahmud Khan) 领导的政府重新恢复达里语的官方语言地位。教育部门开始使用双语教学, 即在普什图地区依然使用普什图语教学, 但学生要必修达里语作为第二语言。其他地区需使用达里语教学, 但学生需掌握普什图语作为第二语言。然而这段时期一些政府部门仍大力推动普及普什图语。

1947 年巴基斯坦成立, 随后"普什图尼斯坦问题"产生, 并激起阿富汗普什图民族主义运动发展。20 世纪 50 年代, 阿、巴两国政治冲突激化, 普什图语成为阿富汗反对巴基斯坦的宣传工具。虽然很多政治力量协力推动普什图语发展, 达里语仍是商业、教育、行政等各领域的主要语言。

1963 年, 阿、巴两国恢复外交关系, 阿富汗穆罕默德·查希尔·沙阿 (Mohammed Zahir Shah) 国王任用非普什图人穆罕默德·优素福 (Muhammad Yusuf) 为首相。在 1964 年国家宪法的起草与制定过程中, 各方围绕语言政策展开了持续数日的激烈争论, 争论主要在普什图族和操达里语的其他民族之间展开。最终 1964 年宪法第 3 条规定普什图语和达里语都是官方语言, 普什图语为国家语言;① 第 35 条规定, 国家有责任实施积极政策以推动国家语言的使用。除普什图语以外的其他语言也得到了相应重视。

1978 年 4 月至 5 月, 阿富汗国家语言政策出现重要转变。阿富汗人民民主党革命委员会颁布一系列法令, 规定七个主要民族的语言都是国家语言, 以确认各民族、语言平等地位, 摒弃某种语言的特权地位。另外降低文盲率也是其语言政策转变的一个重要目标。

1992 年以后阿富汗语言问题随民族争端而激化。随后上台的布尔汉努丁·拉巴尼 (Burhanuddin Rabbani) 政府获得的支持主要来自阿富汗北部操达里语和突厥语的少数民族地区。官方大力压缩普什图语的使用空间。阿富汗国歌也由普什图语变为达里语。

1996 年上台的塔利班并未宣布任何语言政策, 但其当政期间普什图语实际上 (首次) 成为政府部门的唯一官方语言。塔利班成员主要在巴基斯坦西北普什图部落宗教学校接受教育和培训, 几乎没有人懂得达里语,② 而且大量阿富汗难民在巴基斯坦生活、学习多年, 乌尔都语在其生活中代替了达里

---

① 所谓"国家语言"主要指第一大民族的语言。

② Harold F. Schiffman ed. , *Language Policy and Language Conflict in Afghanistan and Its Neighbors*: *The Changing Politics of Language Choice*, pp. 35 – 49.

语的角色。由此普什图语和乌尔都语成为塔利班治理国家的主要语言，以及遴选官员的必备条件。这种情况使非普什图人在与政府部门打交道时倍感歧视和恐惧。①

2001 年塔利班政权倒台。2004 年颁布的国家新宪法第 16 条规定普什图语和达里语为官方语言，乌兹别克语、土库曼语、俾路支语、帕沙伊语、努里斯坦语、帕米尔语等在其主要使用地区可作为第三官方语言；巩固和发展各种语言的使用；出版物、广播和电视可使用国内任一语言；第 20 条确定国歌使用普什图语。在 2008 年阿富汗国民大会上，语言争议成为普什图族和非普什图族政治集团激烈讨论的主题。总之，阿富汗历史上国家语言政策的演变涉及复杂的民族与政治问题，且往往是政治较量的结果。

（二）普什图民族主义与非普什图族的政治地位

1. 普什图民族主义

阿富汗普什图民族主义通常被称为"大普什图主义"，主要体现在两个方面。第一个是普什图族对其他民族的歧视与压制。普什图人作为阿富汗的主体民族，是现代阿富汗国家的缔造者，历届阿富汗执政者或官员主要由普什图人担任。历史上普什图族执政者在国家权力与资源的分配或政策制定中倾向于忽视少数民族的利益诉求或敌视其他民族的政治势力，形成了普什图族对国家权力的主导，以及对其他非主体民族的压制。② 即使前总统哈米德·卡尔扎伊（Hamid Karzai）执政时倡导民族平等政策，但非普什图族集团仍将他看成普什图族集团的代言人。③ 长久以来，阿富汗国家政治中存在着非普什图族形成联盟对抗普什图族政治势力的现象，普什图族与其他民族之间的矛盾是阿富汗最主要的民族问题之一。

另一方面，普什图民族主义还体现在"普什图尼斯坦"问题

---

① Harold F. Schiffman ed., *Language Policy and Language Conflict in Afghanistan and Its Neighbors：The Changing Politics of Language Choice*, p. 83.

② 王世达：《从历史的视角看阿富汗民族主义》，《国际研究参考》2013 年第 2 期。

③ Hafizullah Emadi, *Dynamics of Political Development in Afghanistan*, pp. 235 – 236.

上。19 世纪末，英国为了控制从印度进入阿富汗的交通要道，阻止俄国势力向印度方向渗透，英属印度外交秘书莫提默尔·杜兰（Mortimer Durand）通过贿赂等手段于 1893 年 11 月 12 日同阿富汗埃米尔阿卜杜·拉赫曼·汗签署了《杜兰协定》，划定了阿富汗与英属印度之间长达 2180 公里的边境线，俗称"杜兰线"。1947 年巴基斯坦独立建国之际，普什图民族领袖提出建立独立的"普什图尼斯坦国"的要求，并得到了阿富汗的支持。阿富汗和巴基斯坦在这一问题上不时发生纠纷，并加速了两国关系的恶化。[1] 20 世纪 70 年代以后，阿、巴两国关系有所缓和，阿富汗在印、巴冲突中保持中立，但并未改变在"普什图尼斯坦"问题上的立场。在具有多重分裂的阿富汗社会，政治家常常利用"普什图尼斯坦"问题作为激发民族主义、获得广泛支持，以及建立权力基础的工具。[2]

2. 非普什图族的政治地位

历史上，阿富汗普什图族在国家军事、政治、经济和文化等各个领域一直占据着主导地位。近年来，阿富汗非普什图族不断要求在国家政治中发挥重要作用，特别是阿富汗塔吉克族、乌兹别克族和哈扎拉族争取本民族权益的能力及其政治地位获得了显著提升。

20 世纪 90 年代，阿富汗塔吉克人在总统布尔汉努丁·拉巴尼和国防部部长艾哈迈德·沙阿·马苏德（Ahmad Shah Massoud）的领导下主导了阿富汗中央政府。在卡尔扎伊政府成立之后，塔吉克人仍在政府、警察与军队中发挥着强大影响力。这种情况导致大量普什图人对卡尔扎伊政府十分不信任，阿富汗反对派甚至将普什图族的卡尔扎伊总统形容为"北方联盟"的"傀儡"。另外阿富汗塔吉克人属伊斯兰教逊尼派，他们与伊朗什叶派使用共同的语言达里语，并受到伊朗与俄罗斯等国的支持。作为国内主要的政治力量之一，阿富汗塔吉克人建立了以本民族为主体的

---

① 张敏：《阿富汗文化和社会》，第 276—280 页。
② 王世达：《从历史的视角看阿富汗民族主义》，第 15 页。

"伊斯兰促进会"和"变革与希望"联盟。塔吉克族领导人阿卜杜拉·阿卜杜拉（Abdullah Abdullah）在 2014 年当选为阿富汗中央政府首席执行官。

从 1880 年到 1980 年间，阿富汗乌兹别克人被普什图人视为二等民族，他们和哈扎拉人只能获得政府和军队中最低级的职位。在苏联入侵期间，阿富汗共产党政权采取了一些支持乌兹别克人的措施，如设置乌兹别克语报纸、允许学校和政治活动使用乌兹别克语等。当时，拉希德·杜斯塔姆（Rashid Dostam）将军领导的乌兹别克族武装成为支持共产政权的力量之一。1997 年至 1998 年，拉希德·杜斯塔姆被塔利班政权驱逐后与土耳其国家情报机构（MIT）建立了联系。2002 年以后，北约成员国土耳其大力支持阿富汗乌兹别克族居住区域内的学校、医院和道路建设。2009 年回国后，拉希德·杜斯塔姆重新成为阿富汗国家军队中的主要负责人（现为阿富汗第一副总统），并获得阿富汗乌兹别克人的大力支持——他们乐于在国家政权中获得哪怕只是象征性的位置。乌兹别克人成立的"伊斯兰民族运动"是阿富汗国内主要党派之一。[1] 阿富汗乌兹别克族属于逊尼派穆斯林，但相对更具世俗性，目前中央政权的稳定与国家重建得到了他们的支持。

阿富汗哈扎拉人多具有东亚人的体貌特征，属于什叶派穆斯林，他们在历史上常因其宗教或民族背景而遭受迫害。[2] 在阿富汗共产党政权时期，哈扎拉人苏丹·阿里·基什特曼德（Sultan Ali Kishtmand）就任政府总理，这是哈扎拉人历史上第一次踏进阿富汗高层政治。为了在与其他民族集团的斗争中取得优势，哈扎拉人团结起来创建了以阿卜杜勒·阿里·马扎里（Abdul Ali Mazari）为首的"阿富汗伊斯兰统一党"，并在 20 世纪 90 年代与拉希德·杜斯塔姆的乌兹别克武装和艾哈迈德·沙阿·马苏德的塔吉克武装结

---

① Brian Glyn Williams, *Afghanistan Declassified*: *A Guide to American's Longest War*, Philadelphia: University of Pennsylvania Press, 2012, pp. 28 – 34.

② ［美］沙伊斯塔·瓦哈卜、［美］巴里·扬格曼：《阿富汗史》，第15—16 页。

盟对抗普什图族势力。"9·11"事件后,"北方联盟"哈扎拉族领导人穆罕默德·卡里姆·哈利利(Mohammad Karim Khalili)和穆罕默德·莫哈奇克(Mohammad Mohaqeq)帮助美军解放了马扎里沙里夫、巴米扬和哈扎拉贾特高地。2001年以后,哈扎拉人受到了卡尔扎伊政府的保护,卡里姆·哈利利还被任命为副总统。阿富汗塔利班在执政时期曾对哈扎拉人施以残酷的压迫。在后塔利班时代的阿富汗,哈扎拉人始终是阿富汗军队中打击塔利班反叛分子的可靠力量。目前尽管哈扎拉人的政治地位获得了相对提升,但他们受歧视的现象并未得到根本改变,比如哈扎拉人相对很难进入大学或在喀布尔政府中任职,他们的聚居区获得的发展资金也相对较少。[1]

(三)民族在国家认同中的作用

安东尼·马克斯(Anthony Marx)将民族主义定义为:"一种集体的情感或身份,它将个人凝结在一起,这些个人分享着大范围内政治团结的意义,旨在创建、合法化或挑战国家。"[2]这意味着,民族在国家认同和国家统一中的作用是双重的,它既可能促进国家内部的融合,也可能导致进一步的分裂。民族对国家认同的影响也并非直线性的,民族与其他要素互相影响与制约。民族认同与国家认同的形成遵循不同的逻辑,尽管现实中二者在经济、政治和地理层面存在相互依赖的关系,但在多民族国家中,尤其是对于缺乏强大中央政权的国家,民族认同与国家认同之间的张力关系不仅作为现实而存在,同时更被视为需要解决的问题而予以关注和研究。

1. 地理、民族和语言对国家统一的影响

美国学者曼纽尔·卡斯特(Manuel Castells)曾指出:

---

① Brian Glyn Williams, *Afghanistan Declassified: A Guide to American's Longest War*, pp. 37 – 39.

② [美]查尔斯·蒂利:《身份、边界与社会联系》,第190页。

　　民族性尽管是我们社会的基本特征，尤其是歧视和耻辱的根源，但它不会依靠自己来产生出共同体。毋宁说，它很可能融入了宗教、民族和地域性，用来增强这些认同的独特性。这些文化共同体的建构并不是任意的，而是以历史、地理、语言和环境等原材料为基础。①

　　阿富汗是多语言、多民族国家，语言和民族的分布与特定的地理区域相关，各群体间的交往形式也受地理和语言因素影响。比如主要活动于阿富汗南部、东南部和巴基斯坦西北部落地区的普什图族阿富汗塔利班领导层大多不会讲达里语，从而限制了他们与国内其他民族团体的交往。又比如那些生活在边缘地区、不受中央政府控制的贫穷普什图人认为自己严格遵守普什图部落法则，属于真正的普什图民族，而在较为富裕地区（尤其在白沙瓦或坎大哈周围的灌溉平原地区）的普什图人对民族认同和民族地位并无强烈要求，城市地区的普什图族精英和中产阶层民众倾向于接受达里语文化。对于非普什图人而言，共同的地域相对更为重要，与生活在不同地区却具有相同民族的居民之间相比，生活在同一地区却有着不同民族的居民之间更为团结。②

　　那么，阿富汗地理、民族和语言分布的情况是否加强了地缘政治结构下统一国家的离心力呢？根据科恩的描述，在国家层面上存在的离心力与向心力都与领土属性的生物性心理感受有关。离心力是政治分裂的动力，它驱使某一民族寻求可能将不同政治制度、语言、文化或宗教等强加于他们的"他者"从领土上分开。在这一背景下，具有明确边界的空间充当了界定和保护的功能。而向心力是促进政治团结的动力，它通过与某一特别领土不可分割的感受而得到加强。科恩还认为，在某一地域中，分裂力量可能占主导作用，

---

　　① ［美］曼纽尔·卡斯特：《认同的力量》，第70页。
　　② Brian Glyn Williams, *Afghanistan Declassified: A Guide to American's Longest War*, pp. 17-57.

而在另一地域中团结力量可能居于主导地位，阿富汗的情况应属于前者。特别是地理上的离心力驱使某些人群（尤其是普什图族）试图从国家中退出以保护、提高其独特身份。对于那些拒绝接受或被拒绝在文化及民族同化之外的移民和难民，离心力的作用同样明显。[①]

与科恩的观点不同，万达·费尔巴布·布朗（Vanda Felbab-Brown）提出阿富汗国内的"离心力"作用并不十分明显。他认为虽然阿富汗中央权威有限，民族与部落因素也十分重要，但来自各个民族和部落的阿富汗人实际上都存在某种程度的国家认同感，历史上的阿富汗内战也基本围绕着对中央政权的争夺，以及中央与地方的关系而展开。阿富汗国内很少发生分离主义运动，而且几个世纪以来杜兰尼普什图人一直是国家政治中的主导力量，因此普什图族并不具有明显的分离倾向。[②] 亚历山德罗·蒙苏蒂（Alessandro Monsutti）的观点也具有一定的代表性。他认为信任与不信任的关系在阿富汗民众的生活中往往互相重叠，且十分不稳定。特别是基于信任与合作、团结与保护的联结还超越了社会团体与国家的边界。尽管阿富汗社会与政治的高度分裂导致了国家凝聚力难以形成，然而这种跨越社会团体与国界的"联结"抑制了大型对抗性集团的出现，从而也避免了国家的分裂。[③] 在笔者看来，万达·费尔巴布·布朗和亚历山德罗·蒙苏蒂的观点更符合阿富汗社会的多样化现实。不过，虽然阿富汗地理、民族和语言的交织及分布情况并未加强地缘政治结构下统一国家的离心力，但加剧了社会的"碎片化"，阻碍国家认同与中央权威的构建。

---

① ［美］科恩：《地缘政治学：国际关系的地理学》，严春松译，上海社会科学院出版社 2011 年版，第 39 页。

② Vanda Felbab-Brown, "The Predicament in Afghanistan", in Seyom Brown, Robert H. Scales ed., *US Policy in Afghanistan and Iraq: Lessons and Legacies*, pp. 143 – 144.

③ Alessandro Monsutti, "Trust, Friendship and Transversal Ties of Cooperation Among Afghans", in Conrad Schetter ed., *Local Politics in Afghanistan: A Century of Intervention in Social Order*, pp. 159 – 161.

2. 民族认同与国家认同的张力

曼纽尔·卡斯特认为，"认同（Identity）是人们意义与经验的来源。"[①] 认同具有归属感和身份感的含义，涉及心理层面上个体与他者的关系。将民族与国家纳入认同的概念并探讨二者之间的关系，实际上解释的是个体对所属民族和国家的归属认知与情感依附的程度。

民族认同以长期共同的历史为前提。民族并不是为了服务于权力机器而建构出来的"想象的共同体"，它是人们共同历史的产物，是区别"我们"与"他们"的重要因素。[②] 民族认同的形成过程非常复杂，从根本上讲，民族认同属于文化认同，语言、地理等因素属于这种文化联结的原生性要素来源，他们联结着民族内部个体间的认知与情感。而国家认同是公民对所属国家的认同，属于政治认同，它使具有不同民族、宗教和阶级的个人将政治忠诚集中于统一的国家。如果民族认同的形成是与生俱来的话，那么国家认同的形成过程则复杂得多。国家需要通过语言、文化、宗教、历史、节日等符号来调动人们共属一体的想象，以本尼迪克特·安德森的话来说，是以"共谋"的方式加入想象、创造和记忆国家的过程，努力把国家的客观现实和悠久的历史联系起来。[③] 因此，国家认同需要建构。

阿富汗的民族认同与国家认同之间存在"融合"与"分裂"两个方面。一方面，自19世纪末以来，面对地方反叛力量和外部干涉力量的双重威胁，阿富汗统治者致力于促进国家统一、加强国家认同与激发民族热情的政治目标，并为此采取了相应的政策，比如建立统一的政府机构与地方建制，不断强化政府的行政能力；逐步加强对部落的控制；向北方和其他地区迁移普什图居民；吸收不

---

① ［美］曼纽尔·卡斯特：《认同的力量》，第5页。

② 同上书，第56页。

③ ［美］本尼迪克特·安德森：《想象的共同体——民族主义的起源与散布》（增订版），吴叡人译，上海人民出版社2012年版，第138—140页。

同民族的成员进入政府机构和军队；发展统一的国民文化，促进统一的国民意识形成；以及确立达里语和普什图语的官方语言地位等。另外，社会经济和文化方面的发展，反对外国侵略的共同历史，以及"普什图尼斯坦"运动等民族主义事件，都为超越民族或部落忠诚的阿富汗国家认同的构建奠定了基础。另一方面，阿富汗崎岖的地形和恶劣的气候、历史上延续下来的落后的经济和社会发展、突出的社会多元化事实、深刻的城乡差距、强大的部落结构、普什图族统治集团的优越地位，以及某些政策上的失误等，均妨碍了国家认同的健康发展。① 特别是普什图族对其他民族的疏远和压制，以及常年的内讧与战争，导致阿富汗难以实现统一的文化与强大的中央政府。

阿富汗普什图统治者拉赫曼于 1895 年成功地确立了地区政治自治和统一的中央政权，但拉赫曼之后的继位者未能维持中央集权的稳定。② 曾以伊斯兰教为旗帜的抗苏运动也未能团结阿富汗人并建立和平的国家，而始于 1992 年的阿富汗内战以民族分裂为标志，反过来继续分化着普什图族（以塔利班运动为代表）和其他民族（以"北方联盟"为代表）之间的关系，③ 并成为当代阿富汗主要民族问题之一。

需要注意的是，民族因素在阿富汗国家政治中的作用具有一定的局限性。首先，民族身份在相对和平时期并不十分显著。从政治层面来讲，阿富汗的民族更多是作为描述性术语而存在，大多数民众的首要忠诚是基于亲缘、村落、部落和宗教等地方性结构。各民族内部的通婚、双语体系和政治联盟的形成也通常超越了民族性。而且，大型民族集团内部的政治凝聚力很低，普什图人内部也存在

---

① 黄民兴：《阿富汗问题的历史嬗变》，第 145—147 页。

② Thomas Barfield, "Afghanistan's Ethnic Puzzle: Decentralizing Power Before the U. S. Withdrawal", September/October 2011 Issue（http://www.foreignaffairs.com/articles/68204/thomas-barfield/afghanistans-ethnic-puzzle）.

③ Paula I. Nielson, "Afghanistan's People, Religions and Languages", August 31, 2010（http://www.everyculture.com/A-Bo/Afghanistan.html#ixzz2WfhYI3yr）.

严重的分裂，除非面临其他敌对民族集团或在抵抗外部侵略时，他们才能跨越民族内部分歧而联合起来。目前阿富汗中央政府的统治联盟由多个民族构成，体现出一定的灵活性。其次，民族冲突具有政治性。在很多情况下，阿富汗各民族或地区集团的动员与集结更多体现了实用主义而非民族主义意识形态。民族冲突中各集团的目的也主要是控制政治、经济和军事资源。可见，阿富汗国内的分裂是多层面的，民族身份认同并不总是发挥重要作用。①

亚历山德罗·蒙苏蒂也注意到民族因素在解释阿富汗社会、经济与政治生活中的局限性。他认为，尽管政治精英常常利用民族主义进行动员，但在阿富汗不确定的社会环境下，团结与保护来源的重叠与多样化，以及跨界联系的重要性，致使同一家族与团体内部的团结与竞争（敌对）并存，而最成功的往往是那些具有多种政治忠诚与经济来源的个体。换言之，阿富汗人的认同并非定居不变，它会随着跨越社会团体边界，以及融入其他团体而发生变化。② 阿恩·斯特兰德（Arne Strand）通过田野调查研究后也得出，阿富汗地方冲突主要源于土地、水资源、财产和女性等。民族因素既不是地方冲突的主要原因，也不能为冲突的解决提供任何保障。③

上述观点揭示了阿富汗地方社会的现实，表明民族关系在国内政治联盟或冲突中的作用存在限度。然而从阿富汗国家政治发展过程来看，主要政治集团的形成及其诉求基本以民族为分界线，国家政治中的主要矛盾与症结也大多围绕民族关系而展开。而且在与外部世界的关系上，阿富汗民族的"融合"与"分裂"作用也体现得颇为明显：当遭遇外部势力入侵时，民族关系是阿富汗团结一致

---

① Thomas Barfield, "Afghanistan's Ethnic Puzzle: Decentralizing Power Before the U. S. Withdrawal".

② Alessandro Monsutti, "Trust, Friendship and Transversal Ties of Cooperation Among Afghans", pp. 147 – 153.

③ Arne Strand, "Perspectives of Local Violence Revenge, Mediation and Conflict Resolution", in Conrad Schetter ed., *Local Politics in Afghanistan: A Century of Intervention in Social Order*, p. 234.

抵御外敌的强大动力；民族关系为外部大国插手与干预阿富汗国内事务提供了机会。

二　普什图部落

在广大的普什图族部落农村地带，普什图部落法则与传统机构管理着地方民众的生活与社会关系，而普什图部落与国家之间的关系不仅标志了现代阿富汗国家发展的历史进程，也反映了阿富汗独特的社会与政治结构特征。

（一）普什图部落结构与文化

1. 普什图部落结构

阿富汗是以部落为基本结构的国家，独特的普什图部落文化深刻影响民众的活动。普什图部落作为当今世界最大的部落群体，其人口数量在阿富汗和巴基斯坦境内分别占约五分之二和五分之三。阿富汗普什图部落又分为六大集团，最强大的部落集团分布于东南部地区。[①]

普什图部落社会关系具有继替性和延续性。对于大多数普通的普什图人来说，他们获得支持与保护的途径是家庭和亲属网络，其中父系血缘关系是界定普什图人身份或权力的重要原则，普什图男性会面临堂兄弟在婚姻及财产继承方面的竞争。在这种环境下，年轻人不得不学会自我保存的生存方式。[②] 在忠诚度方面，普什图族成员的忠诚度沿部落结构从底层的家族至顶层的民族和国家依次减弱，但当其中某一层受到外部威胁，那么这一层的忠诚会向外延展。比如一些分支部落会因土地、水资源等联合起来与其他部落展开斗争；延伸到国家层面，当外部势力入侵时，所有的家族、胞族

---

① 主要的部落联盟是杜兰尼部落和吉尔查依部落。Louis Dupree，"Afghanistan"，Princeton，1978，pp. 57 - 94，转引自黄民兴《阿富汗问题的历史嬗变》，第16—17页。

② Peter Tomsen，*The Wars of Afghanistan：Messianic Terrorism，Tribal Conflicts，and The Failures of Great Powers*，pp. 54 - 55.

和部落将联合起来打击入侵者。[①]

　　部落成员由于拥有共同的祖先、领导者或土地而结合在一起，每个成员只对本部落负有必然的义务，对其他部落则采取不认同的态度。一般来说，普什图部落集行政、生产与军事单位于一身，每个部落都在自己的地域内拥有独立的管理体系。普什图族长期保留了以传统家族关系为基础的部落军事结构，其职能是参与各统治者的军事征服或与其他部落作战。同时，各部落内部也形成了不同的联盟，他们之间互相斗争，在各自占领的土地上反对和排挤外来的统治者。[②] 各部族[③]间矛盾重重，甚至经常发生组织分裂和内部冲突的情况。[④] 还有一些（尤其是南部地区）部落由于规模过于庞大而难以产生统一的领导人，以及做出统一的政治决定。[⑤]

　　在普什图部落内部，部落首领在地方上拥有至高无上的权力，统辖一切事务。部落首领还为其追随者提供款待、恩惠、报酬和礼物等，使追随者产生负债感和依赖性，这种非理性款待的目的是赢得其他人的支持，表明政治地位对于普什图人的重要性。[⑥] 在很多情况下，部落首领还需要得到其他部落的支持或形成部落

---

　　① 对于不同民族的部落而言，普什图族部落最为完整，塔吉克族部落已经消失，土库曼族和乌兹别克族等非普什图民族也存在部落，而且诸如艾玛克族、哈扎拉族和乌兹别克族的部落首领在各自区域内通常比普什图部落首领更有影响力。普什图人与非普什图人的关系受到通婚规则、语言、宗教差异和经济交易等方面的限制，通常普什图人体现出一定的优越性。参见 Richard Tapper ed. , *Tribe and State in Iran and Afghanistan*, London and New York：Routledge，2011，pp. 42 – 44。

　　② 张敏：《阿富汗文化和社会》，第173—175页。

　　③ "部族"是由若干氏族或部落组成的群体。参见刘青建《当代国际关系新论》，清华大学出版社2004年版，第176页。

　　④ 刘温国、郭辉：《强弩之末——前苏联入侵阿富汗秘闻》，第202—203页。

　　⑤ 比如普什图族努尔扎伊（Nurzai）部落（从坎大哈延伸至赫拉特地区）地方分支部落领导人之间的激烈竞争曾导致该部落在国家议会选举中失去许多席位。参见 Thomas Ruttig，"How Tribal Are the Taliban? Afghanistan's Largest Insurgent Movement Between Tribal Roots and Islamist Ideology"，in Wolfgang Danspeckgruber ed. , *Working Toward Peace and Prosperity in Afghanistan*，pp. 146 – 150。

　　⑥ ［美］巴特：《斯瓦特巴坦人的政治过程——一个社会人类学研究的范例》，黄建生译，上海人民出版社2005年版，第16—33页。

间联盟以对抗敌对的部落势力。然而，任何想在分散的联盟网络体系中发展为强大集权单位的企图都会受到各种限制并招致最终的覆灭。①

美国外交官、阿富汗问题专家莱昂·波拉达（Leon B. Poullada）曾将阿富汗国内冲突分为五种情况：一是部落内部个人之间的冲突，并通常在堂兄弟之间展开。二是部落内部不同分支之间的冲突，比如19世纪杜兰尼部落分支博帕尔扎伊（Popalzai）和巴拉克扎伊（Barakzai）部落之间的王位争夺战。三是相同民族的部落间冲突，比如（普什图）杜兰尼部落和吉尔查伊部落之间的竞争。四是不同民族的部落间冲突，比如哈扎拉族和普什图族之间的冲突。五是单一或多个部落的联盟与喀布尔统治阶层之间的斗争。②

总之，阿富汗普什图部落结构的一个重要特点是内部充满分歧和斗争，矛盾错综复杂，虽然血缘关系的远近确定部落（及部落之间）的相互关系，但各团体也会根据现实利益与形势变化而改变立场和联盟，同时他们在面对外来者时也常常能团结起来一致对外。

2. 普什图部落文化

普什图部落文化主要体现在两个方面：一是普什图部落道德与行为准则"普什图瓦里"（Pashtunwali），二是支尔格（Jirga）和舒拉（Shura）等传统议事机构。"普什图瓦里"是在继承古老的风俗习惯和民族传统的基础上形成的一套严厉但又没有成文的约定俗法，其主要原则有：为寻求帮助的客人提供热情的款待和庇护所；坚持公正并为犯罪和侮辱而复仇；保护女性/家庭和财产；保护家乡及个人独立。其中，荣誉是普什图族男性关注的焦点，捍卫荣誉的争斗成为考验男人能否担任部落首领的试金石。而能够成功地捍

---

① ［美］巴特：《斯瓦特巴坦人的政治过程——一个社会人类学研究的范例》，第178—183页。

② Peter Tomsen, *The Wars of Afghanistan: Messianic Terrorism, Tribal Conflicts, and The Failures of Great Powers*, p. 57.

卫荣誉的手段是报复，长期面临他人报复的威胁成为考验与衡量政治技能与军事实力的一个标准。①

普什图行为准则通过调和受害者的需求和侵犯者的责任，强调恢复部落的和谐与和平，其实质是"恢复性"公正，而非"惩罚性"公正，这也是它与官方司法体系的本质差异所在。在"普什图瓦里"结构下，部落集体权利比个人权利更重要。比如将女子作为犯罪行为的赔偿品在部落内部是合理、可接受的，它有利于避免单独的争斗事件升级为全面的部落间冲突。尽管普什图部落行为准则的统一界定并非对每个地区的所有层面都同样适用，但对于大多数普什图人来说，每个家庭之间都有一张由亲属和邻里关系编织而成的关系网，每个人都被置于这张关系网的某个具体结点上，并能用恰当的词语来描述自己所归属的关系范畴，该范畴界定并解释了他对别人的各种依赖关系。②

一般而言，"普什图瓦里"的精神深嵌于部落决策机制支尔格和舒拉中。支尔格和舒拉是阿富汗人使用的主要地方传统议事机构。在政府虚弱或缺失的地区，支尔格和舒拉填补了地方政治与行政真空，而且与官方机构相比，阿富汗人认为这两个传统机构更易于接触、更有效率、更少腐败也更值得信任。在一些地区，很多普什图人对支尔格和舒拉这两个机构的差别感到疑惑，并经常对两个术语交替使用。

支尔格源自土耳其语，意为民众的聚集，它是普什图族部落首领聚会讨论或决定本部落重大事务的传统会议形式，也是为解决公共争议而临时特设的机构，有时它也处理地方部落与政府之间的争议，其功能主要是解决冲突、维持社会秩序，以及安排共同防御或发展项目等集体行动。英国历史学家埃尔芬斯通（Mountstrutat

---

① ［美］巴特：《斯瓦特巴坦人的政治过程——一个社会人类学研究的范例》，第118—123页。

② 同上书，第4—5页。

Elphinstone）将支尔格形容为普什图部落的政府。① 在支尔格通过的决定对整个部落具有约束性、权威性。支尔格在原则上是平等的，每个成员都有发言权，其最终决定需要参与者取得共识，它召开的形式和构成则取决于具体争议的性质。② 按照相同原则和方式而召开的全国性协商会议被称为"大支尔格会议"，即"大国民会议"。当国家或民族面临重大事件，如修改宪法、确定社会改革方针、决定战争与和平或采取重大外交行动等，需要事先听取全体国民意见并制定决策时，国家元首或政府会出面召集"大支尔格会议"。③

舒拉是阿富汗抗苏战争时期由试图影响部落决策的穆斯林军事指挥官引进的地方性议会或咨询机构。几乎所有部落地区都有舒拉，由宗教学者组成的舒拉被称为乌理玛舒拉（Ulema Shuras）。与支尔格的"暂时性"不同，舒拉的设立更为持久，其功能主要是处理财产、家庭和商业纠纷。另外，"普什图瓦里"内部还有一种被称为奥巴凯（Arbakai）的机制，普什图语原意为"保卫者"，它是一种以部落为基础的半警察机制，并被看作支尔格和舒拉的行政分支。具体而言，奥巴凯属于阿富汗东南部省份的传统部落机制，其机构的规模和任期有限，往往处理一些与部落利益有关的具体问题，比如实施支尔格或舒拉的决议，维持法律和秩序，以及保护部落边界不受侵犯等。近年来，传统上由本地部落资助的奥巴凯获得了政府和西方国家的支持。④

随着时代发展，支尔格和舒拉的角色体现出一定的脆弱性和不

---

① Farhat Akram, "The Involvement of Jirga System and Role of Community Based Councils in Reconstruction of Afghanistan", in Arpita Basu Roy, Binoda Kumar Mishra ed., *Reconstructing Afghanistan: Prospects and Limitations*, pp. 259 – 260.

② 支尔格内部主要包括部落长老、毛拉等权威人物。目前阿富汗地方支尔格受到政治派别、军阀、武器和金钱等因素影响，在广大农村的实践中体现出不平等的一面。参见 Wazhma Frogh, "Dispute-Resolution Mechanisms", in Wolfgang Danspeckgruber ed., *Working Toward Peace and Prosperity in Afghanistan*, pp. 79 – 81。

③ 张敏:《阿富汗文化和社会》，第 178 页。

④ Susanne Schmeidl, "Engaging Traditional Justice Mechanisms in Afghanistan", pp. 153 – 158.

连贯性。20 世纪 70 年代阿富汗政变，以及随之而来的多年战乱、大规模移民和国家衰败，使传统的社会与政治关系遭到削弱和破坏，一些地区传统机构或丧失权威，或被新的地方强人控制。与此同时，学习现代技术和知识的阿富汗人逐渐增多，现代化因素也日益渗透部落内部。不过，虽然传统部落机构在国内冲突和现代化的双重冲击下经历了一定程度的变化，但在政治动荡和经济衰退时期，传统机构中的古老规则作为一种反弹也在经历着复兴。[①] 在阿富汗广大农村地带，以"普什图瓦里"为主要内容的传统风俗习惯法处理着约 80% 以上的争议案件。[②] 普什图部落法则与传统机构仍具有一定的弹性和稳定性。

（二）普什图部落与国家的关系

当世界上大多数国家与地区在几个世纪中历经沉浮，阿富汗部落地区在很大程度上依然保持了古老的政治边界和社会、文化传统。乔尔·米格代尔认为，部落的特殊符号性意义使之在现代世界中将继续作为一个重要结构而存在，研究 20 世纪部落变迁的实质需要思考它和国家的关系。[③] 将部落与国家置于同一分析框架内，这里的"国家"已不具有国际法意义上严格的国家含义，特别是在

[①]　目前很多阿富汗地方部落传统机构依然主要由部落长老领导，但已有越来越多受过教育的阿富汗人（如工程师或教师）在传统机构中负责处理外部事务，比如与外国人接触或申请、实施相关的项目等。参见 Thomas Ruttig, "How Tribal Are the Taliban? Afghanistan's Largest Insurgent Movement Between Tribal Roots and Islamist Ideology", pp. 150 – 152。

[②]　但阿富汗的传统习惯法也存在一些问题，比如有利于男性（精英），女性经常受到歧视并被排除在体制之外。而在正式的官方司法机构中，与女性相关的案件更容易得到公正审理。而且传统习惯法的有效性也取决于部落的凝聚力。如果部落结构的权力是碎片化的，那么其共享的观念和态度也是分裂的。这种情况容易导致地方军阀利用支尔格或舒拉作为控制民众的工具。此外，传统司法机构的费用主要包括保证费（Machalga 或 Baramta）、调解费（Khalat），以及食物和交通等其他费用，这些费用也给穷人带来负担。最后，以部落为基础的传统习惯法通常无法有效解决不同民族或宗派的部落间冲突。对于普什图部落文化的介绍，参见 Susanne Schmeidl, "Engaging Traditional Justice Mechanisms in Afghanistan", pp. 160 – 163。

[③]　［美］乔尔·S. 米格代尔：《强社会与弱国家：第三世界的国家社会关系及国家能力》，第 121 页。

国家与社会严重分离的地区，"国家"实际上成为中央权威所及范围内与部落相对立（或平行）的存在。

阿富汗普什图部落民主要依靠部落体系来维持社会生活的管理，但部落地区在国家官方政治体系中所处的位置也影响了部落民的政治活动形式。对于国家来说，部落不但是具有反叛倾向的摧毁性因素，同时也是国家得以存续的重要原因。归纳起来，阿富汗国家与部落的关系主要体现在如下几个方面。

第一，国家对部落实施"间接统治"。历史上的阿富汗统治者从未对传统部落社会取得过压倒性优势，统治阶层历来视部落为中央政权的一大隐患。自1747年阿富汗统一王国杜兰尼王朝建立开始，被称为"祖国之父"的阿赫迈德国王依赖部落首领的配合治理国家，各部落首领保持相对的独立。自此，为避免部落叛乱的威胁，获得部落首领的支持成为阿富汗历任统治者保持地位的关键。[1] 在19世纪杜兰尼家族统治时期，阿富汗形成了"间接统治"形式，即在政府界定的范围内，部落被允许享有一定程度的自治。阿富汗国家既依赖于部落的支持，如部落提供的税收、粮食或军队招募等，同时国家也将部落视为破坏性因素，如部落倾向于开展武装反叛活动等。国家对部落的控制取决于政府的能力，以及政府与部落集团的接触。如果国家机构持续虚弱，部落就能保持相对优势且容易发展强大的部落联盟与之对抗。[2]

一般而言，国内地理位置和交通条件的限制，部落间松散的联系，不同部落的习俗、语言和血缘关系的差异等，使得部落与国家通常不直接联系，而是通过某种跨地区的政治或宗教机构等"中间结构"进行互动。[3] 在这种"间接统治"形式下，阿富汗国内形成了多层次的"庇护—附庸"（Patron-Client）关系。罗伯特·帕特南

① Peter Tomsen, *The Wars of Afghanistan*: *Messianic Terrorism*, *Tribal Conflicts*, *and The Failures of Great Powers*, pp. 34 – 35.

② Richard Tapper ed. , *Tribe and State in Iran and Afghanistan*, pp. 49 – 52.

③ Ibid. , pp. 4 – 9.

（Robert D. Putnam）指出，附庸制是社会缺乏有机联系的产物，它作为唯一显示出实际运转活力的社会联系维持了社会的分裂和无组织状态，在这种联系中，人们的联合只是出于需要而非建立在相互信任的基础上。换言之，由于合法性权威的缺失，庇护—附庸关系成为凝聚社会的力量。[①] 在阿富汗，地方权力斗争频繁，大多数政治精英不断寻求军事与经济资源强大的潜在盟友，从而形成了地方精英与外部力量（包括中央）之间的庇护—附庸关系。对于前者来说，参与到资助体系（Patronage）网络能够使他们获得资源和特权地位；对于后者而言，其影响力和控制力能够借此渗透到更多地区。另外，"庇护—附庸"关系是相对的、多层次的。在与外国、国家（中央）或较高阶层的关系中，地方精英是"被庇护者"，而对于地方民众而言，地方精英则是"庇护者"。"庇护"不仅意味着征服，还意味着具有提供社会公共产品的义务。在西方国家，"庇护—附庸"关系通常被视为国家低效的标志，且难以维系社会信任与合作，但这种非对称的权力关系对阿富汗现代国家的构建具有一定的启示意义。[②]

　　第二，部落与国家的互动方式还取决于部落抵抗国家"渗透"的意志、态度与策略。理查德·特波（Richard Tapper）认为，国家控制是部落政治结构形成的重要因素，但国家的影响还取决于其方式如何被部落民"内化"和反应。部落对国家的自愿服从需具备一定的前提条件，如政府允许部落模式的存在，并通过设置首领（或代理人）实施间接统治等。如果政府有意采取摧毁部落结构的激进措施或强制将部落民融合到其他地区，那么部落抵抗就很可能发生。部落可能通过部落联盟的形式进行武力对抗，也可能采取非暴力的抵制方式，如拒绝承认政府在部落中设置的首领。另外，边

---

　　① ［美］帕特南：《使民主运转起来》，王列、赖海榕译，江西人民出版社2001年版，第168—170页。

　　② Andreas Wilde, "The Consistency of Patronage: Networks and Powerbrokers of the 'Arzbegi Clan' in Kunduz", in Conrad Schetter ed., *Local Politics in Afghanistan: A Century of Intervention in Social Order*, pp. 59 – 74.

境部落地区还是区域争端的主要源头之一，这使许多部落领导人十分关注本部落在（区域）国际政治中的角色和位置。总之，边境部落地区相对匮乏的物质条件、动荡的历史，以及特殊的地缘位置等，都影响着部落民对于部落和国家间关系的看法。①

第三，部落与国家彼此依存，互相需要。在个体经验与体系结构中，国家与部落是互相对立的文化类型，但国家与部落嵌入彼此，并依据对方而界定自身。一方面，普什图各分支部落分散而独立的特点使之难以建立统一、独立的行政机构，从而降低了部落的分离倾向。另一方面，部落在抵御国家（和外部势力）的"蚕食"中保持了独特的文化，但由于意识形态局限、国家压力和内部矛盾，"单纯的"部落已不可能存在。国家与部落、中心与边缘并非在地缘上分开的事物，而是彼此相互包含。② 哈萨克斯坦学者苏·马·阿基姆别科夫认为，建立在部族基础上的国家不可避免地要赋予各部族极为广泛的自治权，并通过这种方法维持着原有的关系。只有国家才能给部族提供崇高的社会地位和稳定的收入来源，各部族因效忠阿富汗国家而获报酬的实践广为通行。③

此外，部落与国家存在结构性规范差异。根据罗布·黑格（Rob Hager）的观点，结构性规范差异界定了国家与部落之间的边界。国家是通过领土边界内对武力的垄断，以及执行内部规范秩序的能力来界定的，部落民之间的政治关系是通过民族边界内部不同规范秩序之间的个体适应来确定的；国家的权力由中央政府垄断，

---

① 部落领导人在部落政治决策中起到重要作用。部落领导人大致可分为：可汗（Khan），即通过个人能力而非年龄或宗族谱系位置而获得地位的领导人，其作用是在部落分歧中创造或修复团结，以及作为部落代表与政府进行对话。长老或白胡子老人，即受尊敬的、代表宗系团体等小范围共同体的发言人，其地位主要取决于年纪或辈分。长老不能为各集团带来团结，但长老的存在源于团结。另外，那些依靠政府或其他力量的承认而获得地位的领导人被称作首领（Chief）。对于阿富汗普什图部落与国家间关系的论述，参见 Richard Tapper ed. , *Tribe and State in Iran and Afghanistan*，pp. 53 – 59。

② Richard Tapper ed. , *Tribe and State in Iran and Afghanistan*，pp. 66 – 71。

③ ［哈］苏·马·阿基姆别科夫：《阿富汗症结与中亚安全问题》，汪金国、杨恕译，兰州大学出版社 2010 年版，第 5—6 页。

而部落的权力分散于遵守部落法规的个体之间；国家法律秩序强调
固定领土的垂直性和排外性，而部落法律秩序为民众提供了水平关
系的框架，并通过提供共同身份加强了民众的集体权力；国家在国
际法律方面拥有共同的规范性基础，而部落的结构"侵犯"了威斯
特伐利亚体系下国家的宪法性结构规范。① 不过对于普通民众而言，
他们采纳部落规则还是国家规则，取决于深嵌于文化并通过长期而
形成的社会实践。

如今，随着阿富汗现代国家建设逐步推进，以及普什图民族在
国家军事中的作用相对下降，阿富汗各少数民族之间的关系也将尖
锐化，普什图族与普什图"国家"之间的关系也会更为紧张。阿富
汗部落与国家之间的关系致使任何一位国家领导人的改革都会面临
保守的社会政治结构和现代化国家建设的两难。②

三　伊斯兰教

公元7至8世纪，伊斯兰教开始传入阿富汗。阿富汗全国几乎
所有居民都是穆斯林，约80%属逊尼派。阿富汗的主要民族如普
什图人、塔吉克人、乌兹别克人和俾路支人等大都属于逊尼派，而
哈扎拉人属于什叶派。阿富汗居民主要宗奉逊尼派四大教法学派中
的哈奈斐派（Hanafi）。③ 神秘主义苏菲派在阿富汗（尤其在城乡中
等阶层）的影响很大。④

伊斯兰教在阿富汗社会变革和政治发展中发挥主导性力量具有
两个时间点。一个是1880年，时值其他中东国家限制宗教法、颁
布现代法典，而阿富汗却开始全面确立伊斯兰教法的崇高地位。从
1880年开始，拉赫曼国王把伊斯兰教法作为所有部落和个人寻求

---

　　① Rob Hager, "State, Tribe and Empire in Afghan Inter-Polity Relations", in Richard Tapper ed. , *Tribe and State in Iran and Afghanistan*, pp. 84 – 87.

　　② ［哈］苏·马·阿基姆别科夫：《阿富汗症结与中亚安全问题》，第6页。

　　③ 另外三大教法学派是：马利基派（Maliki）、沙菲耶派（Shafii）和罕百里派（Hanbali）。

　　④ 黄民兴：《阿富汗问题的历史嬗变》，第18页。

公正的依据，规定伊斯兰教法为唯一的司法基础。① 拉赫曼是阿富汗历史上第一位有意识、有目的地利用伊斯兰教为政治服务的统治者。另一个是 20 世纪 70 年代末抗击苏联入侵的伊斯兰运动的兴起，以及 90 年代中期塔利班运动的出现，使得伊斯兰教原教旨主义和宗教极端势力在阿富汗趋于活跃。② 在阿富汗这个被部落、民族和地域分割得支离破碎的社会，伊斯兰教是唯一能够凝聚社会力量以共同反抗外敌的精神力量。③

阿拉伯著名历史学家伊本·卡尔敦（Ibn Khaldun）曾指出在团结伊斯兰社会方面，宗教领导人比部落领导人更为成功。④ 在阿富汗，即使对伊斯兰教理论细节知之甚少的文盲也是非常虔诚的信徒。不过民众对伊斯兰教的普遍信仰未能转化为阿富汗国家的政治团结。⑤ 归纳起来，伊斯兰教在阿富汗政治与冲突中的作用主要体现在如下几个方面。

首先，伊斯兰教神职人员在国家政治与社会生活中发挥重要作用。与其他地区类似，阿富汗伊斯兰教神职人员也存在一定的等级差别。比如普通的乡村毛拉出身贫寒，需要从事农业和手工业等活动来补充收入。而受过系统宗教学习的皮尔、乌理玛或毛拉维的地位较高，他们或掌握渊博学识，或拥有丰厚资产，往往能对重大社会事务产生跨区域的影响。⑥ 如果一个毛拉成功担当起精神领袖的角色，并将宗教和道德的说教与社会问题联系起来，人们就可能把他看作圣徒。美国著名社会人类学家弗雷德里克·巴特认为，圣徒与社会上层和下层人士建立了广泛的联系，他们通过在家里或清真

---

① 彭树智、黄杨文：《中东国家通史·阿富汗卷》，第 170 页。

② 张敏：《阿富汗文化和社会》，第 96 页。

③ 缪敏、王静、何杰编：《阿富汗概论》，世界图书出版广东有限公司 2016 年版，第 114—115 页。

④ Thomas Barfield, "Afghanistan's Ethnic Puzzle：Decentralizing Power Before the U. S. Withdrawal".

⑤ Peter Tomsen, *The Wars of Afghanistan：Messianic Terrorism, Tribal Conflicts, and The Failures of Great Powers*, p. 59.

⑥ Martin Ewans, *Conflict in Afghanistan：Studies in Asymmetric Warfare*, pp. 12 – 13.

寺设立传教和交流中心，把众信徒集合成一个和谐的群体。"圣战"必须得到圣徒等具有神性身份的人的允许，并且在一般情况下就是他挑起的战争。①

长年战争的环境使阿富汗神职人员颇为熟悉自身在国际背景下国内斗争中的作用。在 20 世纪 80 年代抗苏"圣战"时期，宗教学校中的许多神职人员成为塔利班运动的支柱。塔利班政权倒台后，一些宗教学者在卡尔扎伊政府的领导下获得非官方高级顾问的职位，为官方政策制定提供支持，但不设正式机构。② 阿富汗伊斯兰教神职人员已成为拥有政治权力、超越部落社会的特殊群体。不过，阿富汗问题专家安东尼奥·朱斯托齐相信，2001 年以后阿富汗神职人员在塔利班的崛起中再次发挥了重要作用。地方神职人员的政治转向（如宣扬支持"圣战"的言论）表明，阿富汗大部分地区的民众对外国存在持有敌意。③

其次，伊斯兰教在阿富汗的作用还体现在关于"圣战"（Jihad）的理解上。Jihad 意为奋斗或斗争，该术语既形容致力于完美信仰的心灵净化，又用于旨在保卫公正和伊斯兰教的外部斗争。"圣战"一直被用作使战争合理化的理由，每次外国对阿富汗的入侵或干涉都使"圣战"获得了新的动力。马丁·埃文斯（Martin Ewans）指出，大部分宗教冲突发生在伊斯兰世界内部，本质属于现代化、世俗化与宗教激进主义之争，后者以重新确立伊斯兰教文化认同为基本宗旨，并主张建立政教合一的神权政治国家。"圣战"者既反对"异教徒"，也反对"背教的"穆斯林，并认为现代伊斯兰国家受到世俗西方世界的腐蚀。④ 美国学者布莱恩·格林·

---

① ［美］巴特：《斯瓦特巴坦人的政治过程——一个社会人类学研究的范例》，第 80—104 页。

② Wolfgang Danspeckgruber ed. , *Working Toward Peace and Prosperity in Afghanistan*, p. 155.

③ Antonio Giustozzi, "Local Politics and the Taliban", in Conrad Schetter ed. , *Local Politics in Afghanistan: A Century of Intervention in Social Order*, p. 86.

④ Martin Ewans, *Conflict in Afghanistan: Studies in Asymmetric Warfare*, pp. 173 – 174.

威廉姆斯（Brian Glyn Williams）也认为，许多阿富汗萨拉菲派信徒相信伊斯兰世界衰落的原因在于偏离了纯洁的伊斯兰道路，因此"圣战"者需要在伊斯兰世界驱逐"异教徒"的入侵与渗透。西方国家激发的阿拉伯民族主义政策、伊拉克与叙利亚复兴社会党所主张的复兴主义（Baathism），以及巴勒斯坦解放组织的左翼革命意识形态都将向"圣战"回归。世界各地的"圣战"者致力于复兴伊斯兰教原教旨主义，斩断西方加诸伊斯兰世界的"绳索"。[①] 正如文安立指出，"正当伊斯兰主义在融入政治主流的过程中作为一种革命意识形态似乎陷入停滞之时，在伊斯兰世界里却存留着足够的来自冷战的仇恨，而这种仇恨在未来很长一段时间里为'基地'组织这样的恐怖组织提供着动力"。[②]

另外，瓦哈比派在"圣战"中发挥了重要作用。沙特阿拉伯瓦哈比教派于19世纪初传到中亚和阿富汗。在阿富汗抗苏"圣战"期间，来自世界各地数以万计的穆斯林战斗人员与阿富汗"圣战"者并肩作战。各国信奉（"异化"后的）瓦哈比教派的宗教狂热分子对阿、巴两国极端势力的发展起到推波助澜的作用。不过，虽然他们为阿富汗抵抗运动提供了巨大支持，但并未对广大普什图民众产生太大的吸引力和影响。[③]

最后，马德拉萨（Madrasa）是宣传"圣战"的重要场所。相对于初级宗教学校马克塔布（Maktab）而言，马德拉萨是具有专业课程设置与教学内容的高级宗教学校。阿富汗与巴基斯坦国内的马德拉萨具有规模小、课程单一、受外部世界影响，以及课程内容远离现实等特点。[④] 不少马德拉萨的宗教教师仇恨西方，并支持对"异教徒"发动"圣战"。巴基斯坦很多马德拉萨甚至成为阿、巴

---

① Brian Glyn Williams, *Afghanistan Declassified： A Guide to American's Longest War*, pp. 153 – 154.

② ［挪］文安立：《全球冷战》，第401页。

③ 张敏：《阿富汗文化和社会》，第452—453页。

④ 东方晓：《阿富汗的伊斯兰教》，《西亚非洲》（双月刊）2005年第4期。

两国各种极端武装组织进行招募、军事培训，以及意识形态灌输的主要场所。

综上，民族、部落与伊斯兰教认同作为重要的合法性源泉，经常被不同的政治势力作为增强权力基础的工具，加剧了各政治集团对于权力与利益的角逐，而外部力量的干涉又加深了既有的裂痕。

第二节　阿富汗的外部关系结构 *

重建中的国家间关系、反叛组织及其关联，以及地方军阀的内外关系构成了阿富汗外部关系结构的主要内容。阿富汗内外势力的复杂联系已成为地区难以走向和平与稳定的主要症结。

一　重建中的国家间关系

参与阿富汗重建的主要外部国家在阿富汗具有不同的利益与关切，并分别采取了不同的对阿政策。相关国家围绕各自在阿利益形成了多个互为交织的三边与多边关系结构，各国在不同的关系结构中扮演不同的角色，他们的对阿政策也受到这些多边关系结构的制约。

（一）介入阿富汗事务的主要国家（和国际组织）

1. 美国和北约

冷战结束后，苏联解体曾一度导致阿富汗在美国对外战略中的重要性下降。"9·11"事件的爆发使美国的目光重新聚焦于阿富汗。自2001年发动阿富汗战争以来，美国对阿富汗战略的核心是摧毁阿富汗和巴基斯坦恐怖主义组织网络，阻止阿富汗塔利班和"基地"组织东山再起，预防后者在世界范围内进一步打击美国利

---

* 本节部分内容已发表，参见富育红《阿富汗重建中的大国关系结构》，《南亚研究》2015年第1期；《阿富汗反叛团伙及其关联》，《南亚研究季刊》2015年第1期；《阿富汗政治重建中的军阀角色分析》，《南亚研究》2016年第1期；《"伊斯兰国"南亚分支的性质、影响及发展》，《南亚研究》2017年第3期。

益，并确保建立一个持之有效的阿富汗中央政府。美国在阿富汗的
行动主要落实在如下几个方面：

第一，积极发展与阿富汗的政治关系。2012 年 5 月，美国与阿
富汗政府签署了"战略伙伴协定"，旨在为美国在阿富汗长期驻
军、防止阿塔利班重掌政权提供法律保障。2012 年 11 月，美阿开
始就签署"双边安全协议"展开谈判，内容涉及 2014 年后西方部
队继续驻留阿富汗的规模和治外法权问题。2014 年 10 月，穆罕默
德·阿什拉夫·加尼（Mohammad Ashraf Ghani）就任阿富汗总统第
二天，美阿双方签署了"双边安全协议"。此外，美国还将阿富汗
定位为北约之外"最重要的盟国"之一，[①] 并曾积极斡旋阿富汗新
旧政府权力交接问题，谋求与阿新政府建立良好关系。

第二，帮助建设阿富汗国家安全力量，推动阿政治和解进程。
2013 年美国和北约开始将维持阿富汗治安的责任移交给国家安全
部队，驻阿美军主要负责军事战场之外的培训、咨询与援助任务。
美国在阿富汗保持少量特种部队，主要依靠无人机袭击和情报收集
等行动继续打击恐怖分子。同时美国试图与阿塔利班接触和对话，
希望通过打破军事僵局使后者回到谈判桌，推动阿政治和解进程。

第三，主导阿富汗重建，推动以阿富汗为中心的地区一体化进
程。美国是阿富汗重建中的最大援助国。截至 2014 年 9 月底，美国
为阿富汗恢复与重建投入了约 1041 亿美元。[②] 而且美国曾试图通过
加强阿富汗基础设施建设连接阿南部与北部地区，建立阿富汗与外
部联系的大中亚交通网，实施贯通南北的新丝绸之路计划。此外，
美国还希望以阿富汗为跳板在中亚地区传播西方自由民主理念。

"9·11"事件后，美国联合北约部队发动了阿富汗战争，随后

---

① 《美国宣布阿富汗为"重要非北约盟国"》，2012 年 7 月 7 日，新华网（http：//
news. xinhuanet. com/world/2012 – 07/07/c_ 112382795. htm）。

② Catherine Lutz, Sujaya Desai, "US Reconstruction Aid for Afghanistan: The Dollars and
Sense", January 5, 2015, pp. 2 – 3（http://www. costsofwar. org/sites/default/files/articles/
24/attachments/LutzDesaiFINAL% 20. pdf）；美国对外发展援助网站（https: //eads. usaid.
gov/gbk/data/profile. cfm）。

又依靠北约盟国分担在阿富汗的反恐责任。北约将参与阿富汗战争作为超越欧洲范围执行任务的"新北约"的舞台。由于美国主导阿富汗战争的进程，在很大程度上，北约成员国的行动方针都是作为对美国政策的回应。[①] 北约成员国参与阿富汗战争与战后重建的主要原因是：抑制恐怖主义与极端主义势力，推广西式民主，提高国际地位，以及维护与美国的盟友关系，寻求美国与北约在安全上的支持与保护。他们在阿富汗的主要任务是：打击毒品生产与走私，培训国家安全部队和警察，以及帮助建设基础设施和其他重建工程等。

2003 年 8 月北约正式接管了驻阿国际安全援助部队（ISAF），并在阿富汗各省区建立了重建小组计划（PRT）。[②] 重建期间各国在阿富汗的任务各有侧重。比如在阿富汗安全系统重建方面，美国负责国家部队重建，德国负责警察部门重建，而意大利帮助推动司法改革。在地区行动上，英国主要在赫尔曼德地区行动，德国主要在昆都士地区行动，澳大利亚和荷兰在乌鲁兹甘地区行动，而法国主要在邻近喀布尔的卡比萨地区行动。

2. 巴基斯坦

在阿富汗所有的邻国中，巴基斯坦与阿富汗的命运最为紧密地交织在一起。巴基斯坦的阿富汗政策主要有三方面考量：将阿富汗作为在克什米尔冲突中抵抗印度威胁的"战略纵深"，建立一个对巴友好的阿富汗政权，并限制印度在阿富汗的影响力；打造通过阿富汗连接巴基斯坦与中亚国家的贸易走廊，促进巴基斯坦经济发展；以及防止阿、巴边境杜兰线两侧的普什图部落结合。巴基斯坦的阿富汗政策主要体现在两个方面：

第一，积极发展与阿富汗的双边关系，支持阿政治和解进程。巴基斯坦加强与阿富汗中央政府的联系，增进双方互信。比如为发展阿、巴关系并推动阿政治和解进程，2013 年 10 月巴基斯坦释放

---

① Nik Hynek, Peter Marton, *Statebuilding in Afghanistan: Multinational Contributions to Reconstruction*, p. 6.

② ［美］沙伊斯塔·瓦哈卜、［美］巴里·扬格曼：《阿富汗史》，第 269 页。

了阿塔利班二号人物毛拉·阿卜杜勒·加尼·巴拉达尔（Bara-
dar），与阿富汗共同成立了"联合和平委员会"。巴基斯坦为阿政
府与塔利班谈判创造条件，积极推动建立以普什图人为主导的、亲
巴的阿富汗中央政权。

第二，积极参与阿富汗重建。巴基斯坦是阿富汗最大的贸易伙
伴，且不断向阿富汗提供经济援助，积极参与其能源、教育、机构
建设、农业、道路修建等基础设施领域的重建活动。比如巴基斯坦
为阿富汗一系列工程项目提供了3亿美元的资金援助，帮助建设了
塔哈姆到贾拉拉巴德的高速公路，并在喀布尔建立多所技术性院校
和医疗机构，以及为在巴基斯坦技术院校学习的阿富汗学生提供约
两千个名额的奖学金。多年来，数以万计的阿富汗人在巴基斯坦生
活并接受教育。[1] 至今巴境内仍有（至少）200多万阿富汗难民。

3. 印度

除了塔利班执政期间，印度在阿富汗一直保持着稳定的影响
力。印度在阿富汗的目标主要是：压缩巴基斯坦在阿富汗的行动空
间和影响力；防范恐怖主义和宗教极端主义势力向印度渗透；将阿
富汗作为中亚能源运输的潜在路线并开拓连接中亚、南亚地区的战
略通道。为此，印度与阿富汗保持着高水平的接触，并极力扩大在
阿富汗的存在与影响力。

第一，积极发展与阿富汗的双边关系，支持阿"北方联盟"主
导国家政治。印阿两国于2011年建立了战略伙伴关系，双方保持了
频繁的高层互动。印度支持阿"北方联盟"主导未来的阿富汗政治，
并利用与"北方联盟"的传统关系持续扩大对阿的影响力。由于阿
塔利班的回归将强化巴基斯坦在阿富汗的地位，从而可能使印度多年
来的对阿投入付诸一炬，因此印度反对阿塔利班"温和派"融入阿
富汗政权。近年来印度的立场在国际社会的压力下有所松动。

---

① Riaz Mohammad Khan, *Afghanistan and Pakistan: Conflict, Extremism, and Resistance to Modernity*, p. 174.

　　第二，积极参与阿富汗重建。印度在阿富汗充分顾及各级政府与地方的利益诉求，与阿富汗政府在多个部门（如水电、道路、农业、工业、通信等）建立了合作关系，并给予阿富汗政府重视的优先发展领域以极大帮助。印度不仅为阿富汗政府发展项目提供宏观指导，还独立实施了许多项目。2002 年以来，印度对阿援助资金已超过二十亿美元，成为阿富汗第六大外援国。① 它还参与了援建赫拉特省萨尔马（Salma）水电大坝的建设。②

　　印度不断扩大在阿富汗的存在。印度在阿富汗一些重要城市（如贾拉拉巴德、马扎里沙里夫、赫拉特和坎大哈）开设了领事馆，③ 帮助建设了喀布尔新议会大楼，帮助培训司法和议会官员，推动媒体、通信和信息技术发展，并为阿富汗教师提供培训，向阿富汗学生提供奖学金。印度还重视加强阿富汗地方基层的治理能力，它与阿富汗政府建立了地方治理联合工作组，并派专家赴阿参与指导。④ 不同于西方国家在阿援建项目的"转包"方式，印度对阿富汗发展援助主要由政府主导，并基本根据当地民众需求展开，以推动当地民主化为援建目标之一。印度在安全方面对阿富汗援助相对较少，主要落实在帮助培训警察和国家部队等方面。

　　第三，在阿富汗善于利用"软权力"手段。印度利用发展援助及文化影响力获得了阿富汗人的认同，越来越多的阿富汗年轻人对印度持有好感。阿富汗精英阶层也一直与印度保持密切的联系。另

　　① Richard Weitz, "Global Insights: As U. S. Draws Down, India Raises Security Profile in Afghanistan", January 14, 2014（http://www. worldpoliticsreview. com/articles/13491/global-insights-as-u-s-draws-down-india-raises-security-profile-in-afghanistan）.

　　② John Dyrby, Rapporteur, "NATO Parliamentary Assembly Sub-Commitee On Translantic Relations Afghanistan – The Regional Context", October 2011（http://www. nato-pa. int/Default. asp? SHORTCUT = 2542）.

　　③ 印度还通过各个领事馆与阿富汗的各个部落和政治群体建立起常态联系。参见缪敏、王静、何杰编《阿富汗概论》，第341—342 页。

　　④ Mondira Dutta, "Empowering Grassroots through Capacity Building Measures: Indian Initiatives in Afghanistan", in Arpita Basu Roy, Binoda Kumar Mishra ed., *Reconstructing Afghanistan: Prospects and Limitations*, pp. 157 – 166.

外，印度电影和电视节目在阿富汗城市居民中非常流行，进一步加强了它在阿富汗的文化影响力。根据2009年"盖洛普民意测验"、2010年英国广播公司及美国广播公司联合民意调查结果显示，印度是阿富汗民众最受欢迎的外国。[①] 不过，相对而言，印度似乎并未赢得阿富汗南部广大普什图族民众的心，阿、巴部落地区的部分宗教极端势力仍将印度视为威胁。

4. 伊朗

伊朗与阿富汗之间有漫长的边界线，以及深厚的历史、经济和文化联系。[②] 作为阿富汗的邻国，伊朗面临阿富汗毒品走私与难民等问题带来的压力与挑战。目前，虽然伊朗与阿富汗在关于赫尔曼德省水供给问题上时起争端，但两国在总体上保持着良好的双边关系。伊朗在阿富汗的关切主要是打击毒品贸易，防止阿富汗逊尼派极端势力执掌政权，以及阻止美国在阿建立永久性军事基地。伊朗的阿富汗政策总体上显得谨慎而务实。

第一，支持阿富汗什叶派和塔吉克族政治集团，积极参与解决阿富汗问题的多边地区合作。伊朗在阿富汗追求以安全为主导的政策，利用与"北方联盟"的关系确保喀布尔政府内存在支持伊朗的势力，推动什叶派哈扎拉人在阿富汗政府中占据的席位超过以往任何时期。而且，伊朗积极参与解决阿富汗问题的多边地区合作，比如利用波斯语联系大力推动与阿富汗和塔吉克斯坦的三边合作，以及加强伊朗、巴基斯坦与阿富汗三边对话机制在阿富汗事务中的作用。

第二，积极参与阿富汗重建。伊朗对阿富汗经济发展的投入规

---

① 陈小茹：《"后拉登时代"驻阿富汗美军战略调整初探》，《南亚研究》2011年第3期。

② 1979年伊斯兰革命后，伊朗致力于提高它在穆斯林什叶派世界中的领导地位，并在阿富汗抗苏战争期间为反苏抵抗运动提供巨大支持，吸纳了数百万阿富汗难民。在2001年推翻塔利班政权的行动中，伊朗也曾起到建设性作用。伊朗曾经强烈反对阿塔利班的原因主要有两个：一是阿塔利班影响下的宗教学校宣扬反什叶派的教义，二是1998年阿塔利班在马扎里沙里夫杀害伊朗外交官事件在二者关系中树立了难以逾越的鸿沟与敌意。参见 Riaz Mohammad Khan, *Afghanistan and Pakistan: Conflict, Extremism, and Resistance to Modernity*, pp. 181 – 183。

模十分显著，据悉约 4% 的伊朗经济总量与阿富汗的双边贸易相关。伊朗对阿富汗非石油出口贸易已超过 10 亿美元，仅在赫拉特省就投入了超过 5 亿美元资金，并在农业、基础设施等发展项目上给予阿富汗巨大投资支持。伊朗还援建了连接伊朗哈夫（Kwaf）与阿富汗赫拉特的铁路。伊朗在赫拉特省的投入削弱了阿塔利班在该地区的影响。[1]

第三，与阿塔利班加强了合作。自 2015 年"伊斯兰国"在阿富汗西部地区出现，与之相邻的伊朗就试图在两国边界设立缓冲区，以抵御东部方向来自"伊斯兰国"极端势力的威胁。自 2001 年美国发动阿富汗战争，推翻塔利班政权以来，伊朗为阿塔利班部分团伙提供支持的消息不断浮现，但他们的关系并未公开。2014 年以后，伊朗与阿塔利班的联系逐渐公开和正式化，如今他们之间的合作已提升到新的层次。[2] 除应对"伊斯兰国"极端势力的威胁，已有分析大多认为伊朗还希望通过与阿塔利班合作以抵消美国在该地区的影响，增加伊朗在阿富汗未来政治进程中的影响力，以及对冲与沙特阿拉伯日益上升的结构性矛盾等。

5. 沙特阿拉伯

沙特阿拉伯在阿富汗的利益主要是防止阿塔利班、"基地"组

---

① Wolfgang Danspeckgruber ed., *Working Toward Peace and Prosperity in Afghanistan*, p. 28.

② 2014 年初，伊朗在国内开设了阿塔利班办公室。2016 年底，伊朗驻阿富汗大使穆罕默德·雷扎·贝赫拉米（Mohammad Reza Behrami）对外宣布伊朗政府与阿塔利班保持接触。阿塔利班派遣内克·穆罕默德（Maulvi Nek Muhammad）作为驻伊朗特使。阿塔利班军事委员会主管易卜拉欣（Ibrahim Sadr）领导的代表团在 2016 年曾访问伊朗并寻求军事援助。阿政府和安全部门官员指出，以前伊朗为阿塔利班提供资金支持，但现在开始为其提供培训和装备，伊朗国内训练营也存在阿塔利班成员。伊朗革命卫队（Pasdaran）与阿塔利班甚至已开始合作打击"伊斯兰国"极端分子。参见 Eric Draitser, "ISIS in Afghanistan: Proxy War Against Iran and China", August 19, 2015（http://www.globalresearch.ca/isis-in-afghanistan-proxy-war-against-iran-and-china-2/5468517）; Antonio Giustozzi, "The Islamic State in 'Khorasan': A Nuanced View", February 5, 2016（https://rusi.org/commentary/islamic-state-khorasan-nuanced-view）; Ahmad Majidyar, "Iranian Support for Taliban Alarms Afghan Officials", January 9, 2017（http://www.mei.edu/content/io/iranian-support-taliban-alarms-afghan-officials）。

织等极端暴力团伙威胁本国安全并冲击与美国的关系，挤压什叶派穆斯林生存空间，以及加强与巴基斯坦等以逊尼派为主的伊斯兰国家间关系。自 20 世纪 80 年代以来，沙特阿拉伯对巴基斯坦和阿富汗社会产生了复杂、多层面的影响。

第一，"基地"组织在阿、巴两国的发展，塔利班的意识形态，以及该地区宗教极端势力的崛起都不可避免与沙特阿拉伯有关。沙特阿拉伯统治家族与美国有紧密的结盟关系，而沙特阿拉伯瓦哈比教派却宣传反西方的"圣战"思想，并奠定了塔利班的意识形态基础。[1] 2001 年底，沙特阿拉伯与塔利班终止了外交关系，但未阻断大量资金通过其他渠道资助阿、巴两国的极端宗教团伙。[2] 来自沙特阿拉伯的慈善机构和私人捐赠是"基地"组织、塔利班等武装团伙重要的外部经济来源。

第二，为阿、巴两国带来可观收益，积极推动阿政治和解进程。据悉约有超过一百万名巴基斯坦人和十万名阿富汗人在沙特阿拉伯工作。沙特阿拉伯还是巴基斯坦的主要投资国，也是驻留在巴基斯坦的阿富汗难民的主要资助者之一。此外，沙特阿拉伯曾多次促成阿富汗、巴基斯坦政府官员与阿塔利班代表的会晤。2013 年，阿富汗政府建议在沙特阿拉伯召集国际宗教大会[3]以推动阿和解进程。沙特阿拉伯的调解工作得到了阿富汗与相关国家、国际组织的支持。[4]

---

[1] 虽然沙特政府在国内实施了改革与复兴计划，但对沙特之外的萨拉菲宗教学校未能采取有效措施，特别是未能控制私人资金流向这些宗教学校和其他机构。参见 Riaz Mohammad Khan, *Afghanistan and Pakistan*：*Conflict*，*Extremism*，*and Resistance to Modernity*，pp. 184 – 187。

[2] 对于沙特通过慈善机构向阿、巴两国提供资助的介绍，参见 Peter Tomsen, *The Wars of Afghanistan*：*Messianic Terrorism*，*Tribal Conflicts*，*and The Failures of Great Powers*，pp. 519 – 548。

[3] 即由伊斯兰国家有名望的神学家或教法学家（即乌理玛），以及神职人员参加的国际会议。

[4] Riaz Mohammad Khan, *Afghanistan and Pakistan*：*Conflict*，*Extremism*，*and Resistance to Modernity*，pp. 184 – 187.

6. 俄罗斯与中亚

自 19 世纪中叶开始，阿富汗与俄罗斯的关系就在合作与对抗之间变换。1979 年苏联入侵阿富汗的历史影响了阿富汗的发展进程，也制约了现今俄罗斯参与阿富汗事务的意愿和能力。俄罗斯反对阿塔利班主要源自当年塔利班政权是唯一承认车臣为独立国家的政权，而且两次车臣战争后，大批车臣武装分子逃到阿富汗和巴基斯坦，受到阿塔利班的支持与保护。近年来，俄罗斯逐渐将阿富汗置于其外交重心，其阿富汗政策有三个重点，即禁毒、反恐与维护阿富汗中立。

第一，日益重视阿富汗问题，积极与阿富汗发展双边关系。俄罗斯是阿富汗毒品走私的主要输出国之一，阿富汗毒品问题对俄罗斯带来严峻挑战。俄罗斯还担忧阿富汗暴力极端势力向俄罗斯特别是高加索少数民族地区扩散，因此视一个稳定的阿富汗为确保俄南部边境安全的主要前提。自 2002 年阿富汗过渡政府成立以来，俄罗斯与阿富汗的关系发展基本平稳，俄罗斯支持阿富汗的独立和中立，支持阿和平进程与战后重建，强调联合国应在阿富汗问题上发挥主导作用，主张以多边合作解决阿富汗问题，并通过支持"北方联盟"争取在阿富汗未来政权构成上获得发言权。[1]

第二，加大参与阿富汗重建力度。基于阿富汗国内安全形势，以及俄罗斯自身经济结构局限，俄罗斯在阿富汗的经济存在相对较少。但近年来，俄罗斯加大了参与阿富汗重建的力度，特别是在工业、电力、交通、能源、基础设施和教育等领域。在安全方面，由于车臣问题和苏联与阿富汗战争的历史，俄罗斯不会在阿富汗直接参与军事行动，但它向阿富汗国家部队提供了军用卡车、吉普车、无线设备、轻武器装备、重型炮零部件，以及飞机维修、通信技术

---

[1]　黄民兴：《阿富汗问题的历史嬗变》，第 289 页。

和军事培训等军事技术援助。① 俄阿双方在禁毒领域的合作也十分密切。俄罗斯关注阿富汗毒品问题，主张在阿周围建立禁毒"安全带"。俄罗斯在阿富汗设有禁毒中心，俄国内也建立了为阿富汗等国提供培训的禁毒机构。俄罗斯还曾参与阿富汗铲除非法毒品实验室的突袭行动。

第三，积极参与解决阿富汗问题的地区多边合作。俄罗斯曾为美国和北约在阿富汗的行动提供了大力支持，积极参与阿富汗问题国际事务。俄罗斯还倡导建立了俄罗斯—美国—阿富汗三方机制，以及俄罗斯—阿富汗—巴基斯坦—塔吉克斯坦四方机制，大力推动由俄罗斯主导的地区安排，巩固在中亚地区的影响力。2017年和2018年，俄罗斯大力推动阿富汗和平进程，举行有关阿富汗和平的国际会议，甚至邀请阿塔利班代表参加。

与伊朗的情况类似，曾经反对阿塔利班的俄罗斯如今的态度也发生了某种转变。2015年底，俄政府官员承认与阿塔利班在打击极端组织"伊斯兰国"方面存在共同利益，双方有情报合作。② 2016年底，俄外交部对外宣布将重新界定对阿塔利班某些成员（施加制裁）的立场。③ 俄罗斯与阿塔利班共享信息、有限合作的消息出现后曾引起各方激烈探讨。有学者认为，俄罗斯与阿塔利班"有限合作"的目的是打击该地区"伊斯兰国"等极端与恐怖势力，阻遏极端分子在俄南翼方向回流与扩散，加强与中亚国家的关系和互信，以及与美国争夺在该地区的影响力。也有学者提出，俄罗斯此举还旨在加强与巴基斯坦的友好关系，扩大自身在南亚地区

---

① Sreemati Ganguli, "Afghanistan: A Security Challenge for Eurasia", in Arpita Basu Roy, Binoda Kumar Mishra ed., *Reconstructing Afghanistan: Prospects and Limitations*, p. 194.

② 《剧情反转：俄罗斯联手塔利班打"伊斯兰国"》，2015年12月26日，新华网（http://news.ifeng.com/a/20151226/46843508_0.shtml）。

③ Petr Topychkanov, "Why Friendship Between Russia and the Taliban is Impossible", February 20, 2017 (http://carnegie.ru/2017/02/20/why-friendship-between-russia-and-taliban-is-impossible-pub-68061)。

的影响。① 卡内基莫斯科中心研究员彼得·托皮奇卡诺夫（Petr To-pychkanov）指出，俄罗斯与阿塔利班关系的发展一方面受到美俄关系的制约，另一方面也取决于阿塔利班的意图。不过与伊朗相比，俄罗斯与阿塔利班的合作水平十分有限，尽管俄罗斯在阿富汗需要与阿塔利班等主要反叛组织建立沟通渠道，但不应过高估计二者之间的关系。②

虽然中亚五国对阿富汗问题具有不同的关切，但他们之间存在共同的主题，特别是阿富汗恐怖主义与毒品贸易对中亚五国带来的挑战。中亚国家在阿富汗的主要关切是打击"三股势力"、禁毒，以及借阿富汗问题获得经济利益并提升国际地位。

第一，与美国和北约保持合作。除了土库曼斯坦，中亚国家不同程度地参与了援助西方联军的在阿行动，包括参与在阿国际安全援助部队北方运输补给线③的建设。塔吉克斯坦、乌兹别克斯坦和吉尔吉斯斯坦还为驻阿国际安全援助部队提供了空军基地。总体而言，中亚国家与美国和北约的合作受到与俄罗斯关系的制约，但中亚国家从未放弃平衡俄罗斯地区影响的努力。④

第二，支持阿富汗国家重建。哈萨克斯坦和乌兹别克斯坦作为中亚地区综合实力相对强大的国家对参与阿富汗事务表现积极，为阿富汗提供了大量发展援助，并与阿富汗展开了双边军事和社会、经济合作。乌兹别克斯坦和土库曼斯坦还参与了阿富汗北部地区的

① Ekaterina Stepanova, "The ISIS Factor in Afghanistan: How Much of a Challenge for Russia?", March 30, 2017 (https://bishkekproject.com/memos/21).

② 对于美官方人员指责俄罗斯为阿塔利班提供武器的说法，俄方坚决予以否认。参见 Petr Topychkanov, "Why Friendship Between Russia and the Taliban is Impossible"; Sam Knight, "Pentagon Ties Russia to Taliban Attack, Accuses Moscow of Arming Afghan Militants", April 25, 2017 (http://www.truth-out.org/news/item/40340-pentagon-ties-russia-to-taliban-attack-publicly-accuses-moscow-of-arming-afghan-militants); Matthew Gault, "By the Way, Russia Is Supporting the Taliban in Afghanistan Now", April 15, 2017 (http://warisboring.com/by-the-way-russia-is-supporting-the-taliban-in-afghanistan-now/).

③ 在阿富汗战争后期，至少一半的西方部队物资供给通过北方运输补给线。

④ John Dyrby, Rapporteur, "NATO Parliamentary Assembly Sub-Commitee On Translantic Relations Afghanistan-The Regional Context".

铁路修建项目。与其他中亚国家相比,吉尔吉斯斯坦在对阿富汗援助方面表现得相对消极。

第三,支持阿富汗国内不同的政治派别。其中乌兹别克斯坦与乌兹别克族拉希德·杜斯塔姆派系保持了密切的关系,而塔吉克斯坦则支持塔吉克族政治集团。同时,中亚国家的背后又具有不同的大国背景,比如乌兹别克斯坦与美国等西方国家关系密切,而塔吉克斯坦与俄罗斯较为亲近。[①]

7. 中国

中国在阿富汗的主要关切更多在于安全方面,而中国对阿富汗的介入主要通过经济与政治手段,尤其重视以多边方式推动阿富汗问题的解决。在阿、巴两国受训的"东突"分裂分子是中国西部安全的最大威胁,也是中国政府在这一地区的主要关切。[②] 近年中国毒品问题也越加严峻,阿富汗已成为中国毒品的第二大来源地。据统计,每年约有 15 至 17 吨产自阿富汗的海洛因通过走私进入中国,"东突"分子在阿富汗毒品贸易中也获取了大量资金。[③] 此外,中国的利益还在于确保在阿中国企业的安全。

2002 年阿富汗过渡政府成立以后,中国与阿富汗的关系开始积极发展。一直以来,中国的对阿政策被描述为"观望的""有限的"或"积极而有限的"。但随着局势变化,近年来中国对中阿关系日益重视,且不断探寻积极、有效而负责任的方式,以进一步介

---

① 黄民兴:《阿富汗问题的历史嬗变》,第 290 页。

② 早在 2001 年美国发动阿富汗战争时就俘虏了一批来自新疆的、与阿塔利班并肩战斗的"东突"分子。2003 年,中国公安部公布首批认定的"东突"恐怖组织及成员名单时指出,在塔利班执政期间,"东突解放组织"在阿富汗设有专门的军事训练营地。参见《公安部公布首批认定的"东突"恐怖组织及成员名单》,2004 年 5 月 17 日,中华人民共和国驻爱沙尼亚大使馆网站(http://www.fmprc.gov.cn/ce/ceee/chn/dtxw/t107716.htm);而公安部 2008 年公布第二批"东突"名单时也断定在武装人员和恐怖分子培训方面,"东突"得到了阿塔利班、"基地"组织等武装暴力团伙的大力支持。参见《公安部今天上午将公布第二批"东突"恐怖分子名单》,2008 年 10 月 21 日,新疆哲学社会科学网(http://www.xjass.com/zxdt/content/2008-10/21/content_35440.htm)。

③ 刘中民、范鹏:《阿富汗重建:中国扮演什么角色》,《世界态势》2013 年 12 月。

入阿富汗事务，帮助推动解决诸多阿富汗难题。

第一，对阿富汗的重视日益加深，支持以多边方式解决阿富汗问题。自 2002 年以来，中阿两国政治关系不断发展。2006 年中阿建立了全面合作伙伴关系，2012 年升级为战略合作伙伴关系。十多年来，中国政府代表多次参加有关阿富汗问题的国际会议，推动阿政治和解进程并保护中国在阿利益。[①] 另外，中国还在上海合作组织框架下大力推动周边国家开展地区多边合作，以维护阿富汗及地区的稳定与发展。

第二，积极参与对阿富汗援建与投资。中国在阿富汗的投资涵盖采矿、通信和道路建设等领域，中国企业是阿富汗矿业等能源部门最主要的投资者。2007 年，中国中铝集团在竞标中赢得阿富汗艾娜克铜矿开采权，投资金额超过 40 亿美元。中国企业还参与了阿富汗公路、铁路的修建项目。自 2002 年至今，中国向阿富汗提供的发展援助为 2 亿多美元。[②] 近年中国为阿富汗提供的援助有所增加。

第三，加大了对阿富汗安全重建领域的支持和援助。近年来，中阿双方在禁毒、反恐，以及共同打击跨国犯罪方面不断展开合作。中国对阿富汗的支持主要包括帮助阿培训警官、提供军用物资等方面。较之过去，近年中国对阿富汗安全重建领域的支持和援助有所增加。

8. 土耳其

基于地理和文化因素，土耳其宣称它在阿富汗的目标是创建成

---

① 比如自 2012 年以来，中国多次推动建立、举行了中国、阿富汗、巴基斯坦三方对话机制及会议。2014 年 8 月，"伊斯坦布尔进程"阿富汗问题外长会议在中国举办。2015 年 7 月，中国参与推动了阿富汗政府与塔利班代表的直接对话。9 月，中国、阿富汗和美国在纽约共同举办了"阿富汗和平重建与地区合作"高级别会议。2016 年 1 月，阿富汗、中国、巴基斯坦和美国官方举行了第一轮阿富汗问题四方对话，为重启阿富汗政府与塔利班和谈制定路线图等。

② 《驻阿富汗大使邓锡军出席"阿富汗与地区合作"研讨会并讲话》，2013 年 12 月 3 日，中华人民共和国外交部网站（http://www.fmprc.gov.cn/mfa_chn/dszlsjt_602260/t1105341.shtml）。

功的国家并赢得阿富汗民心，强调使用"软权力"手段增加战略利益。在地缘政治方面，土耳其希望架起东西方不同文明之间的"桥梁"，成为地区和全球主导性发展中大国。

第一，通过"软权力"方式及宗教、语言与文化上的亲近性获得阿富汗民众的认同。土耳其是北约成员国，它在阿富汗重视卫生、教育等民众亟须支持的领域（也包括为地方警察提供培训和装备），① 并持续关注阿富汗国家建设项目中常被忽视的对公民社会的培育。在佩德罗·瓦姆瓦卡斯（Petros Vamvakas）看来，土耳其方式的独特性在于它致力于解决公民社会底层问题，并与阿富汗基层民众保持了良好沟通。土耳其追求的"从下到上"（Bottom-Up）的方式符合阿富汗松散的社会网络模式。② 换言之，土耳其在阿富汗的行动适应当地实际情况，从而也更容易被地方民众所接受。

第二，使自身成为不同文明国家与地区间联系的"中介"。土耳其在外交中强调超越民族国家，以及基于身份认同的社会化方式，将参与国际安全援助部队在阿任务作为"新土耳其"的黄金机遇，借此加强与欧盟之外的国家建立联系并发挥东西方"桥梁"作用。2011 年，土耳其倡议发起的阿富汗问题"伊斯坦布尔进程"涵盖了多个地区的国家和国际组织。该进程迄今已先后承办了四次外长会，在阿富汗和平进程中发挥着不可替代的作用。此外，土耳其还通过加强土耳其—阿富汗—巴基斯坦三边机制积极介入阿富汗事务。总之，作为北约成员国中在欧亚地缘政治舞台上唯一的伊斯兰国家，土耳其的行动方式使北约盟友将其视为阿富汗重建任务中"不可或缺"的一员。③

---

① Antonio Giustozzi, Mohammad Isaqzadeh, *Policing Afghanistan: The Politics of the Lame Leviathan*, p. 158.

② Petros Vamvakas, "Turkey's ISAF Mission: A Maverick with Strategic Depth", in Nik Hynek, Peter Marton, *Statebuilding in Afghanistan: Multinational Contributions to Reconstruction*, pp. 243 – 256.

③ Ibid., p. 247.

9. 联合国等

联合国致力于在促进阿富汗和平与稳定方面发挥核心、公正的作用。在阿富汗事务中，联合国的重要性首先在于它为美国和北约的军事干预提供了合法性法律框架，并多次举行关于阿富汗问题的国际会议，通过了一系列关于解决阿富汗问题的决议。其次，联合国在阿富汗战后重建中发挥重要作用。2001 年美国发动阿富汗战争不久，联合国就阿富汗未来重建问题主持召开了波恩会议，开启了各方一致支持的阿富汗重建"波恩进程"，奠定了卡尔扎伊过渡政府的基础，并建立了由阿富汗周边国家和美国、俄罗斯组成的阿富汗问题"6 + 2"框架。此外，联合国儿童基金会（UNICEF）和世界卫生组织的救济和发展工作，联合国援助阿富汗代表团（UN-AMA）帮助阿富汗准备大选和协调其他援助，监督阿富汗政府实施融合反叛分子计划，监督阿富汗大选公平公正进行，设置联合国秘书长阿富汗问题特别代表等举措，都为稳定阿政治局势、推动阿经济社会发展做出了不可磨灭的贡献。鉴于阿富汗周边国家相互冲突的利益和议程，以及不同国家的结构性缺陷对地区合作的制约，联合国能够在帮助阿富汗及地区国家经济发展与政治稳定方面起到主导和协调作用。[1] 同时相关国家和国际组织也纷纷支持联合国的主导作用。

另外，大批国际非政府组织也涌入阿富汗，积极参与阿富汗重建。2002 年之后，阿国内国际非政府组织数量倍增，他们在阿富汗基础设施重建、女性维权，以及为社会提供公共产品与服务等方面发挥了重要作用。

（二）互为交织的多边关系结构

1. 以巴基斯坦和印度为中心的三边关系结构

在阿富汗，各国围绕巴基斯坦和印度至少形成了两个主要的三

---

[1]　John Dyrby, Rapporteur, "NATO Parliamentary Assembly Sub-Commitee On Translantic Relations Afghanistan – The Regional Context".

边关系结构，即巴基斯坦、印度与阿富汗，以及巴基斯坦、印度与美国。

在巴基斯坦、印度与阿富汗三边关系结构中，阿富汗的发展深受印巴关系的影响，并主要体现在经济和地缘政治两个方面。在经济上，巴基斯坦对过境贸易的限制不利于阿富汗与印度的贸易。一直以来，阿富汗与印度的贸易路线（塔哈姆—瓦加）穿过巴基斯坦境内，而巴基斯坦只允许通过来自阿富汗的干果和水果，以及部分印度的人道主义救济物资。巴基斯坦限制通往印度的过境贸易有两方面的考量：一是过境贸易的禁止与解禁可以与两国关系正常化挂钩，从而增加解决争议的筹码。二是开放印度的陆上贸易可能使巴基斯坦在贸易竞争中失去优势。① 2009 年 3 月开始修建的伊朗巴哈尔港至阿富汗迪拉腊姆高速公路，使印度货物能够经伊朗出口至阿富汗，从而降低了阿富汗贸易对巴基斯坦的依赖。

在地缘政治上，阿富汗问题深受印、巴关系牵动。印度和巴基斯坦将阿富汗视为彼此的竞技场。印度支持阿"北方联盟"，并日益加强在阿富汗的外交活动和对阿富汗援助，竭力扩大在阿富汗的影响力并遏制巴基斯坦的活动空间与能力。而巴基斯坦则支持阿塔利班"温和派"融入国家政权，利用阿、巴边境普什图部落地区反叛组织作为施压工具，以塑造有利于巴基斯坦的"阿富汗政治"。另外，巴基斯坦克什米尔分离主义武装暴力团伙对印度的安全与稳定形成巨大威胁。② 印度经常指责巴基斯坦情报机构牵涉了"基地"组织和哈卡尼网络多次策划的针对印度的袭击，并向反印克什米尔暴力团伙提供支持。印度与巴基斯坦始终透过两国冲突的透镜来看待阿富汗，缓和印巴两国在阿富汗的对抗姿态需要两国关系的

---

① Riaz Mohammad Khan, *Afghanistan and Pakistan: Conflict, Extremism, and Resistance to Modernity*, pp. 172 – 173.

② 2007 年印度国内有 2300 人死于恐怖暴力袭击，使印度在当年成为仅次于伊拉克和阿富汗的第三大恐怖活动受害国。巴基斯坦境内的"基地"组织也以印度为主要打击目标之一，试图将恐怖战线延伸至整个南亚次大陆。参见 Hiranmay Karlekar, *Endgame in Afghanistan: For Whom the Dice Rolls*, pp. 17 – 18。

其他方面取得进展。①

　　印度和巴基斯坦的阿富汗政策在三边关系结构下表现出明显的对抗性：巴基斯坦支持阿塔利班"温和派"融入阿富汗政府，而印度支持塔利班的宿敌"北方联盟"，反对阿塔利班重归阿富汗主流政治；印度利用其经济和文化实力强化在阿存在以压缩巴基斯坦战略空间，而巴基斯坦选择继续容忍或支持阿塔利班和反印武装团伙与之对抗，这也是印度在南亚相对崛起与巴基斯坦相对衰落的结构性矛盾所致；巴基斯坦希望利用地缘优势联结南亚、中亚和西亚，打通能源、通信和贸易走廊，在贸易路线上对印度设限，而印度加强与伊朗和中亚国家的合作，力图打破对巴基斯坦在贸易或能源等方面的路线依赖。相对于印度而言，巴基斯坦在推动阿富汗政治和解与反恐方面具有相对优势，但它对阿富汗政权施加的影响比较有限，这主要是因为：其一，巴基斯坦经济颓废使其对阿富汗重建的投入有限。其二，阿富汗政治进程中的重要力量"北方联盟"与巴基斯坦存在历史积怨。其三，巴基斯坦与阿富汗反叛武装的联系，以及阿、巴之间的边界争议为两国关系蒙上阴影。在某种程度上，任何推动地区实现正常化的综合性战略都需要印、巴关系的缓和，也可以说，印、巴之间达成一定程度的理解与合作对于阿富汗局势稳定能够产生积极的影响。

　　在巴基斯坦、印度与美国的关系结构中，美国努力在印、巴两者之间施展平衡外交。美国承认印度的崛起，并与之进行广泛的合作。在阿富汗，美国认可和鼓励印度对阿富汗的援助，以及对西方国家的支持，并公开赞扬印度在阿富汗的角色。尤其在西方部队撤军之后，印度对阿富汗援助及对西方的支持对于美国的安全利益十分重要。但也有一些美国官员担心印度与巴基斯坦的敌对是印度介

---

　　①　Wolfgang Danspeckgruber ed. , *Working Toward Peace and Prosperity in Afghanistan*, pp. 200 – 209.

入阿富汗的主要动力。2011 年，美国国防部部长查克·哈格尔
（Chuck Hagel）就曾指出印度将阿富汗作为与巴基斯坦对抗的"第
二战线"。[1]与此同时，美国重视巴基斯坦在解决阿富汗问题上的
角色，这主要表现在：其一，军事上打击藏匿在巴、阿边境部落地
区的"基地"组织、阿塔利班等反叛组织需要巴基斯坦的配合。其
二，政治上分化瓦解阿塔利班，以及推动阿政治和解进程离不开巴
基斯坦的支持。其三，驻阿西方部队后勤物资供给需要巴基斯坦开
放其陆路通道。

在印、巴关系的结构性矛盾下，美国的平衡外交并未取得良好
效果，反而加剧了巴基斯坦局势持续动荡，该地区反美情绪日益上
升，以及美、巴紧张关系不断升级的局面。这种局面主要源于美、
巴两国低水平的互信和脆弱的双边关系。相对于美、印关系，美、
巴关系的发展遵循不同的轨迹。美国领导层一直竭力使巴基斯坦官
员相信美国建立"长期的、具有广泛基础的、坚实的"对巴关系的
意愿，并将其定位为美国"主要的非北约盟国"，[2]但美国对巴基
斯坦的兴趣主要与阿富汗冲突和巴基斯坦国内的极端主义相关。长
久以来，美国与巴基斯坦的关系在官方上层颇为坚实，而在下层机
构和公众层面却十分薄弱，其原因在于两国的交流始终集中在具体
议程上，例如冷战、苏联入侵阿富汗或反恐等。领导层间的理解与
合作未能促进各层机构间持续的互动与支持，巴基斯坦也难以真正
融入非正式的美国式民主机制中，特别是在公民社会组织、媒体和
学术领域。"长期的、战略性的伙伴"或"主要的非北约盟国"不
能抹杀这种双边关系的脆弱性。[3]另外，巴基斯坦还认为美国在历

① Tyler Hooper, "India, Pakistan and China: The Importance of Regional Powers in a Post-U. S. Afghanistan", May 18, 2013 (http://foreignpolicyblogs.com/2013/05/18/india-pakistan-and-china-the-importance-of-regional-powers-in-a-post-u-s-afghanistan/).
② 达巍：《巴基斯坦成为美国非北约主要盟国》，2004 年 3 月 22 日，人民网（http://www.people.com.cn/GB/paper68/11635/1048770.html）。
③ Riaz Mohammad Khan, *Afghanistan and Pakistan: Conflict, Extremism, and Resistance to Modernity*, pp. 193 – 196.

史上的印、巴冲突中多次抛弃巴基斯坦，并相信美国对它的需要都只是基于自身利益的权宜之计。

"9·11"事件后，巴基斯坦选择支持、配合美国的反恐行动。为了使巴基斯坦成为反恐前沿国家，美国解除了对其1998年核试验、1999年政变的制裁，并从2002年开始不断向巴基斯坦提供巨额经济与军事援助。奥巴马政府上台后，美、巴双方军事合作继续得到发展。2010年，美国向巴基斯坦提供了45亿美元的援助，使巴基斯坦成为仅次于阿富汗的美国最大受援国，巴基斯坦对美国的债务也被重新调整。美国对巴基斯坦的巨大援助需要巴基斯坦帮助铲除其境内的"基地"组织和阿塔利班等武装组织，为抓捕恐怖分子提供情报，加强反恐和反洗黑钱法，以及确保巴安全机构不再干涉国家政治与司法进程等。[1] 然而互不信任为两国的合作带来了瓶颈。美国经常指责巴基斯坦军方和情报机构不断默许、支持阿塔利班、哈卡尼网络等团伙，同时美国在反恐行动中的一系列越境袭击和误炸等事件也为美、巴关系增添了更多不确定性。

在美、巴合作关系中，双方实际上形成了不对称的依存关系。美国重视具有独特地缘位置的巴基斯坦，但在印、巴结构性矛盾中始终存在偏袒印度的战略倾向，将印度视为美国在亚欧大陆维持均势的重要盟友。随着美国撤军阿富汗，以及西方部队在阿北部中亚地区开辟了新补给路线，巴基斯坦对美国的重要性相对下降。而美国的撤军可能使巴基斯坦和印度成为"基地"组织等极端暴力团伙未来的重点袭击目标。然而，巴基斯坦相对于印度日益下降的实力与地区地位，使它需要美国的经济与军事援助来摆脱内外交困的窘境，同时美国的阿富汗政策也需要巴基斯坦的配合才能有效实施。因此，可以预计美、巴合作反恐还将持续，未来双边关系将更趋务实。

---

[1]　Hiranmay Karlekar, *Endgame in Afghanistan: For Whom the Dice Rolls*, pp. 203 – 256.

2. 以伊朗为中心的多边关系结构

伊朗与其他国家在阿富汗形成了多个多边关系结构，其中比较重要的是伊朗与美国、沙特阿拉伯、巴基斯坦之间形成的多边关系结构。

伊朗在阿富汗的作用受到美、伊关系的制约，这意味着伊朗既能成为阿富汗的战略合作者，又可能发展为破坏者。伊朗在实现一个稳定、包容广泛的阿富汗国家政权方面与其他国家具有共同利益。伊朗还在阿富汗及周边地区维持着优良、高效的情报网络，它实际上有能力和意愿遏制阿塔利班等反叛武装的发展。不过如上所述，近年伊朗加强了与阿塔利班的合作。据悉，伊朗安全机构曾为包括阿塔利班在内的反叛组织提供武器和训练，破坏美军在阿富汗南部地区的行动。① 因此，伊朗既为阿富汗政府提供支持并保持与前"北方联盟"的关系，也通过资助或贿赂影响阿富汗政府议程设置，维持着由它训练的反叛团伙在阿富汗西部地区的存在，破坏阿富汗地方政治力量平衡，以及加剧宗派关系紧张。②

沙特阿拉伯与巴基斯坦的关系也对伊朗的行动产生了影响。伊朗对沙特阿拉伯等逊尼派主导的国家对它的战略压制始终保持着警惕。在伊朗与巴基斯坦的关系中，伊朗理解在阿富汗战争环境下巴基斯坦与美国的军事合作，也避免使之成为与巴基斯坦双边对话的主题，但巴基斯坦却对美国与伊朗之间的敌意十分敏感。沙特阿拉伯和其他海湾合作委员会（GCC）成员国通常将巴基斯坦视为海湾地区安全与稳定，地区权力平衡，以及抗衡什叶派势力扩张，遏制伊朗地区坐大的重要国家。海湾国家与巴基斯坦之间还保持着持续的军事合作与密切的经贸联系。GCC 成员国国内居住着将近两百万名巴基斯坦侨民，沙特阿拉伯、阿联酋与科威特还是巴基斯坦最主要的石油供给国，以及包括能源、农业、基础设施和电信等领域在

---

① Hiranmay Karlekar, *Endgame in Afghanistan：For Whom the Dice Rolls*, p. 30.

② Wolfgang Danspeckgruber ed. , *Working Toward Peace and Prosperity in Afghanistan*, pp. 27 – 29.

内的最大投资国。① 鉴于沙特阿拉伯与巴基斯坦的密切关系，以及伊朗与沙特阿拉伯（和其他海湾国家）之间的逊尼派—什叶派争端，伊朗在战略上受到东线和西线双重压力，由此阿富汗对于伊朗缓解外部压力便具有重要的战略价值。②

沙特阿拉伯对阿富汗的长期影响对伊朗构成了潜在的安全威胁，伊朗认为邻近阿、巴边境地区反伊朗的逊尼派武装分子得到了沙特阿拉伯的支持。对于巴基斯坦而言，虽然它受累于国内长期的教派冲突，并希望与沙特阿拉伯保持一定的距离，但沙特阿拉伯长期以来对它的支持，以及巴基斯坦的经济窘况将使两国继续保持合作，从而可能加强阿、巴两国的宗教极端势力，届时各方"代理人战争"可能以阿富汗和巴基斯坦为战场继续展开。③

3. 以俄罗斯和美国为中心的三边关系结构

在阿富汗，围绕着俄罗斯和美国至少形成了两个重要的三边关系结构，即俄罗斯与中国、美国，以及俄罗斯与中亚、美国。

在第一个三边关系结构下，中俄两国在阿富汗及中亚地区存在共同利益。俄罗斯和中国支持阿富汗的独立自主地位，警惕美国在该地区的军事存在，不希望美国在超越打击恐怖主义目标之外增强地区影响力，但也不希望美国仓促撤军阿富汗。中、俄还将与美国在该地区为获得影响力和能源而竞争。也就是说，中俄会在反恐领域与美国合作，但在地缘政治方面却不希望美国扩大在该地区的存在。另外，中俄在中亚地区的结构性紧张依旧存在。2001 年后美国在中亚地区不断扩大的军事存在缓解了中俄地缘政治结构的紧张，中俄战略合作伙伴关系亦不断加深，但两国在中亚地区和阿富汗的某些利益却难免发生碰撞。比如俄罗斯对中国在阿富汗日益扩

---

① Riaz Mohammad Khan, *Afghanistan and Pakistan*：*Conflict*，*Extremism*，*and Resistance to Modernity*，pp. 184 – 187.

② Wolfgang Danspeckgruber ed. , *Working Toward Peace and Prosperity in Afghanistan*, p. 210.

③ 斯特拉福战略预测公司：《阿富汗：伊朗与沙特利益角逐的疆场》，2014 年 5 月 7 日，经略网（http：//www. jingluecn. com/kanwu/bdzwxk/2014004/2014 – 05 – 07/888. html）。

大的商业介入心存芥蒂，尤其是中国中铝集团（MCC）投资开发阿富汗艾娜克铜矿，以及中方围绕阿富汗修建相关铁路的工程引起了俄罗斯的不满，这是因为中国打通横贯欧亚的东西线路可能会影响俄罗斯在该地区南北纵向活动的能力。①

在俄罗斯与中亚和美国的关系结构下，俄罗斯支持美国的反恐行动。在 2001 年美国发动阿富汗战争的初始阶段，俄罗斯在分享情报、开放空中走廊便利人道主义运输、支持统一战线、认可中亚国家对美军开放军事基地，以及参与追捕、解救行动等方面对美国提供了支持。② 阿富汗战争后期俄罗斯也为美国军事行动提供了支持与配合。比如 2009 年 6 月，俄罗斯同意美军过境俄罗斯运送军用物资；2011 年 3 月，俄罗斯允许北约使用俄南部的一个空军基地向阿富汗运送物资；4 月，北约和俄罗斯同意建立直升机维护信托基金，为阿富汗直升机建设提供培训、零部件和装备。在美国的资助下，俄罗斯还向阿富汗空军提供了 24 架直升机。俄罗斯与美国和北约签订的运输协议实现了西方部队物资运输路线多元化，加强了西方部队的物资供给能力。总体看来，俄罗斯与美国在禁毒、反恐等问题上需要彼此的协作与支持。

为维持在中亚地区的长期利益，美国将继续加强与中亚国家的联系，而俄罗斯却避免美国控制中亚。美国参议院对外关系委员会于 2011 年 12 月发布的报告《中亚和过渡中的阿富汗》（*Central Asia and the Transition in Afghanistan*）强调推动中亚地区发展及增加对中亚国家的援助，对实现地区安全与政治平衡的重要性。③ 与此同时，俄罗斯十分警惕北约东扩，以及美国扩大在中亚地区的存在，并竭力防止美国等域外大国以阿富汗为跳板向中亚渗透，挤压

---

① Wolfgang Danspeckgruber ed., *Working Toward Peace and Prosperity in Afghanistan*, pp. 201 – 209.

② Riaz Mohammad Khan, *Afghanistan and Pakistan：Conflict，Extremism，and Resistance to Modernity*, pp. 197 – 199.

③ Hiranmay Karlekar, *Endgame in Afghanistan：For Whom the Dice Rolls*, p. 29.

俄罗斯战略空间。俄罗斯也对中亚国家施加了压力，从 2005 年美国被迫关闭在乌兹别克斯坦的基地，2009 年关闭吉尔吉斯斯坦的玛纳斯机场事件中可见一斑。目前，基于阿富汗局势稳定对整个地区安全的重要性，俄罗斯选择在政治上继续支持美国的在阿行动，以使美国继续肩负阿富汗重担。俄罗斯还将与北约就阿富汗问题继续保持在中亚地区的合作，以体现俄在中亚的主导地位。总体而言，俄罗斯与美国和北约在阿富汗问题上的关系主要取决于阿富汗局势的发展及其对俄罗斯国家利益的影响。

（三）多边关系结构对地区合作的影响

1. 多边合作蕴含的动力

阿富汗周边地区合作的动力主要来自三个方面。第一，地区国家经济结构互补性和资源多样性为各国提供的合作机会。比如该地区有的国家缺乏资金与技术，但占据重要的地缘位置（如阿富汗和巴基斯坦）或拥有丰富的能源（如中亚国家和伊朗），而另一些国家缺乏能源却拥有资金和技术（如中国）。因此，通过合作加强能源开发与交通和基础设施建设，相关国家能够充分发挥各自的优势。比如阿富汗可与共享水资源的周边邻国合作开发水利、水电资源，而中亚国家或伊朗等油气资源丰富的国家可通过阿富汗和巴基斯坦向其他南亚国家输送电力和管道天然气等，从而将阿富汗打造成能源贸易枢纽。[①] 对于阿富汗和其他内陆国家而言，地区国家间贸易与经济合作对推动各国经济发展、增加就业和改善安全环境十分重要。尤其是在地缘政治对抗短期内难以化解的情况下，鼓励经济合作是联结不同行为体，推动地区国际关系良性发展的更为可行的方式。

第二，地区合作的动力潜存于地区国家共同面临的威胁与挑战。地区国家普遍受到阿富汗反叛活动、恐怖袭击和毒品走私等问

---

① 驻阿富汗使馆经商处：《阿富汗区域经济合作战略及实践》，2008 年 9 月 24 日，中国商务部网站（http：//www.mofcom.gov.cn/aarticle/i/dxfw/cj/200809/20080905799366.html）。

题的威胁和困扰。比如阿富汗毒品通过相邻的中亚国家、巴基斯坦和伊朗的走私路线而输往世界各地；而阿、巴边境部落地区已成为国际恐怖主义、极端主义和分裂主义势力的大本营，各种极端暴力团伙互相勾结并以此为训练基地，在阿富汗及周边国家发动恐怖袭击。这些跨境非传统安全威胁不同程度地在各国肆虐，远非单独国家能够解决，因此需要相关国家通力合作。

第三，更为重要的是，在多边关系结构中居于关键位置的国家具有帮助解决阿富汗问题的不可替代的能力，从而蕴含着巨大的合作潜能。比如美国奥巴马政府曾将阿富汗问题置于地区性框架中，不仅获得了盟友的鼎力支持，也说服了俄罗斯等阿富汗周边国家的配合。此外，美国还能够为印巴关系的改善创造更多机会。巴基斯坦能够在推动阿塔利班融入政治和解进程中扮演"调停者"的角色，而中国和俄罗斯能够在推动巴基斯坦和伊朗帮助解决阿富汗问题上发挥建设性作用。在阿富汗北方运输通道问题上，美国与俄罗斯、中亚之间的关系起重要作用，而在解决阿富汗难民与毒品问题上，伊朗与阿富汗和巴基斯坦的关系十分关键。而且，美国、沙特阿拉伯等国与伊朗的对话、谅解也有助于阿富汗问题的解决。沙特阿拉伯还能推动阿富汗和巴基斯坦国内一些极端宗教学校回归教育系统主流，帮助打击该地区宗教极端势力，遏制流向反叛武装的非法资金，以及瓦哈比派极端教义的宣传。① 也就是说，在不同的问题上，居于关键位置的国家都有能力发挥不可替代的作用。

2. 多边合作存在的困难

地区多边合作的困难首先来自阿富汗国内方面，特别是脆弱的安全环境导致相关国家在阿富汗的很多援建项目进展缓慢。比如中国在阿富汗投资的艾娜克铜矿工程项目曾由于安全威胁而搁置，土耳其、巴基斯坦、印度与阿富汗的天然气管道项目也由于安全局势

---

① Riaz Mohammad Khan, *Afghanistan and Pakistan*: *Conflict*, *Extremism*, *and Resistance to Modernity*, pp. 184 – 187.

难以推进。另外，没有一个有效的阿富汗中央政府，地区性合作方式也难以进一步展开。目前，阿富汗经济颓靡、毒品泛滥、腐败盛行、人才流失、严重依赖外援且改革进展缓慢，阿富汗政府仍无力控制或调动国家的大部分资源，国家安全部队也未能为广大民众提供足够的安全保障，而政权交接后存在的政治不确定性也使地区国家对在阿投资与合作丧失信心。

此外，地区多边合作还受到大国多边关系结构的制约，并主要体现在两个方面。一方面，外部国家关注自身利益，地区政策难以协调。各国对于阿富汗问题的关切与利益诉求存在分歧，而且也未能充分协调彼此的行动。阿富汗国内有四十至五十个援助国，但这些国家之间很少互相协调或与阿富汗政府沟通协商，几乎都按自身的需要与喜好来决定部门或地区援助与投资的优先性。[①] 区域国家间政策不协调导致地区合作流程复杂化，行动效率低下，资源浪费，以及地区经贸合作发展受阻。即使在上海合作组织或北约内部，各成员国在阿富汗的行动也受制于本国利益的考量，极大地削弱了这些（地区）国际组织在阿富汗的作用。卡内基国际和平基金会高级助理阿什利·特里斯（Ashley J. Tellis）等专家认为北约撤军将使阿富汗邻国更为关注于各自的利益，使地区合作的顺利推进更加困难。[②]

另一方面，多边关系结构存在的地缘政治安全困境也制约了地区合作。20 世纪 90 年代初，为控制阿富汗局势及遏制竞争对手的战略空间，外部国家大力支持阿富汗国内不同的政治派别，阿富汗内战从而被称为"代理人战争"。如今类似的"代理人战争"在阿富汗并未结束，多个国家的阿富汗政策具有明显的对抗性，各国的政治考量往往代替了经济考量，对相对收益的重视超

①　Nipa Banerjee, "Effective Development Requires Better Aid", in Wolfgang Danspeck-gruber ed. , *Working Toward Peace and Prosperity in Afghanistan*, pp. 95 – 96.

②　John Dyrby, Rapporteur, "NATO Parliamentary Assembly Sub-Commitee On Translan-tic Relations Afghanistan – The Regional Context".

越了对绝对收益的追求，纷纷以获取相对于竞争对手的政治优势为目标，从而妨碍了以阿富汗为中心的地区一体化进程，削弱了阿富汗的发展潜能。比如巴基斯坦与印度的紧张关系阻碍了阿富汗与印度贸易的过境转运，南亚区域合作联盟的大部分成员国也因此难以进入中亚市场。另外，地区内存在的教派冲突、冷战残余，以及宗教极端势力的崛起，都使阿富汗受困于地区权力竞争与冲突之中。多层次地区安全困境产生大量潜在的动荡之源，并对地区合作产生负面影响。

总之，阿富汗的相对落后并未使其游离于国际社会之外，大国争夺的阴影也从未离开过这个饱受摧残的国家。随着地区国家间紧张关系的持续，阿富汗作为地区利益交汇点时常成为这些国家博弈的"棋盘"。阿富汗问题的主要矛盾不仅包括民族国家重建进程中的社会经济困难和各种力量博弈，还涉及外部力量为自身利益而对阿富汗的各种干预。① 不仅如此，阿富汗与巴基斯坦境内还活跃着各种反叛武装，他们彼此之间，以及与外部势力之间形成的关系使阿富汗问题更为复杂。

二 反叛组织及其关联

阿富汗境内活跃着阿塔利班、哈卡尼网络、"基地"组织、巴基斯坦塔利班与"伊斯兰国"南亚分支等反叛组织。② 阿什利·特里斯将巴基斯坦境内的反叛组织划分为教派武装、反印度武装、"基地"组织等外籍武装、阿富汗塔利班与巴基斯坦塔利班五个类别。③ 包括阿塔利班在内的各种反叛武装以阿、巴边境部落地区为大本营，他们之间互相勾结并在边境两侧整合多条战线，为地区安

---

① 黄民兴：《阿富汗问题的历史嬗变》，第11—14页。

② 为便于讨论，本文在此对各武装团伙的（反叛或恐怖主义）性质不作区分。

③ Jayshree Bajoria, Jonathan Masters, "Pakistan's New Generation of Terrorists", September 26, 2012（http://strategicstudyindia.blogspot.com/2012/11/pakistans-new-generation-of-terrorists.html）.

全形势带来复杂而严峻的威胁。其中"基地"组织、哈卡尼网络在各武装团伙的联系中发挥了"桥梁"作用，"伊斯兰国"推动各反叛武装不断分化、重组，而外部力量对部分反叛武装的支持也影响着阿富汗及地区局势的发展。本书在这部分中将介绍与美国阿富汗战争密切相关的几个主要反叛组织，后文有专门介绍阿塔利班的章节，故在此不再赘述。

（一）主要反叛组织概况

1. 巴基斯坦塔利班

巴塔利班是对巴基斯坦最具威胁性的武装暴力组织。2007 年12 月，在阿塔利班领导人毛拉·奥马尔授意之下，巴基斯坦部落地区约三十支支持阿塔利班的本土武装团伙在贝图拉·马哈苏德（Baitullah Mehsud）的领导下成立"巴基斯坦塔利班运动"（TTP），标志着统一的巴基斯坦塔利班正式形成。随后不久，巴塔利班进入独立阶段。

巴塔利班成员构成十分复杂，主要包括巴部落民、宗教学校学生、流氓、地痞、罪犯，以及外籍武装分子等。在民族构成上，巴塔利班主要包括普什图人、部分旁遮普人和信德人。鼎盛时期的巴塔利班由四十支左右的武装团伙组成。在组织结构方面，巴塔利班各团伙流动性高，组织结构日益分散化、去中心化。各派别根据本地政治需求制定具体议程，他们在人员、物资和情报方面相互支持，保持着松散的联系。此外，巴塔利班主流派别有共同的诉求，但组织内斗现象也很普遍，部分派别有不同的战略目标。比如核心派别主要打击巴当局和军队，而纳兹尔（Mullah Nazir）和巴哈杜尔（Hafiz Gul Bahadur）领导的团伙与阿塔利班联系紧密，关注于打击阿境内美国和北约部队。[①] 随着近年巴塔利班历任首领接连在美国无人机袭击中被炸身亡，该组织内部权力争夺进一步加剧，活

---

① Shehzad H. Qazi, "An Extended Profile of the Pakistani Taliban", August 1, 2011 (https://www.ispu.org/wp-content/uploads/2017/07/2011_ISPU-Policy-Brief-Extended-Profile-of-Pakistani-Taliban.pdf).

动能力相对遭到削弱。

2. 哈卡尼网络

哈卡尼网络的崛起一直备受关注。1978 年，来自阿富汗普什图族扎德兰部落①的贾拉勒丁·哈卡尼（Jalaluddin Haqqani）在北瓦济里斯坦成立了哈卡尼网络。20 世纪 80 年代，哈卡尼武装因痛击苏联军队而名声大噪，并受到巴基斯坦情报机构和阿拉伯人的支持。会讲阿拉伯语的哈卡尼与来到巴基斯坦参加抗苏"圣战"的阿拉伯志愿者合作密切。哈卡尼在抗苏战争中经过历练，擅长游击作战，到了 90 年代，他在本·拉登的鼓动下加入塔利班，后者由此实力大增。毛拉·奥马尔曾任命哈卡尼为"部落和边境部长"。2001 年后阿塔利班核心领导层转至巴基斯坦，哈卡尼被任命为塔利班军队指挥官，成为第一位"非坎大哈"塔利班核心领导人。

哈卡尼网络本部位于巴基斯坦米兰沙赫，他们还在阿富汗霍斯特省小村扎姆巴尔设有基地，在阿富汗东部和阿、巴边境地区具有深厚根基。根据 2011 年西点军校打击恐怖主义中心报告，哈卡尼网络成员及支持者约有 3 万人，② 并以阿富汗中央政府和西方部队为主要打击对象。③ 哈卡尼网络（及其米兰沙赫舒拉）是阿塔利班运动内部具有一定独立性及高度凝聚力、同质性和行动效率的重要派别。目前哈卡尼之子西拉杰丁·哈卡尼（Sirajuddin Haqqani）接管了哈卡尼网络的最高指挥权。④ 哈卡尼网络历来以反美反西方著称，并被西方国家视为阿境内最具威胁性的恐怖主义组织。2012 年 9 月，哈卡尼网络被美国列入外国恐怖主义

---

① 扎德兰部落跨越阿富汗东部霍斯特（Khost）、帕克蒂亚（Paktia）与帕克蒂卡（Paktika），延伸至巴基斯坦北瓦济里斯坦地区，该地区居住着大约五十万部落民。

② Jayshree Bajoria, Zachary Laub, "The Taliban in Afghanistan", August 6, 2013 (http://www.cfr.org/afghanistan/taliban-afghanistan/p.10551).

③ 也有学者提出哈卡尼网络核心稳定成员约为三千名，并有能力招募到更多的"弹性"成员。参见 James K. Buck, Meredith J. Hinton ed., *Afghanistan in Transition: Before and After the Surge*, p.22。

④ 对于哈卡尼网络军事战术的介绍，参见 Brian Glyn Williams, *Afghanistan Declassified: A Guide to American's Longest War*, pp.142 – 146。

组织（FTO）名单。

3. 巴基斯坦"基地"组织核心

阿富汗抗苏战争期间，成千上万的阿拉伯"圣战"者来到阿富汗帮助打击苏联军队。除了打击苏联军队，本·拉登"基地"组织选择来到阿富汗和巴基斯坦的原因还包括：其活动在缺少法治的国家不受管制和约束；阿、巴边境部落地区多山地带能够为战斗人员提供天然庇护；以及贫穷的（穆斯林居住的）部落地区有利于"基地"组织意识形态生根发芽。

1996 年本·拉登在贾拉拉巴德创建了国际圣战者 055 旅，帮助阿塔利班打击"北方联盟"，并在 2001 年阿富汗战争中被美国支持的"北方联盟"击溃。随后"基地"组织残余藏匿于阿、巴边境部落地区，继续策划威胁西方国家的行动。2003 年至 2005 年，本·拉登和扎瓦赫里（Ayman al-Zawahiri）恢复巴基斯坦"基地"组织，其追随者开始在瓦济里斯坦地区建立训练营。[1] 截至 2008 年，"基地"组织的影响已遍及巴七个部落代理处。[2] 转移到阿、巴边境地区的"基地"组织被称为"巴基斯坦基地组织核心"，拥有大约两百名成员，主要是阿拉伯裔"阿富汗战士"，但其成员招募也向其他群体开放。本·拉登被击毙后，其继任者扎瓦赫里等人继续发挥重要作用。[3]

4. "伊斯兰国"南亚分支

2015 年 1 月，"伊斯兰国"宣布成立南亚分支，即所谓的"呼罗珊行省"（Khorasan Province）。该组织主要以阿富汗东部楠格哈尔省为活动基地，同时向阿富汗和巴基斯坦其他地区扩张。阿富汗境内"伊斯兰国"主要由前阿塔利班和巴塔利班叛变成员构成，还有少部分成员来自乌兹别克斯坦、俄罗斯、印度、中国，以及中东

---

① Brian Glyn Williams, *Afghanistan Declassified*：*A Guide to American's Longest War*, pp. 156 – 160.

② Syed Saleem Shahzad, *Inside Al-Qaeda and the Taliban*, p. 184.

③ 张家栋、朱道运：《基地组织现状与发展趋势》，《国际观察》2012 年第 5 期。

等国家和地区。① "伊斯兰国"南亚分支与阿塔利班主流派别在宏观战略目标、意识形态与活动手段等方面存在明显差异，二者之间多次爆发冲突。

阿富汗境内"伊斯兰国"希望在广大伊斯兰世界建立"哈里发帝国"，其战略目标具有国际性。在微观个体动机方面，本土武装分子加入"伊斯兰国"源于现实因素和意识形态因素等多个方面。尽管孟加拉国和印度国内并不存在与"伊斯兰国"有联系的大规模暴恐活动，但他们也是"伊斯兰国"极端势力在南亚渗透的主要方向。对南亚国家受边缘化的年轻人（和其他脆弱）群体，以及对传统"圣战"路径失望的逊尼派武装分子而言，"伊斯兰国"极端意识形态与"建国"理念为他们破解个人困境或实现"圣战"理想提供了新的路径与选择。② 尽管该极端组织目前在战场上损兵折将，也不可能扩大对南亚国家的领土控制，但在短期内难以彻底消亡，未来几年它还将继续与当地支持者并肩作战。

（二）反叛组织的关系网络

1. 各反叛组织之间的关系

第一，阿塔利班与巴塔利班的关系。阿塔利班与巴塔利班活动于相似的部落政治环境，并存在某种程度的共生关系，但实际上他

---

① Akhilesh Pillalamarri, "Taliban vs. ISIS: The Islamic State Is Doomed in Afghanistan", June 21, 2015 (http://nationalinterest.org/feature/taliban-vs-isis-the-islamic-state-doomed-afghanistan-13153); Pamela Constable, "A New Islamic State Radio Station Spreads Panic in Eastern Afghanistan", December 22, 2015 (https://www.washingtonpost.com/world/asia_pacific/a-new-islamic-state-radio-station-spreads-panic-in-eastern-afghanistan/2015/12/21/f41ecf96-a75c-11e5-b596-113f59ee069a_story.html).

② 关于阿富汗境内"伊斯兰国"分支兵力的评估，既有材料显示的数据并未达成一致，但总体来看，现今其战斗人员数量与其高峰时期相比已显著下降。在驻阿美军和阿政府部队联合打击下，2017 年 4 月，美军估计阿境内"伊斯兰国"分支战斗人员数量已减少到约 600 人至 800 人，而且他们在境内占领区的三分之二已被收复。参见 Steve Almasy, "ISIS in Afghanistan: A Battle Against Increased Threats", April 14, 2017 (http://edition.cnn.com/2017/04/13/middleeast/isis-afghanistan/index.html); Colin Cookman, "Why Is Trump Focusing on ISIS in Afghanistan, When the Taliban Is the Bigger Threat?", May 11, 2017;《"伊斯兰国"在阿富汗遭重创，其占领区的三分之二已被收复》，《新华日报》2017 年 5 月 21 日，第 12 版。

们是组织特点、活动方式与政治诉求差异很大的两个武装团体。巴塔利班最初在阿塔利班的授意下成立，如今已完全独立于阿塔利班，但部分派别也会根据阿塔利班的战略变化而改变策略。比如纳兹尔与巴哈杜尔领导的巴塔利班团伙曾与阿塔利班并肩作战，打击驻阿北约部队，导致阿境内自杀式爆炸袭击事件激增。另外，为推动彼此合作或协调，以及与"基地"组织等其他反叛组织合作，阿塔利班与巴塔利班组织内部还曾设有专门的联络管理制度。

第二，哈卡尼网络与阿塔利班的关系。1995 年哈卡尼武装加入阿塔利班。① 2004 年至 2005 年，哈卡尼步入阿塔利班最高领导机构。② 一直以来，对于阿塔利班与哈卡尼网络关系的界定充满争议，有分析认为他们之间彼此独立且相互竞争，也有分析认为哈卡尼网络的性质属于半独立的阿塔利班组织。事实上，贾拉勒丁·哈卡尼及其子西拉杰丁·哈卡尼始终效忠于阿塔利班组织前首领毛拉·奥马尔，"基地"组织对此也表示支持。2015 年 7 月毛拉·阿赫塔尔·穆罕默德·曼苏尔（Mullah Akhtar Mohammad Mansour）被宣布为阿塔利班新领导人后，西拉杰丁·哈卡尼被宣布为穆罕默德·曼苏尔的副手。③ 哈卡尼网络在阿塔利班运动中的影响力逐渐上升。

第三，"基地"组织与阿塔利班的关系。本·拉登和"基地"组织主要成员在 1996 年中期再次来到阿富汗后与阿塔利班建立了联系。阿塔利班为"基地"组织提供避难之地，允许其在阿富汗训练成员和策划行动。在 20 世纪 90 年代阿富汗内战，以及 2001 年阿富汗战争中，"基地"组织曾与阿塔利班并肩作战打击"北方联

① Syed Saleem Shahzad, "Taliban's New Commander Ready for a Fight", May 20, 2006 (http://www.atimes.com/atimes/South_ Asia/HE20Df02.html).

② Vishal Chandra, "The Taliban Resurrection and the Changing Course of Afghan Civil War", in K. Warikoo ed., *Afghanistan: Challenges and Opportunities*, New Delhi: Pentgon Press, 2007, p. 233.

③ Tom Wyke, "Could It Get Any Worse? Taliban Look Set to Clash with ISIS as Mullah Omar's Successor Vows to Continue the War in Afghanistan", August 1, 2015 (http://www.dailymail.co.uk/news/article-3182445/Could-worse-Taliban-look-set-clash-ISIS-Mullah-Omar-s-successor-vows-continue-war-Afghanistan.html).

盟"和西方部队。2001 年以后，阿塔利班从未公开宣布与"基地"组织断绝关系，但也很少提及他们的合作或结盟。反之，由于需要阿富汗这个避难所，"基地"组织却经常需要确认对阿塔利班的忠诚。①比如 2015 年 8 月初，"基地"组织在其媒体"萨哈卜"（As-Sahab）上宣布效忠阿塔利班领导人穆罕默德·曼苏尔，随后穆罕默德·曼苏尔也在其宣传网站"圣战之音"（Voice of Jihad）上宣布接受"基地"组织的效忠。阿塔利班开始高调承认、宣布与"基地"组织的结盟关系，并表示将继续支持后者打击美国的行动，这意味着在阿塔利班的支持下，未来"基地"组织在阿富汗境内很可能获得更多的行动空间。②

第四，"基地"组织与哈卡尼网络的关系。1988 年，本·拉登在哈卡尼网络的势力范围内建立了"基地"组织及其训练营，哈卡尼在 2001 年阿富汗战争期间帮助"基地"组织成员逃到巴基斯坦部落地区。从 2005 年至 2007 年，"基地"组织成为哈卡尼网络成员的精神先导，外界普遍认为西拉杰丁·哈卡尼为"基地"组织领导人扎瓦赫里提供了避难所。③2007 年西拉杰丁·哈卡尼继承了哈卡尼网络最高指挥权以后，二者的结盟关系进一步发展。据悉，"基地"组织主要领导人在哈卡尼网络大本营北瓦济里斯坦地区活动，哈卡尼网络在阿富汗的大多数行动都与"基地"组织相协调。2014 年以来，南亚"基地"组织核心持续受到美、阿、巴三方军事压力，特别是巴军方在北瓦济里斯坦地区的行动压制了"基地"

---

① Bruce Riedel，"The Taliban Affirm Their Alliance with Al-Qaida：Afghan Peace Talks in Doubt"，August 20，2015（http：//www. brookings. edu/blogs/markaz/posts/2015/08/20-al-qaida-alliance-taliban-riedel）.

② "Afghan Taliban 9/11 Statement：Victory Over U. S. 'Occupiers' Imminent"，September 1，2015（http：//www. nbcnews. com/news/world/afghan-taliban-9-11-statement-victory-over-u-s-occupiers-n425631）.

③ 哈卡尼网络成员以与阿拉伯伊斯兰教法理论家［比如谢赫·伊萨（Sheikh Essa）、阿布·瓦利德·安萨里（Abu Waleed Ansari）以及阿布·亚哈·利比（Abu Yahya al-Libbi）等］为伍而倍感尊贵，并经常邀请"基地"组织人员到哈卡尼网络营地，二者互动频繁。参见 Hiranmay Karlekar，*Endgame in Afghanistan：For Whom the Dice Rolls*，p. 93。

组织的行动空间，及其领导层与南亚以外分支团伙的沟通能力，①加上"伊斯兰国"极端组织在该地区的渗透，未来"基地"组织将更为重视与阿塔利班和哈卡尼网络的合作，以更多地利用阿富汗作为宣传、招募与策划的基地。

第五，"基地"组织与巴塔利班的关系。巴塔利班接受"基地"组织的意识形态和军事战术指导，并为其提供避难所，与之协调行动。近期阿富汗境内的巴塔利班与"基地"组织核心及其南亚分支的联系加强。未来巴塔利班与"基地"组织的关系尚待观察，但巴塔利班内部存在严重的权力斗争和派系分裂，它与"基地"组织仍互有需求，二者未来的发展轨迹不可能完全脱离。②

第六，哈卡尼网络与巴塔利班的关系。从 2007 年开始，西拉杰丁·哈卡尼计划与"基地"组织影响下的巴基斯坦极端武装团伙建立联系，并在随后的武装行动中对巴塔利班提供了保护与支持，西拉杰丁·哈卡尼与巴塔利班前首领贝图拉·马哈苏德建立了良好关系。③ 据悉 2012 年，巴塔利班与哈卡尼网络在北瓦济里斯坦地区曾爆发冲突，但哈卡尼网络依然为巴塔利班提供人员补给，而后者也依赖于通过哈卡尼网络而进入阿富汗。

2. "基地"组织、哈卡尼网络与"伊斯兰国"的作用

（1）"基地"组织的作用

"基地"组织的作用主要体现在两个方面。第一，"基地"组

---

① Syed Ubaidur Rahman, "Snakes in the Backyard: Pakistan and the Specter of Terrorism", September 6, 2015 （http://www.sify.com/news/snakes-in-the-backyard-pakistan-and-the-specter-of-terrorism-news-columns-pjgelMaijgjed.html）.

② 相关部门通过对历次炸弹袭击和刺杀事件的调查表明，巴基斯坦国内反叛武装如强格维军、先知军、圣战者运动都与"基地"组织建立了多层次的联系。真主军是 20 世纪 80 年代末本·拉登"基地"组织与巴基斯坦情报机构共同创建的半军事武装组织，它至今仍与"基地"组织保持着紧密的联系。参见 Riaz Mohammad Khan, *Afghanistan and Pakistan: Conflict, Extremism, and Resistance to Modernity*, pp. 218 – 223; Peter Tomsen, *The Wars of Afghanistan: Messianic Terrorism, Tribal Conflicts, and The Failures of Great Powers*, p. 520。

③ Syed Saleem Shahzad, *Inside Al-Qaeda and the Taliban*, pp. 105 – 108.

织在各反叛武装的联系中起到"中介"作用。来自西点军校打击恐怖主义中心的唐·格拉斯勒（Don Rassler）指出，"基地"组织在巴基斯坦不同武装派别的联合中起到协调与联盟建设的作用。① 巴基斯坦"基地"组织核心意欲在意识形态上控制世界各地的穆斯林抵抗活动，希望通过与这些武装组织建立联系获得更广泛的支持，以编织起更大的国际恐怖主义网络，实现总体战略目标。有分析认为，在美国阿富汗战争初期，来自车臣、乌兹别克斯坦和中国新疆地区的武装分子曾与"基地"组织并肩作战，但他们很少参与后期阿富汗国内的大部分战斗，这是由于"基地"组织的最终目标是将他们送回车臣、中亚和中国新疆地区发动"圣战"，从而扩大"圣战"战场，实现"基地"组织的全球性战略目标。②

"基地"组织在各种极端暴力组织之间架起桥梁，几乎所有阿、巴国内的逊尼派伊斯兰武装团伙都与之建立了程度不等的联系。在这些联系中，具有深远影响的是"基地"组织促成了巴塔利班的统一，并将战斗目标扩大至巴基斯坦国内。2006 年以后，在"基地"组织影响下，巴国许多本土和外籍武装组织开始将巴基斯坦国内作为优先打击方向，阿塔利班对此不予支持。"基地"组织担心各派别之间的分歧会破坏来之不易的成就，于是将所有支持阿塔利班的巴武装团伙集结在"巴基斯坦塔利班运动"的统一旗帜下。③ "基地"组织视阿富汗为真正的战场，也将遏制巴基斯坦对美国的支持看作必要的目标。此外，"基地"组织还在 2009 年与伊朗逊尼派武装组织"真主旅"（Jundullah）建立了联系，旨在将"触角"伸及

① Jayshree Bajoria, Jonathan Masters, "Pakistan's New Generation of Terrorists"。

② 对于"基地"组织如何在阿、巴部落地区发展起网络式反叛活动的介绍，参见 Syed Saleem Shahzad, *Inside Al-Qaeda and the Taliban*, pp. 206 – 223。

③ 为消除阿塔利班的疑虑，毛拉·奥马尔被宣布为主要的支持者，但 TTP 实施的却是"基地"组织的议程。"基地"组织相信只要 TTP 宣誓效忠阿塔利班，毛拉·奥马尔就没有理由破坏巴武装分子开辟的新"圣战"战线，而如果未来阿塔利班和巴军方计划与西方和解，那么这个"新塔利班"也可以作为反对他们的力量。对此的介绍，参见 Syed Saleem Shahzad, *Inside Al-Qaeda and the Taliban*, pp. 54 – 63。

中亚、中东和土耳其等地区。布鲁金斯学会研究员布鲁斯·里德尔（Bruce Riedel）认为，意识不到"基地"组织在阿塔利班、巴塔利班等反叛组织协调与合作中的作用是以往国际社会政策失败的主要原因。[①]

第二，"基地"组织为各反叛组织提供支持。"基地"组织为阿、巴境内与之建立联系的武装团伙提供资金、军事培训、政治协调，以及意识形态上的支持。"基地"组织还在帮助阿塔利班使用现代媒介的技术化道路上起到重要作用。比如"基地"组织领导人之一阿布·亚哈·利比[②]帮助阿塔利班建立了网络媒体 Labaik。[③]2011 年以后，随着本·拉登与多名"基地"组织高级领导人被击毙，"基地"组织在巴基斯坦遭受重创，相对削弱了它发动大规模恐怖袭击的能力，但在资金、战术和意识形态方面，"基地"组织依然在各团伙网络中具有比较优势。

（2）哈卡尼网络的作用

哈卡尼网络的作用主要体现在三个方面。第一，哈卡尼网络对于阿塔利班的发展、壮大十分重要。2001 年以后，哈卡尼网络帮助阿塔利班在巴基斯坦部落地区重组、招募和培训，并将"基地"组织战术融入阿塔利班战略中。哈卡尼父子是第一批将伊拉克"基地"组织自杀式袭击战术移植到阿富汗的塔利班指挥官，在塔利班反叛活动向伊拉克恐怖活动模式转变中发挥了重要作用。[④]哈卡尼网络也为塔利班在阿富汗境内的武装活动提供物资与情报支持。

第二，哈卡尼网络在阿、巴两国反叛组织网络中起到特别的"桥梁"作用。哈卡尼网络曾召集支尔格部落会议，协调阿塔利

---

① Jayshree Bajoria, Jonathan Masters, "Pakistan's New Generation of Terrorists".

② 阿布·亚哈·利比于 2012 年 6 月在巴基斯坦部落地区遭到美军无人机空袭丧生。

③ Brian Glyn Williams, *Afghanistan Declassified*: *A Guide to American's Longest War*, p. 160.

④ 2003 年以后，"基地"组织伊拉克分支领导人扎卡维（Zarqawi）开始将"基地"组织新战术传授给哈卡尼之子。对此的介绍，参见 Brian Glyn Williams, *Afghanistan Declassified*: *A Guide to American's Longest War*, p. 144。

班和巴塔利班等反叛组织的军事行动，以及组织动员巴部落民为各反叛组织提供避难所和安全通道。① 在2011年西点军校打击恐怖主义中心发布的一份报告中，哈卡尼网络被界定为巴基斯坦三军情报局、"基地"组织、乌兹别克斯坦武装分子等其他国际极端武装分子之间联系的"中介"。唐·格拉斯勒和瓦希德·布朗（Vahid Brown）在报告中指出，"三十多年来，哈卡尼网络始终是其他武装团伙的助推器，以及地方、地区和全球武装活动的源头"。②

第三，哈卡尼网络还是巴塔利班与巴军方之间有影响力的调解人。根据西点军校打击恐怖主义中心的报告，巴军方一直是哈卡尼网络的支持者和资助者，而后者帮助前者"管理"边境部落地区的武装团体，以使他们在未来可能的克什米尔冲突中作为平衡印度的工具。2011年4月，美国参谋长联席会议前主席迈克·马伦（Mike Mullen）指责巴基斯坦三军情报局与哈卡尼网络的持久联系，并相信哈卡尼网络是解决阿富汗问题的关键。③

（3）"伊斯兰国"的作用

"伊斯兰国"的作用主要体现在三个方面。第一，在"伊斯兰国"的渗透下，南亚反叛活动不断分化、重组。阿塔利班、巴塔利班乃至"基地"组织都曾出现成员叛变加入"伊斯兰国"的情况，甚至曾经与他们维持结盟关系的极端暴力组织也纷纷对"伊斯兰国"宣誓效忠。但同时也存在着与反叛活动离心力相反的力量。目前阿塔利班不断加强内部凝聚力，极力巩固与哈卡尼网络、"基地"组织和巴塔利班等主要反叛组织的关系。④

第二，"伊斯兰国"极端势力加重了南亚反叛活动的教派冲突

---

① Hiranmay Karlekar, *Endgame in Afghanistan: For Whom the Dice Rolls*, p. 92.

② Jayshree Bajoria, Jonathan Masters, "Pakistan's New Generation of Terrorists".

③ Ibid.

④ Muhammad Amir Rana, "The Impact of the Islamic State on Pakistan", January 2015, p. 4 (https://noref. no/content/download/168425/735878/version/1/Amir_ Rana_ NOREF_ IS%20in%20Pakistan_ Jan%202015_ FINAL. pdf).

色彩。在"伊斯兰国"萨拉菲—塔克菲利极端思想的渗透下，以教派身份为底色的暴力冲突在巴基斯坦呈螺旋上升之势。即使在过去教派冲突相对较少的阿富汗，目前国内教派矛盾也出现深化迹象。随着"伊斯兰国"极端势力对南亚地区教派冲突的利用与煽动，已有研究中根据教派对该地区逊尼派武装进行划分的倾向再次加强。[①]

第三，南亚反叛活动的极端化趋势在城市和网络空间中日渐明显。一直以来，南亚地区伊斯兰武装组织主要从农村宗教学校、清真寺及社会下层民众中招募成员，在阿、巴边境部落地区训练营对他们进行军事训练和意识形态灌输。"伊斯兰国"的出现使南亚反叛活动吸引了很多城市地区、教育背景良好的中上阶层民众，为地区反叛活动创造了新的主题、叙事和场域。[②] 南亚地区反恐与平叛战场将部分转至网络虚拟空间，"自极端化"个体和微型极端团体也将不断增多，从而对南亚安全领域相关学者和政策制定者提出新的挑战。

3. 外部力量对主要反叛组织（和政治集团）的支持

20 世纪 90 年代初，美国和俄罗斯暂时离开了阿富汗战场，阿富汗邻国巴基斯坦、伊朗等国走到了"大博弈"的前台。相关国家都希望自己支持的派别控制阿富汗政治，遏制竞争对手的战略空间，以及确保自身的利益。这些国家对阿富汗各派的支持使之在权力分配上难以达成一致，从而导致内战持续进行，阿富汗内战因而也被称为"代理人战争"。[③] 如今，类似的"代理人战争"在阿富汗并未结束，这不仅影响了阿富汗战场的局势，也在某种程度上决定着本地区未来的地缘政治。

---

① 比如阿卜杜尔·巴希特在研究中就将支持"伊斯兰国"的本土武装分子称为"萨拉菲塔利班"（Salafai Taliban）。参见 Abdul Basit, "ISIS Growing Influence in South Asia and Regional Implications", *RSIS*, February 18, 2015（http://studylib.net/doc/5318808/isis-growing-influence-in-south-asia-and-regional-implications）。

② 自 20 世纪 80 年代以来，南亚地区共出现了四代"圣战"分子。对此描述，参见 Abdul Basit, "South Asia's Urban, Educated Jihadists", January 19, 2017（https://www.rsis.edu.sg/rsis-publication/icpvtr/co17011-the-urban-and-educated-jihadists-of-south-asia/）。

③ 黄民兴：《阿富汗问题的历史嬗变》，第 250 页。

第一，伊朗支持阿、巴境内什叶派武装组织和部分逊尼派武装组织。为扩大地区影响力，遏制伊斯兰逊尼派势力，以及平衡美国的压力，伊朗通过提供资金、武器和人员援助等方式，积极扶植该地区什叶派武装组织，并在近年增加了与阿塔利班部分派别的联系与合作。根据美国国务院和北约的报告，在 2010 年至 2011 年间，西方部队就曾发现证据表明伊朗为阿塔利班反叛组织提供武器和训练等支持。①

第二，沙特阿拉伯支持阿、巴境内逊尼派极端武装组织。20世纪 80 年代，为阻止伊朗输出伊斯兰革命，以及支持阿富汗抵抗苏联运动，沙特阿拉伯为巴基斯坦等国提供了大量经济援助，并借此向南亚地区输出逊尼派瓦哈比激进思想。巴基斯坦军方与穆斯林武装团伙利用来自沙特阿拉伯的资金，在阿、巴边境地区建立宗教学校、军事训练营、清真寺，以及慈善机构等。沙特阿拉伯瓦哈比派控制的慈善机构总部设在白沙瓦，与其亚欧地区分支机构在资金方面合作并与部分恐怖主义组织协调行动。② 至今，来自沙特阿拉伯的一些慈善机构和个人仍支持着亲近瓦哈比教派的巴逊尼派极端武装组织，加剧了该地区的教派冲突。

第三，支持阿富汗原"北方联盟"的国家。在阿富汗的政权结构中，原"北方联盟"力量受到国内非普什图阿富汗人和其他国家的大力支持，比如美国、俄罗斯、中亚国家、伊朗和印度等，都是支持原"北方联盟"势力的外部力量。比如乌兹别克斯坦和土耳其尤其支持拉希德·杜斯塔姆领导的乌兹别克族政治集团，伊朗支持阿富汗哈扎拉族政治集团和塔吉克族政治集团，另外塔吉克族政治集团也得到了俄罗斯、印度和塔吉克斯坦等国的支持。

第四，美国在"东突"问题上的双重标准。美国政府将"东

---

① James K. Buck, Meredith J. Hinton ed. , *Afghanistan in Transition: Before and After the Surge*, p. 72.

② Peter Tomsen, *The Wars of Afghanistan: Messianic Terrorism, Tribal Conflicts, and The Failures of Great Powers*, pp. 519 – 523.

伊运"界定为恐怖主义组织，并炸死其头目阿卜杜勒·哈克（Abdul Haq al-Turkistani），但同时又对与"东伊运"有密切联系的其他"东突"势力予以支持。比如美国允许"东突民族自由中心"在华盛顿成立"流亡政府"，以及对"世界维吾尔代表大会"提供资助。① 而不同的"东突"势力之间互相支持与勾结的情况，使得美国间接支持了"东伊运"等"东突"势力。不过，鉴于"东伊运"与"基地"组织等武装团伙的联系，以及恐怖主义发展的国际化趋势，美国对"东突"势力的支持对自身也极为不利。

总之，各反叛武装已在阿、巴边境两侧整合多条战线，他们之间的联系与合作为地区安全带来复杂而严峻的威胁。在各武装团伙网络中，"基地"组织和哈卡尼网络为诸武装团伙之间的联系搭起了"桥梁"，使他们获得了广泛的部族支持，"伊斯兰国"也推动着各反叛武装不断分化、重组。而外部势力根据各自利益对部分反叛武装（和政治集团）的支持不仅影响了阿富汗战局，也在某种程度上决定着本地区未来的地缘政治。

（三）巴基斯坦三军情报局的作用

多年来，在外部力量对阿、巴地区反叛武装的支持中，巴基斯坦三军情报局（ISI）的角色一直备受争议，阿塔利班也常被描述为与巴三军情报局存在着"千丝万缕"的关系。自20世纪70年代末苏联入侵阿富汗以来，巴基斯坦曾作为美国的盟友为阿富汗抵抗运动提供支持，并在20世纪90年代阿富汗内战中大力支持塔利班，再到后来成为美国反恐战争的主要盟友，巴基斯坦在阿富汗的角色已发生很大转变。但从根本上说，巴基斯坦在阿富汗的主要利益和关切并未改变。②

许多分析人士确信，巴基斯坦军方及其三军情报局有选择地与

---

① 《美国境内东突分子达千人，黑白两道筹集资金》，2009年4月25日，央视网国际新闻（http：//news.cctv.com/world/20090425/102744.shtml）。

② Rasul Bakhsh Rais, "Pakistan's Perspective on the Afghan Transition", in Shanthie Mariet D'Souza ed., *Afghanistan in Transition：Beyond 2014？* p. 149.

哈卡尼网络等武装组织结盟，并视其为抵抗印度、控制阿富汗的战略工具，从而对巴基斯坦国内及周边地区宗教极端势力的扩张负有不可推卸的责任。而巴基斯坦安全与情报机构一直否认相关指控，并认为自身作为恐怖主义的受害者，已在反恐事业中做出了巨大牺牲。① 特别是近些年来，巴基斯坦政府和安全机构已成为本土武装暴力团伙的主要袭击对象。位于华盛顿的智囊机构"新美国基金会"（New America Foundation）指出，自2007年巴基斯坦"红色清真寺事件"发生以后，很多以前得到军方支持的武装暴力团伙与之决裂。2011年5月，本·拉登被击毙于巴基斯坦伊斯兰堡周边一所军事学院附近，这使巴国安全与情报机构对恐怖组织的支持及其反恐承诺再次受到质疑。② 总体而言，自"9·11"事件以来，巴基斯坦在阿富汗问题中扮演的角色发生了很大转变，但并未完全放弃在阿富汗实施"战略纵深"的政策，尽管该战略设想已为巴国自身带来了很多负面后果。

1. "9·11"事件之前巴三军情报局的角色

20世纪60年代，东巴基斯坦的分裂刺痛了巴军方的神经，他们决定不惜任何代价确保巴基斯坦余下部分的完整。到了70年代，在齐亚·哈克将军执政期间，巴三军情报局推动了国内伊斯兰政党的发展，并加强了与不同极端或恐怖组织的联系。苏联入侵阿富汗之后，美国将巴基斯坦作为支持阿富汗抵抗苏联运动的前沿阵地。美国中央情报局加强了与巴三军情报局的联系，并利用后者作为支持阿富汗抵抗组织的工具。巴三军情报局直接负责与阿富汗抵抗组织接触，为他们提供武器和训练等支持性活动。20世纪80至90年代期间，由巴三军情报局、塔利班、伊斯兰党希克马蒂亚尔派、

---

① 据官方统计，在巴军方反恐行动中约有3500名士兵与三万多平民丧生，经济损失约达680亿美元。安全环境恶化还导致国内外经济投资环境恶化，而巴国家预算很大一部分又用于安全事务而非社会发展上。参见 Rasul Bakhsh Rais, "Pakistan's Perspective on the Afghan Transition", p. 152。

② Jayshree Bajoria, Jonathan Masters, "Pakistan's New Generation of Terrorists".

"基地"组织、巴基斯坦伊斯兰阵线、伊斯兰神学者协会，以及来自世界各地的"圣战"者组成了所谓的"非神圣联盟"（Unholy Alliance）。在巴基斯坦的支持下，他们在巴境内建立军事训练营并互相协调行动。到了90年代后期，"非神圣联盟"演变成各部分自治或半自治的松散网络，而巴基斯坦西北边境部落地区逐渐成为世界恐怖主义的中心。① 英国前首相戈登·布朗曾指出，英国国内恐怖袭击的源头有三分之二来自巴基斯坦，后者俨然成为全球恐怖主义的"工厂"。②

　　巴三军情报局曾重点支持古勒卜丁·希克马蒂亚尔（Gulbud-din Hekmatiyar）的伊斯兰党（Hezb i-Islam）、③ 阿卜杜勒·拉苏尔·萨亚夫（Abdul Rasul Sayyaf）集团和哈卡尼网络。当这些组织无力控制阿富汗之后，巴三军情报局将阿富汗普什图族伊斯兰学生运动塔利班作为重点扶持对象，以期在阿富汗建立由普什图族主导的、支持巴基斯坦的政权。从1994年开始，巴三军情报局不断向塔利班提供武器、情报和训练。1996年塔利班夺取喀布尔政权时，巴基斯坦是第一个承认它的国家。巴三军情报局在塔利

----

　　① 对于巴基斯坦三军情报局（ISI）的介绍，参见 Peter Tomsen, *The Wars of Afghanistan: Messianic Terrorism, Tribal Conflicts, and The Failures of Great Powers*, pp. 519 –523; Anand Ballabh, *Espionage and Security Threat in South Asia*, New Delhi: Forward Books, 2013, pp. 93 –192。

　　② P. L. Dash, "The Afghan Cauldron Beyond Kabul", in Arpita Basu Roy, Binoda Kumar Mishra ed. , *Reconstructing Afghanistan: Prospects and Limitations*, pp. 174 –175.

　　③ 希克马蒂亚尔来自位于昆都士和巴格兰（即阿富汗土库曼人为主体的东北地区）的普什图卡鲁特（Kharrut）部落，他领导的武装组织是阿富汗抗苏战争期间巴基斯坦和美国支持的七支逊尼派抵抗团伙中的一支。希克马蒂亚尔的影响力主要在阿富汗东北部地区，其追随者分散于昆都士、昆纳尔、努里斯坦、塔克哈尔、巴格兰，以及东部的贾拉拉巴德和喀布尔附近地区。与其他结构松散的"圣战"团伙不同，希克马蒂亚尔的伊斯兰党具有严格的政党纪律和机构设置，其成员主要来自巴基斯坦难民营。该组织的严格法规使之能够为控制区域内的民众提供某种程度的社会服务，并由此获得了许多追随者。作为曾经的阿富汗第三大反叛组织，伊斯兰党希克马蒂亚尔派近年来实力有所削弱，尤其在军事上受到了美军的打压。2004年至2005年，一些伊斯兰党指挥官纷纷向阿富汗中央政府投诚。2006年3月和2007年4月，美军分别空袭了昆纳尔和努里斯坦地区的伊斯兰党大本营，致使该组织蒙受巨大损失。该组织与阿富汗中央政府的谈判于2010年开始得到官方确认。2017年5月，伊斯兰党希克马蒂亚尔派与阿富汗政府通过政治手段实现了和解。

班的成长中不仅扮演着支持者、扶植者的角色,实际上正是它一手创造了塔利班。

巴三军情报局对塔利班等反叛组织的支持主要出于几方面的原因。20 世纪 80 年代,巴基斯坦领导层相信苏联入侵阿富汗是其南下印度洋的扩张主义政策的一部分。为打击苏联,巴基斯坦为阿富汗反苏的政治与军事派别提供避难所,并试图将这些派别团结起来。90 年代以后,巴基斯坦明确支持塔利班,并视之为在克什米尔危机中抵抗印度威胁,以及在阿富汗建立对巴友好政权的战略工具。那么,巴基斯坦为何选择支持塔利班?首先,"普什图尼斯坦问题"是巴军方选择支持塔利班的原因之一。尽管塔利班前首领毛拉·奥马尔并未接受过备受争议的"杜兰线",但相对于其他普什图人来说,阿、巴边界问题始终是塔利班的次要关切,他们也从未对此提出过诉求。因此,巴基斯坦感到塔利班会比其他阿富汗民族主义者较少激起"普什图尼斯坦问题"。[①] 这同样也是当初巴基斯坦支持希克马蒂亚尔的原因之一。其次,希克马蒂亚尔的伊斯兰党与毛拉·奥马尔的塔利班遵循严格的伊斯兰教义,而且他们纪律严明,组织结构严密,政策法规也比较完善,特别是塔利班具有深厚的部落根基和强大的军事能力,由此巴军方认为塔利班能够给阿富汗带来稳定,对巴持友好态度且能够处于巴基斯坦控制之下。同时,塔利班在国际社会中的孤立也使之需要巴基斯坦方面的支持。

2. "9·11"事件之后巴三军情报局的角色

"9·11"事件发生后,巴基斯坦选择与美国合作反恐,巴军方及其情报机构在美国的反恐战争中发挥了不可替代的作用。比如巴方帮助美国捕杀了数百名"基地"组织和塔利班成员,逮捕并取缔了一些克什米尔恐怖组织(尽管这些组织成员被释放后继续进行动

---

① Brian Glyn Williams, *Afghanistan Declassified: A Guide to American's Longest War*, p. 116.

员和重组），并为西方部队的一些重要军事行动提供情报，开放物资运输供给线。与此同时，巴三军情报局也在不断支持国内宗教党派的发展并削弱世俗党派的力量，鼓励了境内极端宗教势力的壮大。

总体来看，巴三军情报局在反恐战争中的模糊角色与国内出现的五个倾向密不可分：宣传激进思想的宗教学校数量持续上升，西北边境部落地区年轻人极端化倾向日益明显，军方及其情报机构内部激进因素逐渐扩散，极端组织与宗教政党的关系继续维持，以及毒品、武器走私等非法活动显著增长。[①] 然而，随着巴基斯坦官方逐渐扩大对美国的支持，很多曾得到巴军方支持的武装团体开始被边缘化，并逐渐向"基地"组织等极端组织靠拢。[②]

实际上，巴基斯坦政府和民众早已厌倦国内持续不断的政治动荡与经济衰退。尽管仍存在分歧，巴国内日益明晰的共识却是，在阿富汗实施"代理人战争"将对巴国带来巨大伤害，一个稳定的阿富汗符合巴基斯坦和整个地区的利益。在巴基斯坦国内，已很少再听到将阿富汗视为巴国"附属"的声音，更多的是对数十年冲突蔓延的警惕。[③] 这是局势的发展带来的变化。然而巴军方内部一些官员的行动仍处于政府控制之外。拉素尔·巴卡什·赖斯（Rasul Ba-khsh Rais）指出，巴基斯坦不完善的民主政治，文人政府与军方的关系，以及国家安全的核心地位，使一些官员继续为部分反叛武装提供支持。[④]

在巴基斯坦目前的政治环境中，一些军事与情报人员与阿塔利班、哈卡尼网络等组织依旧保持着联系，特别是那些 20 世纪 80 至

---

① 在许多阿富汗南部地区民众看来，巴基斯坦人有"两张面孔"——他们接受美国的援助反对阿塔利班，同时也为之提供资金、训练和避难所，继而再出卖并逮捕他们。对于巴基斯坦在阿富汗战争中的作用的论述，参见 Peter Tomsen, *The Wars of Afghanistan*: *Messianic Terrorism*, *Tribal Conflicts*, *and The Failures of Great Powers*, p. 649。

② Syed Saleem Shahzad, *Inside Al-Qaeda and the Taliban*, p. 210.

③ Riaz Mohammad Khan, *Afghanistan and Pakistan*: *Conflict*, *Extremism*, *and Resistance to Modernity*, pp. 167 – 171.

④ Rasul Bakhsh Rais, "Pakistan's Perspective on the Afghan Transition", in Shanthie Mariet D'Souza ed. , *Afghanistan in Transition*: *Beyond 2014*? p. 151.

90 年代曾扶植过塔利班和穆斯林游击队的退休官员。自巴基斯坦建国以来，军方及其情报机构内部的伊斯兰化倾向不断增长，很多人难以放弃将阿富汗视为"战略纵深"的思想，其中不仅包括普通士兵，也包括一些中层官员甚至部分高级将领。伊斯兰极端主义的渗透削弱了巴军方打击恐怖主义的能力。[1] 近年来，巴军方及其情报机构内部与西方保持友好关系的官员数量越来越少，尽管如此，即使是最为保守的高层军官也不想与美国的关系完全破裂，因为那将意味着军事、经济援助的停止或削减。[2] 还有学者认为，保护美国的"头号敌人"有利于巴基斯坦吸引美国的军事与经济援助，增加巴基斯坦对于美国的价值及其对地区和全球地缘战略目标的追求。[3]

总之，随着印度的崛起与巴基斯坦的相对衰落，美、印关系与印、阿关系的发展，以及伊朗与沙特之间展开的竞争，巴基斯坦军方内部"战略纵深"的设想及其支持逊尼派伊斯兰势力的议程会持续存在。换言之，鉴于巴基斯坦国内存在的压力及其在阿富汗的利益，巴三军情报局或将继续有选择地为部分反叛武装提供支持。

3. 巴基斯坦"战略纵深"策略的可行性

"战略纵深"（Strategic Depth）设想雏形最初在 20 世纪 60 年代浮现，当时巴基斯坦国家重建署官员阿斯拉姆·西迪基（Aslam Siddiqi）提出将伊朗和阿富汗作为抵抗印度的"纵深"，并指出在阿富汗获得"战略纵深"主要取决于两个因素：一是巴基斯坦将由

---

① 2011 年 5 月 6 日，巴基斯坦高级军官布里格迪尔·阿里·汗（Brigadier Ali Khan）被逮捕，且被指控与非法伊斯兰武装团伙伊扎布特（Hizbut Tahrir，HuT）有联系，而后者与"基地"组织关系密切。2011 年 5 月 30 日，即巴海军基地被巴塔利班武装分子袭击一周后，巴军方逮捕了前海军指挥官卡姆兰·阿赫迈德（Kamran Ahmed），后者被指控向武装分子提供帮助。对于巴军方内部伊斯兰极端主义倾向的论述，参见 Hiranmay Karlekar, *Endgame in Afghanistan：For Whom the Dice Rolls*, pp. 238 – 251。

② Hiranmay Karlekar, *Endgame in Afghanistan：For Whom the Dice Rolls*, pp. 254 – 259.

③ Peter Tomsen, *The Wars of Afghanistan：Messianic Terrorism, Tribal Conflicts, and The Failures of Great Powers*, p. 593.

于抵抗苏联而获得美国的支持，从而使其在中亚地缘政治中发挥主要作用；二是中亚地区有丰富的能源，而阿富汗能为巴基斯坦提供最便捷的能源路线与政治控制。80 年代末，巴基斯坦前陆军总参谋长米尔扎·阿斯拉姆·贝格（Mirza Aslam Beg）将军在一次官方场合使用了"战略纵深"这一术语并得到官方认可。[①] 一直以来，对两条战线的恐惧使巴基斯坦竭力在阿富汗寻求一个"友好的政府"并使之成为抵抗印度威胁的"战略纵深"。为此，巴基斯坦将巴塔利班与"基地"组织等反叛武装列为"恐怖组织"，而对阿塔利班与反印度极端组织予以默认或某种程度的支持。然而该策略的可行性与有效性需要进一步检验。

首先可以确定的是，巴基斯坦"战略纵深"政策难以得到阿富汗和地区民众的认可。在该战略设想的驱使下，巴基斯坦容易忽视历史教训与阿富汗国内的政治现实，其建立"战略纵深"的想法未将阿富汗人对领土问题的敏感性考虑在内，自然也不会受到阿富汗广大民众的欢迎和认同。这可能导致巴基斯坦在阿富汗投入越多，就越可能疏远当地民众。

其次，巴基斯坦"战略纵深"政策很可能伤及自身。鉴于各反叛武装之间存在密切联系，选择对其中某些武装组织（如阿塔利班、哈卡尼网络、反印团伙）提供支持很可能会增加其他反巴极端组织（如"基地"组织、巴塔利班）的势力，从而使巴基斯坦本土遭受比其他国家更大的伤害。加上大多数巴本土反叛武装并不具备统一的领导层，严格的组织纪律与外部控制，以致每当巴政府寻求与美国合作或与印度缓和关系时，很多巴军方曾支持过的武装组织内部便出现分裂，有些团伙甚至掉转枪头对付巴政府和军方，从而对巴基斯坦国家安全构成直接威胁。而且，即使假设这些极端武装组织能够在未来可能的克什米尔冲突中战胜印度军队，这种设想

---

① Hiranmay Karlekar, *Endgame in Afghanistan: For Whom the Dice Rolls*, p. 186.

在核武器政治下也没有多少意义。[①]

再次，巴"战略纵深"政策还可能破坏地区权力平衡。该战略将驱使周边邻国在阿富汗选择各自偏爱的集团作为回应，从而加剧相关国家在该地区的恶性竞争，以及他们继续在阿富汗实施"代理人战争"的可能性。比如近年巴方也越来越多地指责恐怖分子利用阿领土策划对巴基斯坦的袭击。策划白沙瓦校园袭击的巴塔利班前首领毛拉·法兹鲁拉（Mullah Fazlullah）曾藏身于阿富汗东部昆纳尔省。[②] 还有报道称，阿情报机构主管拉赫马图拉·纳比勒（Rahmatullah Nabil）支持巴塔利班前指挥官拉蒂夫·马哈苏德（Latif Mehsud）。[③] 在一些学者看来，由于巴基斯坦多年来不断为阿塔利班和哈卡尼网络提供支持，阿富汗基于"一报还一报"（Tit for Tat）战略也为巴武装分子提供了避难。[④] 另外，在中亚、南亚地区，巴基斯坦国内输出的极端暴力宗教思想可能加剧本地区各种反巴力量的联动，而地区权力平衡的战略重组或将威胁巴安全利益，最终可能导致地区权力平衡发生不利于巴基斯坦的变化。[⑤]

不过，与过去相比，如今巴当局对阿塔利班控制有限，二者之间存在分歧。但仍有观点认为，在阿富汗国内分裂与冲突的环境中，阿塔利班是巴基斯坦唯一存在历史联系的政治力量，只有通过

[①] Peter Tomsen, *The Wars of Afghanistan: Messianic Terrorism, Tribal Conflicts, and The Failures of Great Powers*, p. 548.

[②] Christine Roehrs, "The Refugee Dilemma: Afghans in Pakistan Between Expulsion and Failing Aid Schemes", March 9, 2015 (https://www. afghanistan-analysts. org/the-refugee-dilemma-afghans-in-pakistan-between-expulsion-and-failing-aid-schemes/) .

[③] Natalya Zamaraeva, "Pakistan – Afghanistan: An Intelligence War in the Making?", June 15, 2015 (http://journal-neo. org/2015/06/15/pakistan-afghanistan-an-intelligence-war-in-the-making/) .

[④] "ISAS Brief: Peace-Making Challenges in Afghanistan", *Institute of South Asian Studies*, National University of Singapore, No. 369, June 11, 2015.

[⑤] Riaz Mohammad Khan, *Afghanistan and Pakistan: Conflict, Extremism, and Resistance to Modernity*, pp. 212 – 215.

支持阿塔利班，巴基斯坦才能确保它在阿富汗的利益。[①]

有学者认为，美国对阿富汗和平最有价值的贡献之一在于联合巴基斯坦。也就是说，只有解除巴基斯坦对印、巴冲突的忧虑，阻止巴基斯坦部分机构（和人员）继续利用阿富汗作为战略工具，美国和西方国家才有可能打破阿富汗战争僵局。这也是为什么许多人认为美国的阿富汗政策应始于巴基斯坦的原因。[②]

三 地方军阀的内外关系

阿富汗现代军阀是国内长期战乱的产物，并在战后国家重建进程中得到发展。在中央政府有效治理严重缺失的情况下，阿富汗军阀等非国家行为体控制着地方资源配置，提供基本公共产品，并将广大边境与农村地带作为垄断权力的平台。阿富汗反叛运动此起彼伏，以及社会碎片化的局面，推动了中央政府和外部干预者将容纳或扶植主要军阀作为重要（生存）策略，进而巩固了军阀在阿富汗国家政治进程中的权力。在西方部队大规模撤军的背景下，阿富汗各地军阀不断积聚实力，试图在国家政治中发挥更大的作用。总体来看，在国内安全局势和中央政权建设方面，阿富汗各地军阀同时扮演着积极和消极的双重角色。

（一）阿富汗现代军阀概况

阿富汗现代军阀的出现可大致分为两种情况。一种是在20世纪70至80年代苏联入侵时期成长起来的地方武装指挥官，他们在当今阿富汗国家政治中继续发挥重要作用，并主要以阿富汗原"北方联盟"为代表，即所谓的"旧军阀"。阿富汗原"北方联盟"是一些曾经互为对手的军事派别联合起来对抗塔利班的军事政治联盟。塔利班在执政时期曾对非普什图人实施了社会和民族压迫政

---

① Salman Rafi, "Pakistan's Inroads into Afghanistan: Fighting for Space", June 19, 2015 (http://atimes.com/2015/06/pakistans-inroads-into-afghanistan-fighting-for-space/).

② Peter Tomsen, *The Wars of Afghanistan: Messianic Terrorism, Tribal Conflicts, and The Failures of Great Powers*, pp. 692–694.

策。1997 年 6 月，在艾哈迈德·沙阿·马苏德将军的召集下，阿富汗国内非塔利班武装组建了"北方联盟"。该联盟主要包含了塔吉克族穆罕默德·卡西姆·法希姆（Mohammad Qasim Fahim）① 领导的伊斯兰促进会，乌兹别克族拉希德·杜斯塔姆领导的伊斯兰民族运动，赫拉特地区伊斯梅尔·汗领导的武装，以及什叶派的伊斯兰统一党等。"北方联盟"后来成为 2001 年美军领导的反塔利班联军的核心力量，其主要领导人在战后卡尔扎伊过渡政府中担任关键职位。目前国内外学界或媒体中提到的阿富汗军阀，主要指的就是阿富汗原"北方联盟"领导人。

在阿富汗主要的旧军阀中，在国内外学界及政策界争议最多的是乌兹别克族领导人拉希德·杜斯塔姆。布鲁斯·里德尔认为，研究拉希德·杜斯塔姆是理解阿富汗战争的起点，且有助于我们深入分析阿富汗复杂而动荡的政治局势。② 拉希德·杜斯塔姆是苏联在入侵阿富汗时期扶植起来的地方军阀。苏联撤军后，拉希德·杜斯塔姆领导的乌兹别克族武装长期占据阿富汗北方数省。拉希德·杜斯塔姆曾任卡尔扎伊政府国防部副部长和名义上的三军参谋长，并在 2004 年总统大选中获得 10% 的选票，2009 年流亡土耳其，同年 8 月又被邀请回国以帮助卡尔扎伊在总统大选中获得乌兹别克人的选票。在体面回归阿富汗后，拉希德·杜斯塔姆继续在阿富汗北部地区重建其权力基础。③ 2014 年 10 月，拉希德·杜斯塔姆被阿富汗总统加尼任命为国家第一副总统。过去几年，随着阿塔利班逐渐向北方地区渗透，杜斯塔姆集团在打击反叛活动中发挥了重要作用。

旧军阀伊斯梅尔·汗控制着以阿富汗西部赫拉特为中心的地区

---

① 2014 年 3 月，时任阿富汗副总统的法希姆逝世。

② Bruce Riedel, "The Warlord Who Defines Afghanistan", July 27, 2014（http://www. brookings. edu/research/opinions/2014/07/27-warlord-who-defines-afghanistan-riedel）.

③ Brian Glyn Williams, *Afghanistan Declassified: A Guide to American's Longest War*, pp. 160 – 170.

经济与政治命脉，并不断向南部普什图族地区扩张地盘。20 世纪
80 年代，伊斯梅尔·汗曾控制着兴都库什山脉地区的所有军队，
被称为"赫拉特之狮"。他曾在卡尔扎伊总统任内担任中央政府能
源与水利部部长，目前仍然是西部地区最有影响力和最具实力的旧
军阀。此外，卡西姆·法希姆领导的塔吉克族武装以潘杰希尔谷地
为根据地，主要控制着阿富汗东北部地区。他与其部下曾控制着卡
尔扎伊政府的军队、警察和外交大权。在阿富汗北方地区，巴尔赫
省塔吉克族行政长官阿塔·穆罕默德·努尔（Atta Mohammad Noor）
也是影响力较大的旧军阀之一。他曾在推翻塔利班政权的斗争中获
得显著地位，并在美国资金与武器的支持下控制了巴尔赫省的安全
力量。努尔使用铁腕手段控制着阿富汗北部地区，被其支持者和追
随者尊称为"老师"，[①] 而且他是阿富汗最富有的商人之一。此外，
哈扎拉族穆罕默德·卡里姆·哈利利和穆罕默德·莫哈奇克主要控
制着阿富汗中部地区，其实力也不可小觑。

　　除了这些具有强大军事与政治影响力的旧军阀外，阿富汗国内
还存在着一些"新军阀"势力。新军阀崛起于 2001 年后驻阿美军
和北约部队的物资运输转包业务，一般控制着阿富汗东部、南部和
西部地区高速公路要道。比如马蒂拉赫·汗（Matiullah Khan）是
乌鲁兹甘省为西方部队运输物资提供安全的主要军阀，控制着从坎
大哈到塔宁科瓦（Tarin Kowt）的主要公路要道。得到美军支持的
普什图族军阀阿卜杜勒·拉齐克（Abdul Raziq）[②] 是阿、巴边境地
区阿查克塞（Achakzai）部落的首领，其武装控制着查曼—斯宾巴
尔达克（Chaman-Spin Boldak）边境线，这里是西方部队物资从巴
基斯坦过境至阿富汗南部地区的门户。另外，帕克蒂亚和霍斯特省
的帕查·汗·扎德兰（Pacha Khan Zadran），以及赫尔曼德北部穆

---

① Sudarsan Raghavan, "Afghanistan's Defining Fight: Technocrats vs. Strongmen", April 12, 2015（https://www.washingtonpost.com/world/asia_pacific/former-warlords-test-the-rise-of-a-new-afghanistan/2015/04/12/73e052ae-b091-11e4-bf39-5560f3918d4b_story.html）.

② 2018 年 10 月阿卜杜勒·拉齐克被阿塔利班枪杀。

萨堡（Musa Qala）地区的阿卜杜·瓦里·汗（Abdul Wali Khan）等，都是为西方部队物资供应提供安全保护的军阀。①

在阿富汗南部和东南部普什图族地区，还存在着其他众多实力不等的地方军阀。② 作为各地区事实上的控制者，如今阿富汗各地军阀大多通过建立商业网络、私人安保公司或政党等方式继续维持着他们的武装力量。

（二）阿富汗现代军阀的主要特征

阿富汗现代军阀主要具有以下几方面特征。第一，阿富汗现代军阀是国内长期战乱的产物。阿富汗军阀的出现可追溯至 20 世纪 80 年代。为抵抗苏联入侵，当时阿富汗许多地方武装指挥官得到了美国、巴基斯坦和沙特阿拉伯等国的军事和经济支持（拉希德·杜斯塔姆武装得到苏联支持）。苏联军队撤出后，阿富汗国内主要的武装指挥官成为割据一方的强大军阀，随之而来的是各军阀集团之间展开的血腥内战。在塔利班执政时期，那些曾互为对手的各地军阀结成了军事政治联盟（即"北方联盟"）对抗塔利班政权。2001 年，美国发动阿富汗战争，而地面上配合美军行动的反塔利班力量就是原"北方联盟"集结下的各地军阀及其武装。随着战后阿塔利班反叛活动重新崛起，美国阿富汗战争持续进行，加之阿富汗中央权威有限，中央与地方治理衰败，安全环境匮乏，以及基础设施落后等，各地军阀获得了持续发展空间，在国家政治进程中发挥重要作用。换言之，阿富汗长年战乱所带来的动荡与失序，为这些军阀的发展与壮大提供了相对有利的环境。

---

① John F. Tierney, "Warlord, Inc.: Extortion and Corruption Along the U. S. Supply Chain in Afghanistan", in Jacob E. Jankowaski ed., *Corruption, Contractors, and Warlords in Afghanistan*, New York: Nova Science Publishers Inc., 2011, pp. 20 – 31.

② 对于阿富汗主要军阀的论述，参见博小强《阿富汗仍在割据中》，《世界知识》2003 年第 18 期; Anup Kaphle, "The Warlords of Afghanistan", April 1, 2015（https://www.washingtonpost.com/apps/g/page/world/the-warlords-of-afghanistan/967/）; David Johnson, "Who's Who in Afghanistan: A Look at Some of the Key Players"（http://www.infoplease.com/spot/afghanistan1.html）。

　　第二，阿富汗现代军阀在各地方垄断着暴力。阿富汗问题专家安东尼奥·朱斯托齐认为，"军阀"是那些拥有独立武装力量，能够通过强制力控制部分领土，成功开展武装行动且具有一定合法性的军事领导人。[①] 一般而言，是否拥有私人武装及使用强制性手段是界定军阀的主要标准之一。军阀所拥有的大部分政治资本也主要来源于其强大的军事实力。这既是阿富汗现代军阀的主要特征，也是这些军阀得以存在并发挥影响力的基础。阿富汗地方军阀对暴力的垄断致使国内出现大范围安全私有化现象，各地区武器蔓延。另外，由于军阀的政治地位主要取决于其使用武力的能力，因此他们的合法性也存在局限。

　　第三，阿富汗现代军阀为地区民众提供基本安全与服务。对于军阀等地方权力控制者而言，若使其统治下的社会—政治秩序更加稳定及可持续，他们还要具备一定的合法性。为此，军阀在谋求自身利益的同时，也会为其控制区域内的民众提供某种公共产品，以此获得当地民众的支持。[②] 比如西部地区民众普遍认为，是伊斯梅尔·汗而非中央政府在当地创造了大量就业机会，为民众提供基本的安全。[③] 可以说，在地方军阀的统治下，他们的追随者及当地民众获得了安全、就业、社会满足乃至表达民族忠诚的途径与机会。

　　第四，阿富汗现代军阀具有鲜明的"地方性"特征。阿富汗各地军阀的势力范围主要以地区或民族为划分依据，各主要军阀与其

[①] Kristian Berg Harpviken, "Understanding Warlordism", *PRIO Paper*, January 2010 [http://file. prio. no/Publication_ files/Prio/Harpviken,% 20KB% 20（2010）% 20Understanding% 20warlordism. pdf].

[②] 阿富汗朱兹詹（Jawzjan）地区青年领袖马苏德（Masooud Ahmad Masooud）表示，他对杜斯塔姆的尊敬主要是由于后者确保了本地的安全与稳定。参见"Afghan Warlord Re-emerges as Army Chief of Staff Despite West's Disapproval", January 26, 2010（http://www. cleveland. com/world/index. ssf/2010/01/afghan _ warlord _ re-emerges _ as _ a. html）.

[③] Christian Neef, "Return of the Lion: Former Warlord Preps for Western Withdrawal", September 23, 2013（http://www. spiegel. de/international/world/afghan-warlords-like-ismail-khan-prepare-for-western-withdrawal-a-924019. html）.

追随者也一般来自相同的区域或民族，他们组建的政治党派或武装
团体的根基也主要来源于民族或部族力量，从而使持续的民族忠诚
成为塑造阿富汗军阀政治的重要因素之一。例如阿富汗乌兹别克族
支持拉希德·杜斯塔姆领导的武装，而哈扎拉人则支持同为哈扎拉
族的政治领导人卡里姆·哈利利。此外，阿富汗军阀的"地方性"
特征还意味着，在普什图族与非普什图族军阀之间，乃至非普什图
族军阀之间都存在很大的差异。

　　一直以来，阿富汗各政治集团的联合、竞争与冲突大多以地区
和民族等因素为分界线。比如阿富汗非普什图族"北方联盟"与普
什图族塔利班之间的恩怨，乌兹别克族拉希德·杜斯塔姆与塔吉克
族阿塔·穆罕默德·努尔政治集团之间的紧张关系，以及中央政府
内部塔吉克族行政长官阿卜杜拉与普什图族总统加尼之间的角力
等。这不仅成为塑造阿富汗政治格局的主要因素，而且也增加了各
种外交努力解决阿富汗国内冲突的难度。

　　第五，阿富汗现代军阀的经济来源多元化。在通常情况下，
"经济资源动员"是军阀维持军事权力的主要方式，几乎所有的主
要军阀都具备稳定的收入来源。阿富汗各地军阀的收入来源十分多
元化，主要包括商业投资、外部资助、征税、武器和毒品走私，以
及勒索等犯罪活动。据 2011 年驻阿西方部队提供的报告指出，阿
北方军阀阿塔·穆罕默德·努尔除了开展商业投资及控制边境关税
外，还在境内毒品走私贸易中获得大量资金收入，其手下部分人员
还参与了绑架和掠夺等犯罪活动。[①] 另外，还有很多地方军阀通过
为西方部队的物资运输提供安全保护等途径获得大量资金。

　　第六，阿富汗现代军阀善于根据局势变化而"联盟"。由于阿
富汗国内的权力分散于不同的行为体，各地区部落民和长老通常会
选择支持较为强大的一方以作为自我生存与保护的策略，目标是在
动荡的局势中通过加入强势一方而生存下来，从而使得"势头"文

---

　　① Sudarsan Raghavan, "Afghanistan's Defining Fight: Technocrats vs. Strongmen".

化在阿富汗成为一个重要概念。同样，阿富汗军阀等地方权力控制者也不断在国内外寻求经济与军事资源雄厚的潜在盟友的支持，以巩固自身的利益与政治地位。长期以来，拉希德·杜斯塔姆被外界贴上了善于背叛和投靠得势者的标签。他曾支持过苏联、伊朗、土耳其、乌兹别克斯坦、俄罗斯和美国，甚至也曾短暂地与阿塔利班和巴基斯坦结盟。阿富汗卡尔扎伊过渡政府成立后，拉希德·杜斯塔姆与阿塔·穆罕默德·努尔为争夺地区影响力不断发生冲突，但近年来双方建立并加强了联盟关系。在阿富汗政治局势与权力关系动荡中，拉希德·杜斯塔姆直至今日依然是阿富汗主要的政治人物，并且具有稳固的权力基础。可以说，根据形势变化而争取潜在盟友的支持，是阿富汗各地方军阀获得及维持权力的重要生存逻辑。

第七，阿富汗现代军阀大多属于克里斯玛型领导人。阿富汗很多地方军阀的个人魅力及其富有传奇色彩的战斗经历，使之获得很多阿富汗人的追随，并成为这些军阀个人权威的部分来源。比如拉希德·杜斯塔姆好斗、不拘束的鲜明个性与幽默感，就俘获了很多追随者的狂热崇拜与尊敬。[1] 类似地，西部地区伊斯梅尔·汗直率与强硬的个人风格也征服了很多追随者。而北部地区阿塔·穆罕默德·努尔铁腕式的言行方式，也有助于强化他的个人权威及对地方的控制。

第八，阿富汗现代军阀的行为主要基于个人利益，而非意识形态动机。阿富汗乌兹别克族和塔吉克族等非普什图族主要军阀都属逊尼派穆斯林（哈扎拉族信奉什叶派），但相对而言更具世俗性。比如自20世纪80至90年代以来，拉希德·杜斯塔姆在其控制区域内一直提倡性别平等，在步入国家政权后接受了民主与世俗化理念，并且不断与外部国家合作。有学者指出，拉希德·杜斯塔姆、

---

① Sune Engel Rasmussen, "Afghanistan's Warlord Vice-President Spoiling for a Fight with the Taliban", *The Guardian*, August 4, 2015 (http：//www. theguardian. com/world/2015/aug/04/afghan-vice-president-militia-taliban-general-dostum)．

阿塔·穆罕默德·努尔和穆罕默德·莫哈奇克等领导人在各区域内垄断暴力，但他们也表现出愿意选择通过民主政治走向合法的道路。[1] 同时，阿富汗各地军阀的冲突与合作也主要源于个人利益与权力，其行为动机的"非意识形态"特性使之区别于秉持极端伊斯兰教派思想的塔利班等地方反叛武装。这种以个人或本政治集团的利益为基础的矛盾，比以极端意识形态为底色的政治分歧或将具有更多的妥协空间，从而使阿富汗主要军阀参与国家重建并发挥积极作用成为可能。

（三）地方军阀与政府和西方部队的关系

上文提及的八点特征构成了阿富汗现代军阀出现与发展的基础，而中央政府和美国等西方国家的容纳与扶植，也是阿富汗各地军阀得以不断发展与壮大的重要原因。在后塔利班时代，阿富汗中央政府与国际社会很快意识到，阿富汗中央政权的存续与稳固离不开主要地方军阀的合作。阿富汗前总统卡尔扎伊曾指出，各种不同派别的私有武装对国家稳定带来的长远威胁比塔利班更大。尽管如此，卡尔扎伊也清楚在短期内获得地方军阀支持的必要性和紧迫性。[2] 也就是说，在国内恐怖袭击连绵不绝，中央与地方联系薄弱的现实情况下，缺乏强大政治与军事基础的卡尔扎伊总统不得不将主要军阀纳入国家政权作为重要的生存策略。

阿富汗中央政府对地方军阀采取的政策经历了一定的调整。在卡尔扎伊过渡政府成立初期，各地军阀的间歇性冲突持续存在，同时南部地区的反叛活动日趋活跃。卡尔扎伊中央政府无力慑服各地军阀，为确保各地区的稳定，以及自身执政地位稳固，卡尔扎伊总统将主要军阀吸收到国家政权内部，并使之控制了国内重要的政治与经济部

---

[1] Sohrab Rahmaty, "Afghanistan: Warlords and Democracy", *The Diplomat*, October 26, 2014 (http://thediplomat.com/2014/10/afghanistan-warlords-and-democracy/).

[2] Vishal Chandra, "Idea and Politics of 'Reconciliation' with the Taliban in Afghanistan", in Arpita Basu Roy, Binoda Kumar Mishra eds., *Reconstructing Afghanistan: Prospects and Limitations*, 2011, p. 147.

门。阿富汗主要军阀在中央政府中的职务依据他们权力基础的大小而定，比如原"北方联盟"领导人卡西姆·法希姆就曾出任副总统和国防部长职务。另外，省级和地区行政与警察部门高级长官也基本由地方军阀担任。在阿富汗卡尔扎伊政府的"容纳"政策下，原"北方联盟"领导人很快便恢复了他们的武装力量和资助网络。

2003 年至 2006 年间，卡尔扎伊中央政权的机制化逐步确立，加之当时国内安全形势有所好转，卡尔扎伊总统对制约军阀权力，以及改组中央和地方政权显得更为自信，从而采取了遏制各军阀势力与地方派别的举措。2003 年，阿富汗中央政府通过了《政党法》，规定禁止各党派拥有军事组织或武装团体。2004 年，西方主要援助者也开始对卡尔扎伊政府施压，迫使其解决"军阀问题"。那些在政府内部发挥较大影响力且具有侵犯人权与腐败记录的旧军阀，就成为他们的重点目标。在美国等西方国家的支持下，卡尔扎伊总统进一步采取了削弱军阀势力，以及加强中央集权的举措，比如将主要军阀留在喀布尔中央政府，或在各地区轮流任职，以使他们远离各自的权力基地。[①]

与此同时，阿富汗中央政府仍未放弃"容纳"军阀的举措。比如阿富汗选举法规定，任何拥有非官方军队或武装组织的个人都不能成为议会候选人，并为此设立了严格的候选人资格审查程序。但在 2005 年 9 月的阿富汗议会选举中，仍有大部分候选人与武装组织有密切的联系，其中就包括具有侵犯人权记录的旧军阀。卡尔扎伊总统担心，如果这些军阀被制止在选举进程之外，他们很可能会采取反对中央政府的举动，从而破坏他在各政治集团间精心构建的脆弱联盟。[②] 另外，在 2014 年阿富汗总统大选中，加尼与阿卜杜拉

---

① 阿富汗前总统卡尔扎伊曾将阿塔·穆罕默德·努尔调到喀布尔附近，解除伊斯梅尔·汗西部军区司令职务，并将其调到中央政府担任能源与水利部部长。参见 Roger Mac Ginty, "Warlords and the Liberal Peace: State-Building in Afghanistan", *Conflict, Security & Development*, Vol. 10, No. 4, 2010, pp. 577 – 598。

② Kimberly Marten, "Warlordism in Comparative Perspective", *International Security*, Vol. 31, No. 3, Winter 2006/07, pp. 55 – 57。

两位主要候选人背后也都有强大的地方军阀的支持。加尼的竞选伙伴拉希德·杜斯塔姆后来也被任命为第一副总统,不过加尼当选为总统后并未给予拉希德·杜斯塔姆足够的重视。总体而言,阿富汗中央政府与地方军阀的关系既相互借重,也相互制约。

除了中央政府的"容纳",美国等西方国家的扶植也是阿富汗地方军阀不断发展和壮大的重要原因。特别是在塔利班复兴威胁上升,阿富汗国家安全部队尚未能承担起全国大范围安全防务责任的背景下,美军再次选择依靠地方军阀的支持,希冀利用后者的力量阻止塔利班崛起的势头。

美军借鉴伊拉克战争的经验,有选择地为阿富汗反塔利班的地方军阀或部落首领提供资金、装备和培训,希望借助他们的力量稳定阿富汗局势并与塔利班相抗衡。美军甚至将对部分军阀的支持视为阿富汗反恐与平叛战略的关键,如实施地方警察计划。在驻阿美军和北约部队不断升级的平叛行动中,大量经济与军事资源流入各地军阀手中。[①] 美军在阿富汗推动并创造了强大的地方军阀网络,致使很多军阀势力超过当地政府,他们在反塔利班的旗帜下不断积蓄实力,以期在后美国时代的阿富汗展开地盘与权力争夺。

驻阿美军和北约部队与地方军阀合作主要有三方面原因。一是西方部队在阿富汗的资源有限。美国等西方国家既缺乏对阿富汗地方知识的掌握,也没有足够的资源去完成一些任务,从而不得不依赖地方力量的知识和资本。比如驻阿西方部队需要地方军阀的配合以获取情报、后勤物资支持或展开直接的反恐行动。二是阿富汗国家安全部队无力维护地区安全。在阿国家安全部队有能力承担全国大范围安全防务责任之前,以美军为首的西方部队希望利用军阀的力量维持地区安全与稳定。三是美国与卡尔扎伊政府关系恶化。在卡尔扎伊总统执政后期,阿富汗政府与美国在许多问题上龃龉不

---

① 美军为反塔利班的部分地方武装提供资助,而后者正是早前卡尔扎伊政府和国际社会竭力解除武装的对象。参见 Roger Mac Ginty, "Warlords and the Liberal Peace: State-Building in Afghanistan", pp. 577 – 598。

断，从而进一步推动了美军选择与地方势力结盟，以顺利开展在阿富汗的行动。美军与阿富汗东南部的一些地方军阀甚至建立了"代理人"关系。① 总之，中央弱、地方强的格局是阿富汗的历史传统与政治现实，与相对强大的地方势力合作符合这一传统，特别是能够提高西方部队在阿富汗的行动效率。

（四）军阀在阿富汗安全与政治中的双重作用

1. 在安全局势中的作用

阿富汗各地军阀反对塔利班、"基地"组织和"伊斯兰国"极端组织等在境内的扩张。阿富汗地方军阀之所以能够成为遏制各种反叛与恐怖势力在国内坐大的坚定力量，其原因主要有：一是民族差异与历史仇怨。阿富汗北方非普什图族军阀集团与塔利班素来互为敌手，并曾在塔利班统治时期遭受压迫，民族差异与历史仇怨使之成为阻止阿塔利班活动蔓延的坚定力量。2015 年以后阿塔利班不断向北部地区渗透，该地区竭力抵御塔利班"入侵"的力量主要是当地军阀和民兵武装。② 二是政治与经济权益竞争。各种反叛和恐怖势力在阿富汗境内展开的地盘、资源与人员争夺，不利于军阀在各地区的统治，危及他们的政治权力与地位。三是外部国家的支持。前文提到，阿富汗主要军阀集团背后一般都有周边或域外国家支持的背景，加上这些国家对"基地"组织和"伊斯兰国"极端组织在该地区扩张的担忧，推动了各地军阀联合外部力量打击相关极端暴力组织。总之，对于很多北方地区民众而言，与国家部队和西方部队相比，地方军阀的武装力量是抵御塔利班、"基地"组织

---

① Cyrus Hodes, Mark Sedra, "Warlordism", *Adelphi Papers*, Vol. 47, No. 391, June 2007, pp. 12–15（http://dx. doi. org/10. 1080/05679320701737521）.

② 2015 年 6 月阿塔利班势力渗透法利亚布地区，而政府部队无力在该地增强兵力，是杜斯塔姆集结了约两万名独立于政府部队的武装阻止了阿塔利班控制此地。法利亚布地缘战略位置十分重要，如果落入阿塔利班之手，将使反叛武装更容易向中亚地区渗透。参见 Sune Engel Rasmussen, "Afghanistan's Warlord Vice-President Spoiling for a Fight with the Taliban".

和"伊斯兰国"极端组织势力渗透的堡垒。①

另外，阿富汗军阀政治也加剧了国内动荡局势。尽管阿富汗"北方联盟"一般以整体名称出现，但在外部国家的资助下，阿富汗不同民族和地区的武装军阀实际上已经各自为政。阿富汗北方地区的相对稳定也是依靠各军阀之间的暂时性协议而得以维持。② 在后塔利班时代的阿富汗，各地军阀在国内外支持下迅速恢复元气，并加入扩充势力与争夺地盘的行列。而且，缺乏中央制约的地方军阀武装也会实施暴力和勒索等犯罪活动。从根本上说，阿富汗地方军阀对权力与资源的争夺不利于国家长期稳定，而部分军阀武装对民众的剥削还激发了极端暴力活动的增长。

此外，阿富汗军阀政治也不利于驻阿西方部队平叛与禁毒任务的顺利推进。比如崛起于西方部队物资运输转包业务的许多地方军阀，经常袭扰周边村庄并引起不少无辜平民伤亡，从而破坏了西方部队在平叛任务中赢得阿富汗"民心"的努力。在物资运输转包业务中，这些军阀还会向塔利班实施贿赂以确保通道安全，从而间接资助了反叛活动。③

2. 在中央政权建设中的作用

阿富汗主要军阀的支持是中央政权稳固的必要条件。特别是阿富汗政治与社会结构高度异质和分裂，以及各地军阀强大的军事实力及其对地方的实际控制，使得阿富汗中央政权的稳固在缺乏这些地方军阀的支持下难以实现。即使参与阿富汗总统大选的候选人，也只有在主要军阀的支持下才可能获得成功。比如前总统卡尔扎伊和现任总统加尼的竞选，都离不开拉希德·杜斯塔姆政治集团的支持。由于主要军阀势力的合作，阿富汗在 2014 年第一次实现了中央政权的和平交接。可以说，在阿富汗独特的社会结构、历史传统

---

① Sudarsan Raghavan, "Afghanistan's Defining Fight: Technocrats vs. Strongmen".

② ［美］科恩：《地缘政治学：国际关系的地理学》，第 399 页。

③ John F. Tierney, "Warlord, Inc.: Extortion and Corruption Along the U. S. Supply Chain in Afghanistan", pp. 20 - 31, 48 - 49.

与现实格局制约下，为维护国家稳定及自身执政地位稳固，任何人处于卡尔扎伊或加尼总统的位置，可能都不得不选择借重于地方军阀的力量，以作为统治者的"生存策略"。

如今，阿富汗许多旧军阀已被容纳到国家政权且身处关键职位，使政权内部出现了两种不同的政治力量。一种是受过西式教育的技术专家型政治领导人，他们希望阿富汗从保守、以民族和部落结构为基础，转型为现代、民主和开放的国度，并致力于加强中央政府的权威。另一种是代表本土传统力量的地方性军事政治强人，他们更为重视加强自身的利益与权力，以及保持一定的独立，其权力观念更贴近于阿富汗的历史与现实。不过有学者指出，尽管阿富汗地方强人不断挑战加尼总统加强中央权威的努力，但作为曾接受西方教育的前世界银行官员，加尼赢得总统竞选本身就被视为阿富汗传统权力观念发生转型的关键一步。① 同时，拉希德·杜斯塔姆和莫哈奇克等旧军阀势力不断加强与自己有联系的政党力量，组织选民并在许多议题上提出政策或改革观点等，使他们有可能成为国家民主政治进程的积极合作者。②

另外，阿富汗军阀政治也对中央政权建设带来很多负面影响。第一，阿富汗主要军阀势力削弱了中央政府的决策力与执行力。在阿富汗中央政府内部，关于新内阁的组建，打击腐败，征收边境关税，以及与塔利班和谈等重要议题，包括主要军阀集团在内的不同派系存有很大分歧，他们之间的博弈与矛盾抑制了中央政府解决这些问题的能力。

第二，阿富汗军阀政治削弱了国家改革与治理的能力。阿富汗主要军阀通过在政府任职将其亲信安置于国家机构，利用裙带关系等途径影响中央政府的决策，以及地方权力关系的变迁，以确保国

---

① Sudarsan Raghavan, "Afghanistan's Defining Fight: Technocrats vs. Strongmen".
② Sohrab Rahmaty, "Afghanistan: Warlords and Democracy".

家资源配置有利于他们。① 在此进程中，许多有能力的专家或致力于改革的人士被排除在国家政权之外。② 而且很多军阀利用国家政权不断积聚个人权力，无意致力于国家重建与改革。比如在国家安全重建方面，阿富汗地方警察受控于强大的军阀势力，但由于中央政府与地方军阀之间缺乏互信，各方不确定自身在未来政治联盟中的地位，从而导致地方军阀实际上既无力也不愿甚至反对在控制区域内使地方警察接受良好的专业培训。③

第三，阿富汗军阀政治削弱了中央政府的合法性权威。阿富汗中央政府与各地军阀的合作或许能为部分地区带来暂时的稳定，但却加深了民众对国家能力与合法性的质疑。多年来，关于地方军阀侵犯人权，以及实施犯罪活动的报道与报告层出不穷。比如美军支持的阿卜杜勒·拉齐克及其武装就曾多次受到贩毒、腐败和滥用酷刑等罪行的指控。可以说，阿富汗部分军阀武装的违法乱纪行为加深了民众的怨恨，而加强这些军阀的权力是部分民众对中央政府失望的源头之一。由此，对军阀权力的限制也成为阿富汗国内反复出现的政治主题。

此外，在阿富汗地方传统部落社会，温和的部落长老通常是中央政府的潜在盟友，他们有利于加强中央与地方的联系，以及疏离塔利班反叛分子。但随着地方军阀的崛起，以及传统温和势力的衰落，"这些军阀就像一堵被军事化的墙，隔离了国际社会支持的阿

① 有学者将阿富汗的这种政治状态称为"中央的边缘化"。对此的论述，参见 Conrad Schetter, Rainer Glassner, "The Peripheralization of the Center: 'Warlordism' in Afghanistan", April 19, 2012 (http://www. mei. edu/content/peripheralization-center-warlordism-afghanistan)。

② Sadaqat Ali, "How the Successors of Warlords Is a Challenge for Peace and Stability in Afghanistan", September 20, 2015 (http://www.rawa.org/temp/runews/2015/09/20/how-the-successors-of-warlords-is-a-challenge-for-peace-and-stability-in-afghanistan. html).

③ Antonio Giustozzi, Mohammad Isaqzadeh, *Policing Afghanistan: The Politics of the Lame Leviathan*, p. 184.

富汗政府和亟须援助与安全的广大农村地区的民众"。① 可见，阿富汗各地军阀的崛起不仅割裂了政府与民众的联系，破坏了部落社会的传统结构，扰乱了中央与地方的平衡机制，而且还在很大程度上阻碍了国家正常的法治建设。

正如塔米姆·安萨利在《无规则游戏：阿富汗屡被中断的历史》中写道：

> 战争好似一把筛子，无用的品质将被残酷洗刷。战场中的人往往没有同情心，也不会拥有什么骑士精神。唯有毫不顾忌地行使暴力、破坏社会秩序的人，才能在无序的社会中赢得先机。同时，家族的解体、亲人的离散，也让这些人挣脱了文化与道德的束缚。无法无天的环境之下，自然没人能够惩戒他们的恶行。抗苏战争期间的游击队指挥官，后来大多蜕变成了暴虐的军阀，他们造成的混乱局面，为塔利班的崛起提供了契机。塔利班的统治严酷至极，不过，也有一些人因此受益。一时间，国内又多出了一大批自命的毛拉。阿富汗现在到处都是指挥官、毛拉和军阀。严酷的教法统治下，只有这三类人才有机会大显身手，甚至称霸一方。波恩计划一旦实现，他们的辉煌过去只会沦为负担，甚至可能会被送上法庭接受审判。因此，对他们而言，社会一定不能恢复安定。②

第三节　国内冲突与外国干涉的背景

20世纪70年代末苏联入侵阿富汗，孕育了塔利班和"基地"组织等武装组织的诞生。80年代，来自世界各地的伊斯兰武装分子相继涌入巴基斯坦和阿富汗参加抗苏"圣战"。其中一部分战斗

---

① Peter Tomsen, *The Wars of Afghanistan*: *Messianic Terrorism*, *Tribal Conflicts*, *and The Failures of Great Powers*, p. 632.
② ［美］塔米姆·安萨利：《无规则游戏：阿富汗屡被中断的历史》，第304页。

人员在本·拉登的领导下成立了"基地"组织，并与阿富汗国内其他穆斯林武装团体（特别是东南部地区的"哈卡尼"团伙）互相协调与合作。在苏联入侵阿富汗这段时期，美国将巴基斯坦作为支持阿富汗抵抗苏联运动的前沿阵地，并通过巴基斯坦间接地为阿富汗反叛组织提供支持与援助。约翰·格莱德希尔认为，美国安全机构在20世纪80年代的一系列政策（如加强地区伊斯兰武装组织的力量，以及推动跨国鸦片产业的发展等）实际上推动了针对自身的国际恐怖主义的发展。① 同时沙特阿拉伯也为巴基斯坦等国提供大量援助，并借此向南亚地区输出逊尼派瓦哈比思想。另外，为扩大地区影响力及遏制伊斯兰逊尼派势力，伊朗也通过提供资金、武器和人员援助等方式积极扶植该地区什叶派穆斯林武装团伙。巴基斯坦军方与穆斯林武装团体利用来自美国等国家的资金和武器，在边境部落地区建立了大批宗教学校、军事训练营、清真寺和慈善机构。许多参加抗苏"圣战"的阿富汗年轻反叛分子在战后进入巴基斯坦部落地区宗教学校，为后来塔利班的成立奠定了基础。

1989年苏联撤军后，阿富汗国内仍然战事频仍，硝烟不息。苏联的渗透、干预和入侵打破了阿富汗原有的国家权力体系，促成了各民族、部族集团之间的对立，激化了阿富汗的国内矛盾。在塔利班崛起前夕，阿富汗内战在以拉巴尼、艾哈迈德·沙阿·马苏德为首的政府集团与以希克马蒂亚尔和拉希德·杜斯塔姆为首的反政府集团之间展开。阿富汗内战之所以难以结束，外部势力的插手、操纵和利用是不可忽视的原因。② 1994年，塔利班高举"铲除军阀、恢复和平、重建国家"的大旗应势而起，并获得了阿富汗民众的支持。加上巴基斯坦安全与情报机构及部落地区宗教势力的支持，1996年塔利班取得了喀布尔政权。塔利班掌权后在国内实施宗教极端主义政策，并为外籍伊斯兰极端势力提供帮助。20世纪90年代后期，塔利班与"基

---

① ［英］约翰·格莱德希尔：《权力及其伪装——关于政治的人类学视角》，第217页。

② 刘青建：《当代国际关系新论》，第154页。

地"组织逐渐接近，由于后者策划了"9·11"事件，以及前者为之提供庇护，美国于2001年10月正式发动了阿富汗战争。

2001年底塔利班政权倒台后，阿富汗重建"波恩进程"在国际社会的支持下正式开启。作为阿富汗战争的发动者及战后重建的主导者，多年来美国在阿富汗投入了巨大的人力与物力资源，但它遭遇了多方面的困境。比如在军事行动领域，美军和北约部队不但未能消除阿富汗反叛活动威胁，而且激发了许多新问题与新矛盾的出现，他们的军事成果也存在可逆性。在美国不断推动的阿富汗政治和谈中，尽管相关各方为此付出了大量努力，至今却未能取得任何实质性成果。在同样棘手的毒品问题领域，西方国家及其支持下的阿富汗中央政府的禁毒政策也未能取得良好效果，驻阿西方部队的禁毒任务还与其平叛目标存在内在矛盾，阿富汗毒品问题的解决前景仍不乐观。另外，阿富汗还是美国提供对外发展援助规模最大的国家，但来自美国和国际社会的大量援助却为阿富汗带来了许多负面影响，外部援助者自身的合法性也受到了侵蚀。在公共外交领域，美国在阿富汗、巴基斯坦恐怖主义活动高发地带投入了大量公共外交努力，但仍未能遏制暴力极端主义思想蔓延，以及缓解地区强烈的反美情绪。

结　　语

阿富汗内部与外部关系结构的内容是本章的重点。"内部关系结构"主要包括阿富汗的民族关系、普什图部落及伊斯兰教。民族既可能促进国家内部的融合，也可能导致进一步的分裂，民族与其他要素互相影响与制约。阿富汗国内政治集团基本以民族为分界线，国内政治的主要矛盾与症结也大多围绕着民族关系而展开。普什图族独特的道德与行为准则"普什图瓦里"指导并管理着广大部落地区的社会生活。民众采纳部落规则还是国家规则取决于深嵌于文化且经过长期形成的社会实践。伊斯兰教为阿富汗人提供了一整套信仰与道德体系及约束与调节机制，并在国家政治中发挥着重要作用。从更广泛的范围来说，无论是民族、部落还是宗教，其认同都有可能被政治势力利用为动员的工具。

"外部关系结构"包括阿富汗重建中的国家间关系、反叛组织及其关联，以及地方军阀的内外关系。介入阿富汗事务的主要外部国家根据各自在阿利益与关切形成了多个三边与多边关系，各国在不同的关系结构中扮演着不同的角色，他们在阿富汗的政策与行动也受到这些多边关系结构的制约。阿、巴两国的反叛组织形成互为支持的团伙网络，加强了反叛活动的整体实力，同时外部力量根据各自利益对部分反叛武装提供支持，特别是巴基斯坦三军情报局在阿富汗战争中的作用一直备受争议。阿富汗中央政府和以美军为首的西方部队对部分军阀的"容纳"与拉拢，不仅推动了地方军阀的发展与壮大，而且带来了一系列负面影响。不过在国内安全局势不断恶化，国家安全部队无力遏制反叛活动攻势，以及统一的中央权威未能树立的情况下，阿富汗各地军阀依然为包括部分民众在内的各方所需要。短期内阿富汗军阀林立的政治生态仍难改变。

最后，阿富汗国内冲突与外国干涉的历史背景作为一种动力，激发了阿富汗关系结构中各要素的流动和作用。

第三章　阿富汗塔利班的演化与美军的困境

相对于美国小布什政府而言，奥巴马政府的阿富汗战略更具灵活性和务实性。在奥巴马政府执政期间，美国在军事上的绝对优势，其方向明确而具体的军事战略，以及国际社会的支持，使得以美军为首的西方部队在阿富汗战场上取得了一定的成果。唐纳德·特朗普（Donald Trump）政府上台后进一步强化了军事手段在解决阿富汗问题中的作用。然而，西方部队取得的暂时性局部胜利存在脆弱性和可逆性，他们在阿富汗的军事行动所引发的一系列新问题与矛盾还酝酿了更多的反抗性因素，阿富汗反叛活动和恐怖主义活动威胁依然不减。本章主要关注军事行动领域，通过探讨卷土重来后阿塔利班的演化，以及奥巴马政府时期美国阿富汗战略实施的困难，旨在考察美国在该问题领域遭遇的困境及原因。

第一节　阿富汗塔利班的演化

较之过去，如今的阿塔利班发生了较大转变，其演化动力主要源于反叛活动自身与演化环境两方面因素不断交织、互动。

一　阿富汗塔利班的性质

有学者认为，鉴于阿富汗局势异常复杂，我们很难辨别阿塔利班到底是谁，对他们归类或将他们与其他武装组织进行区分。[①] 那么阿塔利班到底是怎样的组织，我们应当如何对它的性质进行界定？实际上，至今国内外各界对阿塔利班的性质界定仍存有很多争论。比如有学者将阿塔利班界定为普什图民族主义运动，[②] 理由包括其成员主要来自普什图族，在普什图部落地区具有深厚根基；其实践遵循了普什图部落文化；[③] 一些普什图族政治势力将阿塔利班视为能够增强本民族政治地位的力量。[④] 但也有学者认为，普什图族民众是阿塔利班活动的主要受害者；很多普什图族政治精英在20世纪90年代就曾与阿塔利班战斗，至今仍有大量普什图族政治人物和知识分子疏远他们；阿塔利班从未宣称为普什图族优越性或普什图族事业而战斗，民族界限也并非他们区分敌友的标准；而且普什图族并未远离国家权力中心，阿富汗政府大部分关键职位始终被普什图族政治人物所占据，由此阿塔利班不能被视为普什图民族主义运动。[⑤] 另外还有一种观点，担心将阿塔利班界定为普什图民族主义运动，容易将"塔利班化"和"宗教极端化"视为普什图民族主义情绪的表达，将普什图文化描绘为具有暴力和进攻性的内在特征，从而歪曲普什图族形象。[⑥]

也有学者将阿塔利班界定为伊斯兰激进主义政治运动。[⑦] 不过，2002年以后重组的阿塔利班其战略目标和活动方式具有本地化特

---

① Florian Weigand, "Afghanistan's Taliban-Legitimate Jihadists or Coercive Extremists?", *Journal of Intervention and Statebuilding*, Vol. 11, No. 3, August 2017, p. 18.

② Thomas Frear, "Influences that Shaped Taliban Ideology", December 26, 2012 (http://www.e-ir.info/2012/12/26/influences-that-shaped-taliban-ideology/).

③ William Maley, "The Taliban: Fundamentalist, Traditionalist or Totalitarian?", in Micheline Centlivres-Demont ed., *Afghanistan Identity Society and Politics since 1980*, London: I. B. Tauris, 2015, p. 103.

④ Vishal Chandra, *The Unfinished War in Afghanistan 2001 – 2014*, New Delhi: Pentagon Press, 2014, p. 98.

⑤ Ghulam Farooq Mujaddidi, "Why the Taliban Cannot Win the Afghan War", April 1, 2017 (https://thediplomat.com/2017/04/why-the-taliban-cannot-win-the-afghan-war/).

⑥ Sanaullah Tasal, "Challenges of Peace-Building in Afghanistan", pp. 75 – 76.

⑦ Jonathan Power, "Hope for Peace in Afghanistan?", Janurary 19, 2016 (https://worldpolicy.org/2016/01/19/hope-for-peace-in-afghanistan/); Anand Ballabh, *Espionage and Security Threat in South Asia*, p. 153.

征，与其他国际极端暴力组织存在本质区别，而且它目前的内外政策也有别于其掌权时期的极端主义政策。另外，还有学者将阿塔利班运动界定为由社会底层毛拉领导的政治伊斯兰运动，反映了阿富汗现代化进程中宗教与世俗的矛盾，以及族际、部落冲突等问题。① 这种视角为我们揭示了阿富汗问题的历史根源，以及外部思潮和地缘政治的影响，但未能揭示阿塔利班目前如何发展、演变及其对该地区反叛活动与安全局势的影响。

近年，引起国际社会各界广泛讨论的是阿塔利班应被界定为（武装）反叛组织抑或恐怖主义组织。引起这种讨论的原因主要有两个。一是美国当局主要领导人和机构对阿塔利班的界定充满分歧。比如美国前总统小布什曾谴责阿塔利班为"基地"组织提供庇护，并宣布实施恐怖主义行为的恐怖分子与为之提供庇护的恐怖分子没有区别。美国总统特朗普也曾将阿塔利班称为"恐怖主义组织"。驻阿美军最高指挥官约翰·尼克尔森（John Nicholson）曾将阿塔利班称为与很多恐怖主义组织有联系的"恐怖分子赋能者"（Enabler of Terrorists）。另外，美国国务院外国恐怖主义组织名单（FTO）未将阿塔利班列入其中，但阿塔利班出现在美国财政部特别指定环球恐怖分子名单（Specially Designated Global Terrorists），以及美国家反恐中心恐怖主义组织全球地图（Global Map of Terrorist Groups）。② 二是阿塔利班使用恐怖主义战术，并在频繁的恐怖袭击中导致大量平民伤亡。而且阿塔利班构成复杂，"各种恐怖分子、极端分子、反叛分子、犯罪分子，甚至被边缘化的地方团体及失业农民等都集结在它的旗帜下"，③ 同时与

---

① 闫伟：《阿富汗政治伊斯兰运动的变迁及其当代影响》，《南亚研究》2017 年第 1 期。

② Abubakar Siddique，"Are The Taliban Terrorists?"，February 5，2015（https：// gandhara. rferl. org/a/afghanistan-are-taliban-terrorists/26832355. html）.

③ Thomas Galasz Nielsen，Mahroona Hussain Syed，David Vestenskov，"Counterinsurgency and Counterterrorism：Sharing Experiences in Afghanistan and Pakistan"，Royal Danish Defence College Publishing House，September 2015（http：//www. fak. dk/publikationer/Documents/Sharing% 20Experiences% 20in% 20Afghanistan% 20and% 20Pakistan. pdf）.

阿塔利班有密切联系的"基地"组织、巴塔利班和哈卡尼网络被美国国务院指定为外国恐怖主义组织，其中"基地"组织多次对阿塔利班宣示效忠，哈卡尼网络还是阿塔利班的重要组成部分。

总体来看，已有探讨中仅有少数学者、决策者将阿塔利班界定为恐怖主义组织，[①] 各国政界、学界的主流声音是认为阿塔利班属于反叛组织。比如美国政府曾多次对外公开强调阿塔利班是武装反叛组织，与其他恐怖主义组织存在根本区别。[②] 国内外学界的分析者也大多认为阿塔利班是反叛组织而非恐怖主义组织。比如安东尼·H.科德斯曼（Anthony H. Cordesman）认为，阿塔利班本质上与经典的反叛活动非常类似，恐怖主义只是阿塔利班的战术。[③] 已有探讨大多将阿塔利班视为反叛组织的做法可从如下两个方面来考察。

第一，政治考量。美国（等国）当局的态度表明，"恐怖主义"标签会限制外部国家和阿富汗政府与阿塔利班的外交接触，使阿富汗政治和谈进程更为艰难。[④] 阿富汗加尼总统近来也改变了原来"恐怖主义组织"的说法，将阿塔利班称为国内的政治力量。正如巴内特·鲁宾（Barnett Rubin）指出，即使一些武装组织符合界定恐怖主义组织的法律要求，但官方也不会这样做，因为对恐怖主

---

① Brian J. Phillips, "Is the Taliban a Terrorist Group?", February 4, 2015（http：//politicalviolenceataglance. org/2015/02/04/is-the-taliban-a-terrorist-group/）.

② Anwar Iqbal, "Afghan Taliban Armed Insurgents, not Terrorists, Says White House", January 31, 2015（https：//www. dawn. com/news/1160617）；Farhan Zahid, "The Al-Qaeda-Afghan Taliban Connections", *Foreign Analysis*, N°23 / MAI 2015（https：//www. cf2r. org/foreign/the-al-qaeda-afghan-taliban-connections-2/）；Tom Hussain, "Afghanistan：Taliban Won't Talk Because It Is Winning", March 22, 2016（https：//www. aljazeera. com/indepth/opinion/2016/03/afghanistan-taliban-won-talk-winning-pakistan-isis-160322054137025. html）.

③ Anthony H. Cordesman, "Global Trends in Terrorism：1970 – 2016", August 28, 2017（https：//csis-prod. s3. amazonaws. com/s3fs-public/publication/170814_ terrorism_ trends_ full. pdf? 8DPWIYw7CIw19Qopl56r_ Dg_ Ec3NrEUv）.

④ Bahram Rafie, "Taliban：An Evolving Insurgency", September 18, 2013（http：//outlookafghanistan. net/topics. php? post_ id = 8295）；Masood Farivar, "Why Isn't Afghan Taliban on US List of Foreign Terror Groups?", February 20, 2017（https：//www. voanews. com/a/afghan-taliban-us-list-foreign-terror-groups/3732453. html）.

义组织的指定终究是一种政治决定。① 由此，将阿塔利班视为反叛组织使通过政治途径解决阿富汗战争的大门始终敞开，并使国际社会（及有关国家）能够在该地区具有相似意识形态和战术的众多极端武装组织之间进行区分，制定更有针对性的对策。

但也有学者认为，不同行为体看问题的视角不同，比如对于前线军事指挥官来说，他们考虑的主要是如何达成具体目标，而远离战场的政治官员在决策中会有更多宏观的政治考量；又比如当事国倾向于将对手（反政府武装）称为恐怖分子，而其他国家更倾向于将他们称为反叛分子，反映了不同国家对冲突局势的不同解读，②以及某些国家为进一步介入对象国政治进程留有空间的考虑。另外也有分析认为，国际社会将阿塔利班视为反叛组织的做法实际上是在恐怖主义组织之间区分"好与坏"，很可能鼓励更多国家利用他们发动"代理人战争"，不利于形成全面、有凝聚力的打击暴力极端主义的战略，加剧各种极端思想和暴力行为的合理化和扩散化，同时使极端暴力组织通过与不同国家接触而提升影响力。③

第二，恐怖主义与反叛活动的比较。一是相对于恐怖主义活动，反叛活动具有一定的合法性基础。阿塔利班通过为国内部分地区民众提供司法和其他社会服务而享有一定合法性，并通过与周边及域外国家接触在国内外政治舞台获得了更多承认。大部分阿富汗民众和地区国家都将阿塔利班视为阿富汗重要的政治力量。④ 二是反叛活动具有一定的内向性特征。阿塔利班的战略目标和袭击方向始终限于国内，体现出反叛活动的地方性特点。⑤ 三是有学者认为

---

① Abubakar Siddique, "Are The Taliban Terrorists?".

② Thomas Galasz Nielsen, Mahroona Hussain Syed, David Vestenskov, "Counterinsurgency and Counterterrorism: Sharing Experiences in Afghanistan and Pakistan".

③ Omar Sharifi, "Taliban and Al-Qaeda, the Blurred Line Between Insurgency and Terrorism", Januarary 1, 2016 (http://www.aspeninstitute.it/aspenia-online/en/article/taliban-and-al-qaeda-blurred-line-between-insurgency-and-terrorism).

④ Thomas Galasz Nielsen, Mahroona Hussain Syed, David Vestenskov, "Counterinsurgency and Counterterrorism: Sharing Experiences in Afghanistan and Pakistan".

⑤ Abubakar Siddique, "Are The Taliban Terrorists?".

将阿塔利班视为反叛活动有利于搁置"恐怖主义"标签的主观价值
判断。[1]

　　另外，将阿塔利班视为反叛组织推动很多学者和政策制定者将
反叛和平叛理论作为分析框架和决策基础。比如塞思·琼斯（Seth
Jones）使用反叛和平叛理论确认赢得地方民众的支持（民心）是
阿塔利班反叛活动发展的最主要因素。戴维·格鲁拉（David Galu-
la）的平叛理论同样以"民众"为焦点，将阿富汗民众分为友好的
少数派、中立的多数派和敌对的少数派三类，并认为中立的多数派
是决定成败的关键，各方都寻求他们的支持。2006 年美国当局提
出阿富汗平叛战略（COIN），确认以"民众"为中心，重视社会治
理的方式取代原来以"敌人"为中心，强调军事手段的反恐行
动。[2] 驻阿美军（和北约部队）通过加强与地方民众的接触和社会
重建工作，确保地区安全，旨在赢得当地"民心"，使民众站在政
府一边打击反叛分子。[3] 可见，反叛和平叛理论分析框架重视铲除
极端暴力活动滋生的环境，关注赢得"民心"的努力，比如各种重
建、发展和反极端主义项目等。由此应对阿塔利班的方式从原来强
调军事手段（如空袭和情报活动），转变为使用包括军事、政治、
经济和文化在内的综合性手段。不过，美国在阿富汗的"平叛"行
动实际上也包含有反恐目标和任务。

　　还有学者认为，反叛活动和恐怖主义活动在理论上存在差异，
但现实中二者界限模糊，根据强度不同而位于国内冲突连续谱上。
反叛组织会根据获得的支持水平和政府力量的强弱而选择使用恐怖

---

① Brian J. Phillips, "Is the Taliban a Terrorist Group?".

② Ghulam Farooq Mujaddidi, "Why the Taliban Cannot Win the Afghan War"; Thomas
Galasz Nielsen, Mahroona Hussain Syed, David Vestenskov, "Counterinsurgency and Counter-
errorism: Sharing Experiences in Afghanistan and Pakistan".

③ Chris Arney, Zachary Silvis, Matthew Thielen, Jeff Yao, "Modeling the Complexity of
the Terrorism/Counter-Terrorism Struggle: Mathematics of the Hearts and Minds", *International
Journal of Operations Research and Information Systems*, 4（3），July-September 2013, pp.
31 – 46.

袭击或游击战术。① 对很多所谓的恐怖主义组织来说，他们也同时带有"反叛"和"恐怖"的性质，既使用恐怖暴力手段，也为控制区域的民众提供一定社会服务；既重视硬权力手段，也重视利用软权力手段进行招募和动员。获得广泛支持是他们的内在需求和重要组成部分。②

在威廉·梅利（William Maley）看来，以上概念反映了阿塔利班运动的部分特点（比如特定教义的来源、社会根基、对政治议题的态度等）。③ 但不同国家、机构和个体对阿塔利班性质判断的差异会影响他们对阿富汗问题的理解和应对。总之，国际社会对阿塔利班性质的界定未达成一致，但各界分析人士一致认为，自 1994 年成立至今，阿塔利班运动已发生了很大转变。

二　阿富汗塔利班的组织弹性与内外政策

阿富汗问题专家迈克尔·森普尔（Michael Semple）认为阿塔利班的发展经历了兴起（1994—1996 年）、掌权（1996—2001 年）、兴起的反叛活动（2002—2006 年），以及全国性反叛活动（2007 年至今）阶段。④ 在兴起和掌权时期，在毛拉·奥马尔的领导下，阿塔利班成员主要来自阿、巴宗教学校，其根基源于苏联入

---

① Sambuddha Ghatak, "The Role of Political Exclusion and State Capacity in Civil Conflict in South Asia", March 2, 2016, pp. 1 – 23 (http：//www. tandfonline. com/doi/full/10. 1080/09546553. 2016. 1150840).

② Or Honig, Ido Yahel, "A Fifth Wave of Terrorism? The Emergence of Terrorist Semi-States", June 9, 2017 (http：//www. tandfonline. com/doi/full/10. 1080/09546553. 20 17. 1330201)；Oluwaseun Tella, "Boko Haram Terrorism and Counter-Terrorism：The Soft Power Context", *Journal of Asian and African Studies*, 2017, pp. 1 – 15；[英] 安德鲁·西尔克：《反恐心理学》，孙浚淞、刘晓倩译，中国政法大学出版社 2017 年版，第 118—119 页。

③ William Maley, "The Taliban：Fundamentalist, Traditionalist or Totalitarian?", pp. 101 – 104.

④ Farhan Zahid, "The Al-Qaeda-Afghan Taliban Connections"；Michael Semple, "Rhetoric, Ideology, and Organizational Structure of the Taliban Movement" (https：//www. usip. org/sites/default/files/PW102-Rhetoric-Ideology-and-Organizational-Structure-of-the-Taliban-Movement. pdf).

侵阿富汗时期崛起的穆斯林武装抵抗运动。① 除巴基斯坦等外部力量的支持，阿塔利班之所以能够迅速崛起并在国内获得政权，主要是由于穆斯林武装抵抗运动内部分歧提供的机会，② 以及民众的广泛支持。诞生之初的阿塔利班高举"铲除军阀、恢复和平、重建国家、建立真正的伊斯兰政府"的旗帜，成功打击了军阀势力，遏制了无政府的失序状态，从而受到民众的拥护。但掌权后的阿塔利班领导层思想较为偏激、狭隘，在国内实施极端主义政策，缺乏处理复杂政治和社会问题，以及开展国家重建的兴趣和能力，③ 为其在 2001 年美国阿富汗战争初期迅速垮台埋下祸根。

在 2002 年以来的反叛活动阶段，阿塔利班凭借其擅长的游击战频频对驻阿西方部队和政府军发起攻击，它所攻占和控制的地盘日益扩大，足迹踏遍全国，实力和影响力不断增长。2007 年和 2008 年以后阿塔利班反叛活动在地理范围上不断扩展，甚至渗透阿富汗西部地区。④ 2014 年西方部队大部分撤出进一步推动阿塔利班在全国范围扩大政治和军事影响力，他们在主要城市地区频繁发动武装和恐怖袭击活动。

（一）组织弹性

在反叛活动时期，阿塔利班的组织结构经历了一定程度的演变。2007 年以后，阿塔利班最高领导层开始分裂，整个组织结构逐渐体现出"去中心化"的网状结构特点，且主要表现在最高领导层分裂、派别主义加剧，以及叛离现象接连不断等几个方面。然而已有研究大多认为，阿塔利班组织及其军事行动仍然具有凝聚力和

---

① Farhan Zahid，"The Al-Qaeda-Afghan Taliban Connections"．

② Alia Brahimi，"The Taliban's Evolving Ideology"，*LSE Global Governance Working Paper*，July 2010（http：//www. operationspaix. net/DATA/DOCUMENT/4683-v-The_ Talibans _ Evolving_ Ideology. pdf）．

③ 黄民兴：《阿富汗问题的历史嬗变》，第 256—263 页。

④ ［澳］戴维·基尔卡伦：《意外的游击战——反恐大战中的各类小型战争》，修光敏、王戎译，上海人民出版社 2016 年版，第 70—72 页。

弹性。① 戴维·基尔卡伦（David Kilcullen）指出："2005年以后的阿塔利班已成为一股十分专业、组织有序、装备精良的叛乱势力。他们将愤世嫉俗、经验老到、冷酷无情的领导人，与干劲十足、训练有素的战士及恐怖袭击的新型能力有机地整合在了一起。"② 那么，阿塔利班领导层分裂，以及各派别竞争激烈，为什么同时阿塔利班反叛活动又能保持一定的凝聚力和弹性，且常常在战场遭受重创后能迅速重整和恢复？

安东尼奥·朱斯托齐认为阿塔利班保持组织凝聚力和弹性的机制主要有两种。一是"亲友"体系（Andiwal System）。2003年至2007年间，阿塔利班的招募主要依赖个人关系网。如果某地方指挥官在不同地区小组之间流动，那么其属下战斗人员通常会追随他；如果某地方指挥官去职（或死亡），那么其职位由他的亲友（通常是儿子或兄弟）替代。亲友关系使得普通成员的个人忠诚得到转移。同样的关系类型也存在于各地指挥官与其上级领导人之间。这种个人关系网赋予阿塔利班战斗小组以凝聚力和弹性。二是制度性管理。2007年以后阿塔利班组织规模扩大，活动日渐复杂，最高领导层寻求通过纪律、训练、意识形态灌输等方式加强组织凝聚力。比如在纪律方面，2006年至2011年，阿塔利班相继出台四版行为准则（Layeha），通过引进严格纪律约束组织成员的行为；③ 在训练方面，阿塔利班通过指派地方指挥官参加培训课程以增强他们对组织的归属感；在意识形态方面，阿塔利班通过宗教课程、宗教实践和意识形态灌输加强成员的责任感和凝聚力等。保罗·斯塔

① Gilles Dorronsoro，"The Taliban's Winning Strategy in Afghanistan"，Carnegie Endowment for International Peace，2009，p. 9（http：//carnegieendowment. org/files/taliban_ winning_ strategy. pdf）；Seth G. Jones，"Why the Taliban Isn't Winning in Afghanistan，Too Weak for Victory，Too Strong for Defeat"，January 3，2018（https：//www. foreignaffairs. com/articles/afghanistan/2018-01-03/why-taliban-isnt-winning-afghanistan）.

② ［澳］戴维·基尔卡伦：《意外的游击战——反恐大战中的各类小型战争》，第67页。

③ 基本上行为准则只能在阿塔利班高级干部和少数文化程度高的基层指挥官之中广为流传。参见张作农《探析阿富汗塔利班的军事司法实践活动》，《南亚研究》2015年第3期。

尼兰（Paul Staniland）从不同角度提出了类似的观点，他认为纵向垂直水平的网络通常由共同的民族、部落或家族关系联结起来，使反叛组织能够与地方社区融为一体；而横向水平各团伙之间由共同的意识形态和专业化身份而联结在一起。反叛活动的凝聚力和弹性主要取决于横向联系和纵向联系的程度。①

随时间推移，"亲友"体系显示出强大而稳定的结构性力量，其他制度性管理难以取代"亲友"体系在阿塔利班组织结构和活动中发挥的核心作用。这主要是因为，阿塔利班反叛活动受复杂的普什图部落体系结构的影响，普什图部落作为有弹性的社会系统和国家真正的权力之源，使阿塔利班具备了生存的内在能力。普什图部落内部主要以血缘关系的亲疏来确定相互关系，血缘纽带和关系远近影响了阿塔利班的招募和组织凝聚力，成为阿塔利班战斗体系中关键协调机制和中心环节的基础。而且这种"亲友"体系还推动阿塔利班反叛活动发展了社会治理进程和机构，他们为控制区域的民众提供某种程度的社会服务（主要是司法服务），并使部分主要武装派别将资源从武装斗争转移到社会治理活动中，从而使之区别于该地区其他类型的（外籍）极端暴力组织。

此外，从阿塔利班最高领导层角度来看，他们试图通过宣传、获取更多支持，以及解决分支派别的困境或诉求等方式，竭力扭转和避免组织内部的离心倾向。从各地方指挥官角度来看，他们熟悉并适应地方环境，具有相对独立性和灵活性，能够发挥出游击运动的优势。这些因素也在某种程度上增加了阿塔利班运动的凝聚力和弹性。

---

① Theo Farrell, "Unbeatable: Social Resources, Military Adaptation, and the Afghan Taliban", *Texas National Security Review*, Volume 1, Issue 3, May 2018（https://tnsr.org/2018/05/unbeatable-social-resources-military-adaptation-and-the-afghan-taliban/）.

知识扩展

阿富汗塔利班的战斗体系

戴维·基尔卡伦将塔利班的战斗体系分为四个层次。一是境内全职战斗人员。他们作为"移动纵队"进行战斗，在阿富汗或巴基斯坦招募，通常在巴基斯坦训练，以不同规模的小组围绕这一区域展开活动，有时是12人或更少，但有时多达数百人，而且这些小型组织有能力在几小时或几天之内聚集成大型纵队。他们的活动主要是政治和宗教教化、武力宣传、征税、课征实物、威吓并清除政府的支持者或实施极端伊斯兰教法的破坏者、以暴力方式公开杀戮罪犯和腐败压迫的当地人物、袭击联军或阿富汗政府的标志或基础设施，以及实施伏击或简易爆炸装置攻击政府项目或基础设施。二是当地游击队。他们一般只在当地以兼职形式参与作战，主要是作为向导，实施暗杀，运送弹药和补给物资，在战斗中支持全职人员，充当他们的哨兵和警卫，以及搜集情报。通常他们的动机包括经济利益，对刺激的渴望、荣誉、声望；害怕未支持塔利班会遭到报复，以及部落和当地认同。对复仇的渴望，因"附带损害"造成财产损毁，因为在战斗中失去亲人或旁观者被杀害而引起的愤怒，这些动机更为普遍。三是基层村民组织，为运动秘密提供基础设施，帮助当地游击队员与全职战斗人员取得联系，是整体作战体系中的关键性协调机制。在不同的村庄其复杂程度不同，但通常是由几个人的小组组成，由一位长者领导，这名长者连同他的一些亲属可能与塔利班旧政权存在传统或私人的联系。这种小组行动秘密，搜集情报，报告阿富汗政府或联军的活动，威胁政府的支持者，在当地管理着炸药和军火的储藏处，有时以当地"游击队镇长"的身份行使影子政府的职能。村级基层组织是塔利班在阿富汗国内体系中的中心环节。四是在巴基斯坦的部分包括训练和后勤保障体系、政治和宗教领导层、全职战斗人员的招募基地、外部资金支持。①

---

① ［澳］戴维·基尔卡伦：《意外的游击战——反恐大战中的各类小型战争》，第96—99页。

（二）内外政策

1. 军事活动

2003 年伊拉克战争爆发，美国将资源和注意力从阿富汗转向伊拉克战场，这使阿塔利班获得重组的机会，他们开始逐渐恢复阿、巴边境两侧的武装活动网络。2005—2006 年，阿塔利班的斗争线开始从边远地区转向中心地区，[1] 在阿富汗南部城镇地区渗透，竭力在南部和东部普什图地区巩固影响和控制。截至 2008 年中期，阿塔利班反叛活动在地理范围上不断扩展，甚至渗透西部大部分地区，尤其是巴德吉斯省，以及卢格尔、卡比萨省和瓦尔达克省等省份。[2]

史维学·钱德拉（Vishal Chandra）认为，驻阿西方军队的军事行动加剧了阿塔利班指挥结构的去中心化，这反而增加了后者的优势，使阿塔利班的小型流动单元得以在不同地区开展破坏性行动，其战术调整与变化也更为迅速。[3] 卷土重来后阿塔利班的军事行动体现出两个明显特点。第一，自杀式恐怖袭击活动加强。由于自杀性爆炸、绑架和暗杀等恐怖袭击手段能够对阿富汗政府和西方国家造成更大的心理震慑，加之美军无人机袭击对大规模游击战的制约，阿塔利班越加重视恐怖袭击战术在军事活动中的作用。[4] 第二，

---

[1] Vishal Chandra, *The Unfinished War in Afghanistan 2001 - 2014*, pp. 94 - 97.

[2] 他们在侦察、情报搜集、利用当地村民和秘密骨干进行目标暗杀、在高地进行远距离观察、在山地和丛林地区日夜行军等方面展示出高超的技能。阿塔利班对公路网线或后勤再补给的依赖比阿富汗国家军队、国家警察或者联军小得多，这使得他们在农村地区拥有更大的战术机动性，尤其是那些对阿塔利班的行动计划存在一定民众支持的地区。参见［澳］戴维·基尔卡伦《意外的游击战——反恐大战中的各类小型战争》，第 61—72 页。

[3] Vishal Chandra, *The Unfinished War in Afghanistan 2001 - 2014*, p. 107.

[4] 从 2005 年夏季开始，阿富汗国内自杀性爆炸事件的数量急剧攀升，原因主要包括：一是 2003 年以后伊拉克反叛武装自杀式袭击战术被阿塔利班习得并发展。二是 2006 年以后以美军为首的驻阿西方部队军事行动升级，导致阿塔利班以增加自杀性炸弹袭击作为回应。三是阿塔利班派别主义盛行，各地方指挥官之间存在竞争。一些指挥官试图通过增加"殉道"的方式制造最大伤亡，以获取个人利益和名声。另外，在去中心化组织结构的制约下，阿塔利班最高领导层颁布的行为准则中禁止摧毁基础设施和伤害平民的规定在组织内部被普遍忽视。参见 Nik Hynek, Peter Marton, *Statebuilding in Afghanistan: Multinational Contributions to Reconstruction*, p. 2。

在城市地区的武装袭击活动升级。受驻阿西方部队大规模撤军的影响，2014年之前阿塔利班主要在传统活跃地区通过大规模武装袭击、分散的单一袭击和伏击等战术打击政府和西方目标、军事基地、警察哨所和军事运输队等。2014年以后阿塔利班不再集中兵力挑战驻阿西方部队，而是更倾向于在人口密集和城市中心地区不断渗透，发动有针对性的大规模武装袭击和频繁、高调的恐怖袭击。2018年初阿塔利班在城市地区的暴力活动进一步升级。这是阿塔利班对驻阿美军发起军事进攻策略的回应。

2. 宣传活动

在宣传主题方面，森普尔认为，阿塔利班在20世纪90年代的宣传主题主要是打击腐败、压迫的前穆斯林武装指挥官，以及建立伊斯兰酋长国。2002年以后阿塔利班的宣传主题包括：将阿富汗政府称为美国（西方）的傀儡；将驻阿西方部队描述为入侵力量，利用西方部队导致的民众伤亡大力宣扬民族主义与暴力"圣战"思想；[1] 将本组织描述为旨在消除民众疾苦的"草根运动"，[2] 或旨在保卫伊斯兰价值观和普什图文化的运动。[3] 另外阿塔利班还会利用政府腐败、治理匮乏等问题，以及一些"当地事件"开展动员和信息战略，[4] 以争取民众的支持。

阿塔利班在升级军事行动的同时常常表明他们的袭击是有限度的，不会袭击发展项目（比如学校和道路基础设施建设等），而且不会对导致大规模伤亡的袭击事件宣布负责。民众的支持对于阿塔利班的战略叙事很关键，他们需要通过民众提供的信息、供给和安

---

[1]　他们认为以暴力方式打击入侵者是合法"圣战"，也是每个阿富汗穆斯林的义务。参见 Vanda Felbab-Brown，"The Predicament in Afghanistan"，p. 142。

[2]　Michael Semple，"Rhetoric, Ideology, and Organizational Structure of the Taliban Movement".

[3]　Samples, Christopher A.，"The Evolution of the Taliban"，Thesis and Dissertation Collection，Downloaded from NPS Archive：Calhoun，June 2008.

[4]　Vanda Felbab-Brown，"Afghanistan's Terrorism Resurgence：Al-Qaida，ISIS，and Beyond"，April 27，2017（https：//www. brookings. edu/testimonies/afghanistans-terrorism-resurgence-al-qaida-isis-and-beyond/）.

全通道维持实施反叛活动的能力。因此，阿塔利班领导层无论是利用"伊斯兰教"的符号作用，还是颁布行为准则规定成员与民众友好相处，都表明他们重视民众的支持，以及对合法性的诉求。

戴维·基尔卡伦认为，在 2005 年至 2006 年的大部分时间里，阿塔利班的信息战显得十分成功，这主要是因为他们将宣传（包括武力宣传和威吓）作为主攻领域，而西方联军却往往将宣传作为一种支持性的活动，而且未将武力宣传当作一种信息战的形式。阿塔利班在 2006 年早期以一系列标语的形式，包括"我们的政党，塔利班""我们的人民和国家，普什图""我们的经济，罂粟""我们的宪法，伊斯兰教法"，以及"我们的政府形式，酋长国"，为叛乱活动提供基本的政治纲领，并且作为指导原则去建构和操纵民众对塔利班运动的认识和理解。这些简洁有力的宣传思想的关键性力量在于它通过诉诸各种各样的愿望和不满——普什图民族主义、宗教保守主义、毒贩想要自由贩毒的愿望、对外国占领的焦躁——吸引广泛的民众支持。每个标语都足够模糊，从而使不同的民众能够对其有各种不同的理解，这样一来标语就能够作为一种工具在不同团体间建立起一条统一战线。[1]

在宣传（沟通）方式方面，阿塔利班的宣传活动包括传统和现代两种方式。从 2002 年中期开始，阿塔利班主要通过散发小册子、书籍、报纸和广播等方式进行宣传。[2] 后期阿塔利班还设立了网站，通过邮件、在线论坛和社交网络平台与外界沟通，甚至微博也被用以进行对外宣传或与西方国家互动。[3] 尤其在"基地"组织的帮助下，阿塔利班通过互联网等通信技术进行宣传、

---

① 阿塔利班在运用口碑和谣言，以及通过强制与说服来"控制"当地官员方面展示出非凡的技巧。这些技巧相当于经典的"武力宣传"。参见［澳］戴维·基尔卡伦《意外的游击战——反恐大战中的各类小型战争》，第 72—73 页。

② Vishal Chandra, *The Unfinished War in Afghanistan 2001 – 2014*, p. 101.

③ 从 2011 年 9 月起，阿塔利班和驻阿国际安全援助部队通过微博展开了宣传战。参见甘莅豪《人类第一场微博战：ISAF 和塔利班战争宣传之多模态对比分析》，《浙江传媒学院学报》2013 年第 3 期。

招募与引资的能力得到了显著提升。① 另外，阿塔利班的宣传活动可分为对外和对内两个方向。在对外宣传方面，阿塔利班设立了发言人制度，以及专门负责宣传工作的传媒委员会。② 2005 年以后阿塔利班设置了两名正式发言人，他们与当地和国际媒体的联系非常迅速，但不会向外界提供组织活动的信息。发言人制度是阿塔利班削弱政府，联系外部世界的重要工具。在对内宣传方面，阿塔利班的宣传主要用于在地方层面招募年轻人，以及获得地方支持。③

3. 招募活动

阿塔利班的招募政策也经历了一定的变化。2002 年至 2005 年，阿塔利班战斗人员和政治骨干主要在阿、巴宗教学校学生与神职人员中招募。2006 年以后，普什图部落地区那些对政府不满，受金钱吸引，具有宗教动机或与阿塔利班成员有亲友关系的当地年轻人构成阿塔利班的重要招募来源。④

掌权时期的阿塔利班曾对什叶派和其他非普什图族展现出极强的排他性，⑤ 2007 年以后阿塔利班向少数民族地区挺近，加大了对非普什图族成员的招募力度，并受到外界关注。他们对非普什图族成员的招募和动员主要在非普什图社区神职人员网络（Clerical Net-works），以及巴基斯坦宗教学校非普什图族学生（尤其是塔吉克族

---

① Syed Saleem Shahzad, *Inside Al-Qaeda and the Taliban*, p. 191.

② Syed Manzar Abbas Zaidi, *Taliban in Pakistan: A Chronicle of Resurgence*, New York: Nova Science Publishers, 2010, Introduction.

③ Samples, Christopher A. , "The Evolution of the Taliban".

④ 无论初始动机如何，一旦加入，他们就会受到组织压力和意识形态影响。参见 Samples, Christopher A. , "The Evolution of the Taliban"; Antonio Giustozzi, "Negotiating with the Taliban: Issues and Prospects", *A Century Foundation Report*, 2010 (https://tcf. org/assets/downloads/tcf-Giustozzi. pdf)。

⑤ 阿塔利班继承了迪奥班迪派对部族制度的不信任，对什叶派穆斯林的仇视。参见［巴］艾哈迈德·拉希德《塔利班宗教极端主义在阿富汗及其周边地区》，第 84—91页；Hafizuliah Emadi, *Dynamics of Political Development in Afghanistan*, pp. 178 - 179。

学生）中展开。① 实际上，2007 年之前（包括掌权时期）阿塔利班普通战斗人员中也有少量非普什图人，但 2007 年以后非普什图族成员开始步入阿塔利班地方领导层。② 目前阿塔利班主要在东北地区巴达赫尚省招募塔吉克族成员，在西北地区法利亚布省、北部地区朱兹詹省招募乌兹别克族成员，在中部地区招募哈扎拉族成员等。与普什图族成员相比，非普什图族阿塔利班成员与北方舒拉、"乌伊运"（IMU）等组织联系更密切；对阿塔利班运动忠诚度不高；主要活动于边远、欠发达地区。

阿塔利班招募政策的变化对反叛活动产生了重要影响。第一，总体上阿塔利班反叛活动比以前更具威胁性。阿塔利班大力招募非普什图族人，使它超越传统南方地区向北方地区扩张和渗透，将以前很多"反塔利班"的地区转变为与政府"竞争"的区域。尽管目前阿塔利班在非普什图地区的影响区域相对较少且通常保持低调存在，但如果其扩张势头持续发展，则很可能使北部和西部地区陷入混乱。③ 第二，阿塔利班的政治影响不断扩大。阿塔利班在网站上经常将自身描述为全国性超民族运动，为招募其他民族成员创造了更多空间，④ 使北方地区越来越多的非普什图人愿意在阿塔利班"伊斯兰酋长国"的旗帜下战斗。⑤ 第三，阿塔利班构成中日益增

---

① Antonio Giustozzi, "The Taliban Beyond the Pashtuns", *The Afghanistan Papers*, No. 5, July 2010, pp. 4 - 9（http：//afghandata. org：8080/xmlui/bitstream/handle/azu/15212/azu_ acku_ pamphlet_ ds371_ 4_ g28_ 2010_ w. pdf；jsessionid = 3B185F3175FBC17EBD5886049E 262E01？sequence = 1）.

② 在阿塔利班各地领导层委员会中，非普什图人占据了四分之一的职位。2015 年以后阿塔利班骨干人员中非普什图成员比重上升。参见 Obaid Ali, "The Non-Pashtun Tale-ban of the North（1）：A Case Study from Badakhshan", January 3, 2017（https：//www. af-ghanistan-analysts. org/the-non-pashtun-taleban-of-the-north-a-case-study-from-badakhshan/）.

③ Antonio Giustozzi, "The Taliban Beyond the Pashtuns".

④ Obaid Ali, "The Non-Pashtun Taleban of the North（1）：A Case Study from Badakh-shan"；Gilles Dorronsoro, "The Taliban's Winning Strategy in Afghanistan".

⑤ Frud Bezhan, "Ethnic Minorities Are Fueling the Taliban's Expansion in Afghanistan", June 15, 2016（http：//foreignpolicy. com/2016/06/15/ethnic-minorities-are-fueling-the-tali-bans-expansion-in-afghanistan/）.

加的民族多样性加剧了内部分歧和不信任。在北部一些地区，阿塔利班普什图族和非普什图族骨干人员之间存在紧张关系和权力斗争，加剧了地方仇怨和联盟网络的复杂性。①

根据已有分析，导致阿塔利班招募政策调整的原因主要有：一是领导层的决策。2007 年至 2008 年以后，阿塔利班最高领导层决定使组织向全国性多民族运动方向发展，向国内外展示新形象。②二是地方现实原因。非普什图人加入阿塔利班主要受到获得资金，增加在地方权力竞争体系中的位置，以及免于遭受迫害等现实因素推动。③ 三是组织结构的影响。阿塔利班组织结构的去中心化使领导层无力严格限制各分支派别的行动，各单元小组的扩张、渗透和招募具有一定独立性。

此外，近年阿塔利班招募活动还出现一些其他变化，比如战斗人员构成中全职、流动的成员比重明显上升，较之从前发挥了更大的作用；阿塔利班更倾向于招募有军事技术和知识的成员；而且组织成员平均年龄也在增长等。

4. 社会活动

掌权时期阿塔利班实施的政策十分极端、僵化和保守，并因此失去了广大民众的支持。卷土重来后的阿塔利班逐渐认识到，进行长期的斗争，获得稳定的地方收入，以及取得最终的胜利都离不开民众的支持。与从前相比，阿塔利班的社会政策更为灵活。比如，掌权时期阿塔利班实行严厉的（与普什图部落文化相冲突的）沙里亚法，④ 而反叛活动时期阿塔利班在处理本地事务时会与部落长老

---

① Obaid Ali, "The Non-Pashtun Taleban of the North (3): The Takhar Case Study", July 29, 2017 (https://www. afghanistan-analysts. org/the-non-pashtun-taleban-of-the-north-the-takhar-case-study/).

② Antonio Giustozzi, "The Taliban Beyond the Pashtuns".

③ Obaid Ali, "The Non-Pashtun Taleban of the North (1): A Case Study from Badakhshan"; Gilles Dorronsoro, "The Taliban's Winning Strategy in Afghanistan"; Frud Bezhan, "Ethnic Minorities Are Fueling the Taliban's Expansion in Afghanistan".

④ 闫伟：《塔利班运动及其伊斯兰实践新探——兼论中东政治伊斯兰的"塔利班化"新动向》，《西亚非洲》2016 年第 3 期。

协商，根据地方传统和风俗习惯实施司法活动，有学者认为这是阿塔利班为扩大社会基础而向部落力量做出的妥协；掌权时期阿塔利班对女性实施极端严苛的隔离制度，而反叛活动时期阿塔利班多次公开表示支持女性接受教育和工作的权利；掌权时期阿塔利班镇压什叶派哈扎拉族，而反叛活动时期阿塔利班与什叶派哈扎拉族民兵武装合作；掌权时期阿塔利班无视民众关切和社会重建工作，而反叛活动时期他们重视社会治理活动与民众支持等。[1]

阿洪扎达（Haibatullah Akhundzada）等阿塔利班领导人认为提供社会服务是获得政治合法性的重要渠道，并试图通过资助发展项目，以及承诺改革教育体系而赢得民心。不过由于财政局限，阿塔利班的社会治理活动主要是提供司法服务。[2] 戴维·基尔卡伦指出，在广大普什图部落地区，除人身和财产安全之外，解决纠纷是部落和宗教团体领导人最为迫切盼望的公共服务。但地方法官、检察官及警察因为喜欢收受贿赂而臭名昭著。较之于官方司法机构的缺失或低效，阿塔利班在很多地区设置的法庭虽然简单、刑罚较重，却更为公正，办事效率也较高。[3] 因此，政府的缺失与不足为阿塔利班与当地部落团体建立关系创造了更多机会。[4]

此外，为获得民众支持，应对美军以"民众"为中心的平叛战略，2010年阿塔利班颁布的行为准则规定减少犯罪活动对民众的伤害，集中控制非法收入，以及调整组织内部职位安排，并通过建

---

① Omar Sobhani, "How Taliban Are Evolving to Compete in Afghanistan", October 26, 2017 (https: // www. csmonitor. com/World/Middle-East/2017/1026/How-Taliban-are-evolving-to-compete-in-Afghanistan); Alia Brahimi, "The Taliban's Evolving Ideology"; Antonio Giustozzi, "Afghanistan: Taliban's Organization and Structure", *Landinfo*, August 23, 2017, pp. 18 – 20; Antonio Giustozzi, "Local Politics and the Taliban", in Conrad Schetter ed. , *Local Politics in Afghanistan: A Century of Intervention in Social Order*, pp. 88 – 89.

② Seth G. Jones, "Why the Taliban Isn't Winning in Afghanistan, Too Weak for Victory, Too Strong for Defeat"; Antonio Giustozzi, "Afghanistan: Taliban's Organization and Structure", p. 22.

③ Whit Mason ed. , *The Rule of Law in Afghanistan: Missing in Inaction*, p. 47.

④ ［澳］戴维·基尔卡伦：《意外的游击战——反恐大战中的各类小型战争》，第61、66 页。

立"影子政府"促进与民众的关系。① 然而，阿塔利班内部仍然存在威胁、驱逐和肆意虐待平民，参与勒索、偷盗等犯罪行为，并不时在地方社区中引发纠纷和仇怨。②

总体上，阿塔利班在不同地区通过胁迫、满足民众需求，以及强调共同价值观和"正义"观念等社会控制手段，实现对地方民众的控制，以及民众的服从。在地方民众对阿塔利班的态度方面，弗洛里安·魏根德（Florian Weigand）通过在阿富汗东部地区开展访谈调查得出，通常在政府控制的地区，很多民众认为阿塔利班的行为具有威胁性、非法性。而在阿塔利班控制和影响的地区，民众大多认为阿塔利班具有合法性。而且当地民众对于阿塔利班是否合法的判断主要基于它的日常行为（比如为当地民众提供司法服务，比政府表现得更公平等），而非宏观意识形态。③

知识扩展

阿富汗塔利班的司法体系

阿塔利班构建的司法体系主要包括三个部分：第一，在阿富汗南部地区设置沙里亚（Shari'a）法庭。除了砍手、石刑、斩首等酷刑外，阿塔利班法庭还处理大量商业与民事事宜，比如发布税契，解决土地和水资源争议，处理遗产和婚姻等家庭案件，以阿富汗伊斯兰酋长国的名义发布身份证和通行证等。阿塔利班的执法常以严厉、公平、迅速而著称，他们将地方法治活动成功转化为政治权力，从而渗入社会内部，并在调节社会关系方面发挥主要作用。第二，建立巡视官（Ombudsman）制度。在该制度下，如果地方塔利班成

---

① 对于阿塔利班组织内部职位调整的介绍，参见 Whit Mason ed.，*The Rule of Law in Afghanistan：Missing in Inaction*，pp. 99 – 109。

② Seth G. Jones，"Why the Taliban Isn't Winning in Afghanistan，Too Weak for Victory，Too Strong for Defeat"；Antonio Giustozzi，"Afghanistan：Taliban's Organization and Structure"，p. 19；Ghulam Farooq Mujaddidi，"Why the Taliban Cannot Win the Afghan War"。

③ Florian Weigand，"Afghanistan's Taliban-Legitimate Jihadists or Coercive Extremists?"，pp. 2 – 3.

员滥用职权、营私舞弊，民众可以通过巡视机构上诉，涉案的阿塔利班成员将受到惩罚，民众也可以得到相应的赔偿。由此，阿塔利班展现出微妙的沟通战略，即向民众表明阿塔利班作为社会的一部分，不会离开他们的生活，其行为也是公平、可预期的。第三，阿塔利班还设立了一套类似于军事司法或战地服务的行为准则（Layeha），内容涉及组织运作形式及其对待民众的方式。阿塔利班还着重在政府未能履行法治责任的地区加强了控制。这些措施表明，卷土重来后的阿塔利班重视自身合法性建设，在司法活动中强调公平与责任，从而对阿富汗政府的权威构成挑战。[①]

知识扩展

阿富汗国内的"势头"（Momentum）

美国政治学者斯塔西斯·卡列瓦斯（Stathis Kalyvas）曾提出一项被普遍接受的假设，即在民众支持反叛分子的地区，反叛活动最为活跃，而在民众对政府持积极态度的地区，政府的权力较为强大。阿富汗广大农村部落地区的情况却是"权力先行，支持随后"，也即民众的支持与服从是跟随权力而产生的。阿富汗国内的权力控制分散于不同的行为体，各地区部落民和长老通常会选择支持较为强大的一方，这主要是因为强者能够在该地区建立长久性的存在，并通过可预期的法治体系让民众获得安全感。这种"见风使舵"可看作部落民自我生存与保护的一种策略。阿富汗部落社会的情况符合戴维·基尔卡伦提出的竞争性控制理论，即如果反叛组织能够为民众提供安全并进行有弹性、大范围的控制，那么它就具备了相对优势，从而能获得民众的支持并最终在竞争中胜过政府。阿塔利班通过建立有弹性的法治体系获得了一定的合法性，这使它区别于其他以恐怖暴力手段为主的恐怖组织。[②]

尽管反叛分子实施的恐怖袭击常常使平民等"软目标"遭受巨大伤害，但依然有很多阿富汗民众支持塔利班反叛分子，这部分是因为政府无力为民

---

① Whit Mason ed., *The Rule of Law in Afghanistan*: *Missing in Inaction*, p. 47.

② David J. Kilgullen, "Deiokes and the Taliban: Local Governance, Bottom-Up State Formation and the Rule of Law in Counter-Insurgency", in Whit Mason ed., *The Rule of Law in Afghanistan*: *Missing in Inaction*, pp. 39 – 41.

众提供足够的安全，而不与"失败者"站在一起是阿富汗的古老传统。① 弗雷德里克·巴特在《斯瓦特巴坦人的政治过程——一个社会人类学研究的范例》序言中提到，他根据 20 世纪 50 年代斯瓦特普什图部落地区联盟构成的分析，正确预测到 21 世纪美国阿富汗战争中地方部落武装集团的行动。他写道：

> 随着塔利班所支持的"基地"组织在阿富汗的出现，想要赶走"基地"组织的国际势力就选择了支持北方联盟，并开始轰炸塔利班的军队。在这样的条件下，那些为塔利班而战的军阀会选择投降呢，还是疯狂而顽固地抵抗外国军队和北方联盟？根据我对 20 世纪 50 年代斯瓦特地区联盟构成的内在动因的分析，我断言当那些跟随塔利班的部落军队面对巨大的外来压力的时候，他们肯定会选择投降，加入到北方联盟中去，事情的发展果然不出我所料……虽然在斯瓦特地区血缘对于确定一个人的身份、机遇和社会地位起着重要的作用，但它并不能决定一个人的联盟身份。这种身份完全是以现实生活目的为基础来确定的。因此，政治联盟的内在动因既非来自原有的政治体系，也非来自相互对立的政治意识。这些都是当代阿富汗政治联盟过程中反复出现的特征。在那里各种派别经常变节，昨天的敌人今天可以自由地加入新的联盟，根本不在乎最近参与过的联盟是共产主义性质的、民族主义性质的、原教旨主义性质的等。追随者总是寻找那些能给他们带来最大好处和安全保证的领导者。所以，在斯瓦特地区民族志基础上提出的生成模型在五十年后的今天仍然能用来说明，甚至预测阿富汗政治的内部动因。②

很多对部落进行描述的著作几乎认为每个个体天然地处于某种结构位置，从而在政治上自然地从属于某个群体。而弗雷德里克·巴特根据对普什图部落的田野调查后得出，个人对于政治从属是可以选择的。在普什图部落地区，人们通过一系列选择在政治结构中找到自己的位置，根据自己的利益和政治

---

① Kaushik Roy, "Introduction：Warfare and the State in Afghanistan", p. 197.

② ［美］巴特：《斯瓦特巴坦人的政治过程——一个社会人类学研究的范例》，中文版序。

上的好处做出计划并进行选择。较之于集体利益，大多数政治人物都将个人利益作为优先选项。而从统治与被统治的关系，以及群体内部成员之间的合作方面来说，权力体系是通过一系列持续不断的个人选择来建立和维持的。①

这就意味着，对于西方国家而言，阿塔利班是暴力与恐怖之源，但对许多阿富汗人来说，阿塔利班却是不断变幻的权力斗争中的一种选择。② 阿富汗人在抗苏"圣战"时期就表现得非常务实和灵活。在许多同一家庭中，既有成员站在共产政权一边，也有成员加入穆斯林游击队，他们彼此之间的角色转变在战争中很常见，这使政府在征召部落武装打击反叛组织时非常有效。在美国阿富汗战争中也发生了类似的情况，来自同一家庭的成员既有加入反叛团伙，也有加入国家安全部队和地方军阀武装的。这种忠诚的模糊性使一位巴基斯坦情报官员断言，"你可以'租借'一个阿富汗人，但不能拥有他"。③

可见，在合适的时机转换立场是阿富汗人的传统，其根源可追溯到北方游牧民族的流动性和南方普什图族部落法则"普什图瓦里"。普什图部落民在任何战斗中都会"见风使舵"，其最终目标是在动荡的局势中通过加入得势的一方而生存下来，因此"势头"在阿富汗就成为一个关键的概念，它通常会导致叛变出现"雪球效应"。阿塔利班士兵曾被许多媒体（不严谨地）描述为"顽固的狂热分子"，当然塔利班内部也存在顽固派，但现实中很多塔利班战斗人员会放下武器加入国家部队或"解甲归田"。卡尔扎伊政府曾利用这一"反叛"传统，（买通）获得了很多东南地区部落的支持。比如阿富汗东南部的曼加尔（Mangal）部落，以及赫尔曼德与坎大哈大部分部落武装都支持政府打击塔利班或帮助政府保护物资运输等。同样，阿塔利班在东部和东南部地区也有效地利用"势头"的作用，通过杀害支持政府的毛拉、占领警察哨所和暗杀政府官员等，留下"势头"属于他们的印象。④ 另外西

---

① ［美］巴特：《斯瓦特巴坦人的政治过程——一个社会人类学研究的范例》，中文版序。

② Jagmohan Meher, "America's Coming War in Afghanistan：The 'Bloody' Iraq Model"，p. 106.

③ Brian Glyn Williams, *Afghanistan Declassified：A Guide to American's Longest War*，pp. 171 – 172.

④ Ibid.

方国家撤军的计划也鼓舞了塔利班的士气。①

前塔利班政权"促进道德、铲除邪恶部"部长毛拉维·克拉姆丹（Maulavi Qalamuddin）曾对巴基斯坦学者艾哈迈德·拉希德透露，塔利班在国家部队、政府部门、医院和西方援助机构中有无数"眼线"。另据报道，阿富汗部分地区的反叛分子与政府或安全部队成员联系密切，甚至在西方部队撤离的地区出现了国家安全部队成员、政府人员与反叛分子接触、合作的现象，这些人希望在将来塔利班可能回归时寻求更多的长期选择。② 此外，外部国家或非国家行为体（如西方国家、"基地"组织等）操纵普什图部落差异以扩大他们在阿影响的企图曾取得短暂成功，但通常会受到地方部落的回击。因为只要有机会增加个人权力、财富，以及削弱对手实力，部落民就会转向其他支持者。③ 鉴于这种独特的部落文化致使"势头"的变化能够影响民心所向，如今阿塔利班和其他反叛武装在国内频繁发动袭击，在某种程度上也是为了创造"得势"的形象以争取民众的支持。

从阿塔利班社会政策的演化我们可以发现，阿塔利班领导层认识到目前国内外环境与掌权时期不同，只有与其他行为体建立合作关系才可能获得成功。特别是随着阿塔利班控制和影响的区域不断扩大，只有实施更加宽容的社会政策才能获得传统控制范围以外地区民众的支持。另外，阿塔利班不同领导人对反叛活动的认识和理解存在差异。有学者认为，那些考虑将阿塔利班从反叛活动过渡到政治党派的领导人会支持更多"非军事"的社会治理活动。④

5. 对外政策

在与外部国家的关系方面，掌权时期阿塔利班的对外政策具有

---

① 过去阿塔利班经常警告部落长老，"如果支持美国就杀掉你们"，而现在却经常说，"美国人走了，你们不用再分心了"。对此的介绍，参见 Hiranmay Karlekar, *Endgame in Afghanistan*: *For Whom the Dice Rolls*, p. 23。

② Ibid. , pp. 35 – 36.

③ Peter Tomsen, *The Wars of Afghanistan*: *Messianic Terrorism*, *Tribal Conflicts*, *and The Failures of Great Powers*, p. 58.

④ Antonio Giustozzi, "Afghanistan: Taliban's Organization and Structure", p. 22.

保守、封闭和极端的特点，他们缺乏世界眼光，对外部世界也没有兴趣，同时推行极端主义的泛伊斯兰外交，使阿富汗成为国际极端主义和恐怖主义大本营，严重威胁地区和世界稳定。① 而在反叛活动时期，阿塔利班领导层希望寻求地区国家的承认、支持甚至是合作。阿塔利班对国际社会提出的政治和谈并不排斥，其代表还与西方国家频繁互动，并对换俘、释囚，以及联合国机构的一些活动给予回应，同时在对外宣传上注意与国际恐怖主义组织拉开距离。②

阿塔利班曾多次公开表示不以其他国家为打击对象，强调在互相尊重的基础上与邻国保持友好关系。③ 在与周边国家关系中，学界大多认为巴基斯坦为阿塔利班（尤其哈卡尼网络）提供避难所、资金和训练等支持，是阿塔利班反叛活动剿而不灭的关键原因。然而如上所述，阿塔利班并非铁板一块，它与巴基斯坦的关系也是复杂和变化的。④ 另外近年伊朗和俄罗斯与阿塔利班（部分派别）的接触和（有限）合作受到了较多关注。与外部国家的联系成为阿塔利班不同派别的力量的外部来源。

在与外籍极端暴力组织的关系方面，阿塔利班不同机构和派别与他们的关系也有所不同。比如北方舒拉与"乌伊运"关系密切，哈卡尼网络与"基地"组织较为亲近，而阿洪扎达派别主张与"基地"组织等国际恐怖主义组织保持距离。⑤ 另外，该地区的外籍战斗人员并不会顾及当地人的关切，加之以其他国家为打击目

① 黄民兴：《阿富汗问题的历史嬗变》，第255、271页。
② Wolfgang Danspeckgruber ed. , *Working Toward Peace and Prosperity in Afghanistan*, p. 167.
③ Alia Brahimi, "The Taliban's Evolving Ideology".
④ 根据已有研究，目前阿塔利班内部与巴基斯坦个别部门关系密切的派别主要是奎塔舒拉和哈卡尼网络，而其他一些派别（比如曼苏尔网络、拉苏尔派别）甚至受到巴基斯坦的遏制和打压。参见 Theo Farrell, Michael Semple, "Ready for Peace? The Afghan Taliban after a Decade of War", *Briefing Paper*, January 31, 2017 (https://rusi. org/publica-tion/briefing-papers/ready-peace-afghan-taliban-after-decade-war)。
⑤ Hashmat Moslih, "The Taliban and Obstacles to Afghanistan Peace Talks", February 25, 2016 (https://www. aljazeera. com/indepth/features/2016/02/taliban-obstacles-afghani-stan-peace-talks-160225095920107. html) .

标，由此也成为削弱阿塔利班力量的外在因素。

总之，目前在阿、巴两国盘踞着大量伊斯兰武装组织，他们之间的性质、目标与利益既存在差异，同时也在不断复杂互动，他们之间的界限日益模糊。正如戴维·基尔卡伦指出，这些彼此离散又互相联系、松散合作的恐怖分子与游击队构成了复杂的"混合战争"，使得传统的反恐和经典的反叛活动都不足以应对我们当前所面临的冲突。[①]

第二节　美国在阿富汗的军事行动

以美军为首的西方部队虽然在打击反叛组织领导层，以及提高反恐特种作战能力等方面取得了一些成绩，但美国阿富汗军事战略的实施面临很多局限与困难。西方部队稳定阿富汗与平息叛乱活动的初衷始终未能实现。

一　美国军事战略的实施

2001 年底，在美国的军事打击下，阿塔利班政权迅速瓦解，塔利班与"基地"组织残余随之藏匿于巴基斯坦西北部落地区。2003 年，美国伊拉克战争开始后，美军将驻阿精锐部队、情报官员，以及重建工作的重心转移到伊拉克。[②] 尽管美国阿富汗战争获得了国际社会的支持，但美国伊拉克战争遭到许多国家的明确反对。在国际社会，小布什政府推行的"单边主义"政策催生了更多的反美"战士"。在阿富汗，小布什政府以军事干预为主的政策导致阿国内反叛活动风起云涌，塔利班复兴势头日益明显。[③] 从 2006 年开始，阿富汗安全形势逆转直下。2008 年，阿塔利班控制了全

---

① ［澳］戴维·基尔卡伦：《意外的游击战——反恐大战中的各类小型战争》，第 3—43 页。

② 刘伯瘟：《阿富汗战争大解密》，第 205 页。

③ Nik Hynek, Peter Marton, *Statebuilding in Afghanistan：Multinational Contributions to Reconstruction*, p. 4.

国大部分领土，而且其控制区域仍不断扩大。在小布什政府执政后期，美国的阿富汗政策经历了一些变化，如撤换最高将领，统一西方部队指挥权，利用地方武装对付塔利班，增兵，以及对巴基斯坦境内的恐怖分子进行地面打击等。

随后上台的奥巴马政府将阿富汗作为对外军事战略的重点，并制定了"新阿富汗—巴基斯坦战略"，这是在继承小布什政府后期阿富汗政策的基础上进行的调整。2009 年 12 月，奥巴马总统在西点军校讲话时指出，美军在阿富汗的目标是铲除"基地"组织的巢穴；扭转塔利班的崛起势头，使其无力推翻现政府；帮助提高阿安全部队和政府机构能力，使其对阿富汗的未来承担主要责任。[①] 奥巴马政府还强调与地区国家的合作，特别是视巴基斯坦为解决阿富汗问题的关键。奥巴马政府在阿富汗曾一度采取"先增兵，后和谈"（Surge First，Then Negotiate）的举措。[②] 2013 年 5 月，奥巴马总统在美国防大学演讲中提出了以无人机打击、伙伴关系、外交接触和对外援助为主要内容的全面反恐战略。[③]

2017 年 8 月特朗普政府出台了南亚战略，核心思想是首先在军事上打破僵局，占据有利位置后再与塔利班和谈。在新战略指导下，美国大幅增加空袭强度，加强美军顾问对阿安全部队的战术指导；向巴基斯坦施压，鼓励印度发挥更大作用。[④] 2018 年以后，在推进谈判的同时，美军的军事行动也在升级。驻阿美军地面部队基本上不执行

---

① 刘伯瘟：《阿富汗战争大解密》，第 212 页。

② 2009 年美国向阿富汗增兵，同时宣布从 2011 年开始逐步撤军的计划。2010 年 9 月，驻阿美军数量增至十万人，同时有三万八千名在阿北约士兵。为分化"基地"组织与塔利班，以及推动政治解决塔利班问题，奥巴马政府制定的阿富汗新战略有针对性地将"基地"组织作为主要打击目标。但实际上美军并未停止对塔利班的军事打击。2010 年，美军将从塔利班手里夺回阿富汗南部地区作为重点作战任务。参见 Peter Tomsen, *The Wars of Afghanistan: Messianic Terrorism, Tribal Conflicts, and The Failures of Great Powers*, p. 661。

③ 严帅：《美国反恐战略的新调整及其前景》，《当代世界》2013 年 9 月。

④ 陈航辉、朱春来：《美国阿富汗战略迎来"拐点"?》，2019 年 2 月 28 日，国防部网（http://www. 81. cn/jfjbmap/content/2019 – 02/28/content_ 228335. htm）。

战场任务，主要依靠无人军事装备采取无差别轰炸战术。①

　　归纳起来，美国在阿富汗的军事行动主要体现为如下几个方面。

　　第一，为避免错综复杂与代价高昂的常规战争，美军重点使用了无人机侦察、定点打击与特种部队秘密行动，雇用、训练武装分子建立秘密间谍网络，② 加强情报收集与突袭等方式，旨在摧毁"基地"组织等极端组织领导层，打击反叛分子士气。为与阿富汗战略保持一致，美军重新制订了训练计划与军队部署，其中包括将传统部队置于特种部队的指挥之下。在这种方式中，一次独立的战斗需要包括援助民事机构与训练地方部队或民兵武装在内整个军事行动的连续性支持。③ 该军事战略实施以后，美军和北约部队在阿富汗战场上取得了不少可喜战绩，特别是压缩了反叛分子的活动空间及其实施大规模袭击的能力。④

　　第二，帮助提高阿国家安全部队的能力建设也是美国阿富汗战略的重要内容。美国对阿富汗大部分的军事援助来自国防部拨款的阿富汗安全部队基金（Afgahn Security Force Fund）。美国主要向阿富汗国民军和国民警察部队提供装备、训练和顾问，提高阿富汗国防部和内务部的工作能力，以确保这些部门能够有效组织和领导国家安全部队。⑤ 截至特朗普执政时期，美国每年向阿富汗政府军提

---

　　①　截至 2019 年初，美军已将在阿富汗的军事行动升级到了 2014 年以来的最高烈度。参见周戎《深度剖析美国在阿富汗的新战略及阿富汗未来趋势》，2018 年 12 月 11 日（http：//www. sohu. com/a/281118875_ 352307）；成锡忠《阿富汗和谈可能是一个漫长而艰难的过程》，2019 年 3 月 5 日，国际在线（http：//www. charhar. org. cn/newsinfo. aspx? newsid＝14604）；《美国阿富汗战略深陷困境》，2019 年 2 月 13 日，人民日报（http：//www. xinhuanet. com/world/2019－02/13/c_ 1210058281. htm）。

　　②　［美］马克·马泽蒂：《美利坚刀锋：首度揭开无人机与世界尽头的战争》，王祖宁等译，新世界出版社 2014 年版，第 25—26 页。

　　③　Hiranmay Karlekar, *Endgame in Afghanistan：For Whom the Dice Rolls*, pp. 274－275.

　　④　阿富汗南部地区塔利班控制的地域曾一度大幅度缩减，"基地"组织在阿、巴两国的网络受到削弱，约三分之二的"基地"组织领导人在 2010 年前后的美军行动中被剿灭，致使"基地"组织至今未能再次对西方造成重创。该地区"基地"组织三十名领导人已被击毙了约二十名。在美国无人机空袭中丧生的"基地"组织（及与之有联系的其他武装组织）领导人中比较重要的有巴塔利班领导人哈基姆拉·马哈苏德，毛拉维·纳兹尔，"东突"头目阿卜杜勒·哈克，"基地"组织领导人侯赛因·叶梅尼与阿布·亚哈·利比等。

　　⑤　缪敏、王静、何杰编：《阿富汗概论》，第 326 页。

供约 46 亿美元的军事援助，以维持阿富汗日常运营部队作战、后勤补给、军事装备的损耗，对阿富汗政府军执行庞大的培训计划，并已组建 1.8 万名有美军教官训练的特种部队。① 2015 年，阿国家安全部队从北约驻阿安全援助部队手中全面接管了国家安全防务工作。阿富汗境内绝大多数的安全行动都是由阿国家安全部队实施的，其整体能力在西方部队的支持下得到显著提升。

第三，获得巴基斯坦的支持与配合是美国军事行动的另一个重要方面。在军事行动中，美国的目标是联合巴基斯坦深度打击巴境内的塔利班和"基地"组织，阻止巴西北部落地区继续作为塔利班与"基地"组织的庇护所。实际上，美国从 2007 年底就开始与巴军方合作打击阿、巴边境两侧的反叛组织。奥巴马政府于 2009 年推出的"新阿富汗—巴基斯坦"政策从地区整体性视角出发，认识到阿富汗与巴基斯坦两国在安全上不可分割，并视巴基斯坦为打败阿富汗反叛分子，改善阿富汗局势的重要一环，特别是在无人机袭击与秘密行动中，巴基斯坦的积极合作是美军获取精确情报的关键。美军在阿、巴边境部落地区对数百名"基地"组织和塔利班成员的捕杀也是在巴基斯坦的配合下进行的。

第四，在军事物资运输与情报收集等重要军事活动方面，美军还选择了与地方军阀和民兵组织进行合作。为顺利完成任务并将美军精力投入平叛行动中，美军将军用物资供给链的责任几乎全部外包给当地承包商，由后者全权负责运输安全并承担风险。而这些承包商主要通过雇用当地私人安保公司来提供保护。② 根据伊拉克与阿富汗战争转包委员会（Commission on Wartime Contracting in Iraq and Afghanistan）的评估，美国在伊拉克战争和阿富汗战争期间雇用了至少二十

---

① 周戎：《深度剖析美国在阿富汗的新战略及阿富汗未来趋势》。

② 据阿富汗内政部统计，全国获得政府许可的私人安保公司有五十二个，大约拥有两万五千名武装安保人员，未登记的私人安保公司人员约七万名。在阿富汗物资运输合同中，最为重要的是价值21.6亿美元的"对象国运输"合同（HNT），它包括超过70%的美军物资供应，每月约执行六千至八千辆卡车任务。参见 John F. Tierney, "Warlord, Inc.: Extortion and Corruption Along the U.S. Supply Chain in Afghanistan", pp. 3 – 17。

五万名当地安保人员，超过了驻两国的美军总人数。^① 自特朗普上台以来，武装安保人员的人数增加了 65%。为缓解撤军带来的人力需求压力，美军可能增加雇用地方武装安保人员从事作战与训练指导岗位。^② 美国国防部指出，地方承包商是驻阿总兵力中不可或缺的一部分，也是美军执行大型、可持续军事行动的必要条件。^③

二　美国军事战略的困难

美国的阿富汗军事战略虽然取得了一些成绩，但也面临许多困难与挑战。

（一）美军在阿富汗战场上的困难

首先，尽管驻阿美军和北约部队往往能够在战场初期取得一定的战果，但反叛组织仍具有强大的反弹能力和组织能量，广泛的支持网络与升级恐怖袭击的能力。^④ 即使他们在战场上被美军和北约

---

① Jacqueline R. Robinson, Francis Millier ed., *Wartime Contracting in Iraq and Afghanistan: Controlling Costs and Reducing Risks*, pp. 1 – 17.

② 陈航辉、朱春来：《美国阿富汗战略迎来"拐点"？》。

③ Hiranmay Karlekar, *Endgame in Afghanistan: For Whom the Dice Rolls*, p. 81.

④ 比如 2009 年 7 月 1 日，四千名美国海军陆战队成员在赫尔曼德省对塔利班反叛分子发动了进攻。随后美军宣布了胜利，但反叛分子的情报网络仍然完整，塔利班中层指挥官也没有离开此地，并继续通过威胁和暗杀等手段控制地方民众。美军第五陆战队中将坦姆邦加（Tambunga）曾说，塔利班善于计算作战时机，其获取情报和反情报战术也非常娴熟。而且由于知道自己被监听，塔利班经常设套伏击西方部队。在马尔贾（Marja）部落地区，塔利班还不断通过散发恐吓信等方式威胁民众。当地部落领导人透露，"天黑之后这里就是塔利班的天下，政府和国际部队保护不了任何人"。在反叛武装中，哈卡尼网络的战斗力最为顽强。美国曾出巨资抓捕该组织领导人哈卡尼，但后者在巴北瓦济里斯坦的避难所仍触不可及，即使在美国一再施压下，巴基斯坦也无法（或不愿）捕杀哈卡尼（尽管巴军方和西方部队击毙了数名哈卡尼网络高级指挥官与哈卡尼家族两名成员）。又如 2012 年 6 月 4 日，"基地"组织领导人之一阿布·亚哈·利比在北瓦济里斯坦被美军无人机炸死，白宫发言人杰·卡尼（Jay Carney）随即表示此次军事行动对该地区"基地"组织施加了压力，使该组织接近灭亡。但比尔·罗吉欧（Bill Roggio）等专家却认为，"基地"组织高级领导人被击毙不会导致该组织灭亡，"基地"组织成员在阿、巴边境部落地区仍具有深厚基础。而且无人机袭击作为一种有吸引力的短期战术并不能构成完整的军事战略，只有解决了"基地"组织的意识形态、外部支持及其运用各国"无政府"地域空间的能力，才能真正将他们打败。"基地"组织——哈卡尼网络联盟在阿、巴两国的行动也没有停止。参见 Hiranmay Karlekar, *Endgame in Afghanistan: For Whom the Dice Rolls*, pp. 140 – 142, 277 – 283; Brian Glyn Williams, *Afghanistan Declassified: A Guide to American's Longest War*, p. 145。

部队打败，但仍能很快恢复元气，甚至能够重新夺回地区控制。因此，西方联军在阿富汗南部地区重创塔利班之后，后者在该地区仍维持着数目可观的战斗人员与同情者网络，并能够重新获得"势头"。另外，塔利班领导层的更新换代速度也很快，而且他们还在阿富汗南部以外地区不断扩大影响力。① 阿塔利班反叛组织的反弹能力导致西方部队军事胜利与阿富汗国家安全力量建设进程极具脆弱性和可逆性。

表 3—1　　　　　阿富汗政府与塔利班行政区域、人口及
　　　　　　领地控制（截至 2018 年 10 月）②

	行政区域（个）	人口（百万）	领地（平方千米）
阿富汗政府			
控制	74	11.3	104000
影响	145	9.9	258000
双方争夺	138	8.5	171000
塔利班			
控制	12	0.6	40000
影响	38	3.0	71000

其次，美军日益重视的无人机突袭与秘密行动产生了大量负面后果。特别是美军在阿、巴边境普什图部落地区的空袭推动了更多年轻普什图人加入狂热的伊斯兰武装队伍。③ 美国主流媒体撰稿人马克·马泽蒂曾将美国中情局称为"军事—情报复合体"，这种由"情报驱使"的无人机作战方式又被称为"手术刀式打击"。马

①　Peter Tomsen, *The Wars of Afghanistan*: *Messianic Terrorism*, *Tribal Conflicts*, *and The Failures of Great Powers*, p. 682.

②　陈航辉、朱春来：《美国阿富汗战略迎来"拐点"？》。

③　在阿富汗有句俗语：杀死一个普什图人会制造十个敌人（Kill one Pashtun, create ten enemies）。参见 Jagmohan Meher, "America's Coming War in Afghanistan: The 'Bloody' Iraq Model", p. 105。

克·马泽蒂认为这种作战方式效果明显，不但能够消灭恐怖分子网络中的大部分领导者，而且能够避免由于推翻政府和长期占领带来的混乱而昂贵的代价，其缺点是它"在灭敌的同时也会树敌"。换言之，相对于传统军队而言，此类军事行动的任务执行者承担的责任要少得多，但也更容易发生"越轨"行为，从而招致更多的仇恨。可见，这种作战方式降低了发动战争的门槛，使美国比以往任何时候都更容易在别国展开"猎杀"行动。[1]

最后，随着阿富汗战争代价日渐高昂，以及前景持续渺茫，美国等西方国家内部的反战情绪不断高涨。美军在阿富汗运用了曾在伊拉克采取的"先增兵，后谈判"模式，但一位美国高级军官却认为"先增兵"会导致大量人员伤亡，以及随之而来的反叛分子的破坏行动，"在局势转好之前会经历一段更为糟糕的时期"。[2] 从2009年中期开始，美军伤亡人数急剧攀升。有越来越多的美国民众不断质疑这场战争的正确性和必要性。截至2019年初，阿富汗的安全形势仍然非常严峻。根据皮尤全球态度调查（Pew Global Attitudes）结果显示，近年国际社会反战情绪逐渐上升，阿富汗战争在英、法、德等国家都不受欢迎。[3] 这也是美国等西方国家急欲在阿富汗脱身的原因之一。

（二）阿富汗国家安全部队重建的困难

在阿富汗战争后期，虽然国家安全力量建设在西方部队的支持下稳步推进，美国和北约也已将安全防务责任移交给阿富汗政府和国家安全部队，但后者仍存在民族分歧与国家认同不足、成员素质低下、后勤保障落后、缺乏独立作战能力，以及腐败蔓延等问题。

---

[1] ［美］马克·马泽蒂：《美利坚刀锋：首度揭开无人机与世界尽头的战争》，第2—7页。

[2] Jagmohan Meher, "America's Coming War in Afghanistan: The 'Bloody' Iraq Model", p. 96.

[3] David Francis, "The 'Zero Option' Will Finally End the Afghan War", July 10, 2013（http://www.thefiscaltimes.com/Articles/2013/07/10/The-Zero-Option-Will-Finally-End-the-Afghan-War）.

已退休的美军中将卡尔·艾肯巴里（Karl Eikenberry）认为2013年后阿富汗国家安全部队（ANSF）独自承担安全防务的能力值得怀疑。① 截至特朗普时期，担负重大安全责任和负有对阿塔利班作战主责的国家安全部队仍难以维持正常运转，美国资助的高达数十亿美元的训练计划正在走向失败。②

　　首先，国家安全部队民族隔阂严重，人员素质低下。与美军特种部队相比，阿富汗国家安全部队人员在熟悉地方文化、获得地方合作、收集情报，以及分析恐怖分子等方面具有优势，但其整体能力的发挥受制于多方面因素。阿国家安全部队由国民军、国家警察、边境警察和地方警察等武装部队组成。在军队规模方面，ANSF的数量在2012年超过三十五万人，③ 而已退休的桑尼（B. K. Sawhney）将军认为，阿富汗国内约三千万人口大概需要五十万至七十万名士兵才足以保障他们的安全。在民族构成与人员招募方面，已退休的卡托奇（Dhruv C. Katoch）将军指出，阿富汗国家安全部队的普通士兵来自所有民族和地区，但军官阶层却主要由普什图人和塔吉克人构成，这种不平衡影响了国家安全部队的"国家性"。还有一些塔吉克族军官甚至将国家部队视为"北方联盟"的派系武装，并对招募普什图族士兵持有歧视态度。④

　　2011年9月6日《纽约时代周刊》刊文指出，阿富汗政府和西方部队很难在南部地区招募到士兵，这反映了当地民众对反叛分

　　① Hiranmay Karlekar, *Endgame in Afghanistan：For Whom the Dice Rolls*, pp. 153 - 154.

　　② 周戎：《深度剖析美国在阿富汗的新战略及阿富汗未来趋势》。

　　③ 肖恩·布尔维克（Tashawn N. Burwick）认为ANSF的实际人数少于其对外宣称的35万人。在民族构成上，ANSF中41%为普什图人，34%为塔吉克人，12%为哈扎拉人，8%为乌兹别克人。从全国水平来看，ANSF中塔吉克人过多，普什图人数量与民族比例相符，而其他少数民族的代表性不足，但ANA中普什图人主要来自东部普什图部落（如吉尔查伊部落联盟），而来自南部部落（如杜兰尼部落联盟）的成员相对较少。参见Tashawn N. Burwick ed., *Afghanistan：Key Issues and Security Force Considerations*, pp. 119 - 120.

　　④ 王世达：《阿富汗民族和解步履维艰》，2010年2月2日，求是理论网（http：//www. qstheory. cn/gj/gjgc/201002/t20100202_ 20283. htm）。

子的恐惧、同情，以及对中央政府能力的不信任，同时也暴露出阿富汗缺乏超越地区与民族分歧的国家认同，国家安全机构领导层之间也不具备可信赖的合作关系。[1]

在士兵素质方面，约80%的阿国家安全部队士兵是文盲，他们甚至看不懂地图、训练手册或枪支序列号，诸如医疗、物资装备和通信等专业知识也难以向他们传授。[2] 同时警察部门也存在类似的问题。[3] 此外，近年频频发生的"内部袭击"事件导致数百名阿富汗士兵被逮捕或革职，西方部队对阿富汗军队与警察的信任也大打折扣，这同时也暴露出阿安全机构内部编制的混乱与低效。

其次，国家安全部队独立作战能力不足。近年来，阿国家安全部队的表现得到了很大提升（而且有望继续提升），但期待它独立承担起全国范围内打击反叛分子与维护稳定的责任并不现实。阿富汗国防部多次对外表示国家安全部队在重武器和空中打击力量方面十分薄弱，且难以在部落山区对反叛武装展开有效的清剿。[4] 而且国家安全部队在全国层面缺乏协同作战的能力并严重依赖外援，[5] 阿富汗"寄生"型经济发展模式也使中央政府无力单独维持规模庞

---

[1]　阿富汗南部地区坎大哈省和赫尔曼德省约两百万人口，但自2009年以来只有1200名士兵加入国家安全部队，而北部昆都士省约有九十万人口，却招募了超过16500名士兵。参见 Hiranmay Karlekar, *Endgame in Afghanistan*: *For Whom the Dice Rolls*, pp. 23 – 27。

[2]　Ibid.；此外也有其他学者（和学术机构）提出阿国家安全部队成员平均识字率只有13%，参见 Catherine Lutz, Sujaya Desai, "US Reconstruction Aid for Afghanistan: The Dollars and Sense", January 5, 2015, p. 10。

[3]　2010年3月，ANA和ANP内部展开了基础文化知识培训，但通常持续两个月的小规模课程就是全部培训内容。参见 Whit Mason ed., *The Rule of Law in Afghanistan*: *Missing in Inaction*, p. 94。

[4]　贺斌:《大选后的阿富汗》,《光明日报》2014年9月24日。

[5]　在西方部队逐步撤军之际，反叛分子以阿富汗政府、军队和警察为主要目标的袭击事件增多。自2013年以来，驻阿北约部队遭受袭击的事件已降至平均每月约15起，而针对阿富汗国民军和警察的则超过300起，加之每年约三分之一的阿富汗士兵倒戈，都表明了阿国家部队安全防卫的能力依然不足。参见 Michael E. O'Hanlon, "An Update on America's Forgotten War in Afghanistan", September 5, 2013（http://www.brookings.edu/research/opinions/2013/09/05-afghanistan-war-metrics-ohanlon）。

大的安全部队。①

再次，阿富汗军队和警察部门腐败与犯罪行为蔓延。阿富汗是世界上腐败现象最为严重的国家之一，阿军队和警察部门腐败形式多样、覆盖面广。腐败蔓延损害了安全人员的士气、领导层的素质，以及民众对政府与国家安全机构的信心。阿富汗国内普遍认为，警察的职位等级与其在犯罪网络中牟取利益的机会是对等的。②比如阿中央政府解除伊斯梅尔·汗在赫拉特地区的职务以后，该地区大部分警察官员开始从追随者中进行招募，并且更加肆无忌惮地牟取贿赂。为降低警察官员对人员招募的影响并使招募程序正规化，2010年阿中央政府在西部四省建立了"地区警察总部"统一控制下的招募中心。然而通过正规程序招募的人员难以获得警察官员的信任，并导致警察机构上下级共同执行的任务效率很低。另外，驻阿北约士兵普遍认为，阿富汗警察虐待囚犯和平民等暴行推动了反叛组织招募更多的战斗人员。

阿富汗警察官员与反叛分子的合作也不容忽视。比如阿富汗警察在黑市出售武器和弹药给反叛分子的现象很普遍，警察官员由于与反叛分子合作而被捕或被解职的情况不时发生。关于塔利班向国家安全机构低层渗透，或警察无视塔利班的活动，甚至向塔利班提供帮助的报道也层出不穷。根据联合国工作人员调查发现，在阿富汗南部和东南部地区，很多警察官员曾与塔利班接触并签订协议。另外，由于无力打击反叛分子或担心与塔利班发生冲突而引起的伤

---

① 随着阿国家安全部队的规模扩大与费用攀升，阿富汗中央政府迫切需要国际社会的资助。而近年来美国及其盟友对阿富汗的援助有所减少，甚至在资金分担问题上互相推诿。参见 Jacqueline R. Robinson, Francis Millier ed., *Wartime Contracting in Iraq and Afghanistan: Controlling Costs and Reducing Risks*, p.77。

② 据司法部长办公室（Attorney General's office）统计，2002年阿富汗国内376名警察涉案269起，到了2008年，有6509名警察涉案2676起，而在2009年和2010年的第一个季度，共有18276名警察涉案1388起，而且其中只有一小部分案件被揭露或追查。参见 Antonio Giustozzi, Mohammad Isaqzadeh, *Policing Afghanistan: The Politics of the Lame Leviathan*, p.79。

亡会带来报复行动的升级，很多警察官员还竭力避免与反叛分子战斗。[①]

最后，阿富汗地区警察的控制能力依然薄弱。自 2002 年以来，阿富汗警察部门重建取得了一些进步，警察的薪水和待遇也不断改善。但总体来看，阿富汗地区警察的控制能力依然薄弱。在大部分地区，警察与地方民众的互动非常有限甚至不存在，很多警察已经脱离了民众并失去民众的信任。在阿富汗东部地区也是如此，大量犯罪案件由于未受处理而被忽视。而在一些远离城市的偏远地区既没有警察执勤也未设立任何警察哨所，警察在这些地区已失去任何预警或治安作用，这也是塔利班政权倒台后能够重新集结并向各地区渗透的一个重要原因。另外，阿塔利班反叛组织针对城市地区发动的频繁袭击也说明各地区警察的控制力仍然不足。[②]

（三）巴基斯坦军事行动的困难

"9·11"事件以后，巴基斯坦政府选择加入美国的反恐战争，并在边境部落地区采取了两个举措，一个是通过地方传统势力进行"间接管理"，另一个是对部落地区武装分子进行军事打击。但巴基斯坦配合美国打击境内极端暴力组织的行动至少存在四个局限，即巴西北部落地区有着较为悠久的自治传统，政府对该地区的控制力十分薄弱；巴军事力量及其部署主要针对印度而定，相对不善于反恐；巴国内存在强大的伊斯兰极端宗教势力，在与印度冲突的背景下，巴基斯坦难以全力全方位反恐；此外，美、巴缺乏信任也制约了双方的军事合作。

一直以来，由于缺乏资金、训练与装备，以及易受武装分子袭击等原因，巴基斯坦西北边境地区的士兵和警察十分欠缺。

---

① 根据 2009 年上半年阿富汗独立人权委员会（AIHRC）的报告，阿富汗国内超过 65% 的嫌犯声称遭到警察虐待，而只有 17.4% 的阿富汗警察知道警务人员动用酷刑的行为是非法的。对于阿富汗地方警察的情况介绍，参见 Antonio Giustozzi, Mohammad Isaqzadeh, *Policing Afghanistan: The Politics of the Lame Leviathan*, pp. 120 – 156。

② 截至 2010 年，阿富汗叛乱活动较为严重地区的警察工资达到平均每月 260 美元，各地区村镇警察的工资水平也能确保维持家庭生计。参见 Ibid., pp. 73 – 128。

"9·11"事件之前，巴政府曾计划通过发展与行政改革逐步融合部落地区。"9·11"事件后在反恐大框架下，巴政府转向了复兴部落首领、加强地方半军事力量的政策，通过利用、扶植"代理人"的方式对部落地区实施"间接管理"。① 在巴政府与边境部落的妥协中，前者给予后者自治权，而后者需要确保部落的安全并遵守《边境犯罪条例》。对于触犯该法令的部落或集团，政府的惩罚措施包括连带惩罚、经济封锁与军事打击。② 不过，自 2002 年巴政府军队开始挺进西北部落地区，就激起了当地普什图部落民对巴军方的憎恨。③

巴基斯坦官方对部落民兵（Lashkars）的支持也制造了新的暴力团伙，以及随之而来的新的法治问题。比如在开伯尔地区，巴政府扶助的曼加尔·巴格（Mangal Bagh）团伙实施暴力与勒索等犯罪活动，并谋求建立脱离政府控制的独立王国。在瓦济里斯坦地区，巴军方曾采取利用纳兹尔团伙打击巴塔利班前首领贝图拉·马哈苏德的策略也未获成功。虽然这两个巴塔利班领导人之间存在部落仇怨，但他们在意识形态、总体目标，以及武装行动方面存在联系。其他地方上互为对手的武装团伙也由于与阿塔利班和"基地"组织等结盟，彼此的斗争总体上保持了节制。换言之，这些武装团伙之间的分歧并未给巴军方的行动带来显著优势。④ 而且一些极端暴力组织还利用巴政府与西方国家的合作煽动部落民对政府的仇

---

① Riaz Mohammad Khan, *Afghanistan and Pakistan: Conflict, Extremism, and Resistance to Modernity*, p. 232.

② Syed Saleem Shahzad, *Inside Al-Qaeda and the Taliban*, p. 189.

③ 2005 年下半年，巴基斯坦政府希望通过军事行动与签订和平协议相结合的方式融入部落长老的力量，以及避免与武装分子直接接触，但仍未能遏制地区反叛组织实施跨境袭击活动，甚至还鼓励了一些极端暴力团伙休整实力、乘虚而入。对于巴军方曾与巴塔利班领导人签订停火协议的情况介绍，参见 Riaz Mohammad Khan, *Afghanistan and Pakistan: Conflict, Extremism, and Resistance to Modernity*, p. 228。

④ 巴军方于 2009 年 5 月挺进斯瓦特地区展开全面军事行动时，纳兹尔与贝图拉·马哈苏德宣布搁置分歧，共同打击军方。对此的介绍，参见 Riaz Mohammad Khan, *Afghanistan and Pakistan: Conflict, Extremism, and Resistance to Modernity*, p. 230。

恨，并伺机发展了大批武装人员。许多与政府有联系的温和部落长老被巴塔利班等武装组织袭击或杀害，进一步限制了巴基斯坦政府对边境地区的控制。①

自 2007 年以来，巴基斯坦境内的武装暴力活动从西北边境地区开始向俾路支斯坦、旁遮普和其他城市地区蔓延。2009 年，巴军方与美军合作对巴乔尔、斯瓦特山谷、南瓦济里斯坦，以及阿富汗昆纳尔和努里斯坦地区的反叛分子发起军事进攻，但暴力活动、教派冲突在这些地区仍难以停歇，且导致巴境内三十万居民流离失所。② 自 2002 年以来，在普什图族部落地区军事行动中阵亡的巴军队士兵超过两千人，许多巴基斯坦人怨恨美国将他们推向这场"兄弟"之间的战斗。③ 在赛义德·萨利姆·沙扎德看来，巴军方与美军的合作不利于地区反叛活动发展，但巴部落地区复杂的地缘环境，极端的意识形态，以及匮乏的经济资源也销蚀了巴军方的优势，加之巴军事行动缺乏宏观视角和战略连贯性等，都导致了反叛分子即使被打败或撤退后仍能重新夺回领土或扩大影响力。④ 而且巴军队还缺乏反恐训练和武器。巴军队训练与装备大部分是为应对传统战争而准备，美国的援助资金也被巴主要用来加强对抗印度的武器装备。⑤ 同时巴军方内部仍不乏支持、同情伊斯兰"圣战"者的激进派与顽固派，这是巴基斯坦打击恐怖主义活动不力的另一个原因。

此外，美、巴缺乏信任也制约了双方军事合作的有效性。为清除巴基斯坦国内极端主义毒瘤并获得巴官方的合作，奥巴马政府曾向巴基斯坦提供了大量军事、经济援助，并加强了与巴基斯坦的战略对话。在美国的援助与施压双重手段之下，巴基斯坦军方为美军

---

① John Dyrby, Rapporteur, "NATO Parliamentary Assembly Sub-Commitee On Translantic Relations Afghanistan -The Regional Context".

② Syed Saleem Shahzad, *Inside Al-Qaeda and the Taliban*, p. 178.

③ Brian Glyn Williams, *Afghanistan Declassified: A Guide to American's Longest War*, p. 115.

④ Syed Saleem Shahzad, *Inside Al-Qaeda and the Taliban*, pp. 184 – 188.

⑤ Hiranmay Karlekar, *Endgame in Afghanistan: For Whom the Dice Rolls*, pp. 238 – 256.

的行动提供了情报等支持，在抓捕"基地"组织高层的行动中功不可没。然而美、巴双方矛盾根深蒂固，巨额援助难以消弭分歧，高层对话也不足以增进互信。①

（四）西方部队军用物资运输"转包"的困难

在阿富汗，美军和北约部队采取军用物资运输的"转包"方式具有一定的必然性。特别是在 2009 年至 2010 年，随着奥巴马政府实施增兵计划，美国在阿军用物资供给网络也随之扩大，而绝大部分的物资供应经由巴基斯坦和中亚国家南北两条陆路运输线到达阿富汗。南部线路经常受到塔利班反叛分子的袭击从而极不安全，而北部线路较长、费用较高，且需要外交方面的配合才能确保过境物资顺利通行。到达阿富汗的军用物资通过卡车被运送至几个配置中心，其中最主要的是北方的巴格拉姆空军基地和南方的坎大哈空军基地，接着再被送往全国主要位于偏远和危险地区的两百多个军事基地与战斗前哨基地，途经道路基本上都被地方军阀或反叛武装所控制。此外，阿富汗地理环境也为物资运输设置了障碍：沙漠地区的沙尘暴、山路的崎岖、高山的严寒、夏季的高温、冬季频繁爆发的雪崩……一位美军军官认为，阿富汗是世界上物资运输条件最为恶劣的国家。② 可见，驻阿美军面临着战争史上极其复杂和艰难的物资供给链。

伊拉克与阿富汗战争转包委员会认为，美军在阿富汗的军事行动"过度依赖"于地方承包商，并主要体现在：一是美军将法规规

① 2011 年 5 月初，在未事先通知巴基斯坦的情况下，美军越境巴基斯坦击毙了"基地"组织头目本·拉登。巴基斯坦指控美国侵犯了本国主权，而美国则质疑巴基斯坦为本·拉登提供庇护。两国关系瞬间冷却。2011 年 11 月底，北约空袭了巴基斯坦部落地区两个检查站并造成二十四名巴士兵死亡。巴基斯坦随后采取了一系列抵制措施，包括要求美国撤离舍姆西空军基地，关闭北约在巴境内的补给线，拒绝出席同年 12 月 5 日在德国波恩举行的"阿富汗问题"国际会议等。更为严重的是，击毙本·拉登、误炸等一系列事件将巴基斯坦民众强烈的反美情绪推向高峰，并引发了"基地"组织、巴塔利班等极端团伙一系列的报复行为，从而使巴国内安全局势严重恶化。另外，美军 2014 年后主要采用无人机和特种部队作战的模式也给巴基斯坦带来巨大压力。

② John F. Tierney, "Warlord, Inc.: Extortion and Corruption Along the U. S. Supply Chain in Afghanistan", pp. 8 – 10.

定由美军人员执行的任务交给地方承包商操作。二是美军的"承包"业务对美国利益的其他方面或目标带来风险。三是美军的"承包"业务侵蚀了联邦机构的核心行动能力。他们在报告中指出，地方承包商在美军行动中发挥重要作用，但不完善的计划与监管带来了巨大浪费，最终为美军实现目标设置了障碍。①

西方军用物资运输转包业务还推动了大批军阀的崛起。② 如前文所述，与阿富汗实力强大的旧军阀不同，一些新兴军阀的崛起直接得益于美军和北约部队在阿富汗实施的转包业务。这些军阀的活动类似于黑手党网络，他们通过合法与非法经济、武力等手段控制各种资源，竭力扩大自身权力和利益。③ 同时，阿中央政府对地方军阀日益增长的权力感到担忧。前内政部长哈尼夫·阿特马尔（Hanif Atmar）曾提到，军阀武装势力在各地方创造了平行于政府的结构，并带来很多负面的法治问题。④ 阿富汗大多数私人安保公

① 根据该委员会评估结果显示，从 2002 年至 2011 年间，美军费用中大约有三亿至六亿美元被浪费在伊拉克和阿富汗。就阿富汗而言，美军承包业务费用主要用在物资供给、培训国家军队与警察，以及各种重建项目上，其中用在军用物资供给安全业务上的费用占总承包费将近一半。参见 Jacqueline R. Robinson, Francis Millier ed., *Wartime Contracting in Iraq and Afghanistan: Controlling Costs and Reducing Risks*, pp. 1 – 17。

② 对于驻阿西部队军用物资运输"转包"业务的介绍，参见 John F. Tierney, "Warlord, Inc.: Extortion and Corruption Along the U. S. Supply Chain in Afghanistan", pp. 20 – 31。

③ 这些因提供安保业务而崛起的军阀与旧军阀最大的不同之处在于，前者的权力基础主要来自经济方面，而后者的权力基础还在于深厚的民族与部落根基。据统计，截至 2006 年底，阿富汗国内有 5557 个非法武装团体。2006 年至 2009 年，政府取缔了几百个非法武装团体，但这段时间内出现的新兴武装团体的数量远超过被取缔的数量。2010 年，仅在瓦尔达克省就出现 600 个新兴非法武装团伙。对此的介绍，参见 Antonio Giustozzi, Mohammad Isaqzadeh, *Policing Afghanistan: The Politics of the Lame Leviathan*, p. 41。

④ 比如 2009 年 6 月，坎大哈警察官员马蒂拉赫·加蒂（Matiullah Qati）被美国中情局雇用的地方武装人员杀害。而得到美国资助的阿卜杜勒·拉齐克的武装引发边境部落间冲突，并最终使塔利班渔翁得利。阿富汗前总统卡尔扎伊的哥哥加尧姆·卡尔扎伊（Qayum Karzai）相信，随着大量资金流入军阀手里，这些军阀比过去更加强大，也更加难以对付，而且他们还是民众对阿富汗政府失去信心的重要原因。参见 John F. Tierney, "Warlord, Inc.: Extortion and Corruption Along the U. S. Supply Chain in Afghanistan", pp. 51 – 56; Antonio Giustozzi, Mohammad Isaqzadeh, *Policing Afghanistan: The Politics of the Lame Leviathan*, pp. 128 – 137。

司都隶属于地方军阀及其合作者，且大多牵涉绑架、勒索、掠夺土地等犯罪活动，由这些违法乱纪的个人或集团提供的安全无益于国家长期稳定与发展。①

同样不能忽视的是，西方部队物资运输转包业务还间接资助了塔利班。很多物资运输承包商确信，地方军阀会向塔利班反叛分子实施贿赂以确保通道安全。据一位当地承包商透露，负责运输的军阀马蒂拉赫·汗经常向塔利班支付保护费，他的武装与塔利班之间存在"共生关系"。2009年，据一位阿富汗情报机构官员透露，为确保安全，某些私人安保公司将总利润的60%支付给塔利班或其他反叛与犯罪组织。而且美军对私人安全承包商及物资供给链处于零监管状态，尽管一些承包商曾多次向美军报告资金流向反叛组织的情况，但美军官员对此"无动于衷"。实际上，美军曾在伊拉克利用逊尼派地方武装打击"基地"组织分支团伙，并试图在阿富汗通过模仿这一模式来弥补阿国家安全力量的不足。加之西方部队情报与资源的匮乏，地方军阀权力的不断增长，以及复杂关系网络的存续，都使阿地方军阀难以被边缘化。但军阀不可能对资助他们的西方国家保持忠诚。无论是塔利班还是外部国家，只要有利于扩大经济收益与政治权力，军阀就会与之合作。②

此外，西方军用物资运输"转包"业务加剧了地方腐败。根据学者约翰·蒂尔尼（John F. Tierney）的描述，阿富汗私人安保公司经常抱怨每个月不得不向各地区行政长官、警察和军队支付一千至一万美元不等的贿赂。在瓦坦风险管理公司主席拉希德·波帕尔（Rashid Popal）看来，政府（而非塔利班）是西方部队物资运输安全的最大威胁。为收取贿赂，地方官员会为护送车队设置很多障

---

① Shahmahmood Miakhel, "Challenges and Dilemmas of Reconstruction and Institution-Building: Social, Economic and Political Factors", in Binoda Kumar Mishra ed., *Reconstructing Afghanistan: Prospects and Limitations*, p. 29.

② Tashawn N. Burwick ed., *Afghanistan: Key Issues and Security Force Considerations*, pp. 138 - 139.

碍，比如删除私人安保公司的注册信息，将车队的运送时间安排在危险时段，或对他们进行过于苛刻的检查等。总之，卡车司机和承包商纷纷指出，他们不得不在不同路段、以不同方式贿赂政府官员、军官和警察。①

总之，美军借鉴伊拉克战争的经验，有选择地为反塔利班的地方军阀或部落首领提供资金、装备和培训，希望借助他们的力量稳定阿富汗局势并与塔利班相抗衡。然而，驻阿西方部队的"转包"业务不仅资助了地方武装团体，加剧了政治腐败，而且使阿富汗政府遣散地方武装计划的进程出现严重倒退，并削弱了公众对政府的信心。②

第三节　美国的困境与位置

通过本章"军事行动"领域的分析我们发现，阿塔利班与其他主要反叛组织和恐怖主义组织一样，都是不断"学习"的组织。他们能够适应战略环境的变化，做出比对手更灵活、迅速的策略调整。在可预见的未来，尽管阿塔利班最高领导层奎塔舒拉努力维持对其他派别的控制，但各派别之间的疏离和分裂，以及不同领导人之间立场的差异也很可能进一步加剧，并对反叛活动的演化轨迹和地区局势产生重要影响。从美国方面来看，奥巴马政府上台后调整了小布什时期的阿富汗政策，制定了方向更明确、具体的军事战略，并得到了地区国家的支持。驻阿美军和北约部队的军事实力无

---

① 2009年10月，美驻罗马大使对意大利政府发出正式抗议，指责驻阿意大利军队经常向阿塔利班支付大笔资金以在赫拉特地区获得安全。据报道，随后接手意大利军队的法军由于没有支付费用而立刻招致塔利班的袭击。另外据一位外国援助项目主管透露，阿塔利班和地方军阀在地方重建项目中一般要收取10%至20%的保护费。参见 John F. Tierney，"Warlord，Inc.：Extortion and Corruption Along the U. S. Supply Chain in Afghanistan"，pp. 37 – 58。

② Roger Mac Ginty，"Warlords and the Liberal Peace：State-Building in Afghanistan"，pp. 577 – 598.

疑具有绝对优势，且通常能够在战场初期取得显著战果。然而，驻阿美军和北约部队在战场上遇到的一个主要问题是，一旦他们撤离某地区，反叛组织经常能够重新夺回该地区的控制权。也就是说，战场上的暂时性局部胜利未能消除反叛活动的威胁，西方部队的军事成果存在脆弱性和可逆性，其军事行动所引发的一系列新问题与矛盾还酝酿了更多的反抗性因素。

除了美国自身的政策性失误，阿富汗关系—结构权力的转化是美国在阿军事行动中遭遇诸多困难的一个重要原因。阿富汗内部与外部关系结构分别发挥了不同的作用。在内部关系结构的作用方面，第一，阿富汗崎岖的地形、恶劣的气候及其作为一个交通落后的内陆国，使得美军和北约部队在阿富汗的大规模军事存在面临漫长而脆弱的补给线问题，不仅增加了其资源与手段的局限性，而且还加强了其他相关行为体讨价还价的能力。比如在物资运输通道问题上，美国不仅需要与巴基斯坦（南线）和部分中亚国家、俄罗斯（北线）进行谈判，还要对阿富汗国内各地区军阀予以妥协，以确保西方部队在阿军用物资运输顺利通行。第二，阿富汗的地形条件及民族和部落因素增加了反叛组织武装行动的优势。比如阿、巴边境部落多山地区为反叛组织的撤退、重整与积聚实力提供了避难所，而民族与部族的一致性又为之创造了深厚的社会支持网络。这使他们能够通过军事力量的"化整为零"而隐匿于当地社区，或通过隐蔽的地形而避免遭到西方部队的集中打击，从而在军事行动中占据相对有利的位置。第三，民族、部落与宗教因素还有助于反叛组织的招募，塑造他们的顽强意志、复仇信念，激化国家安全部队内部的民族分歧，以及部分成员对反叛分子的同情和支持，进一步削弱了国家安全力量的整体能力。

在外部关系结构的作用方面，第一，阿、巴边境两侧各反叛武装之间的联系，以及巴基斯坦等外部力量的庇护，既增强了地区反叛组织网络的反弹能力与组织能量，也增加了他们与外部对手谈判的筹码。第二，印巴、美巴之间的关系还对阿、巴两国的反恐行动形成牵制。比如巴基斯坦为抵抗印度威胁而制定的"战略纵深"政策，及其将大部分军事资源用于针对印度的军事力量和部署，加之美巴之间缺乏信任等，都制约了他们在该地区军事合作的有效性。第三，阿富汗地方军阀与政府、驻阿西方部队之间的复杂关系也经常被塔利班反叛组织利用，比如地方军阀与塔利班在西方军用物资运输安保业务中的合作，使反叛组织获得了更多的资源。可见，在军事行动领域中，阿富汗的关系—结构权力在内部和外部关系结构的作用下发生了多方面的转化，在很大程度上，这一过程为阿富汗反叛组织带来的优势抵消或对冲了美国和北约强大的军事与经济力量，从而使置身于其中的各方权力位置出现了变化。

表3—2　　　军事行动中阿富汗关系—结构权力的转化

措施	关系结构的作用	结果
增兵；无人机打击；特种部队行动	内部关系结构：民族、部落与宗教因素塑造并加强了反叛组织的顽强意志与社会支持网络；地理条件对反叛组织更为有利 外部关系结构：反叛组织的联系及外部力量的支持有助于反叛组织积聚实力	反叛运动剿而不灭；恐怖袭击难以停歇；反叛组织加强"得势"形象；无人机袭击树敌更多；西方部队人员伤亡与国内压力增加
支持阿安全力量建设	内部关系结构：地区、民族与部族认同激化国家部队内部分歧，削弱士兵忠诚度及其行动效率	国家部队（成员）素质低，缺乏独立作战能力；依赖外部援助；内部袭击频繁；地区控制力薄弱
联合巴军方反恐与平叛	内部关系结构：民族、部落与宗教一致性加强了部落民对反叛组织的支持 外部关系结构：跨区域反叛组织联系及印—巴—美相互间关系对军事行动的牵制	巴反恐政策模糊，军力存在结构性缺陷，反恐不力；对部落地区控制力薄弱；反叛与暴力活动难以停歇；地区反美情绪高涨

续表

措施	关系结构的作用	结果
实施军用物资"转包"	内部关系结构：地理条件增加美军物资供应难度 外部关系结构：军阀的内外关系削弱政府合法性，加剧西方部队行动的内在矛盾	军阀势力壮大；塔利班获资助；地方腐败加剧；美军平叛战略与阿国家重建遭破坏

结　语

　　本章主要是关于军事行动场域中美国和阿富汗塔利班的较量。本章首先探讨了阿塔利班的性质及其组织弹性和内外政策方面的演化，接着考察了美国阿富汗军事战略的实施及其面临的困难。本书认为，在军事行动领域中，阿富汗的关系—结构权力通过内部与外部关系结构而发生了转化，抵消或对冲了驻阿美军和北约部队强大的军事与经济力量，使之未能在该领域占据绝对优势位置。西方部队取得的暂时性局部胜利存在脆弱性和可逆性，阿塔利班在人员招募、军事策划，以及社会支持网络方面仍存在竞争力。不过，由于阿富汗具有高度异质的社会结构特点，阿塔利班的分裂倾向，反叛武装频繁使用暴力手段及其对部落传统权力的挑战等，使得阿富汗国内外依然存在强大的"反塔"力量。

　　总之，世界权力的流散特征决定了军事力量在某些情势中或将失去部分或全部的效力。尽管阿富汗反叛分子与美国军事实力相差悬殊，但在阿富汗特殊的环境下，军事力量并非各方取得成功的决定性因素。

第四章　阿富汗政治和谈的
可能性与限度*

在阿富汗战争后期，由于意识到军事手段无法彻底打败阿塔利班，美国和阿富汗政府开始积极推动与阿塔利班的和解，地区国家对阿富汗政治和解也给予了大量支持与帮助。政治和解不仅关乎阿富汗最终能否实现和平与稳定，而且深刻牵动周边乃至整个地区的安全形势，这也是近年来阿富汗政治和解问题备受国际社会瞩目的一个原因。在既有研究与观点的基础上，本章以政治和谈为主要线索，选取了内部的阿富汗政府、阿塔利班和非普什图族政治集团，以及外部的巴基斯坦、美国和主要极端暴力组织作为考察对象，探讨内外行为体的要求/意图、措施和作用，了解阿富汗和平进程存在的困难与机遇，以及美国在该问题领域面临的困境及原因。

第一节　阿富汗内外行为体的角色

在内部行为体中，阿富汗政府、阿塔利班，以及非普什图族政治集团是决定政治和平进程走向的重要组成部分。在外部国家中，巴基斯坦和美国是阿富汗和平进程中最主要的推动方。另外"基地"组织和"伊斯兰国"等极端暴力组织对阿富汗和平进程带来

　　* 本章部分内容已发表，参见富育红《阿富汗政治和解中的行为体角色分析》，《国际观察》2016 年第 1 期。

的影响也不容忽视。

一 内部行为体的角色

阿富汗中央政府重视、大力推动与阿塔利班的和谈进程，而阿塔利班在该进程中却扮演了参与者和破坏者的角色。同时主要的非普什图族政治集团在和谈问题上的立场也是影响未来和平进程的重要因素。

（一）阿富汗政府

阿富汗政府是国内和平进程的参与方和推动方。在政治和谈问题上，阿富汗政府的要求是阿塔利班断绝与"基地"组织的联系，放弃恐怖袭击活动，以及遵守国家宪法。为推动阿塔利班加入和谈进程，阿富汗前总统卡尔扎伊和现总统加尼在国内外采取了大量举措。

2003 年美国将视线转移到伊拉克战场以后，阿富汗卡尔扎伊政府逐渐感到美国无意于本地区的稳定，并于 2004 年开始试图与阿塔利班接触。2005 年 5 月，阿富汗政府建立了"加强和平机制"，旨在推动无犯罪记录的阿塔利班成员回归社会。[1] 2010 年 6 月，卡尔扎伊总统召集并举行了为期三天的全国和平支尔格大会，旨在使那些与阿塔利班有联系的派别参与制订和解计划。随后，卡尔扎伊总统成立了高级和平委员会，进一步推动与阿塔利班的和解。在美国和北约逐步撤军的背景下，阿富汗政府加快了推动和解的步伐。卡尔扎伊政府还不断寻求对阿塔利班或巴基斯坦有影响的外部国家（如沙特阿拉伯和土耳其）的支持，希望这些国家的沟通渠道也能够对阿富汗政府敞开。[2] 2013 年 6 月，阿富汗政府代表再次表达了与阿塔利班和谈的意愿，但前提是相关各方必须明确阿塔

---

① Hiranmay Karlekar, *Endgame in Afghanistan: For Whom the Dice Rolls*, pp. 107 – 109.

② Arpita Basu Roy, Binoda Kumar Mishra, eds., *Reconstructing Afghanistan: Prospects and Limitations*, p. 150.

利班多哈和谈办公室的政治定位。① 为推动阿塔利班加入和谈进程，卡尔扎伊总统在任期内曾 21 次前往巴基斯坦，不过这些努力均以失败而告终。②

加尼就任总统后，曾多次呼吁在宪法框架内与阿塔利班展开和谈，而且也作出了一些妥协，比如不再坚持和谈进程必须在阿富汗境内进行并由高级和平委员会主导，以及表示愿在不设前提条件的情况下与阿塔利班举行和谈。加尼总统上任后还将改善阿富汗和巴基斯坦的关系视为关键一环，与巴基斯坦在军事培训方面达成合作协议，以及承诺共享反恐等重要情报信息。③ 另外加尼总统还积极寻求有影响力的宗教人物的支持。比如 2015 年 7 月穆里会谈后，阿富汗和谈进程再次停滞，加尼政府在 8 月初请求对阿塔利班有影响力的巴宗教学者穆拉纳·萨米·哈克（Mulana Sami-ul-Haq）的帮助，将阿塔利班带回谈判桌。④ 2018 年初阿富汗总统加尼在阿塔利班发动一系列高调袭击后向后者发出和谈邀请，承认阿塔利班为合法政治力量，积极推动和平进程。总之，主要受国内安全局势的影响，阿富汗卡尔扎伊和加尼两届政府都非常重视与阿塔利班的和谈。

（二）阿富汗塔利班

在阿富汗和平进程中，阿塔利班扮演了参与者和破坏者的角色。阿塔利班提出与政府的和谈条件是西方部队撤军，修改阿富汗宪法，在联合国和美国黑名单上除名，以及释放塔利班囚犯。较之

---

① 《阿富汗政府：愿有条件与塔利班和谈》，《新华每日电讯》2013 年 6 月 24 日，第 008 版。

② Muhammad Hassan Khetab, "Pakistan Alone Can't Bring Peace", June 25, 2015（http://www.pajhwok.com/en/2015/06/25/pakistan-alone-can% E2% 80% 99t-bring-peace-afghanistan-experts）.

③ 《阿富汗国内和解不易》，2015 年 7 月 10 日，新华网（http://news.xinhuanet.com/world/2015－07/10/c_ 1115888507.htm）。

④ Javed Hamim Kakar, "Mosazai Urges Pakistani Cleric to Help Revive Stalled Talks", August 8, 2015（http://www.pajhwok.com/en/2015/08/08/mosazai-urges-pakistani-cleric-help-revive-stalled-talks）.

从前，阿塔利班表现出某种程度的妥协，比如同意与"基地"组织斩断关系，允许女性获得部分权利，以及不再强烈坚持极端主义政策等。

荷兰研究人员亚历克斯·斯特里克·范·林斯霍滕（Alex Strick van Linschoten）和费利克斯·库恩（Felix Kuehn）认为，在塔利班政权倒台后初期，隐匿于巴基斯坦边境部落地区的阿塔利班领导人曾讨论过融入阿富汗国家政权的可能性。但随后一系列因素推动了他们展开新的反叛活动，特别是美国和国际社会当时在阿富汗采取的"轻足迹"政策并未给予政治解决塔利班问题过多的重视。而且阿富汗部分邻国鉴于各自的利益也暗自支持阿塔利班的重组和复兴。[1] 在阿富汗战争后期，阿塔利班意识到武力夺取中央政权希望渺茫，因此对于和谈的态度也趋于务实。阿塔利班曾多次向美国和阿富汗政府释放出同意和谈，以及与"基地"组织划清界限的信号。

阿塔利班开设多哈和谈办公室为和谈提供了平台，是阿富汗政治和谈进程的一个转折点。[2] 阿塔利班于2011年和2012年分别开设、启动了多哈和谈办公室，宣称此举是为了"与世界各国展开对话，达成谅解，发展关系，并支持结束阿富汗'被占领'的和平与政治的解决方式"。[3] 在2013年5月阿塔利班与美国的对话中，与从前不断强调的释囚问题相比，阿塔利班开始

---

[1] Alex Strick van Linschoten, Felix Kuehn, "Separating the Taliban from Al-Qaeda: The Core of Success in Afghanistan", The paper for the Center on International Cooperation at New York University, February 2011.

[2] John Bew, Ryan Evans, Martyn Frampton, Peter Neumann, Marisa Porges, "Talking to the Taliban: Hope over History?", *ICSR*, 2013, pp. 21 – 52 (https://icsr.info/wp-content/uploads/2013/06/ICSR-TT-Report.pdf).

[3] Spencer Ackerman, "Taliban Peace Talks: 'Peace and Reconciliation' Negotiations to Take Place in Qatar", June 19, 2013 (http://www.theguardian.com/world/2013/jun/18/us-peace-talks-taliban-afghanistan).

更重视自身的合法化问题。① 近年，由于希望获得政治上的认可，周边国家的推动，以及"伊斯兰国"的竞争等压力，阿塔利班并未放弃和谈选项。2019 年初，美国和阿塔利班代表在多哈举行多轮谈判，双方就和平协议草案达成共识（包括美国撤军、阿塔利班不再庇护极端组织等），但双方在撤军时间表等问题上仍存在分歧。可以说，"正是双方都存在弱点，才构成了和谈的基础"。②

与此同时，阿塔利班内部的制约因素导致政治和谈进程不断受挫，且主要表现在三个方面。一是和谈意愿不足。在阿富汗战争后期，一些阿塔利班领导人认为，他们作为"得势"的一方与"失势"的喀布尔政府进行和谈没有必要，并在很大程度上将同意和谈作为促使西方撤军的一种战术。③ 直至现在，虽然外界经常将阿富汗战争称为一场"僵局"，但很多阿塔利班成员认为自身占据着优势位置，且始终拒绝与阿富汗政府对话。二是年轻领导层的崛起。2009 年奥巴马政府宣布在阿富汗增兵，并对阿塔利班领导层展开"猎杀"行动，导致阿塔利班老一代领导层对反叛活动的控制能力开始动摇，④ 而新一代年轻指挥官在经济和意识形态方面独立性更强，且受到"基地"组织等国际极端暴力组

---

① Heela Najibullah, "Inclusivity: Vital for Negotiations in Afghanistan", June 23, 2013 (http://tolonews.com/en/opinion/10955-inclusivity-vital-for-negotiations-in-afghanistan).

② 赵干城：《奥马尔之死是否会影响阿富汗和谈?》，《新民晚报》2015 年 8 月 6 日 (http://xmwb.news365.com.cn/xmhq/201508/t20150806_2121220.html)。

③ 2011 年 11 月，阿富汗前内政部长阿特马尔在华盛顿发表演讲时指出阿和谈进程近乎"失败"，阿政府的和解努力难以撼动南部地区的塔利班核心力量。参见 Arpita Basu Roy, Binoda Kumar Mishra, eds., *Reconstructing Afghanistan: Prospects and Limitations*, p. 151；《阿富汗官员称和解方案近乎失败或将陷军阀割据》，2011 年 11 月 19 日，新华网 (http://news.xinhuanet.com/world/2011-11/19/c_122305174.htm)。

④ 据统计，直至 2010 年 11 月，美军特种部队在阿、巴边境部落地区共展开 1572 次行动，成功猎杀 368 名反叛组织领导人，还有 968 名和 2477 名低层反叛分子分别被杀、被捕。对于阿塔利班新一代领导人的情况介绍，参见 Alex Strick van Linschoten, Felix Kuehn, "Separating the Taliban from Al-Qaeda: The Core of Success in Afghanistan"。

织更多的影响，甚至可能不受核心领导层直接控制。① 三是组织结构的"去中心化"发展。"去中心化"意味着该组织缺少统一、可持续的执行机制。沙哈布·乌丁·艾哈迈德（Shahab ud Din Ahmad）认为，"去中心化"的阿塔利班反叛活动可能会延长暴力活动，破坏国家和平进程。如果当局与阿塔利班某个派别进行和谈，可能导致其他（反对和谈的）派别扮演和平进程"破坏者"的角色，或加剧他们的叛离。② 加上外部力量竞相对阿塔利班不同派别施加影响，未来该组织很可能出现新的分化，他们参与政治和谈的进程也更为复杂。

（三）非普什图族政治集团

阿富汗主要的非普什图族政治集团反对政府与阿塔利班和解。非普什图族"北方联盟"与塔利班互为对手对抗多年，彼此仇怨短期内难以化解。就在阿富汗前总统卡尔扎伊向阿塔利班伸出橄榄枝的同时，北部地区曾经遭受塔利班压迫的非普什图族政治势力反对与阿塔利班和谈，比如艾哈迈德·沙阿·马苏德的支持者，巴尔赫省省长阿塔·穆罕默德·努尔，拉希德·杜斯塔姆集团，以及哈扎拉族政治代表等，都曾表示反对政府与塔利班和谈，凸显了 20 世纪 90 年代就已存在的普什图族和非普什图族政治势力之间的矛盾。③ 为防止塔利班势力再次回归中央政权，非普什图族政治集团在各自控制区域内不断巩固势力范围。有学者认为，即使政府与塔利班的协议能够达成，来自非普什图族政治集团的反制力也会很强大。④

除了一些地方政治集团的制约，阿富汗中央政权内部不同派系

---

① Wolfgang Danspeckgruber, ed., *Working Toward Peace and Prosperity in Afghanistan*, p. 203; John Bew, Ryan Evans, Martyn Frampton, Peter Neumann, Marisa Porges, "Talking to the Taliban: Hope over History?".

② Shahab ud Din Ahmad, "Afghanistan on the Brink: Can the Taliban Negotiate with Kabul?", April 20, 2018 (https://herald.dawn.com/news/1398520).

③ Peter Tomsen, *The Wars of Afghanistan: Messianic Terrorism, Tribal Conflicts, and the Failures of Great Powers*, p. 680.

④ John Bew, Ryan Evans, Martyn Frampton, Peter Neumann, Marisa Porges, "Talking to the Taliban: Hope over History?".

之间也存在分歧。在后塔利班时代的阿富汗，原"北方联盟"领导人多位居政府要职，他们对阿塔利班分享政治权力或威胁自身地位的政策表示担忧和反对。在当前的阿富汗联合政府中，总统加尼和首席执行官阿卜杜拉两个派系控制着不同部门，并在一些问题上相互掣肘。阿富汗政府内部各派系在该问题上如何协调，也是决定未来和平进程的关键。[1] 另外，非普什图族政治集团的背后一般都有各自的外部支持力量，他们在和谈问题上秉持不同的立场也会影响阿富汗和平进程的发展。

二　外部行为体的角色

巴基斯坦在推动阿富汗和平进程中扮演了双重性的角色，美国作为阿富汗和平进程的积极推动者，对该进程的影响也是复杂的。而"基地"组织和"伊斯兰国"等极端暴力组织在阿富汗和平进程中则发挥了破坏者的作用。

（一）巴基斯坦

巴基斯坦在推动阿富汗和平进程中扮演了双重性的角色。一方面，巴基斯坦不断为阿富汗政府与阿塔利班的和谈创造条件。巴基斯坦的目标主要是借此推动阿普什图族政治力量在国家政权中发挥主导作用，缓和与阿富汗及美国的关系，改善自身的安全环境，借助和谈提高讨价还价的筹码，以及在地区地缘政治舞台上发挥更大的影响力。

长期以来，为在阿富汗建立"战略纵深"与对巴友好政权，巴基斯坦支持阿普什图人在国家政权中获得更多的发言权，并为阿塔利班反叛活动提供了一定的帮助。但随着巴西北边境地区的极端势力对国家安全构成日益严峻的威胁，国内经济发展滞缓，阿、巴关系不断发展，以及外部国家施加压力，巴基斯坦逐渐调整或部分转

---

[1] 尽管2015年7月参加穆里会谈的阿富汗政府代表中包含了原"北方联盟"派系的重要成员，但实际上阿富汗非普什图族政治集团仍然对和谈怀有戒心，而且不信任巴基斯坦在其中扮演的角色。

变了原先的战略设想，积极推动阿富汗政治和解进程，斡旋阿塔利班加入和谈，放松了抵触原"北方联盟"的立场。① 为推动阿富汗政治和谈，2011 年 4 月巴基斯坦成立了"阿富汗和解与和平联合委员会"，2013 年 9 月释放了阿塔利班领导人巴拉达尔。在 2014 年阿富汗新旧政权交接之际，巴国家重要领导人相继访问阿富汗，为修复阿、巴关系，以及推动阿富汗和平进程做出重要努力。在 2018 年至 2019 年阿塔利班与美国之间的多轮谈判中，巴基斯坦也起到重要的推动作用。

另一方面，巴基斯坦"两面性"的模糊政策不利于阿富汗和平进程的顺利推进，主要表现在它在继续帮助推动阿富汗国内和解的同时，又始终未能放弃"战略纵深"的设想，国内某些政治与军事派别依旧为阿塔利班提供支持，为阿富汗政治和解增加难度。一直以来，巴基斯坦的"两面性"备受争议，阿富汗前内政部长阿特马尔将巴基斯坦对阿塔利班的庇护视为与之和谈失败的重要原因，他认为阿塔利班在巴境内的避难所使其能够"进退自如"，使阿塔利班未将与阿政府的和解看作生存与发展的必要，削弱了他们参与和谈的意愿和积极性，导致阿政府和西方国家对阿塔利班谈不拢、除不净的不利局面。② 尽管巴基斯坦将释放阿塔利班领导人巴拉达尔作为推动阿政治和解的举措，但阿、巴两国的某些官员认为，巴拉达尔作为阿塔利班内部支持和谈的领导人，巴基斯坦对他的逮捕是有预谋的战略行动，目的是提高自身在阿富汗政治和谈中的地位。③

巴基斯坦的模糊角色失去了阿富汗反塔力量的信任。在很多阿富汗人看来，巴基斯坦在阿国内和解问题上并非可信赖的合作者，

---

① 为推动阿富汗和平进程，巴基斯坦也曾设置了几个前提，如削弱印度在阿富汗的影响力，伊斯兰党派成员出任阿政府要职，以及将阿境内的巴塔利班成员和俾路支反叛活动领导人交给巴政府等。参见 Fatima Al-Smadi，"Deep Differences over Reconciliation Process in Afghanistan"，January 13, 2014（http：//studies. aljazeera. net/en/reports/2014/01/201411295815986271. htm）。

② 《阿富汗官员称和解方案近乎失败或将陷军阀割据》，2011 年 11 月 19 日，新华网。

③ Hiranmay Karlekar, *Endgame in Afghanistan: For Whom the Dice Rolls*, pp. 103 - 107.

加尼总统与巴基斯坦的密切接触也曾遭到国内的持续抨击。阿富汗高级和平委员会成员阿米努丁·穆扎法尔（Aminuddin Muzaffari）谴责巴基斯坦未能在阿和平进程中扮演诚实与可信赖的角色。① 另外，很多阿富汗学者经常引用巴基斯坦在苏联入侵阿富汗时期的表现来评估它如今的角色。阿富汗人普遍相信，就在巴基斯坦推动阿和谈的同时，也在为阿塔利班的暴力活动提供支持。

不过，尽管巴基斯坦在阿塔利班的诞生、壮大与重整中"功不可没"，阿塔利班核心机构也设在巴国境内，但如今阿塔利班与巴基斯坦的关系却变得非常复杂，彼此之间的信任也在不断降低。据一位前塔利班领导人透露，巴基斯坦是不可靠的调解者。② 一位退休的巴基斯坦将军也表示，阿塔利班与巴基斯坦政府的关系并不好，"我们背叛、监视、囚禁塔利班成员，并将他们的家人作为人质"。③ 有学者甚至认为，阿塔利班前领导人穆罕默德·曼苏尔开设卡塔尔办公室并派代表参加各种国际会议等举措，其中一个原因就是摆脱巴基斯坦的直接控制。④ 阿塔利班政治委员会的一些成员表示，巴基斯坦使用各种手段推动塔利班高级成员参加 2015 年 7 月的穆里会谈，阿塔利班代表感到自己"像被巴基斯坦送给阿富汗政府的礼物"。⑤

以上情况表明，在某些情况下，对巴基斯坦的依赖导致阿塔利班受到持续威胁与控制，而巴基斯坦对阿塔利班成员使用的强迫、

---

① "Afghan Peace Process: Pakistan", August 4, 2015 (http://www.pajhwok.com/en/2015/08/04/afghan-peace-process-pakistan-seen-manipulator).

② James Shinn, James Dobbins, "Afghan Peace Talks: A Primer", RAND Corporation, 2011, p. 25.

③ Ibid., p. 44.

④ Thomas Ruttig, "From Mullah Omar to Mansur: Change at the Taleban's Top Leadership", July 31, 2015 (https://www.afghanistan-analysts.org/from-mullah-omar-to-mansur-change-at-the-talebans-top-leadership/).

⑤ Borhan Osman, "The Murree Process: Divisive Peace Talks Further Complicated by Mullah Omar's Death", August 5, 2015 (https://www.afghanistan-analysts.org/the-murree-process-divisive-peace-talks-further-complicated-by-mullah-omars-death/).

外交施压和劝服等手段，不但难以实现持久的政治协议，而且容易被抵制，从而对阿富汗和平进程产生更加复杂的影响。阿富汗政策专家瓦希德·穆兹达（Wahid Muzhda）认为，仅求助于巴基斯坦无法给阿富汗带来和平，阿政府应与所有的地区国家携手合作。① 换言之，巴基斯坦在推动阿塔利班签订和平协议方面的影响力有限。

（二）美国

美国是阿富汗和平进程的积极推动者，但它对该进程的影响也是复杂的。一方面，美国大力推动阿富汗政治和解。美国认为阿塔利班是阿富汗和平进程不可或缺的一部分，与之和谈是确保美国体面撤军，减轻自身财政与军事负担，进而实施其"亚太再平衡"战略的可行选择。美国还希望通过谈判斩断阿塔利班与"基地"组织的关系，使阿富汗不再成为国际恐怖主义组织的避难所。

在阿富汗战争后期，由于美国撤军阿富汗在即，并意识到在军事上打败塔利班反叛组织的目标难以实现，它推动阿国内和解的意愿和努力也更为积极。美国对阿塔利班采取了军事打击与分化瓦解、和谈同时进行的"边打边谈"策略，即加大对阿塔利班等反叛组织的打击力度，同时通过各种渠道寻求与之接触和谈判。奥巴马总统曾将与阿塔利班的直接对话称为"通往和解的重要一步"。② 时任美国家安全事务副助理本·罗德斯（Ben Rhodes）指出，美国与阿塔利班的对话既出于对阿富汗和平进程的支持，也由于美国有自己的问题需要与之谈判。③ 而且为推动阿富汗政治和解进程，美国还投入了大量外交资源。④ 如今美国和北约已将主要作战部队撤

---

① Muhammad Hassan Khetab, "Pakistan Alone Can't Bring Peace".

② Mayank S. Bubna, "Afghanistan Stalled Peace Negotiations Analysis", August 23, 2013 (http://www.eurasiareview.com/23082013-afghanistan-stalled-peace-negotiations-analy-sis/).

③ 2011 年 6 月，时任美国防部部长罗伯特·盖茨在接受美国有线电视新闻网（CNN）采访时首次公开承认与阿塔利班的对话持续进行。参见 Hiranmay Karlekar, *Endgame in Afghanistan: For Whom the Dice Rolls*, pp. 85 - 93。

④ 比如奥巴马政府加强阿富汗、巴基斯坦和印度的三边战略对话，2015 年 9 月与阿富汗和中国在纽约共同举办了"阿富汗和平重建与地区合作"高级别会议等。

离阿富汗，未来美国还将继续寻求解决阿塔利班问题的政治途径，并确保在阿富汗问题的解决中施加更多影响力。

另一方面，美国与阿富汗政府的矛盾使阿和解进程更为复杂。2009 年以后，随着美国在反腐、治理与援助项目等方面对卡尔扎伊政府不断施压，以及西方部队的空袭、夜间突袭等行动带来的民怨，阿富汗政府与美国之间的不信任与矛盾逐步公开化，[①] 前总统卡尔扎伊还曾在多种场合公开指责美国企图控制阿富汗政府。在阿富汗政治和解问题上，卡尔扎伊政府对美国（等国家）与塔利班暗地里进行对话表示不满，认为美国的做法削弱了阿富汗中央政府的权威并加强了阿塔利班的力量。[②] 卡尔扎伊总统在卸任前始终拒绝与美国签署《双边安全协议》。出于安全和经济两方面因素考量，阿富汗加尼总统上任后与美国签署了安全协议，两国关系也逐渐修复。但阿、美关系中涉及的阿主权及平民安全问题仍然存在，加尼政府也由于在和谈进程中被边缘化而感到不满。

从历史经验来看，西方国家在对弱国的干预中采取的手法通常是构筑互为对立的派别，以便在将来撤出后仍能继续对该国施加影响。有学者相信，美国有意通过与阿塔利班直接接触，以在阿富汗政府和反叛组织之间保持某种平衡，防止阿和平进程完全由阿富汗人主导，并确保自身在撤军之后仍能在阿富汗掌控局势。[③] 虽然特朗普政府表示有意从阿富汗撤军，但仍然竭力维持对阿富汗局势发展的主导作用。本质上，美国与阿富汗政府在和谈问题上的矛盾焦点在于主导权之争。

---

① 关于阿富汗前总统卡尔扎伊对美国不信任的详细缘由的论述，参见 Hiranmay Karlekar, *Endgame in Afghanistan*: *For Whom the Dice Rolls*, p. 168。

② 2013 年 3 月，卡尔扎伊总统指出 "塔利班与美国的代表每天都在进行对话"，并认为他们将为 2014 年后的阿富汗国家秩序 "播种恐惧"。参见 "Hamid Karzai Says US and Taliban Sowing Post – 2014 Fears", March 10, 2013（http://www.bbc.co.uk/news/world-asia – 21732383）。

③ 王世达:《鲜花还是荆棘: 阿富汗和谈之困》,《世界态势》2013 年第 14 期。

（三）外籍极端暴力组织

"基地"组织、"伊斯兰国"等极端暴力组织不断破坏阿富汗和平进程。这主要是因为阿富汗国内和平协议的签署，会威胁该地区外籍武装组织的生存环境。该地区"基地"组织核心的目标之一，就是破坏美国、阿富汗政府与所谓的"温和塔利班"的对话及其推动塔利班脱离"基地"组织的努力。但"基地"组织欢迎阿塔利班等组织将"和谈"作为一种战略。① 阿富汗问题专家艾哈迈德·拉希德曾指出，"基地"组织和巴基斯坦极端团伙利用教派冲突作为分化、阻挠阿富汗政治和谈的工具。② 而且多年来各武装组织在具体行动与后勤支持方面已形成紧密的合作网络，主要极端暴力组织仍能继续对阿塔利班施加影响。

另外，"伊斯兰国"极端组织在阿、巴两国的崛起对阿塔利班构成了冲击。已将触角伸向阿富汗的"伊斯兰国"凭借极端理念和巨大影响力，吸引了很多心存不满的塔利班领导人和地方武装分子，并多次与阿塔利班爆发冲突。有阿富汗学者认为，"前有政府军，后有'伊斯兰国'，阿塔利班正是在这种夹击的局势下选择了对话"。③ 这意味着，近年"伊斯兰国"在阿富汗的渗透，似乎是推动阿塔利班参与和谈的另一因素。但从长期来看，"伊斯兰国"对阿塔利班及阿富汗政治和谈的影响是复杂的。尤其是面对"伊斯兰国"对阿富汗及周边地区构成的安全威胁，阿富汗内外主要力量不得不重新审视或调整他们的既有政策，这对地区反叛活动及政治进程产生的影响需要进一步关注和研究。

第二节　内外行为体的互动：困难与机遇

阿富汗政治和谈主要是在阿政府与塔利班之间展开。尽管卡尔

---

① Hiranmay Karlekar, *Endgame in Afghanistan: For Whom the Dice Rolls*, pp. 110 - 112.
② Jayshree Bajoria, Jonathan Masters, "Pakistan's New Generation of Terrorists".
③ 《阿富汗国内和解不易》，2015 年 7 月 10 日，新华网。

扎伊和加尼两届总统致力于推动和阿塔利班的对话与和解，并为此付出了不懈努力，但阿塔利班组织的内部分歧，极端的意识形态及其接连不断的暴力袭击，为双方的和谈设置了障碍。自和谈进程开启至今，由于阿塔利班拒绝与政府和谈，后者一直处于被边缘化的位置。从双方和谈的起伏进程来看，阿塔利班在和谈中掌握了更多的主动权，成为和谈进程中最主要的制约因素。同时，在阿富汗政府与塔利班双方的互动与互动结果之间，还存在很多其他不确定性与偶然性因素，特别是国内外相关行为体的互动，深刻地影响着阿富汗和平进程的走向。

在阿富汗内部，曾在塔利班执政时期受到压迫的非普什图族政治集团，在后塔利班时代的国家政治中扮演关键角色，成为阻止塔利班势力回归的重要力量。在这些非普什图族政治集团中，无论是割据一方的地方势力，还是已纳入中央政权的政治派系，他们都通过某种方式影响着中央政府的政策制定，并在很大程度上抵制着与塔利班的和解。因此，阿富汗国内各主要派系之间如何协调，也成为政治和解进程的关键环节。在阿富汗外部，由于巴基斯坦与塔利班存在的传统关系，使得阿富汗政府把改善阿、巴关系，争取巴政府和社会力量的支持，作为推动与塔利班和解的另一关键环节。为创造良好的安全环境，改善与阿富汗和美国的关系，以及在地区地缘政治中发挥更大影响力，巴基斯坦也不断为阿政府与塔利班的对话创造条件。然而巴基斯坦始终未能放弃"两面性"政策，其调解者的身份也受到了很多质疑和指责，因此未能获得阿富汗国内的信任。与此同时，巴基斯坦与阿塔利班的关系也大不如前，双方的信任逐渐流失。因此在推动阿塔利班达成和平协议方面，巴基斯坦的影响力依然不足。

作为阿富汗政治和解的另一支持者和推动者，美国不仅大力推动巴基斯坦发挥积极作用，而且不断寻求与塔利班接触和对话。但美国力图主导阿和解进程，以及其他有损阿主权的做法，加深了美、阿双方的矛盾，由此使阿和解进程更为复杂化。同样，除了巴

基斯坦和美国，其他某些（本书未深入探讨的）国家基于自身利益
考量支持阿富汗不同的政治派别，在和谈问题上秉持不同的立场也
为阿国内和解进程设置了障碍。这使得艾哈迈德·瓦利·马苏德相
信，阿富汗的政治和谈只是相关各国情报机构之间的博弈，不会为
阿富汗带来持久和平。[①] 此外，阿、巴境内的一些外籍极端组织
（如"基地"组织、"伊斯兰国"等）对阿和解进程的破坏，以及
对阿塔利班组织演变的影响，也为阿和解进程增添了更多的不确定
性。根据对阿富汗内外行为体的互动分析，可以发现阿政治和解进
程面临的困难主要有阿塔利班组织的内部制约，非普什图族政治集
团的抵制，巴基斯坦的"两面性"政策，美国与阿政府的矛盾，以
及外籍极端组织的破坏等。随着局势变化与发展，这些因素在阿富
汗政治和解进程中的重要性也有所变化。

　　那么在阿富汗和平问题上，内部与外部力量何者发挥了更为重
要的作用呢？如前文所述，历史上的阿富汗由于国力虚弱，统治阶
层内讧，地方部落势力强大，以及关键的地缘位置曾引起外部大国
不断干涉。如今阿富汗有限的中央权威，紧张的民族与部族关系，
衰败的地方治理，以及匮乏的安全环境，既为各种异质的非国家行
为体提供了发展空间，也为不同的外部国家提供了持续干预的机
会。正如塔米姆·安萨利指出：

　　　　外国干涉，不仅削弱了傀儡政权的执政能力，也破坏了喀
　　布尔在阿富汗的权威。中央权威涣散，导致地方割据势力纷争
　　而起。最终，入侵者都陷入了难以收拾的乱局。这种乱局消耗
　　了他们的资源，以致其没有时间和力量来实现干预最初的目
　　的。问题不在于统一团结的阿富汗不可征服，而是分裂内乱的
　　阿富汗让征服者无力管制，这才是问题的所在。外国干涉势力
　　想要重建中央权威，却总是无能为力，毕竟，能够团结阿富汗

① Shanthie Mariet D'Souza, ed., *Afghanistan in Transition: Beyond 2014?* p. 82.

的只有阿富汗人自己，这取决于阿富汗文化内部矛盾的解决。①

美国学者马莎·L. 科塔姆（Martha L. Cottam）指出，和解是"各群体的相互包容"，它需要对彼此的承认、宽恕，以及信任的重建。② 由此，阿富汗政府、塔利班，以及其他国内主要政治力量之间的信任构建是实现政治和解的基础。外部力量在阿富汗和解进程中发挥重要的推动作用，但内部力量的分裂或整合、角力或妥协是决定阿富汗和解命运的更为根本的要素。

同时，上述分析也表明，尽管阿富汗政治和解进程波折不断，但其和平之路并未就此失去所有的机会。阿富汗国内外仍然存在推动和解的有利环境。

首先，阿塔利班面临参与和谈的压力。比如急于得到国际社会的政治认可，巴基斯坦的施压，阿国家安全部队的能力提升，以及"伊斯兰国"竞争带来的合法性危机等，都将推动阿塔利班参与和谈。阿塔利班内部仍存在支持和谈的力量。从近年阿塔利班支持和谈的举措及其一系列表态来看，阿塔利班领导人并未将和谈排除在组织议程之外。他们曾多次表示塔利班的目标也可以通过"对话"的方式实现。③ 加之由于担忧巴基斯坦与阿政府、美国单独签署协议或将有损自身利益，阿塔利班不会完全放弃与阿富汗政府的对话。

其次，阿富汗政治和解具有相对有利的国内环境。在政府层面，加尼政府自组建以来一再表示希望与阿塔利班和谈，并为此持续付出巨大的内政与外交努力。在社会层面，阿富汗大部分民众也都支持政府与塔利班和谈。在民族关系方面，阿富汗不同民族在历史上的大部分时期都能够和平相处，而近几十年

---

① ［美］塔米姆·安萨利：《无规则游戏：阿富汗屡被中断的历史》，第 380 页。

② ［美］马莎·L. 科塔姆等：《政治心理学》，第 460 页。

③ Borhan Osman, "The Murree Process: Divisive Peace Talks Further Complicated by Mullah Omar's Death".

来的阿富汗冲突也基本围绕对中央政权的争夺，以及中央与地方的关系展开。

再次，巴基斯坦将继续推动阿富汗政治和解进程。尽管巴国内一些军事和政治派别并未彻底放弃将阿富汗作为抵抗印度威胁的"战略纵深"政策，但随着国内安全局势不断恶化，以及经济发展滞缓，绝大多数巴基斯坦人相信，一个稳定的阿富汗符合巴基斯坦的利益，而政治和解是实现阿富汗和平与稳定的必由之路。在国内外压力下，未来巴基斯坦将继续大力支持和推动阿富汗和解进程。

最后，政治解决阿富汗问题是国际社会的一致主张。对于很多周边及域外国家来说，"安全"是他们在阿富汗问题中最主要的关切，各方都希望阻止阿富汗再次成为国际恐怖主义网络的基地和动荡之源。国际社会在促进阿富汗安全与稳定方面具有共同利益。其中美国、巴基斯坦、中国、俄罗斯、印度、沙特阿拉伯、土耳其，以及联合国、上海合作组织等国家和国际组织都在不断支持并大力推动阿富汗和平进程。各方承诺将共同为早日实现阿富汗的持久和平做出更多贡献。总之，各国将阿塔利班作为阿富汗国内一支重要的政治力量（而非恐怖主义组织），并在解决阿富汗问题上投入了较高水平的政治意志与经济支持。

第三节　美国的困境与位置

通过本章"政治和谈"领域的分析我们发现，阿富汗政治和谈涉及各方对阿富汗未来政权构成的不同考虑，也影响到各方对阿富汗未来政局的掌控。政治和谈作为推动阿富汗和平进程的重要一环已提出多年，包括美国在内的相关各方也为此付出了大量努力，但至今仍未能取得实质性成果。阿富汗政治和谈进程遭遇了多方面困难与挑战，包括各方对于和谈进程的主导权之争，各方目标难以兼容的矛盾，以及其他力量对和谈进程的破坏与牵制等。

　　阿富汗关系—结构权力的转化是导致政治和谈进程曲折不断的一个重要原因。其中阿富汗的内部与外部关系结构分别发挥了不同的作用。在内部关系结构的作用方面，第一，民族与部族因素增加了确认塔利班和谈代表身份的难度，宗教因素对反叛分子的极端保守意识形态也产生了影响，阿富汗政府的现代化、世俗化转型方向与塔利班的理念互不相容。第二，在某种程度上，普什图部落中"势头"的观念与传统也影响了各方的权力位置。许多阿塔利班成员认为自身是"得势"的一方，与政府进行和谈的意愿和积极性较低。阿富汗问题学者阿齐兹·阿里阿耶（Aziz Ariaey）指出，美国和阿富汗政府与塔利班的和谈使阿南部和东部地区民众相信，国家的未来掌握在阿塔利班手里，[①] 并给予塔利班更多的承认与支持，从而相对增加了塔利班的优势。第三，民族关系是非普什图族集团抵制政治和谈的主要原因。阿富汗北部地区曾经遭受塔利班压迫的非普什图族政治势力反对与塔利班和谈与和解。

　　在外部关系结构的作用方面，第一，巴基斯坦国内一些政治、军事和宗教派别为塔利班反叛组织提供支持与庇护，降低了政治和谈在塔利班议程中的重要性，增加了塔利班反叛分子与地区对手谈判的筹码，从而成为阿富汗政府和西方国家对阿塔利班谈不拢、除不净的原因之一。另外，其他相关国家基于自身利益考量支持阿富汗不同的政治势力，在和谈问题上秉持不同的立场也为阿富汗政治和解进程设置了障碍。第二，阿富汗中央政府与美国在和谈问题上存在分歧与矛盾，特别是他们在政治和谈问题上的主导权之争不利于和谈进程顺利推进。第三，"基地"组织等极端暴力组织对阿富汗和解进程的破坏。活动于阿、巴边境部落地区的"基地"组织等极端暴力组织不断策划与实施暴力恐怖活动，他们视和解为对"圣

---

　　① Heela Najibullah, "Inclusivity: Vital for Negotiations in Afghanistan".

战"事业的背叛,从而竭力破坏阿富汗政治和解进程。① 总之,正如史蒂芬·斯泰德曼(Stephen Stedman)所言,阿富汗和解受到外部干预者与内部破坏者的影响。外部干预者出于不同的意图与动机试图控制阿富汗政治进程,而内部权力控制者又担心政治和解的结果不利于自身利益。②

除了阿富汗关系—结构权力的转化,美国塔利班政策中存在的失误也削弱了它在该问题领域中的权力位置。比如美军通过捕杀塔利班中层指挥官以分裂反叛活动的做法阻碍了和平协议的达成,削弱了塔利班领导层中支持和谈的务实派领导人的力量。另外,美国还未能充分注意到阿塔利班的演变趋势为和谈进程增添的不确定性。特别是在哈卡尼网络的影响力和控制力日渐增强的情况下,如果美国继续以单边、不协调的方式与阿塔利班反叛武装进行和谈,那么不仅无助于解决冲突,而且有可能增加塔利班反叛组织中激进成员的力量。③ 此外,阿塔利班组织结构的"去中心化"发展,决定了该组织是否参与政治和谈并非某个派别可以决定,加之牵涉阿富汗和谈进程的内外行为体众多,这意味着我们在媒体报道中获悉的任何和谈"进展"都可能发生急剧逆转。同样,任何意外事件导致的和谈"挫折"也都不能彻底关闭政治和谈的大门。更重要的是,我们需要挖掘阿塔利班不同派别和机构对国内冲突、政治和谈等议题的立场,区分阿塔利班官方言论和有影响力的指挥官个人立场的差异。④

---

① 在阿富汗政治和谈进程中,各方高层代表之间的对话可能会引起其他政治力量与公民社会内部的猜疑,特别是担心将由他们来承担各方高层"交易"产生的不确定后果。参见 Mohammad Masoom Stanekzai, "Peace, Reconciliation and Reintegration in Afghanistan: Challenges and Milestones Facing Peace Talks, Transition and Stability in the Region", in Shanthie Mariet D'Souza, ed., *Afghanistan in Transition: Beyond 2014?* p. 49。

② Matt Waldman, Thomas Ruttig, "Peace Offerings: Theories of Conflict Resolution and Their Applicability to Afghanistan", p. 8.

③ Shanthie Mariet D'Souza, "Afghan Peace Talks and the Changing Character of Taliban Insurgency", *ISAS Brief*, No. 291, July 26, 2013.

④ Michael Semple, "Ready for Peace? The Afghan Taliban after a Decade of War".

表4—1　　　　　政治和谈中阿富汗关系—结构权力的转化

措施	关系结构的作用	结果
美国："边谈边打"；放松谈判条件；寻求国际社会支持 阿富汗政府：设置和解机制与机构；在国内外寻求支持 巴基斯坦：斡旋阿塔利班；放松对"北方联盟"的抵触；改善阿巴关系；释放阿塔利班二号人物；为谈判创造条件；参与多边议程	内部关系结构：民族、部族与宗教因素增加了确认塔利班"温和派"成员及和谈代表身份的难度；加剧了塔利班意识形态极端化；加强了非普什图族集团对和谈的抵制 外部关系结构：印巴关系牵制及巴国为反叛组织提供庇护削弱了阿塔利班的和谈意愿；美—阿—巴信任缺失及各反叛组织的联系为和谈设置障碍	对反叛组织"谈不成、除不净"；阿塔利班掌握更多主动权，阿政府被边缘化；巴获得更多"筹码"；地区国家间竞争加剧

结　语

　　本章主要以内部的阿富汗政府、阿塔利班和非普什图族政治集团，以及外部的巴基斯坦、美国和外籍极端暴力组织为考察对象，介绍了各方在阿富汗政治和解进程中的作用，从相关各方互动的视角分析了阿富汗政治和谈面临的障碍与机遇。阿富汗政治和谈进程中存在太多参与者，他们有不同的期待和行动，从而导致和谈沿着不同甚至互相矛盾的轨迹运行。总体来看，阿富汗政治和谈进程仍困难重重，美国及其支持下的阿富汗中央政府在该问题领域并不占据优势，反而阿塔利班掌握了更多的主动权。但美军在阿富汗的存在给反叛组织带来压力，阿塔利班渴望在政治上获得国际社会的承认，[①] 国内主要政治力量具有进一步妥协的空间等，使通过政治途径解决阿富汗问题的可能性依然存在。

　　总之，阿富汗的和平与稳定不可能在短期内实现，达成最终和平协议还需要多方面配合与努力。比如准确掌握各反叛组织之间的关系及各派别对于和谈的态度；国内主要政治集团对权力分配达成

---

① Matt Waldman, "Strategic Empathy", April 2014, p. 4.

一致；重视地方民众的需求和利益；各方保障和解进程的合法性与公正性，以及一系列外交活动的支持等，都有助于化解各方不信任而产生的对抗风险，为阿富汗的和平之路创造更多有利条件。

第五章　阿富汗毒品问题与
禁毒行动的困难 *

三十多年以来，阿富汗毒品产业链不断扩大，不仅加剧了国内政局的动荡与社会经济的畸形发展，而且对地区及域外国家的社会发展与安全构成严峻威胁。毒品问题是阿富汗国家重建进程面临的重大挑战，而阿富汗政府和国际社会的禁毒政策一直未能取得显著成效。参与阿富汗非法毒品活动的各地方集团与腐败官员编织而成的利益巨网，使国内动荡的局势与障碍重重的禁毒行动陷入了恶性循环，同时驻阿西方部队也面临着禁毒与平叛任务之间的矛盾与张力。本章内容主要探讨了阿富汗毒品问题的发展与影响，西方国家与阿富汗政府实施的禁毒政策及困难，旨在理解阿富汗毒品问题何以日渐猖獗，以及美国在该问题领域中遭遇的困境及原因。

第一节　阿富汗毒品问题的发展与影响

多年来，阿富汗毒品种植与走私量始终位居世界前列。毒品问题不仅加剧了阿富汗国家失败的可能性，而且为相关国家带来一系列严峻的安全与社会问题。

---

　* 本章部分内容已发表，参见富育红《阿富汗与巴基斯坦地区毒品——恐怖网络问题探析》，《中国与世界》2016 年第 5 辑。

一 毒品问题的发展概况

自 20 世纪 70 年代末苏联入侵阿富汗以来，毒品种植与走私作为阿富汗战争经济的核心部分，始终是各争权夺利的集团或个人最主要的收入来源之一，而且是部分贫苦农民唯一的谋生方式。美国曾为阿富汗反苏武装拨款 10 亿美元资金，专门帮助后者在阿富汗南部和巴基斯坦北部山区种植大量鸦片，以赚取巨额活动经费。① 苏军撤出阿富汗之后，阿富汗的外部援助曾一度缩减，随后地方强人将参与毒品走私等活动作为加强实力与政治影响力的主要手段。阿富汗国内毒品生产量在塔利班执政时期剧增。在国际社会的严厉谴责下，塔利班于 2000 年底下令禁止鸦片种植，致使当年阿富汗鸦片产量锐减。当时的舆论普遍认为塔利班此举是为了改善日益被边缘化的国际形象及增加国际合法性，后来一些分析人士相信，塔利班的真实动机是借此哄抬毒品市场价格，从而使拥有巨大存货的塔利班及其走私盟友获得潜在收益。②

2001 年塔利班政权倒台以后，阿富汗卡尔扎伊政府和国际社会为打击阿毒品问题付出了巨大努力，但始终未能改变阿富汗作为世界毒品生产第一大国的位置。③ 其中，阿富汗 89% 的鸦片种植分布于西部与南部地区，赫尔曼德省是最主要的鸦片种植省份，其次是坎大

① 刘青建:《当代国际关系新论》，第 154 页。

② Christopher M. Blanchard, "Afghanistan: Narcotics and U. S. Policy", *CRS Report for Congress*, August 12, 2009, pp. 154 - 155 (https://www. fas. org/sgp/crs/row/RL326 86. pdf).

③ 2014 年，阿富汗鸦片种植 224000 公顷，比上年增加了 7%；鸦片产量为 6400 吨，比上年增长了 17%；鸦片铲除量为 2692 公顷，比上年降低了 63%。2015 年，阿富汗鸦片种植 310891 公顷，创下了历史纪录。参见 Shaikh Abdul Rasheed, "Drugs: The Silent Killer That Is Spreading Its Tentacles in Pakistan, and Going Unnoticed", July 8, 2015 (http://nation. com. pk/blogs/08-Jul-2015/drugs-the-silent-killer-that-is-spreading-its-tentacles-in-pakistan-and-going-unnoticed).

哈、法拉和楠格哈尔等地。① 近年，阿富汗国内已有多个省份宣布了
鸦片种植铲除计划，但该国仍提供着约90%的全球鸦片供应量。②

　　近年西方部队大规模撤军阿富汗的背景，为阿富汗及地区毒品
犯罪集团重新控制贩毒路线，以及开放更多对外走私渠道提供了机
会。阿富汗非法毒品贸易向境外运输的传统路线主要有三条，即通
过北部中亚地区、西部伊朗，以及东部巴基斯坦而销往世界各地。
有学者提出，中亚国家和阿富汗、巴基斯坦、伊朗等国一起构成了
欧亚大陆腹地毒品生产的"金新月"地带。③ 相对而言，通过巴基
斯坦这条线路更为重要，因为它穿过阿、巴边境国际恐怖主义的活
跃地带，该地区恐怖主义活动、毒品与武器走私活动，以及各种人
员的流动十分频繁。

　　经历了约四十年的战火之后，阿富汗毒品种植与走私量不减反
增。欧盟安全研究所前所长阿尔瓦罗·德·瓦斯冈萨雷斯（Alvaro
de Vasconcelos）认为，在脆弱的安全环境下，阿富汗毒品种植与走
私活动只能越加泛滥。④ 阿富汗毒品问题作为不安全的原因与结果，
它还与地区安全形势存在密切的关联。

二　毒品问题的多重影响

　　首先，阿富汗毒品问题危害相关国家的公共健康。阿富汗毒品通
过周边邻国形成了数条走私路线并远销西亚、欧美等地。相关国家深
受阿毒品问题困扰，首当其冲的便是阿富汗周边国家及地区。其中，
穿过伊朗的走私路线占阿富汗毒品走私外运量的60%，其余则主要

---

　　① 阿富汗毒品收入约占国内生产总值的27%。对此的介绍，参见 Matthew Lacouture,
"Narco-Terrorism in Afghanistan: Counternarcotics and Counterinsurgency"（http://www.iar-
gwu.org/node/39）。
　　② 《联合国称2013年鸦片产量达历史新高——阿富汗居首》，2014年6月27日，环
球网（http://world.huanqiu.com/exclusive/2014-06/5038734.html）。
　　③ 余建华等：《上海合作组织非传统安全研究》，上海社会科学院出版社2008年
版，第169页。
　　④ 《中外专家激辩：北约在阿富汗走还是留》，2012年5月31日，观察者网（ht-
tp://www.guancha.cn/GuanChaZheWang/2012_05_31_126896.shtml）。

经过中亚地区和巴基斯坦。① 根据相关统计数据（2011 年），伊朗国内约有 120 万毒品吸食者，是世界上受毒品问题侵害最为严重的国家之一；巴基斯坦的吸毒者数量约为 628000 人；塔吉克斯坦约有75000 名吸毒者；在乌兹别克斯坦，约有 0.5% 的成年人注射毒品，而哈萨克斯坦和吉尔吉斯斯坦总共有超过 6 万名登记过的吸毒者；在中国据估计约有 230 万名登记过的吸毒者。② 这些数据随着时间的推移也许会发生一些变化，但近年相关报道表明，阿富汗毒品问题及毒品消费国的情况并未得到明显改善。阿富汗毒品问题对各国公众健康造成巨大危害，扩大了与毒品消费相关的各种疾病的蔓延。③ 总之，尽管多年来相关国家不断努力在阿富汗周边建立"毒品安全带"，但阿富汗毒品问题的解决依然任重而道远。

其次，阿富汗毒品问题加剧了国内及周边地区的动荡局势。阿富汗毒品生产与走私加剧了国内经济与政治发展的各种负面趋向，比如推动了非法经济产业的发展，加剧了政府机构的腐败，增强了各犯罪集团与反叛组织的实力，以及损害了国家稳定、国际环境与声誉等。其中尤为严峻的是，毒品—恐怖网络的形成加剧了国内动荡局势。2015 年以后阿富汗安全局势不断恶化，阿塔利班持续向北部地区进攻。有分析认为，阿富汗边境城市地区的重要性在于，阿塔利班及其贩毒集团盟友能通过这些走私路线更容易地渗透中亚、伊朗和巴基斯坦等地区。④

---

① 也有学者认为阿富汗毒品贸易的 65% 通过中亚地区，其中只有 5% 被执法部门发现。参见 Sreemati Ganguli, "Afghanistan: A Security Challenge for Eurasia", p. 190。

② John Dyrby, Rapporteur, "NATO Parliamentary Assembly Sub-Commitee On Translantic Relations Afghanistan - The Regional Context".

③ Christopher M. Blanchard, "Afghanistan: Narcotics and U. S. Policy", pp. 157 – 158.

④ 2015 年 9 月底，阿塔利班一时间夺取了北部省会城市昆都士，影响了反叛武装、贩毒集团，以及国家安全部队的士气。在阿塔利班"入侵"的威胁下，北方地区军阀和民兵组织与塔利班的战事十分激烈。这是当年阿富汗平民伤亡数量持续攀升，以及阿塔利班与毒贩的伤亡超过以往的一个重要原因。参见 "Afghanistan: The Real Enemy Grows Stronger", June 10, 2015 (http://www. strategypage. com/qnd/afghan/articles/20150610. aspx)。

　　此外，不同武装团伙之间围绕毒品收入的竞争与冲突也时有发生。比如有美国官员相信，部分阿塔利班武装与"伊斯兰国"极端组织在楠格哈尔省的战斗主要是为了争夺获利丰厚的毒品贸易收入，以及扩大地区影响力。[①] 同时，不同地区的军阀也经常为毒品收入发生冲突，并对地区稳定和民众生命造成威胁。反过来，国内持续动乱也有利于他们获得更多的政治与经济收益。[②] 甚至有分析认为，西方部队大规模撤军将导致阿富汗非法毒品贸易增加，使之成为全球"圣战"活动的经济生命线，加上中亚、南亚地区缺乏解决毒品问题的有效合作机制，这些情况使未来阿富汗"毒品战争"也很有可能爆发。[③]

　　如上所述，阿富汗毒品通过周边邻国形成数条走私路线，并远销西亚、欧美等地，相关国家深受阿毒品问题困扰。比如在巴境内恐怖主义组织实施的"毒品—圣战"中，各种极端暴力组织与犯罪集团的活动十分活跃，使巴国家安全与经济社会发展受到巨大威胁。而中亚国家作为阿富汗毒品向外渗透的主要通道，也面临着禁毒与反恐的严峻考验。塔吉克斯坦是阿富汗毒品进入中亚的关键国家，不法分子经常通过阿东北部巴达赫尚省将毒品带入塔吉克斯坦。武装分子还会经塔吉克斯坦向乌兹别克斯坦渗透，或通过阿北部马扎里沙里夫、萨曼甘和巴尔赫进入乌境内，或通过巴德吉斯省进入土库曼斯坦。随着阿塔利班的活动在全国范围蔓延，各类恐怖主义组织、犯罪集团跨境进入中亚地区实施破坏活动的可能性也随之增大。比如在阿塔利班与"基地"组织等团伙的支持下，威胁中

　　① Sudarsan Raghavan, "The Islamic State Is Making These Afghans Long for the Taliban", October 13, 2015 (https://www.washingtonpost.com/world/asia_pacific/a-new-age-of-brutality-how-islamic-state-rose-up-in-one-afghan-province/2015/10/13/a6dbed67 – 717b – 41e3 – 87a5 – 01c81384f34c_ story. html).

　　② Gretchen Peters, "The Afghan Insurgency and Organised Crime", in Whit Mason, ed., *The Rule of Law in Afghanistan: Missing in Inaction*, pp. 101 – 104.

　　③ Russian Today, "Drug Trafficking May Become Jihad Financial Lifeline After Afghan Withdrawal", November 10, 2014 (https://www.rt.com/op-edge/203871-afghanistan-drugs-trafficking-taliban/).

亚安全的最主要的恐怖主义组织"乌伊运"也参与到毒品走私活动中，且不断袭扰中亚国家。类似地，伊朗多年来也为应对该地区跨境毒品走私集团与恐怖主义组织的威胁而付出了巨大代价。总之，阿富汗毒品问题外溢到周边国家，对整个地区的安全与稳定带来挑战。

第二节　阿富汗禁毒政策的实施与困难

自阿富汗重建进程开启以来，驻阿西方部队及其支持下的阿富汗政府为应对毒品问题采取了大量举措，但同时也在打击毒品活动的行动中面临多方面的困难。其中毒品—恐怖网络的制约性力量是阿富汗政府与国际社会打击毒品活动不力的一个重要原因。

一　禁毒政策的实施

阿富汗前总统卡尔扎伊曾多次在国内外公开谴责毒品问题，承诺彻底铲除国内毒品种植并出台了一系列打击毒品的政令。在卡尔扎伊过渡政府成立之初发布的第一批法令中就含有禁止鸦片种植等相关内容。而且，阿富汗国内一些宗教领导人也发布了关于毒品违反伊斯兰教法的法令。阿富汗打击毒品行动的领导部门是禁毒事务部（Ministry of Counter Narcotics，MCN），该部门的核心任务是通过建立有效、可持续的机制以减少国内毒品的种植、生产与走私。[①] 此外，国际社会也在各种阿富汗问题会议上不断强调解决阿毒品问题的迫切性，多次讨论了加强国际禁毒合作并发表了一系列相关声明。

2002 年阿富汗战后重建开启后，欧盟随即为阿富汗铲除鸦片

---

① 《阿富汗国家禁毒事务部战略计划》（Islamic Republic of Afghanistan Ministry of Counter Narcotics：Strategic Plan），2010 年 6 月，阿富汗政府禁毒事务部网站，第 3 页（http：//mcn. gov. af/Content/files/MCN% 20Strategic% 20Plan – 2010. pdf）。

种植的民众资助了 7000 万美元与其他农业肥料。① 2003 年，为解决国内毒品问题，阿富汗卡尔扎伊政府与来自美国、英国和联合国的专家与官员共同确定了为阿富汗农民提供更多谋生手段，强化与实施禁毒立法，建立有效的执行机构，以及制订预防和补救计划等措施。随后美国也在阿富汗制订了"五步走"计划，即主要通过依靠地方支持加强信息宣传，推进法制建设，提供替代性生计支持，强制禁止，以及彻底铲除。② 2004 年，阿富汗卡尔扎伊总统再次确认了打击毒品是政府工作的重中之重，西方部队也加大了对阿安全与禁毒机构的培训力度。2005 年，阿富汗政府在英国的资助下成立了特别禁毒部队。

　　2009 年之后，美国承认了彻底铲除政策的失败，并在吸取以往经验教训的基础上，开始重点打击与阿塔利班有联系的毒贩集团，并促进农业生产与改革。同时美国等西方国家与阿中央政府共同展开禁毒行动，大力资助阿富汗农民获得替代性生计手段。截至 2014 年，美国已在阿富汗禁毒行动中耗资 76 亿美元，多个美国官方与非官方机构参与到打击阿富汗毒品的行动中。③ 2014 年初，随着西方部队逐渐减少在阿富汗的存在，美军决定在巴林建立新的情报中心，以继续打击阿富汗及地区毒品走私活动。④

---

① 李贤华：《毒品泛滥的阿富汗》，《人民公安》2011 年第 24 期。

② Carey Gladstone, ed., *Afghanistan Issues: Security, Narcotics and Political Currents*, pp. 167 – 172.

③ 比如美国的毒品执行机构（Drug Enforcement Administration）、国防部（Department of Defense），以及国际发展机构（Agency for International Development）等。参见 Doug Bandow, "Confronting the Afghan Narco-State: End the International Drug War", October 30, 2014 (http://www.forbes.com/sites/dougbandow/2014/10/30/confronting-the-afghan-narco-state-end-the-international-drug-war/)。

④ 当时该情报中心的设立被视为后 2014 时代美国阿富汗战略的核心部分。参见 Ernesto Londoño, "With Afghan Drawdown Ongoing, U.S. to Set Up Center in Bahrain to Continue Anti-Drug Efforts", January 15, 2014 (http://www.washingtonpost.com/world/national-security/with-afghan-drawdown-ongoing-us-to-set-up-center-in-bahrain-to-continue-anti-drug-efforts/2014/01/15/25dc771e-7e2d-11e3-9556-4a4bf7bcbd84_story.html)。

其他国家和国际组织也为打击阿富汗毒品走私付出了大量努力。比如俄罗斯十分关注阿富汗毒品问题并主张在阿周围建立禁毒"安全带"。俄罗斯还在阿富汗国内设有禁毒中心，俄国内也建立了为阿富汗等国提供培训的禁毒机构。作为受阿富汗毒品问题侵害的主要国家，伊朗与阿富汗、巴基斯坦签署了加强地区跨境禁毒合作的"三边协议"。① 另外，上海合作组织阿富汗联络小组曾多次召开阿富汗问题会议，大力推动打击恐怖主义、毒品走私和有组织跨国犯罪的行动。② 而联合国主导的关于打击阿富汗毒品的多个国际合作项目，也定期在阿富汗及周边地区展开专家与政策咨询，并为相关合作者提供协调与技术方面的帮助。

二 毒品—恐怖网络的形成

阿富汗及周边地区毒品—恐怖网络的形成主要表现在四个方面，即极端暴力组织参与毒品活动，阿富汗毒品网络"铁三角"的形成，恐怖组织与犯罪集团的合作，以及地区毒品—恐怖网络的联系机制等。

第一，极端暴力组织参与毒品活动。有学者指出，阿塔利班复兴初期其重组与招募的能力并不取决于毒品收入，它是在积聚了一定实力之后才具备了操控毒品经济的能力。③ 然而毒品贸易对于阿塔利班反叛活动的发展具有战略意义。据悉，在阿富汗国内非法毒品收益总量中，70%—80%的收益落入了毒枭、阿塔利班、地区军阀，以及政府官员手里，而农民和工人只获得了20%

---

① John Dyrby, Rapporteur, "NATO Parliamentary Assembly Sub-Commitee On Translantic Relations Afghanistan—The Regional Context".

② Sreemati Ganguli, "Afghanistan: A Security Challenge for Eurasia", p. 194.

③ Jonathan P. Caulkins, Mark A. R. Kleiman, Jonathan D. Kulick, "Drug Production and Trafficking, Counterdrug Policies, and Security and Governance in Afghanistan", The paper for the Center on International Cooperation at New York University, June 2010 (https: // esoc. princeton. edu/files/drug-production-and-trafficking-counterdrug-policies-and-security-and-governance-afghanistan).

至 30% 的收益。① 根据联合国和阿富汗政府有关部门估计，一些参与非法毒品贸易的武装组织对阿富汗农民征收约 10% 的非正式税收（Ushr），并向走私犯、司机，以及毒品加工厂等征收过路费和保护费。②

有学者指出，阿塔利班在毒品贸易中每年获利约 3 亿美元。③ 实际上，在阿塔利班毒品收入具体数额方面，不同的机构曾提出过不同的数据，且没有精确而有效的机制对这些数据予以检测，特别是阿富汗国内哈瓦拉非正式银行体系的流动资金很少留下文本信息，从而使官方追踪阿塔利班毒品收入的精确信息变得困难。尽管如此，外界普遍认为，与毒品相关的种植、加工与贸易是阿塔利班从事的主要经济活动。美国情报官员与负责追踪阿塔利班资金情况的阿富汗"危险资金小组"（Threat Finance Cell）成员相信，毒品收入是阿塔利班奎塔舒拉绝大部分的资金来源。④

第二，毒品—恐怖网络的"铁三角"。阿富汗地方军阀、腐败官员和塔利班（等武装组织）被部分学者称为毒品—恐怖网络的"铁三角"。⑤ 边境地区的一些军阀甚至比阿塔利班更为积极地参与到非法毒品贸易中。相对于普通毒贩而言，地方军阀具有更多优势，特别是他们拥有私人武装，能够对政府执法部门产生一定的威慑作用。⑥

---

① Barnett R. Rubin, Jake Sherman, "Counter-Narcotics to Stabilize Afghanistan: The False Promise of Crop Eradication", The paper for the Center on International Cooperation at New York University, February 2008 (http://cic. es. its. nyu. edu/sites/default/files/counternarcot-icsfinal. pdf).

② Christopher M. Blanchard, "Afghanistan: Narcotics and U. S. Policy".

③ John F. Tierney, "Warlord, Inc.: Extortion and Corruption Along the U. S. Supply Chain in Afghanistan", pp. 37 – 42.

④ Whit Mason, ed., *The Rule of Law in Afghanistan: Missing in Inaction*, p. 101.

⑤ Ehsan Ahrari, "The Dynamics of 'Narco-Jihad' in the Afghanistan-Pakistan Region", in Peter Mandaville, Vanda Felbab-Brown, Louise I. Shelley, Ehsan Ahrari, *Narco-Jihad: Drug Trafficking and Security in Afghanistan and Pakistan*, December 2009, p. 44 (https://fas. org/irp/congress/2009_ rpt/afghan. pdf).

⑥ Jonathan P. Caulkins, Mark A. R. Kleiman, Jonathan D. Kulick, "Drug Production and Trafficking, Counterdrug Policies, and Security and Governance in Afghanistan".

表5—1 阿富汗主要极端组织参与毒品活动的情况①

极端组织	是否从毒品贸易中获得资金？	是否获得各走私团体的支持？	是否强迫农民种植鸦片？
希克马蒂亚尔伊斯兰党（HIG）	是：参与毒品走私的 HIG 指挥官曾袭击驻阿西方部队，美军也曾突袭 HIG 毒品实验室	很可能：参与毒品活动的 HIG 指挥官可能利用这些联系进行武器走私和洗钱	很可能：阿富汗政府官员声称塔利班鼓励（或强迫）农民种植鸦片。美国国务院估计 HIG 也采取了类似的措施
阿富汗塔利班	是：根据联合国和阿富汗政府相关报告，塔利班从毒品生产与走私活动中获取收益	非常可能：主要毒枭继续资助塔利班，且打着"塔利班"旗号进行人员与资金流动	
乌兹别克斯坦伊斯兰运动（IMU）	很可能：阿富汗国内 IMU 成员通过毒品走私活动获得资金	很可能：IMU 成员在走私团体的帮助下实施跨境活动	可能：这些外籍极端组织缺乏影响农民的道义与政治权威
"基地"组织	可能：有少量关于"基地"组织直接参与到低水平毒品活动的报道	很可能："基地"组织可能通过地方走私团体转移武器、资金和人员	

　　此外，与非法毒品贸易相关的政府官员腐败问题更为严峻。阿富汗腐败官员参与毒品活动的情况大致分为两种。一个是部落机制起到的作用。比如许多来自同一家庭或宗族的成员分别存在于政府和反叛组织中，他们会经常彼此协调行动以确保收益最大化。另一种更为普遍的情况是，毒品走私网络的形成需要不同地区官员和警察的保护。甚至有学者相信，阿富汗政府内部出现了"黑手党化"的政治形态，许多官员或直接参与毒品活动，或间接通过任命等手

---

　　① Robert Charles, Assistant Secretary of State for International Narcotics and Law Enforcement Affairs, Testimony Before the House Committee on Government Reform Subcommittee on Criminal Justice, Drug Policy and Human Resources, April 1, 2004, in Carey Gladstone ed., *Afghanistan Issues: Security, Narcotics and Political Currents*, pp. 161 – 162.

段方便毒品运输及牟取私利。① 特别是省级和地区官员参与毒品活动的现象十分普遍。②

曾有阿富汗官员承认在某些地区，几乎80%的警察会牵涉到非法毒品贸易中，特别是边境地区的情况尤为严重。自2007年开始，国际社会不断对阿富汗禁毒部门施压，然而对阿地方警察禁毒行动的评估却存在很多实际困难，因为这不仅牵涉警察与某一走私网络的合作，而且在于包括农民和走私犯在内的形形色色的个体构成了多元、竞争性的网络，某个警察官员很可能与其中一个网络合作，同时打击其他走私网络。③ 总之，阿富汗主要极端暴力组织、地方军阀、犯罪集团和政府官员等在毒品产业中互相勾结，为驻阿西方部队与阿富汗当局的禁毒行动制造了巨大困难。

第三，恐怖主义组织与毒品犯罪集团的合作。在阿、巴两国边境地区，主要恐怖主义组织与毒品犯罪集团形成了紧密的联系网络。阿塔利班与阿、巴边境地区的毒枭或类似于黑手党的犯罪集团建立了某种共生的关系。④ 在这种联系网络中，非法毒品贸易不仅推动了地区有组织跨国犯罪活动的发展，而且增强了相关恐怖主义组织的力量。

恐怖主义活动与毒品走私是两种不同的犯罪形式，与毒品集团主要以经济收入为目标不同，恐怖主义组织主要关注政治和意识形态目标，资金对他们来说更多是作为达到目的的一种手段，是建立、维持和扩大恐怖主义网络的重要途径。然而恐怖主义组织在毒品种植和走私中可能扮演更为直接的角色，并以提供保护、负责运

---

① Sanaullah Tasal, "Challenges of Peace-Building in Afghanistan", pp. 74 – 75.

② 根据维基解密透露，美中央情报局相信，阿富汗前第一副总统法希姆和反恐警察（CNPA）主管等政府高官也曾参与到毒品活动中。参见 Helen Redmond, "From Poppy to Fentanyl Lollipops：The War on Drugs in Afghanistan", *ISR*, Issue 80, November 2011 (http：//isreview. org/issue/80/poppy-fentanyl-lollipops)。

③ 对于阿富汗地区警察参与毒品活动的情况介绍，参见 Antonio Giustozzi, Mohammad Isaqzadeh, *Policing Afghanistan：The Politics of the Lame Leviathan*, pp. 89 – 91。

④ John F. Tierney, "Warlord, Inc.：Extortion and Corruption Along the U. S. Supply Chain in Afghanistan", pp. 37 – 42.

输和征税等形式与毒贩集团保持联系。尽管二者的主要目标不同，却同时在类似的后勤物资、行动和资金框架下展开行动。① 恐怖主义组织与毒品犯罪集团在目标上的区别也意味着，在"伊斯兰国"极端组织与本土塔利班团伙竞争的环境下，毒贩集团很可能不会参与到二者的恩怨中，而是会更为务实地选择与某一方合作。②

第四，地区毒品—恐怖网络的联系机制。阿、巴边境地区的地理条件与社会结构，对该地区毒品—恐怖网络的形成产生了重要影响。阿富汗国内各地区的经济联系薄弱，主要城市均位于边缘地区，与邻国联系十分方便。而且阿富汗与部分周边国家的边境线漫长，接壤地区的地理环境复杂，气候条件恶劣，管控难度大。

在阿富汗及边境地区毒品生产与走私各环节的实际操作中，各团伙之间的联系主要通过一系列个体而实现。这使得阿富汗国内以民族联系为基础的网络能够成为一种资助和保护渠道，从而加强了各极端暴力组织、犯罪集团与地方军阀的联系，及其对于地方经济生命线的控制。③ 进一步而言，民族与部族联系在阿富汗毒品经济产业链中之所以重要，主要是因为毒品生产与走私活动中有农民、工人、地主和走私犯等大量参与者，他们处于不同的地理位置，与不同的民族集团或外部团体建立了关系，比如阿富汗塔吉克族、乌兹别克族、普什图族、俾路支族，与他们各自在中亚、巴基斯坦和伊朗相对应的民族集团之间存在密切的联系，这使他们能够将阿富汗毒品较为顺利地运至国外走私集团手中，从而为跨境毒品—恐怖网络的形成奠定了基础。④

---

① Jorrit Kamminga, "Afghanistan: Linkages Between the Illegal Opium Economy, International Crime, and Terrorism", pp. 348 – 350.

② 据悉阿富汗境内"伊斯兰国"极端组织已经取代了部分塔利班团伙，与一些毒贩集团展开了合作，这种情况将使地区"毒品—圣战"形势更为严峻和复杂。参见"Afghanistan: The Real Enemy Grows Stronger"。

③ Shahmanmood Miakhel, "Human Security and the Rule of Law: Afghanistan's Experience", in Whit Mason, ed., *The Rule of Law in Afghanistan: Missing in Inaction*, pp. 93 – 94.

④ Christopher M. Blanchard, "Afghanistan: Narcotics and U. S. Policy", pp. 155 – 157.

此外，阿富汗虚弱的中央权威，巴基斯坦政府在西北边境部分地区有限的控制与治理能力，边境地区民众匮乏的合法生计手段，以及哈瓦拉非正式银行体系的运行等，都推动了该地区毒品—恐怖网络的形成与发展。需注意的是，由于阿富汗中央政府对全国控制范围有限，地方军阀、反叛组织等非国家行为体控制着各地方，并在国家政治机制中存在较深的利益，因此，除获得经济收入外，这些行为体参与毒品贸易的动机还包括扩大和保护自身的政治权力与影响力。[1]

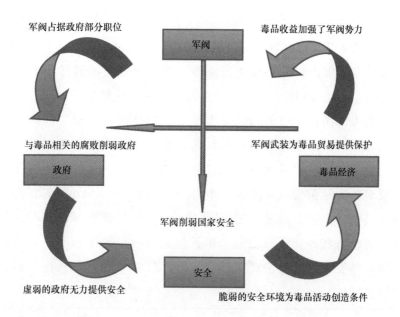

图5—1　阿富汗毒品问题与国家秩序的关联[2]

①　Jorrit Kamminga, "Afghanistan: Linkages Between the Illegal Opium Economy, International Crime, and Terrorism", p. 353.

②　World Bank, "Afghanistan: State Building, Sustaining Growth, and Reducing Poverty", *Country Economic Report No. 29551 – AF*, September 9, 2004, p. 87, in Carey Gladstone, ed., *Afghanistan Issues: Security, Narcotics and Political Currents*, p. 159.

三 禁毒与平叛任务的矛盾

阿富汗毒品—恐怖网络的存在使国内打击毒品活动的努力步履维艰，而对于美国和北约来说，他们在阿富汗的平叛与禁毒任务还面临很多两难的局面。首先，驻阿西方部队的禁毒行动与其"争取民心"的平叛目标存在矛盾。在打击毒品的行动中，驻阿西方部队及其支持的阿富汗政府主要以农民的土地，以及反政府的地区政治对手为打击对象，未能触及参与毒品活动的政治精英或富裕阶层的权力结构。[①] 加之许多以种植鸦片为生的阿富汗人未能获得可靠的替代性经济手段，致使穷苦农民损失惨重却未获补偿，也使得驻阿西方部队未能赢得阿富汗部分地区的"民心"。

阿富汗国内铲除鸦片的行动曾多次招致农民的游行示威与暴力对抗。比如 2005 年 4 月，在迈万德地区，政府禁毒部队与大约两千名参与游行示威的村民发生冲突，并导致一名安全机构官员死亡和数名民众受伤。同年乌鲁兹甘和坎大哈地区一些官员和士兵也由于类似的事件被袭击或杀害。[②] 2014 年，在由于阿富汗民众反对禁毒政策而发生的袭击事件中，共有 13 人死亡及 26 人受伤，其中大多数是国家安全部队成员。[③] 这些袭击事件表明，在切实提供替代经济手段之前采取铲除毒品种植的措施不但无法得到民众的支持，而且会严重损害阿富汗政府与西方部队行动的合法性。

其次，驻阿西方部队在禁毒与"拉拢军阀"之间也存在两难。2001 年以后，阿富汗政府和驻阿西方部队与部分地方军阀的"策略性"结盟抑制了中央政府扩大权威与实施禁毒行动的能力。这是

---

① Hafizullah Emadi, *Dynamics of Political Development in Afghanistan*, pp. 227 – 229.

② Christopher M. Blanchard, "Afghanistan: Narcotics and U. S. Policy", p. 158.

③ 阿富汗禁毒事务部与联合国毒品与犯罪办公室：《阿富汗鸦片剷除核查报告》（Afghanistan Poppy Eradication Verification），2014 年 8 月，阿富汗政府禁毒事务部网站，第 4 页（http://mcn. gov. af/Content/files/Eradication% 20 Verification_ Final_ Report. pdf）。

由于打击毒品网络的行动会影响各集团之间的权力平衡，而阿富汗政府和驻阿西方部队在禁毒行动中不得不面临如何对抗腐败官员、军阀和走私犯的政治选择。为顺利实施平叛任务，以及确保地方安全，驻阿西方部队需要地方军阀、部落长老，以及政府官员的配合，而这些人却可能已经参与到毒品贸易中。特别是参与毒品活动的地方军阀曾在推翻塔利班政权和抓捕恐怖分子等行动中对西方联军给予支持，后来还有一些军阀头目被融入政府和安全机构。为拉拢这些地方军阀参与平叛任务，驻阿西方部队经常对他们参与毒品走私的活动保持缄默。在某种程度上，那些因与西方部队结盟而壮大的部分地方军阀，现在已经成为阿富汗非法毒品贸易的新保护者。

一直以来，驻阿西方部队为阿富汗国家部队提供训练和资源，并由后者直接负责实施禁毒任务。[①] 在阿富汗战争后期，美军提出在阿富汗建立禁毒执行部门的要求遭到了其他西方国家的反对和抵制，特别是主要负责禁毒任务的英国部队始终坚持通过为阿富汗国家部队和警察提供支持的间接性方式。据分析人士指出，西方部队直接打击毒品的行动会使其疏远阿富汗民众，损害地方势力对西方部队提供情报的支持，从而导致相对匮乏的平叛资源更为紧张。一位美国防部高级官员提出，美军在阿富汗的禁毒行动必须与其他政策目标相协调。[②]

此外，世界毒品市场的需求，农村地区法治的缺失与贫困化，毒品生产条件的比较优势，以及流通渠道的畅通等，都为阿富汗毒品问题的解决增加了难度。特别是在毒品收益占大部分国内生产总值（GDP）的情况下，迅速铲除鸦片种植的措施可能致使整个国家经济在短期内面临更严重的问题，如政府收入、外汇收

---

① Carey Gladstone, ed., *Afghanistan Issues: Security, Narcotics and Political Currents*, pp. 100 – 101.

② Ibid., p. 174.

入、信贷，以及农民收入等都会急剧减少。① 阿富汗国内打击毒品的行动将波及政治、经济与社会等各个方面。同时，迅速铲除鸦片种植还可能导致毒品价格攀升，使那些控制大量毒品存货的各犯罪集团、反叛组织和地方军阀获利，而且鼓励了农民在未来重新种植鸦片。通过对类似现象的研究，美国毒品问题专家乔纳森·考尔金斯（Jonathan P. Caulkins）和马克·克莱曼（Mark A. R. Kleiman）等学者得出结论：在弱国内部加强禁毒力度有可能会扩大毒品产业链，并加剧腐败与暴力活动。他们认为，阿富汗毒品生产在全球居于主导地位的局面已形成一种"路径依赖"，其成熟的业务方式在可预见的将来仍会在该地区存续，并在与反叛活动、军阀主义和官员腐败等问题的交织中继续繁荣下去。因此，在各国毒品需求与阿富汗脆弱的国家秩序未得到根本改善的情况下，阿富汗毒品产量的剧减会在短期内抬高毒品价格，使国内外与毒品相关的非法活动收益显著增加。这也意味着，如果在阿富汗采取不恰当的禁毒政策，将可能导致毒品收入在参与毒品贸易活动的各行为体中重新分配，且极有可能增加反叛分子的收益份额，使广大农民处于更加不利的位置。②

第三节　美国的困境与位置

在本章"禁毒政策"案例分析中我们发现，驻阿西方部队及其支持的阿富汗政府非常重视毒品问题带来的危害，并为解决阿富汗毒品问题付出了大量努力。然而阿富汗毒品—恐怖网络的制约性力量等因素不断削弱着这些努力，致使阿富汗政府与国际社会的禁毒政策一直未能取得显著成效。

阿富汗关系—结构权力的转化是导致驻阿美军和北约部队的

---

① 黄民兴：《阿富汗问题的历史嬗变》，第 309 页。

② Jonathan P. Caulkins, Mark A. R. Kleiman, Jonathan D. Kulick, "Drug Production and Trafficking, Counterdrug Policies, and Security and Governance in Afghanistan".

禁毒行动步履维艰的一个重要原因。其中阿富汗的内部与外部关系结构分别发挥着不同的作用。在内部关系结构的作用方面，阿富汗易于渗透的边境地带，以及民族与部落联系为毒品—恐怖网络提供了资助与保护性的渠道，便利了内外团体的联系，推动了各地区政府官员、军阀、犯罪集团与反叛组织等参与到毒品活动中，从而为地区毒品—犯罪网络的形成奠定了基础。在外部关系结构的作用方面，阿塔利班反叛组织与各地方集团在毒品贸易网络中的联系与合作加强了自身的力量，削弱了阿富汗政府与国际社会打击毒品的努力。而且驻阿西方部队基于平叛任务与地方军阀合作，默认了后者参与的毒品活动，从而间接地鼓励了跨地区毒品利益网络的存续，加强了阿塔利班反叛武装的相对优势。总之，在内部与外部关系结构的作用下，阿富汗关系—结构权力的转化部分抵消或对冲了阿富汗政府与驻阿西方部队的禁毒努力和能力，使他们的禁毒政策难以实现预定目标，从而未能在该领域占据有利的位置。

此外，美国缺乏宏观视角的政策也加剧了它自身的困境，特别是驻阿美军和北约部队的禁毒行动与其平叛任务存在内在矛盾，使美国的阿富汗政策体现出非连贯的一面。乔纳森·古德汉德和大卫·曼斯菲尔德认为，美国作为外部干预者并未在阿富汗"政治市场"中扮演中立的角色。特别是美国同时为阿中央政府和地方势力提供资助的做法加剧了阿富汗的不稳定。比如美国为阿富汗政府提供的军事与经济支持降低了政府官员与地方精英沟通的意愿，而美军对地方军阀的资助又加强了后者与中央政府讨价还价的筹码，从而使得中央与地方都拒绝采取长期的承诺与行动。[①] 美国在阿富汗未能处理好短期安全与长期稳定的关系。

---

① Jonathan Goodhand, David Mansfield, "Drugs and Disorder", in Conrad Schetter ed., *Local Politics in Afghanistan: A Century of Intervention in Social Order*, p. 226.

表5—2 禁毒政策中阿富汗关系—结构权力的转化

措施	关系结构的作用	结果
阿富汗政府与驻阿西方部队：制定禁毒法令，加强国际禁毒合作；打击毒贩集团；促进农业生产与改革；为阿国家禁毒机构提供支持与培训	内部关系结构：以民族联系为基础的资助和保护渠道为毒品—恐怖网络的形成奠定了基础；地理条件为毒品生产与贸易提供了便利 外部关系结构：西方部队与地方军阀的合作鼓励了毒品贸易的发展；各地方集团的联系与合作加强了跨地区毒品利益网络	地区毒品—恐怖网络不断发展；反叛组织与军阀势力壮大；地区权力平衡遭破坏；阿政府与西方禁毒能力被削弱；阿政府合法性及国家安全与发展面临威胁

结　语

本章重点分析了西方国家及其支持的阿富汗政府在应对毒品问题中面临的困难，并特别强调了阿富汗国内与毒品相关的犯罪网络所释放的破坏性力量。本书认为，阿富汗关系—结构权力的转化加剧了以美军为首的西方部队与阿富汗政府在禁毒行动中的困难，使之未能在该领域占据优势位置。

在该地区毒品—恐怖网络中，各犯罪集团与恐怖主义组织在复杂、共生的网络中活动，毒品生产与贸易收入为他们在该地区的存续与发展提供了重要支持，使各种非国家行为体在寻求国家之外的支持中获得了另一条途径。同时各种反叛组织、恐怖主义组织、地区军阀、犯罪集团和腐败官员等相互勾结，不仅加剧了国内政局的动荡与社会经济的畸形发展，阻遏或抵消了阿富汗政府与国际社会的禁毒努力，而且还削弱了政府的合法性，并对地区及域外国家的安全与发展构成了严峻威胁。在可预见的将来，阿富汗毒品问题仍会在与反叛活动、恐怖主义活动、军阀主义和官员腐败等治理难题的交织中继续猖獗。随着恐怖主义活动与毒品活动联系的增强，恐怖分子与犯罪分子的界限也日趋模糊，这种变化趋势及其对整个地区地缘政治的影响也值得我们继续关注。

第六章　西方援助在阿富汗的
"恶性循环"[*]

由于自然经济在国民生产中占据主导地位，加之多山的地形、恶劣的气候与落后的交通设施等条件限制，阿富汗农业商品化和国内统一市场始终未能形成。① 而为了维持和加强统治地位，几乎所有的阿富汗统治者都不得不寻求外部的经济与军事支持。同时，阿富汗各地方政治集团也在不断寻求外部力量的资助。② 从苏联入侵阿富汗、阿富汗内战、塔利班掌权再到美国阿富汗战争，阿富汗经历了约四十年的战乱，导致国家机构、基础设施与人力资源的摧毁或枯竭。如今，在国际社会的援助下，阿富汗国家重建取得了不少可喜进展，比如居民工资水平和家庭开支总体上得到了一定的提高，道路和通信等基础设施建设取得了显著性改善，医疗保健惠及范围不断扩大，女性在社会中的地位与权利等亦获得了很大提升。然而，阿富汗作为世界上最不发达国家之一的地位并未改变。在经济方面，阿富汗至今未能形成内生型的经济增长机制，国内经济缺乏活力，难以实现可持续的增长。③ 在社会方面，阿富汗文盲率、

---

　　* 本章部分内容已发表，参见富育红《西方援助在阿富汗的"恶性循环"》，《中亚研究》2016 年第 1 辑。
　　① 黄民兴：《阿富汗问题的历史嬗变》，第 28 页。
　　② 同上书，第 186 页。
　　③ 根据世界银行估计，阿富汗政府支出的 60% 以上仍来自国际援助。参见杨迅《阿富汗安全堪忧经济重建艰难，总统赴美寻求援助》，2015 年 3 月 23 日（http://news. sohu. com/20150323/n410147712. shtml）。

人均寿命、用电范围及网络覆盖率等仍位居世界末端。① 而且由于冲突频发、腐败蔓延，以及经济机会匮乏，许多民众被迫逃离国家，导致国家发展所需人力资源短缺。② 在政治与安全方面，国际社会的大量援助未能在阿富汗建立有效的政府，也未能为民众提供充足的基本服务与安全保障。尽管超过一半的外援资金被投向安全领域，但阿富汗国家安全部队仍然无法有效保卫国土免于反叛分子侵扰，也无力解决大范围出现的有组织犯罪问题。

在国际社会中，美国是阿富汗最大的外部援助国，阿富汗也是美国对外援助中最主要的受援国。在奥巴马政府时期，美军阿富汗行动任务重点从反恐向平叛转换，美国逐渐认识到外部援助对于巩固军事成果，赢得阿富汗民心的重要性。③ 另外，其他西方国家、周边大国，以及众多国际组织在阿富汗的援助活动也十分引人注目。不过，尽管以美国为首的西方国家为阿富汗提供了规模庞大的援助，但不仅未能实现他们的预定目标，而且在当地产生大量负面后果，与阿富汗安全与发展困境形成了互相推动的"恶性循环"。

外界对援阿项目的描述与现实往往存在很大差距。国际人权观察组织常驻阿富汗代表希瑟·巴尔（Heather Barr）甚至将对阿富汗援助称为"研究如何不去提供援助的极好案例"，并相信西方援助在阿富汗制造了很多负面问题。美国前大使艾肯巴里也提到，西方国家在阿富汗制造了扭曲的战争经济。世界银行将阿富汗对外部

---

① 尽管教育在阿富汗各地区有所普及，但总体教学质量仍低于世界一般水平。有学者曾指出，在外界不断高谈阔论阿富汗学校女生就学率增加时，很少有人关心这些学生能真正学到什么。参见 Joel Brinkley, "Money Pit: The Monstrous Failure of US Aid to Afghanistan", *World Affairs*, January/February 2013（http://www.worldaffairsjournal.org/article/money-pit-monstrous-failure-us-aid-afghanistan）。

② Mohammad Samim, "Afghanistan's Addiction to Foreign Aid", May 19, 2016（http://thediplomat.com/2016/05/afghanistans-addiction-to-foreign-aid/）。

③ 截至2014年9月底，美国已在阿富汗救援与重建中投入约1041亿美元。在美国援助阿富汗的资金中，约70%被用于支持阿富汗国家安全力量建设，其中还包括训练警察与禁毒行动。参见 Catherine Lutz, Sujaya Desai, "US Reconstruction Aid for Afghanistan: The Dollars and Sense", pp. 2-3。

援助的高度依赖形容为"绝无仅有",并指出其国家治理环境日益恶化。① 本章主要通过探讨西方对阿富汗援助的分散化与地方化、政治化与军事化特征,以及西方援助与阿富汗的"援助诅咒",考察外部援助对阿富汗问题的负面影响,以及美国在该问题领域面临的困境及原因。

第一节　西方援助的分散化与地方化

西方对阿富汗援助具有分散化与地方化的特点,西方援助国及其支持的阿富汗中央政府相互加剧着彼此的合法性缺失。同时外部援助者的援助方式互不协调,外部援助者之间,以及他们与阿富汗当地之间还存在主导权之争的矛盾。此外,阿富汗外部援助的实施效果还受到当地民族、部落和文化等因素的影响。

一　"双重合法性"的缺失

据悉,约80%以上的西方援助被分散于阿富汗政府部门之外的行为体,其中很大一部分流向地方私人承包商和地方权力掮客。美国阿富汗问题专家巴内特·鲁宾指出,大量外援资金被投向阿富汗政府之外不计其数、互不协调的各种机构,不仅加剧了地方腐败,削弱了政府合法性,而且抑制了进一步的有效援助。② 另外,阿富汗的外部援助还推动滋生了新的社会矛盾。约瑟夫·奈认为,外部援助在很多情况下不仅达不到目的,还往往适得其反。比如大型援助项目常常因为扰乱地方政治平衡和滋生腐败而在地方群体中引发嫉妒、冲突和怨恨。③ 在学者惠特妮·阿索伊(Whitney Azoy)看

① Joel Brinkley, "Money Pit: The Monstrous Failure of US Aid to Afghanistan".

② Shahmahmood Miakhel, "Challenges and Dilemmas of Reconstruction and Institution-Building: Social, Economic and Political Factors", pp. 27 - 29.

③ 约瑟夫·奈还特别援引了一位观察家的话:"如果能够从目前仍然不确定的成功中吸取一些经验教训,那就是小项目通常最有效,地方民众的赞同和参与必不可少,每前进一小步都需要很长的时间。"参见〔美〕约瑟夫·奈《权力大未来》,第112页。

来，大量外部援助使阿富汗各地方社区的财富规模剧增，地方强人对于资源和权力的争夺也更为激烈，使部落权力体系处于不断变动之中。① 更为重要的是，这些情况还导致政府与民众之间的关系更为疏远，中央从地方汲取资源的能力也进一步遭到削弱。

从外援国角度来看，部分国家在阿富汗的政策优先性主要建立在与其利益相关的地区发展方面。比如伊朗大力援建与之相邻且存在密切联系的赫拉特地区，俄罗斯、中亚国家和印度加大了在阿富汗北方非普什图地区的投入，土耳其重点支持乌兹别克族居住区等，这种局面将加剧阿富汗各地区经济的不平衡发展，各地区关系的紧张与分裂，甚至招致南部地区广大普什图族民众的不满。阿富汗加尼总统在其《失败国家：破碎世界的重建体系》一书中曾提到：

> ……在依赖外援的国家，利益是以一种不连贯的方式疏导的。援助者在受援国的存在不可避免。援助国和援助机构的标志随处可见，他们强调着机构、责任和法治的"碎片化"状态。每个援助者都有自己不同的采购程序和承包安排，每个援助者都要求法律豁免权，他们一边消耗政府的潜能，一边谴责政府的无能……他们制造了大量平行于政府的机构……通常情况下，外部援助者的采购规则是为了推动本国的某特定行业，遵循自己的法律体系。如果外部援助体系协调统一，那么政府核心机构的改革就能顺利实施。而且，每个外部援助者都与不同的政府部门建立联盟，进一步削弱政府内部的团结。援助者制造了分裂与混乱……②

① Whitney Azoy, "Reputation, Violence and Buzkashi", in Conrad Schetter, ed. , *Local Politics in Afghanistan: A Century of Intervention in Social Order*, p. 98.

② Ashraf Ghani, Clare Lockhart, *Fixing Failed States: A Framework for Rebuilding a Fractured World*, pp. 100 – 109.

另外，由于西方国家在阿富汗的援助活动主要通过一些私人机构展开，致使西方部队在阿行动的合法性也在某种程度上遭到了侵蚀。美国特使扎勒米·哈利勒扎德（Zalmay Khalilzad）曾警告说，与阿富汗地方私人承包商的合作损害了美国在阿富汗任务的可信性。① 针对阿富汗外援体系存在的情况，巴内特·鲁宾提出了"双重合法性"的概念，用以形容弱国政府的合法性与外部援助合法性之间不可分割的关系。② 而阿富汗的现实情况却是，西方援助国及其支持的阿中央政府相互加剧着彼此的合法性缺失。

二　"双重矛盾"的确立

第一，外部援助者互不协调的援助方式，部分体现出各国对阿富汗重建进程的主导权之争，且主要表现在两个方面。一是外部国家之间的竞争。一些外援国为提高自身利益及遏制对手影响力，从而为阿富汗提供大量援助。如前所述，很多国家在阿富汗的政策优先性落实于与其利益相关的地区发展上。相关国家竭力主导阿富汗重建进程，竞相拉拢或影响阿富汗国内政治势力，甚至还试图通过影响地区官员任命等方式实现自身利益最大化，即使在北约内部也存在这种情况。美军在阿富汗战争后期实现了对北约部队的统一指挥权，致力于在阿富汗重建和西方军事行动中发挥主导作用。外部国家之间的竞争使阿富汗陷入既依赖于外部援助，同时又处于多个权力控制者竞相争夺主导权的恶性循环之中。二是国际非政府组织之间的竞争。主要来自美国、英国、德国和日本的非政府组织一直被视为阿富汗重建各领域的专业性存在。过去十多年来，阿富汗重建在经济、社会、科教与卫生等方面取得的进展，离不开这些非政

---

① "Aid and Conflict in Afghanistan", *Crisis Group Asia Report N. 210*, August 4, 2011, pp. 14 – 19.

② Astri Suhrke, "Exogenous State-Building: The Contradictions of the International Project in Afghanistan", in Whit Mason, ed., *The Rule of Law in Afghanistan: Missing in Inaction*, pp. 226 – 229.

府组织的努力。但这些（国际）非政府组织在具体实践中也带来了一些不利的影响，比如部分组织经常为获得外部资助而展开激烈竞争，或仅关注于见效快的短期项目，而非寻求推动建立长期问题解决机制，甚至还有可能成为外国政府或军队的附庸机构等。特别是驻阿西方部队军事平叛与民事发展任务结合，使相关国际非政府组织维持中立和独立的形象与能力受到质疑。

第二，外部援助者与阿富汗当地之间也存在主导权之争的矛盾。许多外部援助者希望主导阿富汗重建进程，而阿富汗人却想要自己决定重建进程的方向并获得收益，有时这种矛盾还会以武装叛乱的方式出现。阿富汗战争后期卡尔扎伊总统与其西方支持者之间龃龉不断，以及加尼总统对在政治和谈进程中被边缘化表示不满等，也是这种困境的表现。另外，外部援助者与阿富汗当地的主导权之争还存在另一个重要却相对容易被忽视的维度，即各地方援助项目存在的困难。在这里，本书以阿富汗"社区发展议会"（CDCs）的建立为例。

2003 年 4 月，国际社会及其支持的阿富汗中央政府制定了覆盖全国的农村重建与发展项目"国家团结计划"（NSP），将其作为地方社区之间，以及社区与政府之间互动的基础，旨在通过阿富汗政府、国际援助者与地方村落的有效联结重新塑造地方治理结构。①为进一步落实该项目，以美国为首的西方国家斥巨资在阿富汗各地建立了"社区发展议会"（CDCs）。然而该项目在实施过程中遭遇了一系列挑战，其中最为明显的有两点：一是社区发展议会面临地方权力控制者的挑战。特别是地方传统权力机构在中央政府和外部援助者的干预活动中感到被边缘化的威胁，从而对该项目持反对态度。二是社区发展议会由于"危及"地方传统文化而受到一定程度的抵制。与地方传统机构（如舒拉）不同，社区发展议会引进了诸

---

① Conrad Schetter, ed., *Local Politics in Afghanistan: A Century of Intervention in Social Order*, pp. 53 – 54.

如女性参与和选举等与传统文化相对立的一系列价值观念。由于担心外来文化会破坏他们珍视的传统规范与价值，阿富汗各地民众参与该项目的积极性并不高。① 总体上，尽管社区发展议会具有清晰的等级与责任划分，以及相对较高的办事效率，但他们在阿富汗地方结构上未能被充分接受。②

表6—1　　地方传统舒拉与社区发展议会（CDCs）的比较③

	传统舒拉	社区发展议会
成员资格	公开	固定
法律支持	非正式传统习俗机构	政府/NGO 等决策制定机构
成员资格决定因素	年龄/宗教知识/经济（社会）权力/与权威的接触	发展计划/现代教育/全体民众的代表性/与机构的接触
目标	问题解决/冲突解决	社区项目的计划与实施
功能	反应型（Reactive）	积极型（Proactive）
结构	由长老和具备行政经验的人组成的松散结构	设有主席、副主席、秘书、会计等正式职位
投票方法	讨论/举手表决	秘密投票/选举
性别	只限于男性	男性和女性都能参与

　　这也表明，阿富汗外部援助的实施易于受当地民族、部落和文化等因素的影响。人权基金会主席索尔·哈尔沃森（Thor Halvors-

---

　　① Farhat Akram, "The Involvement of Jirga System and Role of Community Based Councils in Reconstruction of Afghanistan", in Arpita Basu Roy, Binoda Kumar Mishra, eds., *Reconstructing Afghanistan: Prospects and Limitations*, pp. 266 – 269.

　　② Shakti Sinha, "State-Building and Stabilization in Afghanistan: Design Constraints to Effectiveness", in Arpita Basu Roy, Binoda Kumar Mishra, eds., *Reconstructing Afghanistan: Prospects and Limitations*, pp. 40 – 42.

　　③ Farhat Akram, "The Involvement of Jirga System and Role of Community Based Councils in Reconstruction of Afghanistan", in Arpita Basu Roy, Binoda Kumar Mishra, eds., *Reconstructing Afghanistan: Prospects and Limitations*, p. 270.

sen）曾指出，在阿富汗所有的援助努力都受到当地文化的影响。①
遗憾的是，在援助过程中，外援者倾向于忽视宗教、民族和部落等
传统合法性来源，也未能将"善治"的理念与当地传统文化相协
调，从而难以获得广大民众的支持和参与。②

第二节　西方援助的政治化与军事化

以美国为首的西方国家提供的援助，常常成为其实现政治与军
事目标的武器或工具，且主要体现在两个方面：一是美国巨额对外
援助主要流向具有重要战略位置的国家。二是美国在对所谓的"失
败国家"开展援助活动中，过度依赖于军事手段，其对外援助的军
事导向十分明显。比如在20世纪80年代，西方国家对阿富汗提供
大量人道主义援助，就是他们在冷战背景下打击苏联的重要战略。
苏军撤出后，尽管阿富汗人道主义灾难持续，但西方人道主义援助
预算与关注急剧下降。这表明西方国家的主要意图并不在于帮助阿
富汗人摆脱困境。加拿大国际合作委员会主席格瑞·巴尔（Gerry
Barr）认为，在阿富汗实现安全和稳定非常重要，但这不意味着军
事行动等同于发展，援助资金应当被用于减少贫穷和推动发展，而
非使之成为军事行动的"仆人"。③然而在阿富汗的环境下，援助
作为"低级政治"领域的活动，往往成为军事与政治等"高级政
治"领域的附属。

在巴内特·鲁宾看来，国际社会在为阿富汗提供重建资金，帮
助建立合法政府，以及恢复安全与稳定方面能够发挥积极作用，但
前提是相关国际行为体必须协调行动，并经过对象国中央政府的同

---

① Joel Brinkley，"Money Pit：The Monstrous Failure of US Aid to Afghanistan".

② Astri Suhrke，"Exogenous State-Building：The Contradictions of the International Pro-
ject in Afghanistan"，p. 243.

③ Lee Berthiaume, E.，"Afghanistan, Iraq Sucking Up Foreign Aid"，*Reality of Aid
Report*，2006 （http：//www. realityofaid. org/2006/01/afghanistan-iraq-sucking-up-foreign-
aid/）.

意和主导。[1] 而且外部援助也应以当地民众的需求为基础。正如约瑟夫·奈曾指出，援助国可以通过援助行动而增强自身的硬实力与软实力，然而援助行动能否成功地转化为可以产生偏好结果的战略，则取决于能力与善意感知等因素。[2] 但在西方援助的政治化与军事化导向之下，阿富汗接受的大部分外援属于"供给"型，也就是说，大多数外部援助计划未能充分考虑阿富汗人的根本需要，或充分咨询阿国内专家的意见，甚至很少得到阿富汗政府的确认。由于很多外部国家援助阿富汗的动机是增加自身的战略利益，或弱化地区对手的影响力，而非出于真心帮助阿富汗人民改善生活，因此这些国家在阿富汗的援建项目未能充分考虑当地民众的需求。[3] 而这又往往导致外部援助的效果适得其反，乃至在当地推动滋生新的社会矛盾与摩擦。

此外，当援助这种"低级政治"的活动成为"高级政治"的附庸，那么在阿富汗存在的大量国际非政府组织也就难以保持中立而公正的形象，以及难以得到当地民众的信任。根据研究人员实地调查与采访发现，尽管阿塔利班政治领导层有条件地支持人道主义援助机构的活动，但阿塔利班军事指挥官、外籍战斗人员和年轻成员对这些援助机构十分不信任，甚至持有强烈的敌意。[4] 对于普通阿富汗人来说，选择接受西方部队抑或反叛组织的援助，这关乎

---

① Astri Suhrke, "Exogenous State-Building: The Contradictions of the International Project in Afghanistan", pp. 226 – 229.

② [美] 约瑟夫·奈:《权力大未来》，第68页。

③ 阿富汗总统加尼曾指出，阿富汗自然资源、矿产资源丰富，在20世纪70年代，阿富汗是全世界最大的干果出口国家之一。如果政策制定适宜，阿富汗具有发展内部市场的潜力。2002年塔利班政权倒台后，数以万计的阿富汗年轻人希望学习英语、计算机和商业等课程。他们想要充分利用信息与机会而融入全球化浪潮。然而国际援助体系却没能为他们提供知识与机会。参见 Ashraf Ghani, Clare Lockhart, *Failed States: A Framework for Rebuilding a Fractured World*, p. 76。

④ Ashley Jackson, "Taliban Policy and Perceptions Towards Aid Agencies in Afghanistan", August 2013 (http://odihpn.org/magazine/taliban-policy-and-perceptions-towards-aid-agencies-in-afghanistan/).

"站队"问题,但无论站在哪一边,都意味着可能招致另一方的威胁。① 特别是阿富汗军事行动与人道主义救援行动任务的交织,以及各种人员角色混淆的局面,可能将援助人员和当地民众置于更为不利的环境。②

第三节 西方援助与阿富汗的"援助诅咒"

国际社会对阿富汗的援助产生的"援助诅咒"进一步制约着国家重建与发展,且主要表现在三个方面。第一,西方援助与阿政府的腐败。如前所述,西方援助的分散化、碎片化与非透明化,在很大程度上加剧了当地特别是各地官方机构及其人员的腐败。有西方媒体报道指出,外部援助成为延续阿富汗"盗贼"政治、抑制企业发展的工具。③ 而这种腐败蔓延的政治生态,也成为外部援助在阿富汗难以发挥积极成效的重大阻碍。

根据历年"透明国际"公布的国家腐败指数,阿富汗一直被评为世界上最腐败的国家之一,腐败文化甚至在整个社会渗透和蔓延。根据联合国数据显示,2009 年至 2014 年初,阿富汗腐败问题消耗了国家将近 40 亿美元的财政收入。④ 在各地官员的"腐败治理"下,国家法规通常被制定和执行法律的人所触犯,官员本身成

---

① Michiel Hofman, "Dangerous Aid in Afghanistan", *The South Asia Channel*, January 12, 2011 (http://foreignpolicy.com/2011/01/12/dangerous-aid-in-afghanistan/).

② 据《阿富汗时报》报道,为确保援助项目顺利进行,美国国际开发署在阿富汗部分地区的活动通常需要先征得塔利班的许可,从而在某种程度上助长了后者的发展势头。如前文所述,驻阿西方部队军用物资运输转包业务间接资助了反叛分子,这种情况也部分由西方援助的军事化导向特点所决定。参见《报告称部分美国对阿富汗援助助长了塔利班发展》,2015 年 12 月 20 日 (http://finance.sina.com.cn/roll/2015 - 12 - 20/doc - ifxmszek7391197.shtml)。

③ VICE News, "US Aid to Afghanistan Has Largely Been Wasted and Stolen, Report Says", October 14, 2015 (https://news.vice.com/article/us-aid-to-afghanistan-has-largely-been-wasted-and-stolen-report-says).

④ "Foreign Aid: Is Afghanistan a Welfare State?", Febrary 13, 2014 (http://www.lowyinterpreter.org/post/2014/02/13/Afghanistan-Foreign-aid-and-dependency.aspx).

为社会"问题"的一部分，民众无法信任政府，腐败在阿富汗社会扎根并逐渐成为一种"文化"。各地区负责发展项目的政府人员肆意挪用援助资金的现象频繁发生，[①] 各地区对外国发展项目的竞争十分激烈，围绕工程建设、交通和安保协议而出现的勒索、腐败与暴力现象难以杜绝。而大部分阿富汗民众并不清楚国家重建资金的流向，他们对国际社会的援助也渐失信心。[②] 有研究指出，在外国对阿安全机构的援助中，约三分之一的资金用于保护费、贿赂，以及过路费上，其中"每个人都串通一气"。[③] 而美国在阿富汗重新组建地方部落传统机制，欲使之发展为正式司法机构的努力，也由于政府的腐败和滥用职权而流于失败。[④] 上述情况不利于阿富汗国家经济发展，同时也会阻遏进一步的外部援助与投资。[⑤]

第二，西方援助与阿政府素质降低。根据世界银行评估，在法规质量和投资效率方面，阿富汗排名世界第 177 位。2015 年新公司注册数量低于 2012 年至 2013 年水平。这表明在阿富汗开拓新业务的艰难，以及政府对创造就业或改善企业体系环境并未给予过多重视。其原因部分在于政府官员就职期间并不依赖于税收，而是依赖于外部援助，从而缺乏一定的压力，以及对民众负责的动力。[⑥] 也就是说，受援国对外部援助的依赖，降低了受援国政府对内开展税收的动力及其与社会各群体进行妥协的必要

---

① Hafizullah Emadi, *Dynamics of Political Development in Afghanistan*, pp. 227 – 229.

② Minna Jarvenpaa, "A Political Settlement in Afghanistan: Preparing for the Long Game, Not the Endgame", in Wolfgang Danspeckgruber, ed., *Working Toward Peace and Prosperity in Afghanistan*, pp. 190 – 194.

③ Jonathan Owen, "Army Launches Investigation: Corrupt Afghans Stealing Millions from Aid Funds", March 7, 2010 (http://www.independent.co.uk/news/world/asia/army-launches-investigation-corrupt-afghans-stealing-millions-from-aid-funds-1917436.html).

④ Michael E. Hartmann, "Casualties of Myopia", in Whit Mason, ed., *The Rule of Law in Afghanistan: Missing in Inaction*, pp. 175 – 178.

⑤ 斯德哥尔摩国际和平研究所（Stockholm International Peace Research Institute）发布的报告显示，只有约 10% 的阿富汗经济属合法经济，其余都属黑市商业。参见 VICE News, "US Aid to Afghanistan Has Largely Been Wasted and Stolen, Report Says".

⑥ Mohammad Samim, "Afghanistan's Addiction to Foreign Aid".

性，从而导致政府能力的退化，形成所谓的"援助诅咒"。① 由于对外部援助高度依赖，受援国政客们大部分精力都用于迎合国际援助者，同时在很多情况下，外部援助者具有使用资金的权利，这意味着外援国（而非受援国公民）左右着受援国未来的发展方向。从长期来看，阿富汗对外援的高度依赖对本国经济与政治进程都会产生重大影响。②

第三，西方援助的不可持续性。西方援助的不可持续性一是指外援本身具有战略性和易变性，二是指这种特征不利于阿富汗国家的可持续发展。如上所述，随着外援增加，像阿富汗这样的弱国对外部的依赖性也会逐渐加深，而这种情况可能会损害受援国内部的机制化建设，并导致国家重建的目标与结果互为冲突。2009 年，外部援助在阿富汗国家预算和发展支出中约占 90% 至 95%，当时许多国际金融机构都强调这种援助不可持续，且可能加剧阿富汗国家的内在脆弱。③ 2010 年以后，国际社会对阿富汗的援助开始逐渐减少，④ 以美国为首的西方国家也随之减少了对阿重建和发展项目的监管力度，同时阿地方集团对外部资源的争夺却更趋激烈。罗伯特·杰维斯曾指出，假如对外援助使得一个穷国具备了政府的基本要素，却没发展出能够指导社会并从社会获得资源的强有力的国家，那么结果将是有效性的减少、较低的经济增长率，以及不稳定状况的出现。⑤

---

① 关于"援助诅咒"问题的提出，参见 Djankov S., Montalvo J. G., Reynal-Querol M., "The Curse of Aid", *Journal of Economic Growth*, 2008。

② Mohammad Samim, "Afghanistan's Addiction to Foreign Aid".

③ Zubeda Jalalzai, David Jefferess, *Globalizing Afghanistan*: *Terrorism*, *War*, *and the Rhetoric of Nation Building*, p. 10.

④ Carol J. Williams, "U. S. Aid to Afghanistan Exceeds Marshall Plan in Costs, not Results", August 1, 2014 (http://touch. latimes. com/#section/ - 1/article/p2p - 80958522/).

⑤ ［美］罗伯特·杰维斯:《系统效应——政治与社会生活中的复杂性》，第 59 页。

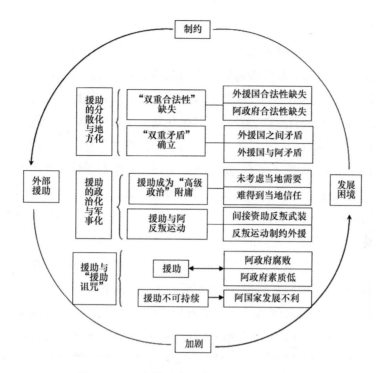

图6—1　西方援助在阿富汗的"恶性循环"

第四节　美国的困境与位置

　　通过对本章"外部援助"领域的分析我们发现，在外部国家分散且互不协调的援助方式，以及阿富汗独特社会结构的作用下，大量外援不仅加剧了阿富汗的政治腐败，削弱了中央政府的合法性权威，而且滋生了许多新的社会矛盾，进一步加剧了社会的分裂。美国等外部国家基于自身利益而非对象国民众需求而展开的援助活动，经常产生大量互为冲突的结果，以致他们的干预活动越深，对象国内部的关系就可能越紧张。

　　在导致美国对阿援助未能实现既定目标的诸原因中，阿富汗关系—结构权力的转化是其中重要的一个。而阿富汗的内部与外部关系结构又分别发挥了不同的作用。在内部关系结构的作用方面，外部国家在阿富汗地方的援助活动需要通过地方传统机构或地方精英的合作才能够顺利展开，这是因为后者在当地具备充分的地方知识及深厚的部落社会支持网络，而外国援助人员通常只有得到他们的配合，才能够在当地顺利配置资源，并将地方民众动员起来。通过获得配置发展项目与援助物资的权力，地方权力掮客得以增强自身的合法性与声誉及其与外部援助者讨价还价的能力，从而相对提升了他们在地方权力体系中的位置。另外，西方文化与当地传统文化之间的差异也不利于西方国家实现援助目标。换言之，通过阿富汗内部关系结构各要素的作用，西方援助（者）的权威、影响与效果被淡化。

在外部关系结构的作用方面，在很大程度上，外部援助者之间的关系制约了他们在阿富汗的援助活动。特别是外部国家互不协调的援助方式及其对阿富汗不同地方集团的资助，加剧了阿富汗中央与地方的分离，政府与民众的疏远，政府机构的腐化，以及地方传统权力关系的破坏。这些情况不仅无助于顺利推进援助活动，而且有可能被反叛武装利用，从而使反叛分子的权力位置相对获得提升。可见，在阿富汗关系—结构权力的转化下，美国（等西方国家）即使拥有雄厚的经济与军事资源，也难以在外部援助领域实现既定目标，以及获取更多的优势。

表6—2　　　　外部援助中阿富汗关系—结构权力的转化

措施	关系结构的作用	结果
召开国际会议；制定援助政策；大部分援助资金投向阿安全领域和地方层次；部分外援活动通过国际非政府组织操作	内部关系结构：分裂而多样化的社会结构与传统文化对外部援助项目效果的制约 外部关系结构：外国援助方式不协调及其支持不同地方集团对外援效果的制约	阿重建对外援的高度依赖；政府官员丧失改革动力；政府机构腐化加剧；外援者与阿政府双重合法性缺失；社会分裂加剧；地方传统权力关系遭破坏；反叛活动得以助长

结　语

本章主要探讨了外部援助在阿富汗的负面影响及其矛盾。本章总结了西方对阿富汗援助的分散化与地方化、政治化与军事化特征，以及西方援助加剧了阿富汗的"援助诅咒"。我们发现，美国等国家的对阿援助产生了许多违背初衷的后果，他们拥有的雄厚的财力与物力未能使其在阿富汗外部援助领域中实现既定目标并获取更多的优势。

阿富汗外部援助体系的情况至少反映了三个问题。一是援助应通过阿富汗政府还是直接向各地方提供？根据德国学者卡特娅·米尔克（Katja Mielke）的观点，在理论上，通过政府渠道似乎更为理想，因为这会加强政府的财政能力与社会责任，使民众与政府更为亲近。但阿富汗政府部门的腐败与低效使之难以合理应用和配置外援资金。相对而言，直接向地方提供援助的方式效率更高，但却可能削弱中央政府的权威与能力，增加地方精英的权力资源，从而加剧阿富汗国家权力的"碎片化"。① 二是外援国之间的分歧问题。在美国学者斯蒂芬·M. 沃尔特（Stephen M. Walt）看来，如果缺乏共同的政治利益，即使巨额对外援助计划也不能展开有效的合作。为使援助发挥效用，外部援助者需要在基本的利益上达成共识并愿意容忍出现的分歧。② 阿富汗外部援助者之间就体现出这种分歧及有限的共识。三是外援国对于自身利益的关注及其援助动机的问题。在阿富汗，许多外援者的目的主要是增加自身战略利益，未能充分考虑当地民众的需求，也难以使外援带来可持续的积极效果。

---

① 对于国际非政府组织在阿富汗各地方活动的介绍，参见 Katja Mielke，"Constructing the Image of A State"，in Conrad Schetter，ed. ，*Local Politics in Afghanistan：A Century of Intervention in Social Order*，pp. 254 - 263。

② ［美］斯蒂芬·M. 沃尔特：《联盟的起源》，周丕启译，北京大学出版社 2007 年版，第 218—232 页。

第七章　美国公共外交的
反恐作用与局限[*]

在美国公共外交的发展历程中，世界格局及国际形势的变化是一个重要的影响因素。在 20 世纪两次世界大战期间，美国政府开始有组织地实施对外宣传和文化交流，出现了现代意义上的公共外交活动。步入冷战时期，美国公共外交日益成熟和制度化，这一阶段美国公共外交活动是在美苏两极格局的背景下实施的，主要针对苏联等社会主义国家进行政治宣传。美国新闻署（U. S. Information Agency，USIA）等部门开展的公共外交活动对于美国取得外交优势发挥了重要作用。冷战结束后，美国的经济、军事及文化实力在全球范围内取得了绝对优势，认为西方意识形态战胜了共产主义，几乎没有继续大力投资公共外交的必要，美国公共外交的发展由此陷入衰落时期。美国公共外交部门的结构与功能也相应发生了较大变动，一些公共外交机构被撤销或合并。①

＊ 本章部分内容已发表，参见富育红《美国公共外交的反恐作用与局限》，《美国研究》2019 年第 1 期。

① 美国公共外交演化的主要里程碑包括：20 世纪 30 年代末与拉美的文化交流项目；1942 年成立"美国之音"（Voice of America，VOA）；1946 年成立战争情报办公室（Office of War Information，OWI）与富布赖特交流项目；1953 年成立美国新闻署；1977 年成立教育与文化事务局（CU）。参见黄平《美国对阿拉伯—伊斯兰世界的非传统公共外交》，《阿拉伯世界研究》2013 年第 4 期；梁昌明《绩效视角下的美国公共外交研究：1945—2011》，博士学位论文，山东师范大学，2015 年，第 44 页；Association for Diplomatic Studies & Training，"Public Diplomacy"，An Online Exploration of Diplomatic History and Foreign Affairs（http：//www. usdiplomacy. org/diplomacytoday/contemporary/public. php）。

　　"9·11"事件爆发以后，美国政府重新重视发展公共外交，且调整了国家安全战略，将打击国际恐怖主义作为国家安全的首要关注。小布什政府强调军事手段在反恐战争中的运用，使美国在伊斯兰世界的形象严重受损。同时伊斯兰激进主义和反美主义的推进，为以"基地"组织为代表的全球"圣战"恐怖主义发展提供了空间。① 美国逐渐意识到过度使用武力打击恐怖主义会适得其反，单纯的军事权力不足以解决反恐战争等现代争端，因此有必要通过推行"赢得人心"的战略来增加反恐有效性，在憎恨或误解美国的地区加大公共外交攻势。② 为此，美国国务院成立一些部门整体协调、加强公共外交，③ 试图通过传媒手段、文化教育与人员交流，以及提供发展援助等公共外交形式促进伊斯兰世界对美国的正面认知，赢得"争取人心"的战争。奥巴马政府上台后进一步调整了小布什政府以军事手段为主导的反恐政策。奥巴马总统本人谋求利用话语力量改变伊斯兰世界对美国的看法，阻止恐怖主义意识形态传播；④ 奥巴马政府将反恐重心聚焦于阿富汗和巴基斯坦；加强公共外交战略中的"公众接触"方式，以及社交媒体的应用，推动教育与文化

---

　　① 余建华等：《恐怖主义的历史演变》，上海人民出版社 2015 年版，第 241—244 页。

　　② 唐小松、王义桅：《美国公共外交与反恐战争悖论》，《美国问题研究》2004 年第 1 期。

　　③ 比如美国于 2001 年 10 月成立"白宫联合信息中心"（White House Coalition Information Center)，旨在针对本·拉登的反美宣传、报道及时做出回应；2002 年 9 月组建"战略沟通政策协调委员会"（Strategic Communication Policy Coordination Committee)，10 月成立"全球传播办公室"（The Office of Global Communications)，12 月成立"跨部门战略沟通混合小组"（Interagency Strategic Communications Fusion Team)。为统一上述部门活动，美国国务院于 2004 年成立"政策及计划资源处"（Office of Policy, Planning and Resources)。为加强与阿拉伯和伊斯兰地区的沟通和交流，美国于 2003 年 7 月成立"阿拉伯与伊斯兰世界公共外交咨询小组"（The Advisory Group on Public Diplomacy for the Arab and Muslim World)，2004 年 7 月成立"伊斯兰世界拓展政策协调委员会"（Muslim World Outreach Policy Coordinating Committee)。另外为影响伊斯兰国家和地区知识分子对美国的态度而设立富布莱特伊斯兰专家交流项目。为加强对中东国家和地区的宣传攻势，美国广播董事会也开展了一系列与公共外交相关的活动。参见梁昌明《绩效视角下的美国公共外交研究：1945—2011》，第 133—137 页。

　　④ ［美］埃里克·施密特、［美］汤姆·尚卡尔：《反恐秘密战——美国如何打击"基地"组织》，洪漫译，新华出版社 2015 年版，第 132—133 页。

交流、国际广播服务、非政府组织和学术机构等在公共外交中的作用；强调实施以互相尊重和信任为目标的公共外交政策。① 有学者认为小布什政府时期美国公共外交主要服务于反恐目标，因此被称为"反恐公共外交"，奥巴马政府时期侧重于数字外交和非政府组织在公共外交中的作用，因此被称为"社会外交"。② 虽然侧重有所差异，但两届政府在官方表述中都将打击国际恐怖主义作为国家安全战略的首要关注，并承认公共外交在反恐行动中能够发挥不可替代的作用。

美国总统特朗普在 2017 年底发布的《国家安全战略报告》中仍将打击国际恐怖主义作为一项优先任务，强调了公共外交对于激活当地网络、推动信息传播以打击暴力极端主义意识形态的重要性。但与奥巴马任期相比，特朗普政府的公共外交政策体现出几个特点：一是虽然特朗普政府重新强调了对打击"伊斯兰国"等恐怖主义势力议题的关注，但在实践中加强了军事手段在反恐行动中的应用，对公共外交反恐效用的重视相对下降。二是特朗普总统更善于在国际社会利用"推特"（Twitter）等社交媒体平台发布观点，掌握舆论反馈。三是特朗普政府采取了一些不受伊斯兰国家和地区欢迎的政策，比如对部分伊斯兰国家实行旅行禁令，宣布承认耶路撒冷为以色列首都，并将美驻以使馆迁往耶路撒冷等，可能再度激发中东地区极端主义和恐怖主义势力反弹。四是特朗普任内政府人

---

① Saba Bint Abbas, "International Educational Exchange Programs as A Modality of Public Diplomacy: An In-depth Analysis of the Fulbright Pakistan Program", August 2015, p. 18 (https://www. researchgate. net/profile/Saba_ Abbas/publication/282211771_ INTERNATIONAL_ EDUCATIONAL_ EXCHANGE_ PROGRAMS_ AS_ A_ MODALITY_ OF_ PUBLIC_ DIPLOMACY_ AN_ IN-DEPTH_ ANALYSIS_ OF_ THE_ FULBRIGHT_ PAKISTAN_ PROGRAM/links/5607cee708aea25fce3a5241/INTERNATIONAL-EDUCATIONAL-EXCHANGE-PROGRAMS-AS-A-MODALITY-OF-PUBLIC-DIPLOMACY-AN-IN-DEPTH-ANALYSIS-OF-THE-FULBRIGHT-PAKISTAN-PROGRAM. pdf).

② 罗爱玲：《美国政府中东公共外交：目标、内容与成效分析》，《国际关系研究》2014 年第 3 期。

事变动频繁,① 不利于各公共外交机构行动和资源的协调与整合,难以改善美国公共外交缺少长期战略规划和连贯有序策略的不足。

目前美国国务院是美国公共外交的核心机构,国务院的公共外交工作由公共外交和公共事务副国务卿负责。2010 年 9 月,美国政府在国务院公共外交和公共事务局成立了"战略反恐传播中心"(CSCC),它是一个以国务院为基础的跨部门机构,旨在协调、指导政府各部门反对恐怖主义和暴力极端主义的战略传播行动。② 此外美国国防部多个部门也主导着心理战等隐蔽的战略传播活动。与传统公共外交时代相比,后"9·11"时代美国公共外交活动具有两个明显特点。第一,各种非政府组织、跨国公司、智库及个人等非国家行为体的作用日渐突出。比如布鲁金斯学会、美国企业研究所、对外关系委员会、传统基金会、美国和平研究所、战略与国际研究中心等著名智库为美国政府如何有效开展公共外交提出政策建议和方案。③ 第二,互联网和新媒体平台使美国公共外交具有了新的形式。比如 2006 年美国国务院成立了"数字外联小组"(Digital Outreach Team,DOT),旨在直接与中东地区民众接触,④ 从以前依赖广播、电视与印刷等传统媒介的"单向"传播模式,转型为运用新媒体、政府参与对话的"双向"互动传播模式。美国公共外交在

---

① 美国公共外交和公共事务副国务卿史蒂芬·戈尔茨坦(Steven Goldstein)于 2018 年 3 月被解雇,由诺特(Heather Nauert)担任公共外交和公共事务代理副国务卿。参见 Michael K. Lavers,"Tillerson Out as Secretary of State",March 14,2018(http://www.watermarkonline.com/2018/03/14/tillerson-out-as-secretary-of-state/);徐乾昂:《美国务院新任发言人给俄罗斯取绰号:深海触手怪》,2018 年 3 月 28 日,观察者网(https://www.guancha.cn/america/2018_03_28_451872.shtml)。

② 关于美国政府对外文化事务机构发展,详见董小川:《美国对外文化事务机构变迁(1917~2010 年)》,载刘德斌主编《公共外交研究》(第一辑),社会科学文献出版社 2018 年版,第 280—305 页;Hamilton Bean,Amanda Nell Edgar,"A Genosonic Analysis of ISIL and US Counter-Extremism Video Messages",*Media*,*War & Conflict*,Vol. 10,No. 3,2017,p. 329.

③ 王莉丽:《美国公共外交中智库的功能与角色》,《现代国际关系》2012 年第 1 期。

④ Michael Thelwall,"American Public Diplomacy Towards the Arab World in the Digital Age",All ARD Projects,2010 – 2011(https://cddrl.fsi.stanford.edu/arabreform/research/american_public_diplomacy_towards_the_arab_world_in_the_digital_age)。

方法、策略上呈现出明显的创新。①

　　总体上，"9·11"后美国历届政府的反恐怖主义政策都强调了公共外交的作用，他们在中东、南亚等反恐前沿地区实施的公共外交未能跳出反恐框架。然而美国在恐怖主义活动高发地带投入大量公共外交的努力未能遏制暴力极端主义思想蔓延，缓解地区强烈的反美情绪。本章以反恐背景下美国对阿富汗、巴基斯坦的公共外交为例，试图梳理和分析公共外交发挥反恐作用的方式与局限，从而在学理层面进一步挖掘不同的权力方式在反恐怖主义活动中的应用，理解美国的公共外交努力常常适得其反的原因。

第一节　公共外交的反恐作用：文献与观点

　　1965 年，塔夫茨大学弗莱彻法律及外交学院院长埃德蒙·古利恩（Edmund Gullion）提出公共外交是"一国政府为争取他国民心而采取的公关行动"，这一界定被普遍视为现代意义上"公共外交"术语的起源。随着国际局势不断发展，公共外交的定义不断发生变化，不同机构和学者也在不断为公共外交概念赋予新的内涵。② 在国务院新闻办原主任赵启正先生看来，公共外交一般指政府外交以外的各种对外交流方式，但实践中那些"主观上并非为公共外交进行，客观上起到传播和提升本国国家形象的作用，具有公共外交效果的言论行为"也被纳入广义公共外交的研究范围。公共外交往往按活动内容、参与主体而冠以各种名称。③ 近年，关于公共外交反恐作用的议题受到国内外很多学者关注。以公共外交方式推进反恐有效性既反映了 21 世纪世界政治权力的变迁，也受到国际恐怖

---

　　① 赵鸿燕、戴长征：《美国公共外交的传播瓶颈及其启示》，《现代国际关系》2013 年第 1 期。

　　② 刘德斌：《公共外交时代》，《吉林大学社会科学学报》2015 年第 3 期。

　　③ 因此本书将能传播和提升本国国家形象，具有公共外交效果的"援助外交"活动划为公共外交范畴。参见赵启正、雷蔚真《中国公共外交发展报告（2015）》，社会科学文献出版社 2015 年版，第 3—5 页。

主义演变趋势的影响。公共外交的信息传播、社会接触和增进利益功能在推进反恐有效性中发挥着重要作用。

一　关于公共外交反恐作用的既有解释

清华大学学者周庆安和田媛媛指出，从 Sage 等数据库检索的情况来看，2012 年以后关于反恐与公共外交的研究逐年增加。如何在反恐背景下开展公共外交活动，争取国际舆论对于各国反恐活动和反恐政策的支持，成为国际学术界研究逐渐热门的方向。[①] 在已有探讨中，公共外交的反恐作用主要涉及如下三个方面。

第一，公共外交的信息传播功能有助于"增信释疑"，获得他国公众对本国反恐政策的理解和积极态度。美国对外关系委员会"公共外交"独立课题研究组成员彼得·G. 彼得森（Peter G. Peterson）认为，由于民众获得信息的渠道增多，对全球事务产生更多直接或间接的影响，一国通过持续、协调的公共外交活动影响对象国公众，为成功推进对外政策奠定民意基础。[②] 然而，一国通过公共外交活动获得对象国公众的理解和积极态度，是否意味着他们会积极配合、参与该国的反恐行动？这里存在两种可能。一是对象国公众对一国（某些方面）的好感和理解，并不等于他们对该国政府反恐政策持有支持态度。二是即使对象国公众对该国政府的反恐政策持有支持态度，也未必会在行动上配合、参与该国的反恐行动。社会心理学研究指出，在某些情况下，社会压力也能导致个体的行动与态度不一致。[③] 比如如果对象国公众面临反叛武装的安全压力或社会规范压力，就可能导致他们的行为违背自己的态度和

---

① 周庆安、田媛媛：《2013—2014 年国际学术界对公共外交的理论探索》，载赵启正、雷蔚真《中国公共外交发展报告（2015）》，第 289—290 页。

② Peter G. Peterson, "Public Diplomacy and the War on Terrorism", *Issue Terrorism & Counterterrorism U. S. Foreign Policy*, September/October 2002（https://www.foreignaffairs.com/articles/2002-09-01/public-diplomacy-and-war-terrorism）.

③ ［美］戴维·迈尔斯：《社会心理学纲要》（第 6 版），侯玉波、廖江群等译，人民邮电出版社 2014 年版，第 90 页。

信念。

第二，公共外交的信息传播功能有助于传播反极端主义叙事。目前各种国际、区域性恐怖主义组织通过宣传活动不断扩大存在与影响，澳大利亚国立大学的英格拉姆（Haroro J. Ingram）提出反恐怖主义力量应吸取历史经验与教训，加强战略沟通行动在反恐中的作用。[①] 瑞典隆德大学战略传播高级讲师詹姆斯·帕门特（James Pamment）认为，公共外交是"界定反恐战争的目的，以及参与世界反极端主义舆论中间地带的重要方式"。[②] 南加州大学公共外交中心主任菲利普·赛博（Philip Seib）在《公共外交、新媒体和反恐》中强调公共外交和媒体平台有助于打击极端主义意识形态，构建有效的反恐话语体系，切断恐怖分子接触公众的渠道。[③] 不过，通过公共外交活动传播反极端主义叙事也存在局限。英国国防学院研究人员史提夫·塔瑟姆（Steve Tatham）将信息传播视为一个沟通系统，他认为 A 将信息传播给 B 的效果不仅取决于信息内容本身和外部条件，而且也取决于 B 的想法和行动，而 B 的想法和行动又受到 A 的态度和行为，以及 B 对 A 的预期和认知等因素的影响。[④] 换言之，一国对外传播活动的效果受限于环境、信息内容、信息的传播方和接收方在习惯、交流方式和认知结构等方面的差异。

---

① Haroro J. Ingram, "A Brief History of Propaganda During Conflict: Lessons for Counter-Terrorism Strategic Communications", *ICCT Research Paper*, June 2016（https://www.researchgate.net/profile/Haroro_Ingram/publication/303739881_A_Brief_History_of_Propaganda_During_Conflict_A_Lesson_for_Counter-Terrorism_Strategic_Communications/links/5988143fa6fdcc7562586217/A-Brief-History-of-Propaganda-During-Conflict-A-Lesson-for-Counter-Terrorism-Strategic-Communications.pdf）.

② ［英］詹姆斯·帕门特：《21世纪新公共外交：政策和实践的比较研究》，叶皓等译，南京大学出版社2016年版，第32页。

③ Philip Seib, "Public Diplomacy, New Media, and Counterterrorism", *Figueroa Press*, March 2011（http://stage.uscpublicdiplomacy.org/sites/uscpublicdiplomacy.org/files/useruploads/u35361/2011%20Paper%202.pdf）.

④ Rıza Güler, "The Role and Place of Strategic Communication in Countering Terrorism", *The Journal of Defense Sciences*, Vol. 11, Issue 2, November 2012, p. 11.

第三，公共外交能够帮助打击长期、潜在的恐怖主义威胁。威斯康星大学蕾拉·萨利赫（Layla Saleh）博士指出，目前美国的策略是通过硬权力手段打击短期恐怖主义威胁，通过（公共外交等）软权力手段打击长期恐怖主义威胁，通过巧权力手段打击综合性恐怖主义威胁。[①] 此类观点隐含的逻辑是，恐怖主义滋生与所在国社会、经济问题密切相关。比如在阿富汗、巴基斯坦等经济社会发展相对落后的伊斯兰国家和地区，青年人群体在国家人口结构中占据较大比重，且大多生活贫困，缺乏正当生计手段，文化教育水平较低，容易受到极端和恐怖主义组织引诱或鼓动。因此通过公共外交活动促进社会、经济发展，以及推动个体"去极端化"，有助于从源头上打击恐怖主义威胁。这使得美国塔夫茨大学弗莱彻法律与外交学院教授艾伦·K. 亨里克森（Alan K. Henrikson）相信，通过公共外交遏制恐怖主义威胁的方式具有预防和早期应对（Early-Reactive）的性质。[②] 不过，恐怖主义现象在不同国家、地区的成因十分复杂，在很多情况下，恐怖主义与贫困、教育往往没有直接、必然的因果联系，一些来自中上阶层、受过良好教育的个体可能更易于秉持暴力极端主义思想。在某些情况下，通过公共外交提高反恐有效性的做法难以奏效。

总体来看，关于公共外交反恐作用的已有讨论涉及传播学、心理学、社会学、政治学和国际关系学等多门学科，为"公共外交"和"反恐"两个领域的理论和实践提供了新的研究话题和方向，不仅使得打击恐怖主义成为拓展公共外交研究范围的突破口，而且有助于从理论和实践上挖掘公共外交在反恐中的可行性和途径，为综合应对恐怖主义等非传统安全威胁提供政策思考。不过，国内外对

[①] Layla Saleh, "Soft Power, NGOs, and the US War on Terror", *Dissertations & Theses-Gradworks*, 2012（https：//dc. uwm. edu/cgi/viewcontent. cgi？article = 1069&context = etd）.

[②] Alan K. Henrikson, "What Can Public Diplomacy Achieve?", *Discussion Papers in Diplomacy*, Netherlands Institute of International Relations ' Clingendael ', p. 19（https：//www. peacepalacelibrary. nl/ebooks/files/Clingendael_ 20060900 _ cdsp _ paper _ dip _ c. pdf）.

该问题的探讨和分析主要散见于公共外交、反恐、美国在伊斯兰世界的政策等问题相关文献的部分段落或章节，对该课题进行专门性研究的文献相对不足。而且既有探讨鲜有结合国际恐怖主义活动演变特点，对公共外交发挥反恐作用的方式及局限进行的系统性梳理。

二 公共外交发挥反恐作用的背景

公共外交发挥反恐作用的背景主要体现在两个方面。第一，以公共外交推进反恐有效性反映了 21 世纪世界政治权力的变迁。如前文所述，在世界政治权力日益扩散，全球化进程中利益交错与信息盘绕日趋明显，社会多元化不断发展的背景下，约瑟夫·奈提出的"三维棋盘的权力分配模式"将世界权力分为上、中、下三个层次，分别为军事权力、经济权力和跨国关系的分散权力所占据。[①]这意味着在最下层跨国安全威胁的应对中，美国仅靠军事和经济手段难以取得成功。世界政治权力的变迁使得软权力方式逐渐成为实现国家战略意图的重要手段，文化、信息和通信成为安全领域的重要战略资产。[②]公共外交作为连接硬权力和软权力的重要工具，成为各国把控、解决各类潜在冲突的新手段。正如研究"反叛乱"的专家戴维·基尔卡伦指出，美国的软权力（包括国际声誉、道德权威、外交分量、说服能力、文化吸引力，以及战略可信度）不再是军事力量的附属物，它成为能够独立运行的环境的关键性促成者，从而显著减少应对"基地"组织这样的威胁国际领导的摩擦力和困难，在国家权力的各个核心要素中（外交的、信息的、军事的和经济的）进一步取得平衡。[③]

---

① ［美］约瑟夫·奈:《论权力》（第二版），王吉美译，中信出版社 2015 年版，前言第 18 页。

② 吴泽林:《中国公共外交发展研究综述》，《江南社会学院学报》2012 年 9 月。

③ ［澳］戴维·基尔卡伦:《意外的游击战——反恐大战中的各类小型战争》，第23 页。

　　第二，以公共外交推进反恐有效性受到国际恐怖主义活动演变趋势的影响。"9·11"之后国际反恐阵营的严厉打击使"基地"组织等主要恐怖主义组织从中央领导式等级制的组织向去中心化、网状化和地方化方向发展，目前很多主要的国际恐怖主义组织同时兼具"全球"与"地方"，"恐怖"与"反叛"的性质。一方面，主要国际恐怖主义组织在遭受国际反恐阵营打击后不断寻求"替代性空间"重新部署。南非大学研究员泰拉（Oluwaseun Tella）认为，很多恐怖或叛乱组织在失败或脆弱国家治理缺失的地区创建"地方政府"，为民众提供基本服务，日益重视用"软权力"来补充他们的"硬权力"。一些当地民众不会给他们贴上"恐怖主义"标签，甚至为他们的活动提供直接或间接的帮助。[①] 另一方面，主要国际恐怖主义组织利用各种媒体平台在国际范围内进行宣传，通过全球化工具而获得广泛的连通性和凝聚力。[②] 在宣传内容方面，很多恐怖主义组织经常以宗教名义将恐怖活动"合法化"，为伊斯兰教义赋予极端解释，吸引了很多对政府失去信心的穆斯林民众；他们还善于利用西方国家的政策失误与矛盾，将自身描绘为受西方"侵略者"压迫的穆斯林弱者形象，以此赢得广大穆斯林同胞的同情和支持，强化身处其他地区的部分穆斯林民众对他们"反抗"事业的认同。

　　可见，在某种程度上，恐怖主义和反恐怖主义力量之间存在着对于广大民众的"争夺"。在英国反恐专家黛博拉·布朗（Deborah Browne）和安德鲁·希尔克（Andrew Silk）看来，恐怖主义在根本上是关于"影响力"的争夺之战，始终围绕着"一小群人如何深刻地影响更为广泛群体的生活"而展开。赢得一场反恐战争或反叛乱运动，并不一定包含可量化的成功指标，相对无形的"人心"因

---

　　① Oluwaseun Tella, "Boko Haram Terrorism and Counter-Terrorism: The Soft Power Context", pp. 1 – 15.
　　② ［澳］戴维·基尔卡伦：《意外的游击战——反恐大战中的各类小型战争》，第22页。

素似乎起着更大的作用。① 如前文提到的，在伊拉克战争和阿富汗战争后期，美国提出了以"民众"为中心、重视社会治理的平叛战略，取代原来以"敌人"为中心、强调军事手段的反恐行动。他们在对象国通过加强与地方民众的接触和社会重建工作，重视铲除极端暴力活动滋生的环境，关注赢得"民心"的努力，力图使民众站在政府一边打击恐怖（反叛）分子。②

三　公共外交发挥反恐作用的方式

公共外交的信息传播、社会接触和增进利益等功能，使公共外交实施者（和反恐怖主义者）有机会获得别国目标受众的信任，从而使得构建反恐怖主义话语体系，以及动员目标受众参与反恐合作的行动更为有效，且主要体现在如下几个方面。

第一，公共外交信息传播功能的反恐作用。公共外交是外交沟通中的一种重要解释性力量。③ 比如媒体外交和军事公共外交（如战略沟通行动和心理战）的信息传播功能，能够在目标地区传播公共外交实施者（和反恐怖主义者）的慈善意图与反极端主义叙事。然而，这些信息对目标受众来说必须可靠、值得信任，尤其是信息传播的内容和方式符合目标受众的特征和当地环境、传播范围波及面广，以及信息传递者本身符合目标受众的信任倾向，才可能斩断潜在恐怖分子的极端暴力思想，使恐怖分子同情者和支持者认清恐怖主义的本质与危害，动员广大民众参与反恐事业。

第二，公共外交社会接触功能的反恐作用。社会心理学研究认为，接近性和互动有助于增加各方对彼此的喜爱程度，带来容忍，减少偏见，尤其是合作与地位平等的接触能使各方对彼此的态度产

---

① ［英］安德鲁·希尔克：《反恐心理学》，第 115—116 页。
② Chris Arney, Zachary Silvis, Matthew Thielen, Jeff Yao, "Modeling the Complexity of the Terrorism/Counter-Terrorism Struggle: Mathematics of the Hearts and Minds", pp. 31 – 46.
③ ［英］詹姆斯·帕门特：《21 世纪新公共外交：政策和实践的比较研究》，第 1—2 页。

生积极影响。① 比如文化外交、援助外交、民间外交和军事公共外交的社会接触功能，能够使目标受众直接感受公共外交实施者（和反恐怖主义者）的慈善意图，从而帮助后者建立社会关系网络，配合或参与反恐任务。同时，由于群体间接触的条件和本质决定目标受众的态度转变，② 因此公共外交实施者（和反恐怖主义者）在社会接触中最重要的是保持平等和尊重的心态与方式。

第三，公共外交增进利益功能的反恐作用。合作是开展有效公共外交的核心，同时有效的公共外交方式具有互惠性。③ 比如援助外交和军事公共外交的增进利益功能，能够使公共外交实施者（和反恐怖主义者）帮助解决目标地区社会经济发展问题，使当地民众相信他们有能力降低社会环境对恐怖主义活动的支持力度，帮助当地民众摆脱恐怖与暴力威胁，满足当地民众的需求和利益。公共外交实施者（和反恐怖主义者）需要制定独立、连贯、恰当的公共外交政策，才可能使目标受众相信他们具有增进当地民众切身利益的能力和慈善意图。

此外，公共外交在国际层面的反恐作用也不容忽视。艾伦·K.亨里克森认为，最坚固的公共外交不仅是"双边的"，而且是"多边的"。尤其在打击恐怖主义和宗教极端主义等全球性安全威胁中，各国、国际组织也需要通过（公共外交）合作来遏制和削弱恐怖主义等威胁。④

在以公共外交方式推进反恐有效性中，"信誉"是一个重要环节。信誉能够帮助公共外交实施者和反恐怖主义者在当地建立社会关系及资源，促进国际公众相互理解与信任、改善本国所处的国际环境，是开展公共外交工作的关键，以及有效推进反恐合

---

① 　[美] 戴维·迈尔斯：《社会心理学纲要》（第 6 版），第 376—384 页。

② 　如果两个互相持有负面情绪的群体只有表面的接触，那么只能恶化局势。参见 Saba Bint Abbas, "International Educational Exchange Programs as A Modality of Public Diplomacy: An In-depth Analysis of the Fulbright Pakistan Program", p. 33。

③ 　Alan K. Henrikson, "What Can Public Diplomacy Achieve?", p. 6.

④ 　Ibid. , pp. 14 – 19.

作的基础。不过，对此还需要强调两个问题：一是"信誉"的流失问题；二是外部介入与"本土化框架"的关系问题。"信誉"作为一种重要的社会关系和行动的资源，它一旦流失就很难修复，而且容易抵消已取得的成果。正如美国国际安全事务分析人士列格·斯维托（Oleg Svet）认为，通过公共外交活动与当地民众建立的关系需要长期培养，已有的努力可能仅因为一些负面言辞而遭受挫折和摧毁。①

乔治敦大学教授约翰·L. 埃斯波西托（John L. Esposito）和盖洛普穆斯林研究中心资深分析人员达丽亚·莫格海德（Dalia Moga-hed）指出，很多中东地区穆斯林民众对美国的言辞和行动具有心理上的防御性反应，认为来自美国（即使是善意）的言辞是一种"伪善"。这主要是因为，在文化上不受尊重、政治上受支配的感受和冲突尖锐的现实，成为他们看待西方，尤其是美国的行动和言辞的"滤光镜"。比如对于美国总统特朗普承认耶路撒冷为以色列首都的做法，中国学者马晓霖认为这并非单纯的政治议题，而是关系到伊斯兰世界的情感，对美国与伊斯兰世界关系会产生长远影响。② 因此约翰·L. 埃斯波西托和达丽亚·莫格海德提出，西方在中东穆斯林社会的行动应以谨慎、连贯、尊重的方式向前推进，"置首要之事于首要之位"，在行动前首先对穆斯林民众的优先考虑有所了解，并将活动置于本土文化和宗教框架下推进。③ 戴维·基尔卡伦也认为，相较于西方国家而言，基于穆斯林社区本土的倡

---

① Oleg Svet，"Public Diplomacy: War by Other Means"，*NIMEP Insights*，September 2007，pp. 69 ÷ 81（http: //tiglarchives. org/sites/default/files/resources/nimep/v3/public_diplomacy. pdf）.

② 闫洁、郑昊宁：《触碰关乎情感的"红线"特朗普中东政策怎么走?》，2017 年 12 月 7 日，新华网（http: //www. xinhuanet. com/world/2017 - 12/07/c_ 129758795. htm）。

③ ［美］约翰·L. 埃斯波西托、［美］达丽亚·莫格海德：《谁代表伊斯兰讲话? 十几亿穆斯林的真实想法》，晏琼英译，中国社会科学出版社 2013 年版，第 163—178 页。

议和活动更有力量，也更加可信。① 为此，尤其在"国家"与"社会"关系薄弱的地区开展公共外交和反恐行动时，需要强调与当地团体（尤其是领袖和精英人物）建立合作关系，在军事行动后实施有针对性的发展援助和长期的安全措施。② 正如新加坡管理大学助理教授尤金·谭（Eugene K. B. Tan）认为，恐怖主义威胁本质上具有现实性和观念性，恐怖分子的目标是煽动恐惧和分歧，仅靠执法和武力手段的反恐行动会适得其反，维护社会凝聚力和恢复力是开展有效反恐的关键。③

第二节　美国对阿、巴公共外交的反恐作用

约瑟夫·奈指出，信息革命下的世界政治已成为一场争夺可信度的竞争，增强自身可信度，以及削弱对手可信度成为国际政治权力竞争的主要手段。④ 对可信度的争夺不仅存在于国家之间，那些盘踞在阿富汗、巴基斯坦边境部落地区的各反叛和恐怖组织，也通过宣传、接触和提供公共产品等方式对地方民众施加影响，以增加自身的可信度，削弱政府及其西方支持者的可信度。在阿、巴边境部落地区，广播是民众获取信息的主要渠道，因此也成为阿塔利班、巴塔利班、"基地"组织，以及"伊斯兰国"等反叛和恐怖组织开展宣传和招募的重要途径。比如本土塔利班反叛武装于2003年、2005年分别开启了地方广播"电台毛拉"和"沙利亚电台"，主要传播经严苛解释的伊斯兰教义、反西方及威胁报复当地政府和安全机构人员的信息。如今反叛武装设立的广播电台仍在该地区运

---

① ［澳］戴维·基尔卡伦：《意外的游击战——反恐大战中的各类小型战争》，第24页。

② 同上书，第82页。

③ Eugene K. B. Tan, "Mutual Trust Is Central in Efforts to Counter Terrorism", June 20, 2017（http://www.todayonline.com/commentary/commentary-mutual-trust-central-efforts-counter-terrorism）.

④ ［美］约瑟夫·奈：《理解国际冲突：理论与历史》，第279—280页。

行。同时他们还在阿、巴边境部落地区以散发光碟、磁带、恐吓信，以及编写民歌、诗集等形式展开宣传。另外，互联网和社交媒体也是该地区各种反叛和恐怖主义组织不断向城市地区渗透的活动平台。①

由于阿、巴两国政府对边境部落地区民众的接触和控制能力有限，这种"不受管辖"的状态使得各种反叛和恐怖主义组织易于直接接触地方民众并施加影响。尤其"9·11"以后随着"国家资助型"恐怖主义的衰落，恐怖主义组织与其支持者之间的关系比过去更加重要，大多数反叛和恐怖组织都制定了内部规则用来培养和维持其支持者，以及削弱政府合法性。② 比如阿塔利班曾四次颁布组织行为准则，强调根据宗教教义和道德规范与平民相处、避免平民伤亡。③ 他们还通过设立"影子政府"为地方民众提供司法服务等。另外，"基地"组织也在阿巴（和也门等）部落地区采取相对温和的策略，试图在当地笼络人心，以建立长期优势。

如上所述，"9·11"事件以后，美国以打击恐怖主义为突破口，通过各种公共外交项目拓展外交渠道和资源，应对来自恐怖主义的威胁与挑战。在阿富汗和巴基斯坦，美国公共外交活动的范围十分广泛，下面主要以美国对阿富汗的媒体外交和军事公共外交，以及对巴基斯坦的文化外交和援助外交为考察对象。

第一，美国对阿富汗媒体外交的反恐作用。美国积极利用广播

---

① 据亚洲基金会估计，约88%的阿富汗人拥有收音机，约63%的阿富汗人每天都收听广播。尤其在阿富汗广大农村地区，广播是非常重要的媒介。参见 Taylor Smoot, "United States Soft Power-Free and Open Media to Bolster Afghan Democracy", January 2012, pp. 61 – 72 (https: //dspace. cuni. cz/bitstream/handle/20. 500. 11956/46938/DPTX _ 2011_ 1_ _ 0_ 296833_ 0_ 115981. pdf? sequence = 1)。

② ［英］安德鲁·希尔克：《反恐心理学》，第119—120 页。

③ Thomas H. Johnson, Matthew C. DuPee, "Analysing the New Taliban Code of Conduct (Layeha): An Assessment of Changing Perspectives and Strategies of the Afghan Taliban", February 16, 2012 (http: //www. tandfonline. com/doi/full/10. 1080/02634937. 2012. 647844? scroll = top&needAccess = true).

等传统媒体影响当地民众的态度和行为，边缘化极端主义力量。①
2006 年 10 月，美国启动了美国之音普什图语广播光明电台，受众
对象主要是阿、巴边境部落地区约四千万普什图民众。在广播节目
中，巴基斯坦政治人物和记者经常被邀作嘉宾，回答来自阿巴两
国，以及中东等地区听众的问题。② 此外，积极利用网络等新媒体
平台促进公民社会的培育，抵制恐怖主义叙事也是近年美国公共外交
的重要内容。如上所述，2010 年美国国务院设立的"战略反恐传播
中心"旨在指导和协调政府部门在国外的沟通行动，打击恐怖主义
和暴力极端主义。2011 年 9 月以后驻阿美军和北约部队与阿塔利班
在推特（Twitter）微博上展开"宣传战"，可见新媒体平台已成为双
方的另一战场。③

　　黛博拉·布朗和安德鲁·希尔克认为，媒体的影响力在（反恐
的）"人心之战"中起到基础性作用。"无论谁传达了最引人注目的
信息，都会明显地提高获胜的概率。"④ 美国之音光明电台是普什图

---

　　① 2006 年以后，阿富汗媒体机构数量平均每年增长约 20%。在阿富汗国内影响最
大的三个电视台中，Tolo 和 Ariana 主要由美国资助，观众分别占总数约 68% 和 47%。参
见 Joshua Frey, "The Afghanistan Effect: Understanding Afghanistan's Media Landscape",
March 14, 2012 (http: //uscpublicdiplomacy. org/blog/the_ afghanistan_ effect_ understand-
ing_ afghanistans_ media_ landscape/)；[英] 詹姆斯·帕门特：《21 世纪新公共外交：
政策和实践的比较研究》，第 36、58 页。

　　② 节目涵盖时事新闻、流行音乐、毒品走私、经济、健康、教育和体育等内容，
且设有相应的网站，附有视频、图片集、脸书，推特和播客等。根据美国国务院 2009
年统计，光明电台直播连线节目每天收到约三百个来电，数十封电子邮件和语音留
言，话题包括自杀性爆炸袭击，烧毁学校和宗教问题的讨论。Deewa Top 10 是深受普
什图族年轻人喜爱的音乐节目，它还播放关于女性问题，以及普什图文学和诗歌等话
题，并且经常邀请一些专家或歌手做客。ShpaPakher（晚安）谈话节目聚焦于边境农
村地区，当地民众、政府官员和地方精英经常直接参与到节目话题中。参见 Leanne
McCullough, Laura McGinnis, Simone Perszyk, "U. S. Radio Broadcasting in Iraq and Af-
ghanistan: A Grand Soliloquy?", Journal of International Service, Spring 2011, pp. 71 –
72；Cynthia P. Schneider, "Cultural Diplomacy for the 21st Century: Empowering Local
Voices", April 23, 2012 (http: //www. huffingtonpost. com/cynthia-p-schneider/cultural-
diplomacy_ b_ 1290487. html)。

　　③ 甘莅豪：《人类第一场微博战：ISAF 和塔利班战争宣传之多模态对比分析》，第
4 页。

　　④ [英] 安德鲁·希尔克：《反恐心理学》，第 115—116 页。

部落地区民众获取外界信息的重要渠道，在一定程度上抵制了阿塔利班填补当地信息真空的努力，而且广播节目也吸引了很多地方民众参与讨论，经常使支持塔利班的观点受到直接挑战。① 阿富汗各种社会媒体的发展使更多年轻人得以发声，增强他们抵抗极端主义的意愿。而美国在网络等新媒体平台传播的反极端主义叙事也持续抗衡着来自恐怖组织的宣传。埃里克·施密特（Eric Schmidt）和汤姆·尚卡尔（Thom Shanker）指出，美国打击极端主义意识形态的努力和恐怖组织过激行为的影响，致使国际恐怖主义网络曾经铁板一块的意识形态阵营越来越多地出现了分歧现象，削弱了他们招兵买马的能力。②

第二，美国对阿富汗军事公共外交的反恐作用。③ 以驻阿美军为主体实施的军事公共外交主要包括两个方面。一是战略沟通和心理行动。"9·11"事件以后，美国国防部将战略沟通与心理行动（Psychological Operations）列为反恐战争中的优先项目。④ 美军和北约部队在阿富汗地方社区的战略沟通与心理行动包括设立路边告示牌、发行报纸（如 Sada-e Azadi）和散发传单等。⑤ 二是实施重建和人道主义救援、救灾任务。美军在阿富汗战争后期以实

---

① Cynthia P. Schneider, "Cultural Diplomacy for the 21st Century: Empowering Local Voices".

② ［美］埃里克·施密特、［美］汤姆·尚卡尔：《反恐秘密战——美国如何打击"基地"组织》，第138—139页。

③ 狭义的军事公共外交指国防部门和武装部队参与的公共外交事务，而全局性、战略性、广义的军事公共外交并非一定由军事部门出面，只要由一国政府主导、以维护国家安全和推行军事战略为目的的公共外交活动，都可以发挥军事公共外交的作用。参见何亚非《如何扎实推进中国军事公共外交》，《公共外交季刊》2015年第2期。

④ 对于美军军事公共外交的介绍，参见刘燕《美军军事公共外交研究》，《公共外交季刊》2017年第2期夏季号，第112—117页；［美］奥德丽·库尔思·克罗宁、［美］詹姆斯·M. 卢德斯《反恐大战略——美国如何打击恐怖主义》，胡澂、李莎译，新华出版社2015年版，第177页；［英］安德鲁·希尔克《反恐心理学》，第112页。

⑤ 对于美军在阿富汗的心理行动介绍，参见 Andrew Mackay, Steve Tathamand Lee Rowland, "The Effectiveness of US Military Information Operations in Afghanistan 2001 – 2010: Why RAND Missed the Point", Defence Academy of the United Kingdom, February 2012 (https://www.da.mod.uk/publications/The-Effectiveness-of-US-Military-Information-Operations-in-Afghanistan-2001 –2010-Why-RAND-missed-the-point).

施平叛战略为重心，强调与地方民众接触、合作。一些驻阿美军小组深入目标区域与民众直接接触，了解当地民众的关切，帮助他们解决生活需求问题，建设基础设施体系，以及实施人道主义救援和救灾等行动。由于大部分阿富汗民众与美国的直接联系主要是通过驻阿美军，因此后者的行为方式对于赢得当地民众的信任十分重要。①

通过直接与当地民众接触，美国军事公共外交有助于反恐前线人员在当地建立社会关系，收集反恐情报。情报是反恐战略获得成功的关键一环，反恐是情报活动中最依赖于外国合作才能取得成功的领域。② 美国军事和非军事人员获取与恐怖分子有关的信息或执行一些具体的反恐行动（如绘制当地地图）等，都需要建立长期社会关系网，取得当地民众的信任和帮助。③ 在阿富汗战争后期，美军和北约部队吸取以往经验教训，日益重视阿富汗社会文化对于战场形势的影响。如前文所述，北约曾派上千名民事和军事"人类地域系统"专家驻扎在阿富汗各省区，研究、分析各地区宗族谱、确认地方关系中盟友和对手的特点、政治倾向，以及各宗族与部落团体的地理位置。④ 这些任务的顺利推进也离不开通过各种公共外交活动积淀的社会关系和信任基础。

第三，美国对巴基斯坦援助外交的反恐作用。对外援助既是美国外交政策的主要内容，也是美国实现国家战略的重要工具。巴基斯坦是美国对外最大受援国之一。从 2003 年开始，美国在巴基斯坦边远、动荡的西北部落地区实施发展计划，帮助促进部落地区的教育、医

---

　　① 　Taylor Smoot, "United States Soft Power-Free and Open Media to Bolster Afghan Democracy", pp. 53 – 58.

　　② 　[美] 奥德丽·K. 克罗宁、[美] 詹姆斯·M. 卢德斯：《反恐大战略——美国如何打击恐怖主义》，第 96—98 页。

　　③ 　[美] 埃里克·施密特、[美] 汤姆·尚卡尔：《反恐秘密战——美国如何打击"基地"组织》，第 64 页。

　　④ 　Peter Tomsen, *The Wars of Afghanistan: Messianic Terrorism, Tribal Conflicts and The Failures of Great Powers*, p. 57.

疗、经济发展与创业机会。① 美国国务院于 2009 年通过的《克里—卢格—伯曼法》（Kerry-Lugar-Berman Act）确定了美国对巴民事援助的长期合作关系。在该法案通过后，美国政府对巴民事援助总额超过50 亿美元，并在 2010 年巴洪灾中提供了超过 10 亿美元的人道主义援助。②

从短期来看，美国提供发展援助（和开展其他公共外交活动）难以显著削弱恐怖主义威胁。但从长期来看，通过社会接触与增进利益功能，恰当的公共外交有助于加强地方温和机构和团体的力量，受援国政府的治理能力、反恐能力与决心，以及民众对政府的信心，同时为青年人宣泄沮丧和愤怒情绪提供了更多暴力以外的途径，在恐怖组织与地方民众的接触中设立"屏障"，削弱他们在地方社区动员的能力。

第四，美国对巴基斯坦文化外交的反恐作用。文化外交是一国通过与其他文化对话和交流来推广其价值观的方式，有利于增进互信。③为传播美国民主制度、社会文化与价值观念，加深美国民众与其他国家穆斯林民众的相互了解，美国将留学教育、人员交流和培训作为推动公共外交的重要手段。比如 2004 年，美军在巴基斯坦西北部落地区实施的空袭行动首次引发该地区强烈的反美浪潮，随后美国增强了对巴公共外交力度，尤其美国对巴开展的"富布莱特"教育交流项目，成为该项目在全球范围内最大的一支，反映了巴基斯坦在美国外交政策和反恐战争中的重要地位。总体来看，"富布莱特"项目增加了巴基

① Susan B. Epstein, K. Alan Kronstadt, "Pakistan: U. S. Foreign Assistance", Congressional Research Service, July 28, 2011, pp. 10 – 22 (http://www.fas.org/sgp/crs/row/R41856.pdf).

② Pamela Geller, "With ＄2 Billion in US Aid, Pakistan Leading State Sponsor of Terrorism", April 9, 2014 (http://pamelageller.com/2014/04/2-billion-us-aid-pakistan-leading-state-sponsor-terrorism.html/)；《巴总理谢里夫访美在即，美国国务院发声评价美巴关系》，2015 年 10 月 13 日，中华人民共和国商务部网站（http://www.mofcom.gov.cn/article/i/jyjl/j/201510/20151001132122.shtml）。

③ ［英］詹姆斯·帕门特：《21 世纪新公共外交：政策和实践的比较研究》，第 35 页。

斯坦交流人员对美国社会和公众的正面认知和积极态度。①

公共外交中交流项目的实施以美国著名心理学家高尔顿·威拉德·奥尔波特（Gorden Willard Allport）的群际接触假说为基础。他曾在《偏见的本质》中提出可以通过教育项目、联谊项目、群体再教育项目等社会干预策略降低群体间偏见。② 其他学者也认为，教育交流项目有助于减少不同文化背景民众之间的隔阂，减少他们的偏见，建立宽容的社会环境。③ 换言之，公共外交交流项目能够为遏制恐怖主义和其他类型的社会冲突创造良好的群际间关系和社会条件。美国的留学教育、人员交流和培训等项目为阿、巴两国青年人与外部世界接触和交流，远离极端主义思想提供了更多机会。④

根据在巴基斯坦等伊斯兰国家展开的一系列民意调查结果，"明天免于恐怖"（Terror Free Tomorrow）组织主席肯尼思·鲍伦（Kenneth Ballen）指出，尽管这些国家很多民众普遍对美国存有怨恨情绪，对"基地"组织怀有同情态度，但通过教育交流、灾难援助、医疗救助、为建设学校和培训教师提供资源等途径，美国能够明显逆转穆斯林民众对它的态度，前提是美国对这些国家的民众表示尊重和关心，并采取实际、相对可行的措施。⑤

此外，在地区及国际层面，美国在阿巴的公共外交活动也有助于在国际社会唤起更多反恐共识和认同，为各国合作应对恐怖主义威胁创造更多机遇。任何一国都无法独自击败国际恐怖主义，但如何建立

---

① Saba Bint Abbas, "International Educational Exchange Programs as A Modality of Public Diplomacy: An In-depth Analysis of the Fulbright Pakistan Program", p. 75.

② 高明华：《偏见的生成与消解——评奥尔波特〈偏见的本质〉》，2015 年 3 月 13 日，中国社会科学网（http://sociology.cssn.cn/xscg/spdg/201503/t20150313_1981943.shtml）。

③ Saba Bint Abbas, "International Educational Exchange Programs as A Modality of Public Diplomacy: An In-depth Analysis of the Fulbright Pakistan Program", p. 3.

④ Stuart Gottlieb ed., *Debating Terrorism and Counterterrorism: Conflicting Perspectives on Causes, Contexts and Responses*, Washington, D. C.: CQ Press, 2010, pp. 225 – 226.

⑤ ［美］布丽奇特·L. 娜克丝：《反恐原理》，陈庆、郭刚毅译，金城出版社 2016 年版，第 292 页。

并维持有效的反恐联盟是美国和国际社会面临的一个挑战。在过去十多年的反恐行动中，阿富汗、巴基斯坦对美国的不信任为他们的反恐合作带来诸多不确定性，一些外部国家也经常将阿富汗作为彼此争斗的舞台。在这种背景下，与军事和安全等"高级政治"领域（存在的对抗性）不同，各种公共外交活动作为"低级政治"领域的范畴更容易被各国所接受，从而使有关国家更趋向于在这些领域展开合作。比如北约—俄罗斯委员会（NRC）为阿富汗和中亚国家禁毒人员提供培训，成立阿富汗空军直升机维修信托基金，共同制订反恐行动计划等。这些合作机制的意义不仅在于能够帮助阿富汗战后重建，而且有助于缓解区域及域外国家间紧张关系，协调各国在该地区的行动，推动有关国家在联合反恐方面取得更多共识，增加国际反恐行动的合法性、声誉和力量。

第三节　美国对阿、巴公共外交反恐作用的局限

公共外交活动有助于增进反恐有效性，但其实际效果仍面临一系列局限。首先，公共外交"柔性"方式的制约。公共外交的"柔性"方式使其很难产生立竿见影的效果，而且不能提供军事手段所具备的强制性能力。这导致公共外交活动在不安全的环境下难以顺利进行。比如西方人道主义援助人员与企业在阿富汗曾由于面临暴恐威胁而被迫撤离；2015 年 10 月阿富汗地震后的救援与重建行动也由于持续不断的战火而无法进行；[1] 美国之音的通讯记者在当地收集新闻素材时经常受到来自塔利班的安全威胁和攻击；[2] 巴基斯坦的一些国际援助组织由于担心受到武装分子攻击，甚至不会公开他们提供的援助来自

---

[1]　2013 年 8 月，阿富汗赫拉特省六名援助人员被塔利班杀害。国际救援委员会（The International Rescue Committee）随后中断了在阿富汗的项目。参见 Jenny Lei Ravelo，"Aid Community Shattered by Violence（Again）in Afghanistan"，August 28，2013（https：//www. devex. com/news/aid-community-shattered-by-violence-again-in-afghanistan-81700）。

[2]　Taylor Smoot，"United States Soft Power-Free and Open Media to Bolster Afghan Democracy"，p. 87.

美国。① 此外，在不安全的环境下进行的援建活动还可能加剧当地的腐败和军阀主义，② 而对于具有强烈极端宗教动机或偏执信念的恐怖分子，公共外交活动很可能会加剧他们的暴恐活动，通过武力手段对他们施加强力惩罚却可能迫使他们改变斗争策略或转变活动形态。这也意味着，仅靠硬权力或软权力手段或许都很难根除极端主义思想和恐怖主义活动。

其次，目标地区（受众）跨文化因素和历史经验的制约。公共外交的实质是在不同的价值观、信仰、思维方式、生活方式，以及政治制度和意识形态之间促成对话和交流，而语言、生活习俗、宗教信仰、意识形态的差异是目前跨文化交流和公共外交中的重要障碍。③美国与阿巴两国的跨文化差异，为美国反恐怖主义宣传和动员活动的效果增加了难度。有学者认为，大部分宗教极端暴力组织的"伊斯兰"性质增加了他们的感召力，相比之下，美国等西方国家的传播话语显得"水土不服"，缺乏能够与之抗衡的有效语言，难以对穆斯林民众的心理和精神层面形成吸引力。④ 美利坚大学传播学院教授荣达·扎哈娜（Rhonda S. Zaharna）还认为，在以部落为主要社会结构的环境中，民众获得信息的主要渠道是通过晚间邻里和家庭之间的会面（即个人联系），而且与本·拉登具有说服力、充满各种比喻和类比的"圣战"主义叙事相比，美国以传递"客观事实"为基础的沟通方式显得很空洞。⑤ 而且，阿巴边境部落地区民众识字率普遍很

---

① Susan B. Epstein, K. Alan Kronstadt, "Pakistan: U. S. Foreign Assistance."

② Stuart Gottlieb ed., *Debating Terrorism and Counterterrorism: Conflicting Perspectives on Causes, Contexts and Responses*, p. 239.

③ 赵启正主编：《公共外交案例教学》，中国传媒大学出版社 2016 年版，第 15 页。

④ 张慧聪：《美国应如何与伊斯兰世界进行对话?》，新媒体平台微信公众号"中东研究通讯""知乎专栏""中东学人"原创文章，2016 年 11 月 19 日。

⑤ R. S. Zaharna, "The Unintended Consequences of Crisis Public Diplomacy: American Public Diplomacy in the Arab World", September 30, 2005 (http://fpif.org/the_ unintended_ consequences_ of_ crisis_ public_ diplomacy_ american_ public_ diplomacy_ in_ the_ arab_ world/)；周庆安、朱昱炫：《公共外交 2.0 开启双向互动的对外传播时代：2016 年国际学术界公共外交研究综述》，《对外传播》2017 年 1 月。

低，使得美军战略沟通活动未能发挥预期作用。而美国之音广播电台尽管在当地颇受欢迎，但其效果还受限于族群、教派、语言、文化多样性等因素的影响。① 另外，历史上多次遭受外部势力入侵的经历，也使如今阿富汗人对任何形式的外部介入都保持某种程度的警惕。2010 年，亚洲基金会（The Asia Foundation）、英国广播公司和美国广播公司展开的民意调查显示，阿富汗人普遍认为外部援助者的活动是出于自身利益，而非为阿富汗人的利益着想。②

再次，美军"意外事件"及其侵犯人权与主权等行径的制约。在阿巴地区，美军误炸（导致平民伤亡）、亵渎《古兰经》、虐尸、突袭清真寺、夜闯民宅等劣行，③ 曾多次引发当地民众抗议，使很多阿富汗人将国内的西方存在视为"入侵"力量。同时"基地"组织、阿塔利班等极端武装组织的宣传材料也经常以美军劣行为主题，④ 加剧民众对美国的怀疑和反感。⑤ 另一方面，虽然美军在伊斯兰世界的"意外事件"多次侵犯别国人权或主权，但它在对外交往中却经常将"人权问题"与恐怖主义问题联系起来，指责别国政府的"人权问题"对国内外和平与安全构成威胁，从而为各种形式的对外干预开辟道路。无论是美国侵犯别国人权或主权的行径，还是它不断指责、

---

① Harold F. Schiffman ed. , *Language Policy and Language Conflict in Afghanistan and Its Neighbors: The Changing Politics of Language Choice*, pp. 18 – 33; Rauf Arif, Guy J. Golan, Brian Moritz, "Mediated Public Diplomacy: US and Taliban Relations with Pakistani Media", *Media, War & Conflict*, Vol. 7（2）, 2014, pp. 201 – 217.

② Taylor Smoot, "United States Soft Power-Free and Open Media to Bolster Afghan Democracy", pp. 53 – 61.

③ 对于驻阿西方部队不尊重地方传统和民众隐私的劣行描述，参见 Sanaullah Tasal, "Challenges of Peace-Building in Afghanistan", pp. 75 – 76; Hafizullah Emadi, *Dynamics of Political Development in Afghanistan*, p. 243; Stuart Gottlieb ed. , *Debating Terrorism and Counterterrorism: Conflicting Perspectives on Causes, Contexts and Responses*, p. 224。

④ Cyrus Hodes, Mark Sedra, *The Search For Security in Post-Taliban Afghanistan*, Abingdon: Routledge for the International Institute for Strategic Studies, 2007, p. 30; Micah Peckarsky, "Forecasting Taliban Strategy: 2012 – 2014", August 2, 2012（http: //www. fletcherforum. org/2012/08/02/peckarsky/·）.

⑤ Taylor Smoot, "United States Soft Power-Free and Open Media to Bolster Afghan Democracy", pp. 52 – 53.

插手别国内部事务，都会加剧这些国家和地区民众的反美情绪。①

塔米姆·安萨利在其《无规则游戏：阿富汗屡被中断的历史》中写道：

> 每当美国误杀平民时，它会承认错误，受害者家属也会得到赔偿。不过，赔偿本身就是一种有问题的做法。在阿富汗普什图部落，对于谋杀案件存在一种独特的处理法则。有些时候，只要案犯一家愿意用金钱赔偿受害者家庭，案件可以就此了结。我觉得，一些美国人可能因此产生了严重误解，觉得误杀事件可以通过交易而轻松摆平。在华盛顿特区的一次培训会议上，我结识了一位认真的研究员，他告诉我，据他的分析，在伊拉克发生类似案件的补偿标准是多少，又问我阿富汗"当前的价格"是多少……但对非正常死亡的赔偿并不是一种"现价交易"，这是管理部落互动的复杂社会机制的一部分。这种特殊的机制是为另一种机制所引发的无休止的血亲复仇提供的免责条款，即深深感到有义务为自己的亲属受到的伤害报仇，每一个解决方法都是一定文化背景的人之间的复杂谈判。美国人也许会觉得，既然对方已经接受了赔偿，那么一切仇恨也就一笔勾销了。事实上，这些钱可能只会使阿富汗人对其亲属在自己的土地上被外国政权杀害的不满情绪更加复杂……对于北约来说，真正的问题在于，它的军队无法区分被打击的目标和被保护的对象。当然，这不是他们的错。唯有深入阿富汗社会的内部，才能知道其中的区别，而且即便身在其中，相关的界

---

① 皮尤研究中心（Pew Research Center）于 2004 年在九个伊斯兰国家的民意调查结果显示，约 85% 的穆斯林民众认为美国不尊重穆斯林价值观，不能在国际关系中平等对待伊斯兰世界。参见 Erik C. Nisbet, Matthew C. Nisbet, Dietram A. Scheufele, James E. Shanahan, "Public Diplomacy, Television News, and Muslim Opinion", *Press/Politics*, 9（2）, Spring 2004, p. 14（https：//www. researchgate. net/profile/Dietram_ Scheufele/publication/2248183 49_ Public_ Diplomacy_ Television_ News_ and_ Muslim_ Opinion/links/0fcfd510e9ad5db293000000/Public-Diplomacy-Television-News-and-Muslim-Opinion. pdf）。

限仍然相当模糊……叛乱愈演愈烈，而美国与北约部队还在不断用犯罪和错误手段火上浇油，这让阿富汗人生出了遭受西方侵略的愤怒感觉。①

　　阿、巴地区的反美情绪可能至少导致四个后果。第一，公共外交活动难以转变当地民众对美国对外政策的看法。比如 2015 年，皮尤研究中心（Pew Research Center）网络调查结果显示，美国对巴基斯坦"富布莱特"交流项目虽然使大部分巴交流人员增加了对美国民众和社会的正面认知，但他们对美国外交政策和美巴关系的评价依然是负面的（见图 7-1 和图 7-2）。②

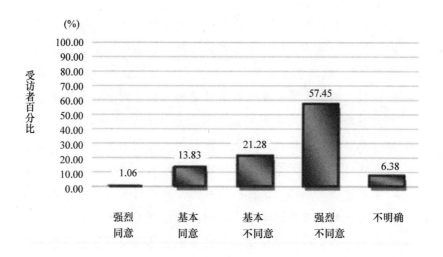

图 7—1　受访者关于美国在巴基斯坦、也门和索马里
无人机行动的看法③

　　①　[美] 塔米姆·安萨利：《无规则游戏：阿富汗屡被中断的历史》，第 340、361、364 页。

　　②　Saba Bint Abbas，"International Educational Exchange Programs as A Modality of Public Diplomacy：An In-depth Analysis of the Fulbright Pakistan Program"，p. 9.

　　③　Ibid.，pp. 63 - 66.

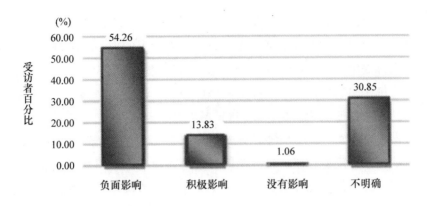

图 7—2　受访者关于美国对巴基斯坦外交政策影响的看法①

第二，公共外交活动被地方民众怀疑和抵制。比如阿巴部落地区的一些民众认为美国之音光明电台传播的信息支持美国政府的议程，甚至持有反"伊斯兰"的立场，从而降低了光明电台的可信性和可靠性。在很多村落地区，民众对美国持有的负面印象与恐惧情绪在各家庭、邻里间的口耳相传中不断放大，变得根深蒂固，关于美国行动的"阴谋论"观点在当地十分常见。这些情况也使美军反恐行动难以得到当地民众的信任与配合。②

第三，削弱对象国政府与民众的联系。"9·11"以后美国在伊斯兰世界的侵犯人权行为既使自身声誉受损，也导致美国支持下的巴基斯坦等国政府失去国内支持，进而削弱了美国对这些国家施加影响的能力。换言之，美国及其支持下的对象国（如阿富汗、巴基斯坦）政府"双重合法性"的缺失，制约了他们调动各种地方性力量支持反恐行动的能力。③

---

① Saba Bint Abbas，"International Educational Exchange Programs as A Modality of Public Diplomacy：An In-depth Analysis of the Fulbright Pakistan Program"，pp. 63 - 66.

② "Does Public Diplomacy in Afghanistan Work？Go Tell the Marines"，May 9，2012（http：//wemeantwell. com/blog/2012/05/09/does-public-diplomacy-in-afghanistan-work-go-tell-the-marines/）.

③ ［美］布鲁斯·琼斯、［美］卡洛斯·帕斯夸尔、［美］斯特德曼等：《权力与责任：构建跨国威胁时代的国际秩序》，秦亚青等译，世界知识出版社 2009 年版，第 192 页。

第四，部分穆斯林民众将极端与恐怖主义组织的崛起视为反对美国的机遇，增加了恐怖主义组织及其支持者的力量。戴维·基尔卡伦曾提出"意外游击队"的形成，指的是很多陷于恐怖分子与反恐力量之间的平民最后选择支持恐怖分子，造成与恐怖分子难以区分的现象，他认为这是"9·11"后美国反恐战争中一系列"意外事件"（比如"误炸"等）导致的结果。① 同时这也部分解释了为何那些举起反美旗帜、挑战美国力量的极端暴力组织相对更易于树立名声，为何大部分伊斯兰社会民众并不支持极端暴力思想，但恐怖主义组织传播的反西方"圣战"叙事对他们仍然具有吸引力。②

这也表明，美国对伊斯兰世界公共外交政策在军事与安全战略框架下展开，其公共外交活动具有工具性和易变性。比如美国就曾多次以巴基斯坦当局在反恐行动中未能根据美国意愿打击恐怖组织哈卡尼网络而威胁削减对巴援助。在很多情况下，"结果导向"的政策制定者倾向于将公共外交活动作为权宜之计和"事后的补救行动"，缺乏制定独立、长期和连贯的公共外交战略的耐心和动力。正如詹姆斯·帕门特认为，低成效的公共外交主要受短期目标影响，而非建立在真诚的长期友好关系构建上。③ 由此，附属于军事与安全战略的公共外交难以真正赢得民心与信任，而且很难避免被赋予某种负面的政治解读。在这种背景下，很多（美国等西方国家）公共外交实施者（包括国际非政府组织）会设法与政府保持距离，以维护自身"中立"和"独立"的形象，但实际上他们的活动仍不可避免受到政府政策的影响，而且目标受众也未必会明确区分。

---

① Joseba Zulaika, "Drones, Witches and Other Flying Objects: The Force of Fantasy in US Counterterrorism", in David Miller, Jessie Blackbourn, Rani Dhanda, Helen Dexter ed., *Critical Terrorism Studies since 11 September 2001: What Has Been Learned*, London and New York: Routledge, 2014, pp. 54 – 58.

② ［美］奥德丽·库尔思·克罗宁、［美］詹姆斯·M. 卢德斯：《反恐大战略——美国如何打击恐怖主义》，第 182 页。

③ ［英］詹姆斯·帕门特：《21 世纪新公共外交：政策和实践的比较研究》，第 61 页。

第四节　美国的困境与位置

通过对本章"公共外交"场域的分析我们发现，2001 年塔利班政权倒台后初期，阿富汗民众对西方部队的到来普遍持有欢迎态度和正面情绪，但后来随着安全局势日益恶化、国家重建进程缓慢，以及西方军事行动带来的一系列负面影响等，使得当地民众的态度发生了转变。特别是美国在反恐军事行动中有意或无意的政策失误，在国际社会对反恐问题经常持有的双重标准，在对外传播中带有偏见的话语体系，以及在对外交往中经常不能以平等心态对待他者的傲慢所引起的"信誉"问题，导致美国在团结伊斯兰社会主流温和力量和其他国家合作反恐方面存在很大局限。而且美国对伊斯兰世界的公共外交主要服务于军事与安全战略目标，致使其公共外交努力经常与平叛、反恐等军事目标联系起来。由此，美国每年在阿富汗和巴基斯坦等伊斯兰国家斥巨资用于赢得当地"民心"的努力，往往被其无人机袭击与定点清除等军事行动带来的反美情绪所破坏。

不过，除了美国自身政策失误之外，阿富汗关系—结构权力的转化也是导致美国公共外交未能实现既定目标的一个原因。如上所述，公共外交的效果受目标地区（受众）跨文化因素和历史经验的制约。美国与阿巴两国的跨文化差异限制了美国反恐怖主义宣传和动员活动的效果。与美国等西方国家的传播话语相比，很多宗教极端暴力组织使用的宣传材料、语言和方式更加具有"伊斯兰"性质，相对易于形成他们的感召力和吸引力。受到地方知识和现实情况的影响，美军战略沟通活动未能发挥预期作用，美国广播节目的可信性和可靠性也大打折扣。美国的活动和项目不仅难以得到当地民众的信任与配合，甚至可能被地方民众怀疑和抵制。此外，在美军"意外事件"中，普什图部落文化加剧了地区反美情绪和报复行为，部分穆斯林民众将极端与恐怖主义组织的崛起视为反对美国的机遇，增加了恐怖主义组织及其支持者的力量。

表 7—1 公共外交中阿富汗关系—结构权力的转化

措施	关系结构的作用	结果
媒体外交；军事公共外交	内部关系结构：目标地区（受众）跨文化因素和历史经验对公共外交活动的制约；在美军"意外事件"中，普什图部落文化加剧地区反美情绪和报复行为	公共外交活动未能发挥预期作用；难以得到当地民众信任与配合；遭到怀疑和抵制；民众支持恐怖（反叛）分子

可见，恐怖主义与反恐怖主义之间存在着作用与反作用关系。作为具有全球影响力的国家，美国的政策在很大程度上关系着国际社会反恐行动的前进或倒退。但美国无法仅靠自身的力量根除恐怖主义，其他国家和各种地方性力量在国际反恐合作中也具有重要作用。只有获得他们的信任与帮助，美国（和其他国家）才可能根除恐怖主义。[1] 另外，从根本上看，民众厌恶恐怖与暴力活动本身，而恐怖主义组织生存能力的关键与力量之源，来自于他们宣扬自身行动的利他性、合法性及其与支持者之间的联系。通过各种公共外交活动、利用恐怖分子犯下的错误，让公众认识到恐怖主义的本质和危害，使恐怖主义在广大民众中引起抵制，是加速恐怖主义终结的最好方式。[2]

由于公共外交不仅是简单的宣传、公共关系运动，以及传递信息并推广正面形象，而且包括建立能够为政府政策创造有利环境的长期关系，从而使得公共外交具有了反恐效用。不过如果没有国家"信誉"作基础，公共外交手段就难以发挥积极作用。[3]

---

① ［美］布鲁斯·琼斯、［美］卡洛斯·帕斯夸尔、［美］斯特德曼等：《权力与责任：构建跨国威胁时代的国际秩序》，第 192 页。

② ［美］奥德丽·克罗宁：《恐怖主义如何终结：恐怖活动的衰退与消亡》，宋德星、蔡焱译，金城出版社 2017 年版，第 136—138 页。

③ ［美］约瑟夫·奈：《论权力》，第 124—127 页。

知识扩展

可信的公共外交

本书提出，实施"可信的公共外交"有助于各国增加反恐有效性。笔者认为"可信的公共外交"至少包括如下几方面内容。

首先，在公共外交的信息传播功能中，制定恰当的对外沟通策略。英格拉姆认为，在冲突时期，信誉是"赢得人心"的关键因素，宣传中存在的欺骗、谎言和不连贯叙事对信誉具有毁灭性影响。另外信息传播者本身的特点也影响传播效果。通常人们倾向于认为来自内群体的信息更加可靠、更具吸引力和说服力。① 因此，公共外交实施者和反恐怖主义者在对象国应做到：第一，在信息传播过程中注意言行一致，在公众中占据道义高地是对外传播活动的关键；第二，推动对外传播方式多样化，传播范围扩大化，使信息内容和传播方式符合目标受众特点，注意传播信息的时效性和针对性，增强对外沟通行动的有效性；② 第三，为增加（反恐）信息传播的可信度，公共外交实施者和反恐怖主义者可以在反恐宣传材料中放入已经放弃（支持）恐怖主义的前恐怖分子（或前支持者）的事例，③ 以及积极动员来自伊斯兰世界的政治和宗教领袖、学者和记者等传播反极端主义叙事。④

其次，在公共外交的社会接触功能中，持有平等和尊重的态度与方式。平等和尊重是有效开展公共外交的第一要义。高尔顿·威拉德·奥尔波特认为，保持平等地位是通过群际接触降低偏见的基本条件之一。⑤ 武汉大学新闻与传播学院教授单波认为，只有在相互尊重的基础上寻找共同点、达成共识，跨文化传播活动才能回避冲突、达到和平。⑥ 因此，公共外交实施者和

---

① ［美］戴维·迈尔斯：《社会心理学纲要》（第6版），第168—170页。

② Haroro J. Ingram, "A Brief History of Propaganda During Conflict：Lessons for Counter-Terrorism Strategic Communications".

③ ［英］安德鲁·希尔克：《反恐心理学》，第112页。

④ ［美］奥德丽·K. 克罗宁、［美］詹姆斯·M. 卢德斯：《反恐大战略——美国如何打击恐怖主义》，第187页。

⑤ 高明华：《偏见的生成与消解：评奥尔波特〈偏见的本质〉》。

⑥ 单波：《跨文化传播的问题与可能性》，武汉大学出版社2010年版，第191页。

反恐怖主义者在对象国应做到：第一，了解和尊重当地法律法规、风俗习惯，避免破坏当地环境；第二，不将恐怖主义与特定的宗教、民族挂钩；第三，尊重、维护和支持对象国主权和尊严，在面对跨文化分歧时坚持求同存异方针；第四，以"双向"的接触方式取代"单向"的灌输方式，为不同地区民众提供平等的对话机制。

最后，在公共外交的增进利益功能中，弱化公共外交工具性和目的性的一面，减少他国公众的警惕与反感。因此，公共外交实施者和反恐怖主义者在对象国应做到：第一，制定独立、长期和连贯的公共外交政策，为推进公共外交活动建立法律、机构保障等长效机制；第二，以加强对象国（尤其是伊斯兰弱国家）独立自强为重要目标，帮助对象国政府实施成功的改革，但要注意因地制宜、仔细斟酌，避免在改革不稳定期间引发更多"挫折感"和"相对剥夺感"；第三，避免介入地方权力纷争，扰乱地方政治平衡和滋生腐败，从公共外交实施者变成"麻烦制造者"。另外，在政府间关系对抗色彩浓厚的国家着重发挥民间外交的作用，积极动员更为当地民众信任的地方性力量或非官方机构、组织及个人的参与力度。

结　语

本章以反恐背景下美国对阿富汗、巴基斯坦的公共外交为例，梳理和分析了公共外交发挥反恐作用的方式与局限。本书认为，美国的公共外交活动有助于影响当地民众的态度和行为，边缘化极端主义力量；增进互信，在当地建立社会关系，收集反恐情报；增加对象国民众对美国的正面认知和积极态度；在国际社会唤起更多反恐共识和认同。但与此同时，美国公共外交的实际效果也面临一系列局限。除公共外交"柔性"方式的制约外，目标地区（受众）跨文化因素和历史经验，美国在反恐军事行动中有意或无意的政策失误及其引起的"信誉"问题，是美国赢得当地"民心"的努力常常适得其反的重要原因。

总之，鉴于目前国际恐怖主义活动愈演愈烈，恐怖主义组织具有较强的地方动员能力和意识形态传播能力，加上美国军事手段在反恐怖主义行动中的局限，公共外交在反恐行动中发挥的重要作用等，使得美国当局将继续通过传媒手段、文化教育与人员交流，以及战略信息传播等形式增加反恐有效性，赢得"争取人心"的战争。更为重要的是，美国及国际社会需要进一步了解能导致恐怖主义组织挫败的力量，吸取以往的经验与教训，结合军事、经济、政治和公共外交等多种手段，实施"可信的公共外交"，团结和动员伊斯兰社会和国际社会广泛参与，以更广阔的战略视野和细致、有针对性的反恐行动战胜恐怖主义。

第八章 结论及进一步的讨论

总之，竞争并未结束。乡村地区的保守派还在向城市步步进逼。他们时不时派出的人体炸弹会混进人群密集的市场和街区，制造一起又一起的惨案；他们还会不遗余力地要把国家脱离现代化的轨道。但是，进步人士也予以了有力的还击，大家齐心协力，要把阿富汗引向未知的未来，让人们看到广阔的外部世界。资金还在源源不断地涌入这个国家，贪污腐败仍然触目惊心，社会充满活力，导弹、炸弹、炮火仍在威胁和平，歌手还在歌唱，喜剧仍在上演，阿富汗的历史屡被中断，也在不断重新开始，这个国家还在整合，未来如何，谁也无法下定论。①

——塔米姆·安萨利

第一节　研究发现

阿富汗国家重建是在美国的主导下进行的。美国将摧毁阿、巴地区恐怖主义网络，阻止塔利班和"基地"组织复兴，打造持之有效的阿中央政府，以及实现阿和平与稳定作为其阿富汗战略的主要目标，并为阿富汗的安全、政治、经济与社会各个领域的发展提供

---

① ［美］塔米姆·安萨利：《无规则游戏：阿富汗屡被中断的历史》，第 375 页。

了巨大支持。那么，美国的阿富汗战略失败了吗？它在阿富汗战争中又遭遇了哪些困境呢？

　　由于在军事打击力量上具有绝对优势，美军在阿富汗各地区的战斗中通常能够迅速取胜，而一旦美军撤离某地区，反叛武装往往能够重新夺回该地区的控制。这就意味着美军缺乏资源与手段建立军事行动后的控制与重建力量。为巩固军事战果并加强对地区的控制，驻阿美军与北约部队采取了一些举措，其中包括帮助加强阿国家安全部队的能力，以及与阿地方军阀进行合作。虽然阿国家安全力量的建设在西方部队的支持下稳步推进，并在 2013 年后负责了全国绝大部分地区的安全防务，但阿安全部队内部存在民族分歧与国家认同不足，成员素质低，后勤保障落后，缺乏独立作战能力，以及地区控制能力薄弱等问题，从而难以独立承担全国大范围内的安全防务责任。另外，通过（军用物资运输"转包"、地方警察计划等形式）对地方军阀的扶植，美国在阿富汗无意中创造了强大的地方军阀网络，致使很多军阀的势力已超过当地政府，他们还暗中积蓄实力，以期继续在阿富汗展开地盘与权力争夺。阿富汗民众由于部分军阀的犯罪行为得不到惩罚而出现的愤怒情绪是国内反复出现的政治主题，以"稳定"之名而在政府中安置前军阀的做法更是激起了"秩序"与"正义"之间的对峙。同时，地方军阀、政府官员与反叛武装之间还编织了一张金额庞大的腐败之网，与凋敝的阿富汗国家、贫穷的阿富汗平民形成了鲜明的对比。

　　在战场僵局难以打破的情况下，美国相信与阿塔利班进行和谈是确保自身顺利、体面地离开阿富汗，减轻财政与军事负担，进而实施其"亚太再平衡"战略的可行选择。总体来看，阿富汗政治和谈进程受到了外部干预者与内部权力控制者的双重破坏——前者出于不同的动机与利益试图控制阿富汗政治进程，而后者担心政治和谈的结果将侵害自身的权益。另外，阿塔利班内部对于政治和谈也存在分歧，加上那些思想更为激进、受境外极端组织影响更深的年轻指挥官日益独立，各主要派别能够持续得到外部力量的支持等，都增加了与之对话的难度。目前阿富汗政治和谈的大门仍未关闭，相对而言，阿塔利班在该问题领域中掌握了更多的主动权。

阿富汗毒品问题也受到了美国的重视。自阿富汗重建进程开启以来，美国已在阿富汗禁毒行动中耗资七十六亿美元，美国多个官方与非官方机构都已参与到阿富汗的禁毒行动中。然而，尽管美国、阿富汗政府，以及其他一些国家与国际组织为解决阿富汗毒品问题付出了巨大努力，但阿毒品问题及其影响仍未得到解决（或缓解）。① 阿富汗毒品—恐怖网络释放的巨大破坏性力量，美国对参与非法毒品贸易活动的部分地方军阀的"容忍"，地方民众的怨恨，以及罂粟种植条件的比较优势等，都增加了阿富汗禁毒行动的困难，制约了驻阿西方部队及其支持的阿富汗政府的禁毒能力。

自阿富汗卡尔扎伊过渡政府成立以来，美国已在阿富汗投入一千亿美元以上的发展援助资金，却始终未能带来一个持之有效的阿富汗政府，也未能使阿富汗摆脱寄生型经济增长模式，反而滋生了许多新的社会矛盾和紧张关系。甚至有国际组织官员将阿富汗称为"研究怎么不去提供援助的极好案例"。实际上，包括美国在内的外部援助者始终面临通过阿富汗政府抑或通过"地方"来提供援助的问题。相对而言，通过政府渠道施加援助能够增强政府的能力，加深民众对政府的信任。但政府内部普遍存在的腐败与裙带关系，使得通过"地方"实施的援助活动更显高效，然而这可能进一步削弱中央政府的权威并增加地方集团（包括塔利班）的权力资源。而且西方文化与阿富汗传统文化之间的差异也不利于一些援助项目的展开。通过阿富汗"地方"层次，美国巨额援助的效用被淡化。此外，外部国家互不协调的援助方式也削弱了援助的效用和外部援助者的影响。

在阿富汗战争后期，美国逐渐意识到过度使用武力打击恐怖主

---

① 阿富汗仍提供着全世界 90% 以上的毒品供应，而全世界缴获的毒品却只有约1% 来自阿富汗。参见 Doug Bandow，"Confronting The Afghan Narco-State: End The International Drug War"。

义会适得其反，因此有必要在憎恨或误解美国的地区加大公共外交攻势，通过推行"赢得人心"的战略来增加反恐有效性。总体来看，美国的公共外交活动能够在反恐行动中发挥不可替代的作用，比如影响当地民众的态度和行为，边缘化极端主义力量，增进互信，以及在当地建立社会关系等。但与此同时，美国公共外交的实际效果也面临一系列局限。除公共外交"柔性"方式的制约外，目标地区（受众）跨文化因素和历史经验可能使美国的活动和项目难以得到当地民众的信任与配合，甚至被怀疑和抵制。而美国在反恐行动中有意或无意的政策失误及其引起的各种"信誉"问题，更使美国在赢得当地"民心"，团结伊斯兰社会主流温和力量和其他国家合作反恐方面存在局限。

总之，与塔利班政权倒台之初相比，如今的阿富汗在国际社会的大力支持下已发生了显著变化，如国民收入、医疗卫生、教育文化、基础设施建设，以及女性权利等各个方面都取得了可喜进展。阿富汗国家安全力量建设在西方部队的支持下稳步推进，致力于国家建设的年轻一代也正在超越民族集团利益而崛起。问题在于，阿富汗在国家发展中存在的种种负面趋向使国家重建的进展具有极大脆弱性与可逆性，比如脆弱的中央权威，相对强大的地方势力，曲折的和解进程带来的政治不确定性，腐败、效率低下的政府与安全机构，以及难以遏制的非法犯罪活动使民众对政府信任与支持的流失，国家安全部队未能为广大民众提供足够的安全保障，整个国家仍持续笼罩在冲突与暴力威胁的阴影之下，这些都预示着阿富汗和平之路依然任重而道远。

可见，尽管美国在阿富汗不同的问题领域实现了一些有限的目标，但总体来看，它的阿富汗战略未能取得成功。导致美国在阿富汗战争中遭遇困境的原因来自多个方面，阿富汗的关系—结构权力是其中一个重要原因。这种类型的权力以"关系"为权力资源和运作平台，它使阿富汗部分地方集团在内部与外部关系结构的作用下获得了相对优势的权力位置，从而能够抵消或对冲美国强大的军事与经济力量,对包括美国在内的各方权力位置产生了影响。那么在关系—结构权力的转化中,阿富汗的内部与外部关系结构发挥着怎样的作用呢?

首先,阿富汗内部关系结构的作用。现代阿富汗国家的一个显著特点是内部存在着高度异质化、分裂化的社会。由民族关系、普什图部落和伊斯兰教构成的阿富汗内部关系结构增强了地方集团的权力位置,为外部力量的干预设置了障碍,以及扩大了国内外势力的联系通道。可以说,对几乎所有阿富汗相关问题的考察都离不开对其内部关系结构的剖析。具体而言,在美国阿富汗战争中,阿富汗的内部关系结构有助于塑造反叛分子的战斗意志,便利反叛组织的各种跨境活动,加强反叛组织的地方社会支持网络,增加外部国家对地方权力掮客的依赖,提高各地方集团(包括塔利班)与竞争对手讨价还价的能力,同时限制了美军和北约部队的资源与手段,削弱了阿富汗国家安全力量的整体能力,以及国际社会为推动阿富汗和平进程而付出的努力。

其次,阿富汗外部关系结构的作用。由于阿富汗国家的脆弱,以及地区国家间紧张关系的持续,阿富汗作为地区利益交汇点时常成为相关国家博弈的"棋盘"。同时阿、巴边境地区的反叛组织形成了互为支持的网络,而外部势力又为部分反叛武装提供支持。另外阿富汗中央政府和西方国家对阿地方军阀的"容纳",使后者在国家政治中获得了事实上的发言权。阿富汗重建中的国家间关系、反叛组织及其关联,以及地方军阀的内外关系构成了阿富汗外部关系结构的主要内容。具体而言,在美国阿富汗战争中,阿富汗外部关系结构有助于增强反叛武装的组织能量和反弹能力,特别是外部国家的一些军事、政治和宗教派别的支持与庇护,以及各武装暴力组织之间的互相配合,成为阿富汗政府和西方国家对阿塔利班和谈不成、剿而不灭的重要原因。同时,驻阿西方部队对阿富汗地方势力的拉拢加剧了中央与地方的分离,破坏了地方传统权力平衡关系,深化了美国阿富汗政策的内在矛盾。此外,相关外部国家在阿富汗的复杂利益关系与博弈也制约着美国在阿富汗的行动。

因此，在内部与外部关系结构的作用下，阿富汗关系—结构权力影响了包括美国在内的各方行动，所有参与方都在这种关系—结构权力中占据了一定的位置。在阿富汗国内政治势力的多方较量中，中央政府与阿塔利班的斗争最为明显。相对而言，阿富汗中央政府得到了以美国为首的国际社会的支持，经济与军事实力较强，但其各级部门普遍存在腐败、滥用职权与效率低下等问题。阿塔利班的经济与军事实力较弱，组织内部制度化程度较低，但他们在阿、巴两国普什图部落根基较为深厚，并与国内外主要武装组织建立了广泛的联系，且拥有稳定的收入与外部支持。此外，不能忽视的是在长年战乱中脱颖而出的新地区权力控制者——地方武装军阀，他们强大的军事、政治和经济实力弥补了其合法性的不足，并成为能够左右阿富汗国家政局的另一股力量。

在地区层面，教派冲突、冷战残余，以及宗教极端势力的崛起形成了多层次的地区安全困境，并使阿富汗受困于地区竞争与冲突之中。周边和域外相关国家普遍希望通过实现阿富汗的稳定来避免阿富汗问题的"外溢"，而且在外部国家之间形成的多边关系结构中，居于关键位置的国家还具有帮助解决阿富汗问题的不可替代的能力。然而一些国家的阿富汗政策具有明显的对抗性，各国的政治考量往往代替了经济考量，对相对收益的关注超越了对绝对收益的追求。他们纷纷通过"于己有利"的方式扩大在阿富汗的影响，竭力弱化地区对手的存在，甚至在阿富汗国内寻找"代理人"与之抗衡，从而加剧了阿富汗问题不受控制的发展趋向。阿富汗国内外势力的复杂关联已成为地区难以走向和平与稳定的主要症结。

通过对美国阿富汗战争的困境及阿富汗关系—结构权力的分析，笔者还想针对以下几个方面继续予以补充或强调。

第一，美国的政策性失误削弱了其阿富汗行动的合法性。法国国际时事评论家埃曼纽·托德曾说过："美国在对外干涉中习惯走捷径，它每次做出的轻率选择都使本应有所作为的领域变得更困难"。① 美国在阿富汗的行动就经常体现出这种"轻率"和"短视"的一面。比如美国日益重视的无人机袭击"在灭敌的同时也会树敌"；美国与阿塔利班的单边接触加强了后者的"得势"形象并削弱了阿富汗政府的合法性；而美国强行将西方模式移植到阿富汗的做法更是受到了学界与政策界的广泛批评。在阿富汗战争前期，美国或忽视阿富汗地方实际，或借用在其他国家的干预经验，或绝对相信民主、善治等概念的力量，结果加剧了阿富汗内部冲突及西方干预活动的内在矛盾。② 在阿富汗战争后期，美国等西方国家加大了对阿富汗国家重建的投入，并出于安全需要为部分地方军阀提供支持。

实际上，美国的军事行动在阿富汗战争初期曾获得联合国提供的合法性法律框架及国际社会的广泛支持，但后来美军和北约部队的误炸、焚经和虐尸等劣行激起了该地区普遍上升的反美、反西方情绪，致使美军的反恐行动出现"越反越恐"的现象，极大地削弱了驻阿西方部队军事行动的合法性。诸如"入侵者"和"殖民政府"等称谓在阿富汗民间十分流行。③ 这也导致了美国国际形象受损及其在未来的国际合作中或将遭遇更多的阻滞。正如约瑟夫·奈所言，如果一国的行为被认为缺少合法性，那么该国就要为其政策付出更高的代价。④ 更为重要的是，美国在阿富汗等国家和地区的干预行动还恶化了西方与伊斯兰世界的关系，并加剧了国际伊斯兰极端主义的发展。对此，埃曼纽·托德认为"我们所观察到的现象

---

① ［法］埃曼纽·托德：《美帝国的衰落》，李旦等译，世界知识出版社 2003 年版，第 126 页。

② Conrad Schetter ed., *Local Politics in Afghanistan*：*A Century of Intervention in Social Order*, pp. 5 – 10.

③ Wolfgang Danspeckgruber ed., *Working Toward Peace and Prosperity in Afghanistan*, pp. 211 – 212.

④ ［美］小约瑟夫·奈、［加］戴维·韦尔奇：《理解全球冲突与合作：理论与历史》（第九版），张小明译，上海人民出版社 2012 年版，第 227 页。

并不是偶然事件的简单集合，事实是普世主义在盎格鲁—撒克逊体制中的衰落使美国不能准确估量国际关系，因而也就不能从战略角度有效地、合理地对待伊斯兰世界"。①

　　鉴于阿富汗占据重要的地缘战略位置，阿塔利班和"基地"组织继续拥有发动武装袭击的能力，阿富汗国家重建依旧布满荆棘，以及地区国家间紧张关系仍未显著改善，未来美国很可能会继续帮助阿富汗政府应对安全威胁，同时也将为预防地区对手产生的战略不确定性而有所准备。这也意味着，未来美国将继续利用地缘政治、安全、民主或人权等理由，为其在阿富汗等国家和地区的军事干预寻求合理化解释。② 而美国在阿富汗行动中体现出的"短视"及其后果也表明，外部干预者应制定长远的可持续战略，并在干预行动中将承诺与义务贯彻始终。

　　第二，外部干预对阿富汗内部动荡起到推波助澜的作用。20世纪70至80年代苏联对阿富汗的干预和入侵打破了阿国内民族政治的平衡，加剧了各派别的敌对与矛盾。苏联撤军及随之而来的内战与国际社会的漠视，使阿富汗进一步丧失了基本的国家治理功能，社会与经济各方面遭到灾难性的破坏。美国发动阿富汗战争以后，阿富汗在国际社会的帮助下开启了国家重建进程，但外部国家出于不同动机而进行的干预又加剧了阿富汗问题的复杂性，产生了许多负面影响，致使阿国家重建出现了"建构"与"解构"同步进行的现象。在某种程度上，阿富汗的外部干预者与其内部支持者互为加剧着彼此的"合法性"缺失。

　　在外部力量的干预中，巴基斯坦的角色一直备受争议。来自巴基斯坦方面的支持和庇护被外界视为阿塔利班反叛组织积聚实力、剿而不灭的重要原因。一直以来，巴基斯坦与印度的紧张关系始终

---

　　① ［法］埃曼纽·托德：《美帝国的衰落》，第121页。

　　② Imre Szeman, "The Current Amazement: Afghanistan, Terror, and Theory", in Zubeda Jalalzai, David Jefferess, *Globalizing Afghanistan: Terrorism, War, and the Rhetoric of Nation Building*, pp. 166 – 167.

是双方阿富汗政策的重要考量，巴基斯坦希望通过对部分反叛武装的支持缓解对印度的地缘竞争劣势。尽管该地区极端势力的发展使巴本土遭受了巨大伤害，但基于巴基斯坦的在阿利益，以及巴政府与军方，世俗民主力量与极端宗教势力之间的"分裂"，巴基斯坦的"战略纵深"设想及其支持伊斯兰逊尼派势力的议程或将持续存在。解除巴基斯坦对印巴冲突的忧虑，阻止巴国内部分人员继续利用阿富汗作为战略工具，或将有利于推动阿富汗问题的解决。

第三，在阿富汗持续动荡及反叛活动的蓬勃发展中，阿内部因素起着更为关键的作用。柏拉图曾说，战争起因于国家内部秩序的紊乱，国家内部愈是混乱失序，国家越是可能与外部陷入冲突。[①]历史上阿富汗国力虚弱，统治阶层内讧，地方部落势力强大，以及其关键的地缘位置等因素曾引起外部大国不断干涉。如今，阿富汗有限的中央权威、紧张的民族与部族关系、衰败的地方治理，以及匮乏的安全环境，为各种异质的非国家行为体提供了发展空间，使各反叛武装、犯罪集团，以及地方军阀等不断发展壮大。在长期冲突的环境下，阿富汗各地区集团间权力关系风云变幻，加之军阀割据、反叛活动，以及毒品走私等问题的重叠与交织，致使阿富汗的稳定与发展持续遭到破坏。

此外，"中央弱、地方强"的格局一直是阿富汗的历史传统与政治现实。阿富汗国内的"庇护—附庸"传统作为中央与地方的"黏合剂"，也催生了国内外多层面的"代理人"关系。这也意味着，在国内反叛活动此起彼伏，社会碎片化极为深刻的背景下，阿富汗中央政府与西方国家对地方势力的妥协与拉拢，在很大程度上受制于阿富汗独特的社会结构，这是各方在社会结构制约下的生存逻辑。阿富汗独特的国内条件，以及全球化与世界政治多极化的趋势，使得介入阿富汗事务的国家、国际组织和其他非国家行为体的

---

① ［英］布朗、［美］南丁、［英］里格编：《政治思想中的国际关系学：从古希腊到一战的文本》，王文等译，上海人民出版社2011年版，第364页。

数量不断增长。阿富汗国内外不同行为体之间的互动，各种新旧矛盾的交织、更迭乃至恶性循环，都增加了阿富汗国家重建的难度。

可见，无论是采取从上至下的方式（将西方模式移植到阿富汗），抑或是从下至上的方式（加强地方行为体的力量），可能都无法从根本上解决阿富汗国家治理中的诸多难题。而且阿富汗社会结构的深刻分裂，国内战事频仍，以及外部力量的持续介入，都加剧了阿富汗未来局势的不确定性。正是在这种不确定的局势中，无论是中央政府、地方军阀、阿塔利班反叛势力还是外部力量，各方都难以判断自身或其他力量在阿富汗未来局势中处于何种位置，从而导致彼此间既缺乏互信也不愿或难以从"国家"的整体性视角出发认真解决各种难题，因而也难以实施明确而连贯的政策。

第二节　阿富汗的"地方动力"

一些学者认为，阿富汗战争表明美国"通过对一些微不足道的弱小国家采取大规模军事行动掩盖自己的衰退"。[1] 或者，美国全力介入军事力量薄弱的国家的冲突，通过战争来显示美国的力量，通过镇压"微不足道"的对手来显示世界离不开美国。[2] 然而，阿富汗是否像他们形容的那样"微不足道"呢？实际上，阿富汗曾被国内外许多学者、评论家赋予过"破碎国家""弱国家"或"失败国家"等称号，意指内部存在深刻的分裂，同时又夹在地缘战略辖区大国竞争之中的国家，[3] 或不具备渗入社会、调节社会关系、提取资源，以及以特定方式配置或运用资源等能力的国家，[4] 或是那些只能诉诸武力惩戒，不能通过跟第一世界"监视"社会相关联的

---

① 卫建林：《全球化与第三世界国家》，清华大学出版社 2009 年版，第 1174 页。
② ［法］埃曼纽·托德：《美帝国的衰落》，第 117 页。
③ ［美］科恩：《地缘政治学：国际关系的地理学》，第 49 页。
④ ［美］乔尔·S. 米格代尔：《强社会与弱国家：第三世界的国家社会关系及国家能力》，第 5 页。

更加精微的，以及操纵性的权力实践来实现其目的的国家，[①] 还有那些社会政治凝聚力水平低和内部政治暴力水平高的国家。[②] 关于弱国家、失败国家或破碎国家的具体界定并非本书的重点，故不再对此作更多阐述和区分。[③] 笔者在文中多次宽泛地将阿富汗称为"弱国"，以区别于国际社会中存在的其他"强国"或"正常"国家。不过，阿富汗作为"国家"已不具有国际法意义上严格的国家含义，而是更多地作为中央权威所及范围内与地方相对立（或平行）的存在。

在斯蒂芬·M. 沃尔特看来，当今国际体系中的弱国会采取不同的手段，或逃避美国的控制，或限制美国自行其是的能力。这些战略也许不会破坏美国的主导地位（至少短期内不会），但他们会使美国的外交变得复杂，并形成美国"现在就必须调整其对外政策"的局面。[④] 阿富汗——这个物质性力量极其匮乏的"弱国"不仅限制了美国自行其是的能力，而且不断牵制着美国政策的制定与调整。不仅如此，阿富汗在周边和域外许多国家的对外战略中也占有非常重要的位置，并能够对地区安全、政治和经济局势产生重要

---

① ［英］约翰·格莱德希尔：《权力及其伪装——关于政治的人类学视角》，第173页。

② ［英］巴里·布赞、［丹］奥利·维夫：《地区安全复合体与国际安全结构》，潘忠岐等译，上海人民出版社2010年版，第474页。

③ 康拉德·舍特尔（Conrad Schetter）指出在过去十多年以来，很多关于阿富汗的研究都从失败国家或弱国家研究角度着手，其中在国际关系学方面的代表性著作主要有：Robert Jackson, *Quasi-States*, *Sovereignty*, *International Relations and the Third World*, Cambridge: Cambridge University Press, 1990; Jennifer Milliken, Keith Krause, "State Failure, State Collapse, and State Reconstruction: Concepts, Lessons and Strategies", *Development and Change*, 33, 5 (2002), pp. 753 – 754; Robert I. Rotberg ed., *State Failure and State Weakness in a Time of Terror*, Washington. D. C.: Brookings Institution Press, 2003; Robert I. Rotberg, *When States Fail*: *Causes and Consequences*, Princeton: Princeton University Press, 2004; Francis Fukuyama, *State-Building*: *Governance and World Order in the 21st Century*, Ithaca, NY: Cornell University Press, 2004; Ashraf Ghani, Clare Lockhart, *Fixing Failed States*: *A Framework for Rebuilding a Fractured World*; Lothar Brock et al., *Failed States*, Hoboken: John Wiley and Sons, 2011, in Conrad Schetter ed., *Local Politics in Afghanistan*: *A Century of Intervention in Social Order*, p. 3.

④ ［美］斯蒂芬·M. 沃尔特：《驯服美国权力：对美国首要地位的全球回应》，郭胜、王颖译，上海人民出版社2008年版，第96页。

影响，从而引起国内外大量学者、决策者及军方的关注与研究。从对大国政策及地区安全与政治的影响方面来看，阿富汗并不"弱"，更不是一个"微不足道的"国家。或者说，阿富汗不是一个普通的"弱国"，它有自己的独特性。

几个世纪以来，世界上大多数国家与地区历经沉浮，而阿富汗部落地区在很大程度上却依然保持着古老的地方文化传统。康拉德·舍特尔认为阿富汗的"地方政治"具有其他地区所不具备的独特性，其原因是：第一，历史上的阿富汗地方并未成为外部入侵大国的殖民地，这使它有别于诸如印度、中亚、非洲和拉美等国家和地区的情况。第二，自19世纪末开始的阿富汗现代国家建设进程未能将地方层面融入其中，这一点又不同于巴基斯坦部落地区的情况。进而，阿富汗复杂、多样化的地方结构还受到部落、民族和宗教的影响。在独特的社会结构下，历史上阿富汗中央政权对地方采取了"间接"的统治方式，甚至还曾出现过中央政权与外部势力对阿富汗"地方"的争夺。①

如今，在导致阿富汗反叛活动风起云涌的各种因素中，很多人相信巴基斯坦等外部力量是其关键所在，而笔者却认为阿富汗内部因素起着更为核心的作用，其中就包括阿富汗"地方"不断释放的强大力量。正如皮特·汤姆森指出，广大农村部落和宗族社区是阿富汗真正的权力与权威所在。② 巴里·布赞也观察到，在脆弱、碎片化的国家—社会里，真正的威胁存在于军事安全的地方化进程中，并最终将导致一种原始的无政府状态下不稳定的"微复合体"的出现。③ 从地区安全角度来看，阿富汗的"地方动力"主要体现在三个方面。

---

① Conrad Schetter ed. , *Local Politics in Afghanistan*：*A Century of Intervention in Social Order*, pp. 5 – 10.

② Peter Tomsen, *The Wars of Afghanistan*：*Messianic Terrorism*, *Tribal Conflicts*, *and The Failures of Great Powers*, pp. 656 – 657.

③ ［英］巴里·布赞、［丹］奥利·维夫、［丹］迪·怀尔德主编：《新安全论》，第95页。

　　首先，阿富汗国家政治形式的族群化。阿富汗国内约四十年的战乱使得以普什图族占据优势统治地位的时代成为过去，各部落或民族分权的时代已经来临，并形成了当代阿富汗问题的主要症结。① 根据约瑟夫·奈对"族群战争"的界定，我们可以认为，族群政治是指政治中的各方部分地依据诸如语言、宗教或者相似的特性等文化界限来给自己定位。② 目前，阿富汗的国家政治基本体现为族群政治的形式，其国内政治集团的联合、竞争与冲突大多以地区、族群和语言等因素为分界线。诸如阿富汗"北方联盟"与塔利班之间的恩怨，2008 年阿富汗国民大会上普什图族和非普什图族集团之间僵持不下的语言政策争议，2014 年阿富汗总统大选中塔吉克族阿卜杜拉与普什图族加尼两位候选人之间的胶着状态，以及南部普什图族对塔吉克族在国家安全部队中比例过高的不安等，都反映了阿富汗国家政治的族群化特征。由于各方的政治忠诚主要围绕族群身份而展开，对于其他国家极其重要的军事、经济和政治领域的资源就难以在阿富汗的"地方"取得压倒性优势。而且，由于存在多个地方性权威，以及本书第一章提到的由情感、义务、范围和持久性特征定义的各种"强关系"，这使得外交努力难以在阿富汗国内冲突的解决中取得突破。国家政治形式的族群化决定了阿富汗国内的"症结"在短期内难以消除，而外部力量的介入和"补救"也将异常困难或代价高昂，从而加深了对外部干预者的权力限制。

　　其次，阿富汗国内出现了大范围的安全私有化现象。根据迈克尔·克莱尔的观点，当国家无力提供安全保障，各地方集团或个体被迫寻求自我保护与生存的途径时，地方私人武装及安保机构便应运而生。与之相伴的是国家资源逐步从生产性活动转向军事活动，而为了使军事活动持续进行，地方武装集团还实施毒品、武器与木

---

① ［哈］苏·马·阿基姆别科夫：《阿富汗症结与中亚安全问题》，第 15 页。
② ［美］约瑟夫·奈：《理解国际冲突：理论与历史》，第 183 页。

材走私等非法经济活动。① 阿富汗国内的情况与迈克尔·克莱尔的描述十分契合。目前，阿富汗国内各军事政治派别纷纷划定了自身的势力范围，他们为了各自的地方利益而非国家整体利益而斗争。而且阿富汗全国十八个省份与外国毗邻的情况也为地区走私活动创造了条件，围绕走私收入而发生的冲突亦大量增加。另外，很多阿富汗人是在战火中成长起来的，他们很少有机会看到武力以外解决冲突的方式，特别是目前已有越来越多的阿富汗人拥有武器，加之数百万难民的回归，大量武装组织的遣散，以及民众生活的贫困等，都加剧了地方社会关系的紧张。② 阿富汗国内出现的安全私有化现象侵蚀了国家政治秩序的根基，并使战争或暴力成为民众日常生活中极为重要的特征。

最后，阿富汗国内外建立了多层次的"代理人"关系。由于地理和交通条件的限制，各地方的松散联系，不同民族与部落的差异，以及中央与地方的分离，使得阿富汗跨地区、多层次的"庇护—附庸"传统得以存续。由于合法性权威的缺失，庇护—附庸关系成为凝聚阿富汗社会的重要纽带。然而，正如罗伯特·帕特南所言，作为唯一显示出实际运转活力的社会联系，"庇护—附庸"制维持了社会的分裂和无组织状态，人们的联合只是出于需要而非建立在相互信任的基础上。③ 这就意味着，庇护—附庸关系作为"黏合剂"难以创造稳定及可信赖的地方关系网络，也无力缓解阿富汗地方频繁的权力斗争。在这种环境下，地方权力控制者不断寻求军事与经济资源雄厚的潜在盟友，并吸引了更多外部"庇护者"的介入，从而形成了国内外多层次的"代理人"关系，国内外各种势力纷纷在这种关系中寻找机会。在阿富汗国内，内外势力的"代理

---

① Michael T. Klare, "The Deadly Connection: Paramilitary Bands, Small Arms Diffusion, and State Failure", in Robert I. Rotberg ed., *When States Fail: Causes and Consequences*, pp. 54 – 126.

② Peter Tomsen, *The Wars of Afghanistan: Messianic Terrorism, Tribal Conflicts, and The Failures of Great Powers*, pp. 690 – 691.

③ ［美］帕特南：《使民主运转起来》，第 168—170 页。

人"关系破坏了地方权力关系的平衡，推动了民族、部落和宗教等因素朝其负面功能转化。在地区层面，不同的"代理人"关系加剧了阿富汗内部的灾难向外部地区的蔓延。诸如此类的情况使巴里·布赞确信，较之于国际性战争，国内冲突的"外溢"现象更值得注意。[①] 而这也表明，由于国内不存在单纯反对或拥护外部干预的统一力量，阿富汗战争的彻底结束或应始于内部的和解。[②]

步入 21 世纪，以"地方"为基础的政治力量在某种程度上决定着区域性国际关系的发展。特别是在许多第三世界国家内部，高度异质化、分裂化的社会结构特征对国内及地区政治生态的形成具有重要的作用。卡列维·霍尔斯蒂（Kalevi J. Holsti）认为，第三世界国家国力的虚弱，以及民族或宗教热情形成的结构性问题，极有可能激发各类战争的出现。那些由多族群、语言、宗教群体所组成的国家及其充斥着的内战、分离或崩溃，都可能牵涉到来自外国的干预。[③] 然而，在笔者看来，正是由于阿富汗作为统一"国家"存在着虚弱与分裂，才使得"地方"获得了巨大的安全动力。正如曼纽尔·卡斯特曾敏锐地指出，在一个越来越由全球化进程所塑造的世界里，政治却越来越走向了地方化。[④] 在可预见的将来，阿富汗（及其他国家）"地方"力量的持续辐射与外部的不断干预，将有可能导致世界权力的进一步分散，以及国际安全与政治环境的剧烈更迭。

---

① ［英］巴里·布赞、［丹］奥利·维夫、［丹］迪·怀尔德主编：《新安全论》，第 93 页。

② Rasul Bakhsh Rais, "Pakistan's Perspective on the Afghan Transition", p. 153.

③ ［加］卡列维·霍尔斯蒂：《和平与战争：1648—1989 年的武装冲突与国际秩序》，第 265—282 页。

④ ［美］曼纽尔·卡斯特：《认同的力量》，第 66 页。

参考文献

一 中文

《阿富汗政府：愿有条件与塔利班和谈》，《新华每日电讯》2013 年 6 月 24 日，第 008 版。

陈小茹：《"后拉登时代"驻阿富汗美军战略调整初探》，《南亚研究》2011 年第 3 期。

单波：《跨文化传播的问题与可能性》，武汉大学出版社 2010 年版。

东方晓：《阿富汗的伊斯兰教》，《西亚非洲》2005 年第 4 期。

樊勇明：《西方国际政治经济学》，上海人民出版社 2006 年版。

傅小强：《阿富汗仍在割据中》，《世界知识》2003 年第 8 期。

傅小强：《美国阿巴战略进展与阿富汗问题前景》，《现代国际关系》2010 年第 12 期。

甘苾豪：《人类第一场微博战：ISAF 和塔利班战争宣传之多模态对比分析》，《浙江传媒学院学报》2013 年第 3 期。

辜学武：《结构实力猜想：逻辑与命题》，《同济大学学报（社会科学版）》2013 年第 2 期。

关山远：《1839 年阿富汗 VS 1840 年中国》，《新华每日电讯》2014 年 4 月 25 日第 15 版。

何亚非：《如何扎实推进中国军事公共外交》，《公共外交季刊》2015 年第 2 期。

贺斌：《大选后的阿富汗》，《光明日报》2014 年 9 月 24 日。

黄民兴：《阿富汗问题的历史嬗变》，中国社会科学出版社 2013
　年版。

黄平：《美国对阿拉伯——伊斯兰世界的非传统公共外交》，《阿拉
　伯世界研究》2013 年第 4 期。

李建波、崔建树：《美国在阿富汗的困境研究》，《国际展望》2012
　年第 6 期。

李贤华：《毒品泛滥的阿富汗》，《人民公安》2011 年第 24 期。

梁昌明：《绩效视角下的美国公共外交研究：1945—2011》，博士
　学位论文，山东师范大学，2015 年。

刘伯瘟：《阿富汗战争大解密》，凤凰出版社 2012 年版。

刘德斌：《公共外交时代》，《吉林大学社会科学学报》2015 年第
　3 期。

刘德斌主编：《公共外交研究》（第一辑），社会科学文献出版社
　2018 年版。

刘丰：《联合阵线与美国军事干涉》，《国际安全研究》2013 年 6 月。

刘丰、左希迎：《新古典现实主义：一个独立的研究纲领?》，《外
　交评论》2009 年第 4 期。

刘青建：《当代国际关系新论》，清华大学出版社 2004 年版。

刘温国、郭辉：《强弩之末——前苏联入侵阿富汗秘闻》，社会科学
　文献出版社 2001 年版。

刘啸虎：《帝国的坟场——阿富汗战争全史》，台海出版社 2017
　年版。

刘燕：《美军军事公共外交研究》，《公共外交季刊》2017 年第 2 期
　夏季号。

刘中民、范鹏：《阿富汗重建：中国扮演什么角色》，《世界态势》
　2013 年 12 月。

刘中民：《非传统安全问题的全球治理与国际体系转型——以行为
　体结构和权力结构为视角的分析》，《国际观察》2014 年第 4 期。

柳思思：《公众情感引导机制研究——塔利班与美国对阿富汗的公

众情感引导比较》,《世界经济与政治》2013 年第 2 期。

罗爱玲:《美国政府中东公共外交:目标、内容与成效分析》,《国际关系研究》2014 年第 3 期。

马雪松:《政治世界的制度逻辑:新制度主义政治学理论研究》,光明日报出版社 2013 年版。

缪敏、王静、何杰编:《阿富汗概论》,世界图书出版广东有限公司 2016 年版。

倪世雄等:《当代西方国际关系理论》,复旦大学出版社 2001 年版。

彭树智:《阿富汗三次抗英战争》,商务印书馆出版社 1982 年版。

彭树智、黄杨文:《中东国家通史·阿富汗卷》,商务印书馆 2000 年版。

秦鸥:《美反思海外征战"滑铁卢"》,《中国国防报》2013 年 3 月 12 日,第 004 版。

秦亚青:《层次分析法与国际关系研究》,《欧洲研究》1998 年第 3 期。

秦亚青:《关系与过程——中国国际关系理论的文化建构》,上海人民出版社 2012 年版。

孙立新:《人际公民行为成因研究:社会资本和社会网络视角》,光明日报出版社 2013 年版。

唐小松、王义桅:《美国公共外交与反恐战争悖论》,《美国问题研究》2004 年第 1 期。

汪金国、张吉军:《论后塔利班时代阿富汗的政治发展——从政治文化维度的探讨》,《南亚研究》2013 年第 1 期。

王冲:《奥巴马政府"阿富巴"战略:挑战与展望》,《国际展望》2011 年第 6 期。

王金良:《跨国关系与跨国权威》,法律出版社 2012 年版。

王莉丽:《美国公共外交中智库的功能与角色》,《现代国际关系》2012 年第 1 期。

王世达:《从历史的视角看阿富汗民族主义》,《国际研究参考》

2013 年第 2 期。

王世达：《鲜花还是荆棘：阿富汗和谈之困》，《世界态势》2013 年
　第 14 期。

卫建林：《全球化与第三世界国家》，清华大学出版社 2009 年版。

吴泽林：《中国公共外交发展研究综述》，《江南社会学院学报》
　2012 年 9 月。

徐勇：《"关系权"：关系与权力的双重视角——源于实证调查的政
　治社会学分析》，《探索与争鸣》2017 年 7 月。

许嘉等：《美国国际关系理论研究》，时事出版社 2008 年版。

闫伟：《阿富汗政治伊斯兰运动的变迁及其当代影响》，《南亚研
　究》2017 年第 1 期。

闫伟：《塔利班运动及其伊斯兰实践新探——兼论中东政治伊斯兰
　的"塔利班化"新动向》，《西亚非洲》2016 年第 3 期。

严帅：《美国反恐战略的新调整及其前景》，《当代世界》2013 年
　9 月。

阎学通、孙学峰：《国际关系研究实用方法》，人民出版社 2006
　年版。

余建华等：《恐怖主义的历史演变》，上海人民出版社 2015 年版。

余建华等：《上海合作组织非传统安全研究》，上海社会科学院出
　版社 2008 年版。

俞新天等：《强大的无形力量——文化对当代国际关系的作用》，上
　海人民出版社 2007 年版。

俞正樑：《国际关系与全球政治——21 世纪国际关系学导论》，复
　旦大学出版社 2007 年版。

张家栋、朱道运：《基地组织现状与发展趋势》，《国际观察》2012
　年第 5 期。

张敏：《阿富汗文化和社会》，昆仑出版社 2007 年版。

张作农：《探析阿富汗塔利班的军事司法实践活动》，《南亚研究》
　2015 年第 3 期。

赵干城：《奥马尔之死是否会影响阿富汗和谈?》，《新民晚报》
    2015 年 8 月 6 日。

赵鸿燕、戴长征：《美国公共外交的传播瓶颈及其启示》，《现代国
    际关系》2013 年第 1 期。

赵华胜：《阿富汗失去的机会和前景》，《国际观察》2010 年第
    6 期。

赵启正、雷蔚真主编：《中国公共外交发展报告（2015）》，社会科
    学文献出版社 2015 年版。

赵启正主编：《公共外交案例教学》，中国传媒大学出版社 2016
    年版。

周庆安、朱昱炫：《公共外交 2.0 开启双向互动的对外传播时代：
    2016 年国际学术界公共外交研究综述》，《对外传播》2017 年
    1 月。

朱永彪：《"9·11"之后的阿富汗》，新华出版社 2009 年版。

［澳］戴维·基尔卡伦：《意外的游击战——反恐大战中的各类小
    型战争》，修光敏、王戎译，上海人民出版社 2016 年版。

［德］尤尔根·哈贝马斯：《交往行为理论：行为合理性与社会合
    理化》，曹卫东译，人民出版社 2004 年版。

［法］阿隆：《和平与战争：国际关系理论》，朱孔彦译，中央编译
    出版社 2013 年版。

［法］埃曼纽·托德：《美帝国的衰落》，李旦等译，世界知识出版
    社 2003 年版。

［哈］苏·马·阿基姆别科夫：《阿富汗症结与中亚安全问题》，汪
    金国、杨恕译，兰州大学出版社 2010 年版。

［加］卡列维·霍尔斯蒂：《和平与战争：1648—1989 年的武装冲
    突与国际秩序》，王浦劬等译，北京大学出版社 2005 年版。

［美］埃里克·施密特、［美］汤姆·尚卡尔：《反恐秘密战——美
    国如何打击"基地"组织》，洪漫译，新华出版社 2015 年版。

［美］奥德丽·克罗宁：《恐怖主义如何终结：恐怖活动的衰退与

消亡》，宋德星、蔡焱译，金城出版社 2017 年版。

［美］奥德丽·库尔思·克罗宁、［美］詹姆斯·M. 卢德斯：《反恐大战略——美国如何打击恐怖主义》，胡滟、李莎译，新华出版社 2015 年版。

［美］本尼迪克特·安德森：《想象的共同体——民族主义的起源与散布》，吴叡人译，上海人民出版社 2012 年版。

［美］布丽奇特·L. 娜克丝：《反恐原理》，陈庆、郭刚毅译，金城出版社 2016 年版。

［美］布鲁斯·琼斯、［美］卡洛斯·帕斯夸尔、［美］斯特德曼等：《权力与责任：构建跨国威胁时代的国际秩序》，秦亚青等译，世界知识出版社 2009 年版。

［美］查尔斯·蒂利：《身份、边界与社会联系》，谢岳译，上海人民出版社 2008 年版。

［美］戴维·迈尔斯：《社会心理学纲要》（第 6 版），侯玉波、廖江群等译，人民邮电出版社 2014 年版。

［美］芬尼莫尔：《干涉的目的：武力使用信念的变化》，袁正清等译，上海人民出版社 2009 年版。

［美］福山：《政治秩序的起源：从前人类时代到法国大革命》，毛俊杰译，广西师范大学出版社 2010 年版。

［美］哈罗德·D. 拉斯韦尔、［美］亚伯拉罕·卡普兰：《权力与社会——一项政治研究的框架》，王菲易译，上海人民出版社 2012 年版。

［美］汉斯·摩根索：《国家间政治：权力斗争与和平》，徐昕等译，北京大学出版社 2011 年版。

［美］卡伦·明斯特：《国际关系精要》，潘忠岐译，上海人民出版社 2007 年版。

［美］科恩：《地缘政治学：国际关系的地理学》，严春松译，上海社会科学院出版社 2011 年版。

［美］罗伯特·杰维斯：《系统效应——政治与社会生活中的复杂

性》，李少军等译，上海人民出版社 2008 年版。

［美］罗伯特·帕特南：《使民主运转起来》，王列、赖海榕译，江西人民出版社 2001 年版。

［美］马莎·L. 科塔姆等：《政治心理学》，胡勇等译，中国人民大学出版社 2013 年版。

［美］马汀·奇达夫、蔡文彬：《社会网络与组织》，王凤斌等译，中国人民大学出版社 2007 年版。

［美］马泽蒂：《美利坚刀锋：首度揭开无人机与世界尽头的战争》，王祖宁等译，新世界出版社 2014 年版。

［美］玛莎·芬尼莫尔：《国际社会中的国家利益》，上海人民出版社 2012 年版。

［美］曼纽尔·卡斯特：《认同的力量》，曹荣湘译，社会科学文献出版社 2006 年版。

［美］皮特·M. 布劳：《社会生活中的交换与权力》，李国武译，商务印书馆 2012 年版。

［美］皮特·卡赞斯坦编：《国家安全的文化：世界政治中的规范与认同》，宋伟、刘铁娃译，北京大学出版社 2009 年版。

［美］皮特·卡赞斯坦等编：《世界政治理论的探索与争鸣》，秦亚青等译，上海人民出版社 2006 年版。

［美］乔尔·S. 米格代尔：《强社会与弱国家：第三世界的国家社会关系及国家能力》，张长东等译，江苏人民出版社 2009 年版。

［美］乔尔·S. 米格代尔：《社会中的国家：国家与社会如何相互改变与相互构成》，李杨、郭一聪译，江苏人民出版社 2013 年版。

［美］沙伊斯塔·瓦哈卜、［美］巴里·扬格曼：《阿富汗史》，杨军、马旭俊译，中国大百科全书出版社 2009 年版。

［美］斯蒂芬·M. 沃尔特：《联盟的起源》，周丕启译，北京大学出版社 2007 年版。

［美］斯蒂芬·M. 沃尔特：《驯服美国权力：对美国首要地位的全

球回应》，郭胜、王颖译，上海人民出版社 2008 年版。

［美］塔米姆·安萨利：《无规则游戏：阿富汗屡被中断的历史》，钟鹰翔译，浙江人民出版社 2018 年版。

［美］亚历山大·温特：《国际政治的社会理论》，秦亚青译，上海人民出版社 2008 年版。

［美］约翰·L. 埃斯波西托、［美］达丽亚·莫格海德：《谁代表伊斯兰讲话？十几亿穆斯林的真实想法》，晏琼英译，中国社会科学出版社 2013 年版。

［美］约瑟夫·奈：《硬权力与软权力》，门洪华译，北京大学出版社 2005 年版。

［美］约瑟夫·奈、［加］戴维·韦尔奇：《理解全球冲突与合作：理论与历史》，张小明译，上海人民出版社 2012 年版。

［美］约瑟夫·奈：《理解国际冲突：理论与历史》，张小明译，上海人民出版社 2005 年版。

［美］约瑟夫·奈：《论权力》（第二版），王吉美译，中信出版社 2015 年版。

［美］约瑟夫·奈：《权力大未来》，王吉美译，中信出版社 2012 年版。

［美］詹姆斯·罗尔蒂、［美］罗伯特·法兹格拉夫：《争论中的国际关系理论》，世界知识出版社 1987 年版。

［美］兹比格涅夫·布热津斯基：《战略远见：美国与全球权力危机》，洪曼、于卉芹、何卫宁译，新华出版社 2012 年版。

［挪］弗雷德里克·巴特：《斯瓦特巴坦人的政治过程——一个社会人类学研究的范例》，黄建生译，上海人民出版社 2005 年版。

［挪］文安立：《全球冷战》，牛可等译，世界图书出版公司 2013 年版。

［英］安德鲁·希尔克：《反恐心理学》，孙浚淞、刘晓倩译，中国政法大学出版社 2017 年版。

［英］安东尼·吉登斯：《社会的构成：结构化理论大纲》，李康、

李猛译，生活·读书·新知三联书店 1998 年版。

［英］安东尼·韦斯顿：《论证是一门学问：如何让你的观点有说服力》，卿松竹译，新华出版社 2011 年版。

［英］巴里·布赞、［丹］奥利·维夫、［丹］迪·怀尔德主编：《新安全论》，朱宁译，浙江人民出版社 2003 年版。

［英］巴里·布赞、［丹］奥利·维夫：《地区安全复合体与国际安全结构》，潘忠岐等译，上海人民出版社 2010 年版。

［英］巴里·布赞、［英］理查德·利特尔：《世界历史中的国际体系——国际关系研究的再构建》，刘德斌等译，高等教育出版社 2004 年版。

［英］布朗、［美］南丁、［英］里格编：《政治思想中的国际关系学：从古希腊到一战的文本》，王文等译，上海人民出版社 2011 年版。

［英］洛佩兹、［英］斯科特：《社会结构》，允春喜译，吉林人民出版社 2007 年版。

［英］史蒂文·卢克斯：《权力：一种激进的观点》，彭斌译，江苏人民出版社 2012 年版。

［英］汤因比著，［英］萨默维尔编：《历史研究》，郭小凌等译，上海人民出版社 2010 年版。

［英］约翰·格莱德希尔：《权力及其伪装——关于政治的人类学视角》，赵旭东译，商务印书馆 2011 年版。

［英］詹姆斯·帕门特：《21 世纪新公共外交：政策和实践的比较研究》，叶皓等译，南京大学出版社 2016 年版。

二　英文

Adam B. Lowther, *Americans and Asymmetric Conflict：Lebanon, Somalia, and Afghanistan*, London：Praeger Security International, 2007.

Alex Strick van Linschoten, Felix Kuehn, "Separating the Taliban from

315

Al-Qaeda: The Core of Success in Afghanistan", The paper for the Center on International Cooperation at New York University, 2011 (2).

Andrew Mackay, Steve Tatham, Lee Rowland, "The Effectiveness of US Military Information Operations in Afghanistan 2001 - 2010: Why RAND Missed the Point", *Defence Academy of the United Kingdom*, 2012 (2).

Antonio Giustozzi, Mohammad Isaqzadeh, *Policing Afghanistan: The Politics of the Lame Leviathan*, London: Hurst & Company, 2013.

Arpita Basu Roy, Binoda Kumar Mishra ed. , *Reconstructing Afghanistan: Prospects and Limitations*, Kolkata: Maulana Abul Kalam Azad Institute of Asian Studies, 2011.

Anand Ballabh, *Espionage and Security Threat in South Asia*, New Delhi: Forward Books, 2013.

Alia Brahimi, "The Taliban's Evolving Ideology", *LSE Global Governance Working Paper*, July 2010.

Antonio Giustozzi, "Negotiating with the Taliban: Issues and Prospects", *A Century Foundation Report*, 2010.

Antonio Giustozzi, "The Taliban Beyond the Pashtuns", *The Afghanistan Papers*, No. 5, July 2010.

Antonio Giustozzi, "Afghanistan: Taliban's Organization and Structure", *Landinfo*, August 23, 2017.

Ashraf Ghani, Clare Lockhart, *Fixing Failed States: A Framework for Rebuilding a Fractured World*, Oxford: Oxford University Press, 2008.

Alan K. Henrikson, "What Can Public Diplomacy Achieve?", *Discussion Papers in Diplomacy*, Netherlands Institute of International Relations 'Clingendael'.

Brian Glyn Williams, *Afghanistan Declassified: A Guide to American's Longest War*, Philadelphia: University of Pennsylvania Press, 2012.

Carey Gladstone ed. , *Afghanistan Issues: Security, Narcotics and Political Currents*, New York: Nova Science Publishers, Inc. , 2007.

Charles A. Miller, *Endgame for the West in Afghanistan? Explaining the Decline in Support for the War in Afghanistan in the United States, Great Britain, Canada, Australia, France and Germany*, Carlisle, PA: the Stategic Studies Institute, June 2010.

Christopher L. Turner, Denise M. Giordano ed. , *Assessments and Developments in the Security and Stability of Afghanistan*, New York: Nova Science Publishers, Inc. , 2011.

Conrad Schetter ed. , *Local Politics in Afghanistan: A Century of Intervention in Social Order*, New York: Columbia University Press, 2013.

Cyrus Hodes, Mark Sedra, *The Search for Security in Post-Taliban Afghanistan*, Abingdon: Routledge for the International Institute for Strategic Studies, 2007.

Cyrus Hodes, Mark Sedra, " Warlordism ", *Adelphi Papers*, Vol. 47, No. 391, June 2007.

Chris Arney, Zachary Silvis, Matthew Thielen, Jeff Yao, " Modeling the Complexity of the Terrorism/Counter-Terrorism Struggle: Mathematics of the Hearts and Minds ", *International Journal of Operations Research and Information Systems*, 4 (3), July-September 2013.

Christopher M. Blanchard, " Afghanistan: Narcotics and U. S. Policy ", *CRS Report for Congress*, August 12, 2009.

David Baldwin, " Power Analysis and World Politics: New Trends versus Old Tendencies ", *World Politics*, 1979, 31 (2) .

Djankov S. , Montalvo J. G. , Reynal-Querol M. , " The Curse of Aid ", *Journal of Economic Growth*, 2008.

David Miller, Jessie Blackbourn, Rani Dhanda, Helen Dexter ed. , *Critical Terrorism Studies since 11 September 2001: What Has Been*

Learned, London and New York: Routledge, 2014.

Erik C. Nisbet, Matthew C. Nisbet, Dietram A. Scheufele, James E. Shanahan, "Public Diplomacy, Television News, and Muslim Opinion", *Press/Politics*, 9 (2), Spring 2004.

Florian Weigand, "Afghanistan's Taliban-Legitimate Jihadists or Coercive Extremists?", *Journal of Intervention and Statebuilding*, Vol. 11, No. 3, August 2017.

Gilles Dorronsoro, "The Taliban's Winning Strategy in Afghanistan", Carnegie Endowment for International Peace, 2009.

Hafizullah Emadi, *Dynamics of Political Development in Afghanistan*, New York: Palgrave Macmillan, 2010.

Harold F. Schiffman ed. , *Language Policy and Language Conflict in Afghanistan and Its Neighbors: The Changing Politics of Language Choice*, Leiden and Boston: Brill, 2012.

Hiranmay Karlekar, *Endgame in Afghanistan: For Whom the Dice Rolls*, New York: Sage Publications, 2012.

Helen Redmond, "From Poppy to Fentanyl Lollipops: The War on Drugs in Afghanistan", *ISR*, Issue 80, November 2011.

Haroro J. Ingram, "A Brief History of Propaganda During Conflict: Lessons for Counter-Terrorism Strategic Communications", *ICCT Research Paper*, June 2016.

Hamilton Bean, Amanda Nell Edgar, "A Genosonic Analysis of ISIL and US Counter-Extremism Video Messages", *Media, War & Conflict*, Vol. 10, No. 3, 2017.

Ivan Arreguin-Toft, *How the Weak Win Wars: A Theory of Asymmetric Conflict*, UK: Cambridge University Press, 2005.

Jacob E. Jankowaski ed. , *Corruption, Contractors, and Warlords in Afghanistan*, New York: Nova Science Publishers, Inc. , 2011.

Jacqueline R. Robinson, Francis Millier ed. , *Wartime Contracting in*

Iraq and Afghanistan: *Controlling Costs and Reducing Risks*, New York: Nova Science Publishers, Inc. , 2012.

James K. Buck, Meredith J. Hinton ed. , *Afghanistan in Transition*: *Before and After the Surge*, New York: Nova Science Publishers, Inc. , 2012.

Andrej Pustovitovskij, Jan-Frederik Kremer, "Structural Power and International Relations", Working paper for the Institut für Entwicklungsforschung und Entwicklungspolitik der Ruhr-Universität Bochum, 2011 (191) .

John Dyrby, Rapporteur, "NATO Parliamentary Assembly Sub-Commitee On Translantic Relations Afghanistan – The Regional Context", This report was prepared for the Political Committee in August 2011 and adopted at the NATO PA Annual Session in Bucharest, Romania in October 2011.

Jonathan P. Caulkins, Mark A. R. Kleiman, Jonathan D. Kulick, "Drug Production and Trafficking, Counterdrug Policies, and Security and Governance in Afghanistan", The paper for the Center on International Cooperation at New York University, 2010 (6) .

John Bew, Ryan Evans, Martyn Frampton, Peter Neumann, Marisa Porges, "Talking to the Taliban: Hope over History?", *ICSR*, 2013.

James Shinn, James Dobbins, "Afghan Peace Talks: A Primer", RAND Corporation, 2011.

Kaushik Roy, "Introduction: Warfare and the State in Afghanistan", *International Area Studies Review*, 2012, 15 (3) .

Kimberly Marten, "Warlordism in Comparative Perspective", *International Security*, Vol. 31, No. 3, Winter 2006/07.

Kristian Berg Harpviken, "Understanding Warlordism", *PRIO Paper*, January 2010.

Layla Saleh, "Soft Power, NGOs, and the US War on Terror", *Disser-*

tations & Theses-Gradworks, 2012.

Leanne McCullough, Laura McGinnis, Simone Perszyk, "U. S. Radio Broadcasting in Iraq and Afghanistan: A Grand Soliloquy?", *Journal of International Service*, Spring 2011.

Martin Ewans, *Conflict in Afghanistan: Studies in Asymmetric Warfare*, New York: Routledge, 2008.

Matt Waldman, Thomas Ruttig, "Peace Offerings: Theories of Conflict Resolution and Their Applicability to Afghanistan", *AAN Discussion Paper*, 2011 (1).

Matt Waldman, "Strategic Empathy: The Afghanistan Intervention Shows Why the U. S. Must Empathize with Its Adversaries", *New America*, 2014 (4).

Montgomery Mcfate, Janice H. Laurence ed., *Social Science Goes to War: The Human Terrain System in Iraq and Afghanistan*, UK: Oxford University Press, 2015.

Michiel Hofman, "Dangerous Aid in Afghanistan", *The South Asia Channel*, January 12, 2011.

Michael Semple, "Rhetoric, Ideology, and Organizational Structure of the Taliban Movement", The United States Institute of Peace, 2014.

Nik Hynek, Peter Marton, *Statebuilding in Afghanistan: Multinational Contributions to Reconstruction*, London and New York: Routledge, 2012.

Oluwaseun Tella, "Boko Haram Terrorism and Counter-Terrorism: The Soft Power Context", *Journal of Asian and African Studies*, 2017.

Oleg Svet, "Public Diplomacy: War by Other Means", *NIMEP Insights*, September 2007.

Paul D'Anieri, *International Politics: Power and Purpose in Global Affairs*, Wadsworth: Cengage Learning, 2010.

Peter Tomsen, *The Wars of Afghanistan: Messianic Terrorism, Tribal*

Conflicts, *and The Failures of Great Powers*, New York: Public Affairs, 2011.

K. Warikoo ed. , *Afghanistan*: *Challenges and Opportunities*, New Delhi: Pentgon Press, 2007.

Peter G. Peterson, "Public Diplomacy and the War on Terrorism", *Issue Terrorism & Counterterrorism U. S. Foreign Policy*, September/October 2002.

Philip Seib, "Public Diplomacy, New Media, and Counterterrorism", *Figueroa Press*, March, 2011.

Riaz Mohammad Khan, *Afghanistan and Pakistan*: *Conflict*, *Extremism*, *and Resistance to Modernity*, Washington, D. C. : Woodrow Wilson Center Press, 2011.

Richard Tapper ed. , *Tribe and State in Iran and Afghanistan*, London and New York: Routledge, 2011.

Robert I. Rotberg ed. , *When States Fail*: *Causes and Consequences*, Princeton: Princeton University Press, 2004.

Roger Mac Ginty, "Warlords and the Liberal Peace: State-Building in Afghanistan", *Conflict*, *Security & Development*, 10 (4), 2010.

Rıza Güler, "The Role and Place of Strategic Communication in Countering Terrorism", *The Journal of Defense Sciences*, November 2012, Vol. 11, Issue 2.

Rauf Arif, Guy J. Golan, Brian Moritz, "Mediated Public Diplomacy: US and Taliban Relations with Pakistani Media", *Media*, *War & Conflict*, Vol. 7 (2), 2014.

Seyom Brown, Robert H. Scales ed. , *US Policy in Afghanistan and Iraq*: *Lessons and Legacies*, London: Lynne Rienner Publishers, 2012.

Shanthie Mariet D'Souza ed. , *Afghanistan in Transition*: *Beyond 2014?* New Delhi: Pentagon Press, 2012.

Shanthie Mariet D'Souza, "Afghan Peace Talks and the Changing Character of Taliban Insurgency", *ISAS Brief*, 291 (26), 2013.

Stefano Guzzini, "'Power' in International Relations: Concept Formation Between Conceptual Analysis and Conceptual History", Paper prepared for the 43rd Annual Convention of the International Studies Association in New Orleans, 2002 (3).

Syed Manzar Abbas Zaidi, *Taliban in Pakistan: A Chronicle of Resurgence*, New York: Nova Science Publishers, 2010.

Syed Saleem Shahzad, *Inside Al-Qaeda and the Taliban*, London: Pluto Press, 2011.

Samples, Christopher A., "The Evolution of the Taliban", Thesis and Dissertation Collection, Downloaded from NPS Archive: Calhoun, June 2008.

Saba Bint Abbas, "International Educational Exchange Programs as A Modality of Public Diplomacy: An In-depth Analysis of the Fulbright Pakistan Program", August 2015.

Susan B. Epstein, K. Alan Kronstadt, "Pakistan: U. S. Foreign Assistance", Congressional Research Service, July 28, 2011.

Stuart Gottlieb ed. , *Debating Terrorism and Counterterrorism: Conflicting Perspectives on Causes, Contexts and Responses*, Washington, D. C. : CQ Press, 2010.

Tashawn N. Burwick ed. , *Afghanistan: Key Issues and Security Force Considerations*, New York: Nova Science Publishers, Inc. , 2013.

Thomas Barfield, "Afghanistan's Ethnic Puzzle: Decentralizing Power Before the U. S. Withdrawal", *Foreignaffairs*, 2011 (9 – 10) .

Theo Farrell, "Unbeatable: Social Resources, Military Adaptation, and the Afghan Taliban", *Texas National Security Review*, Vol. 1, Issue 3, May 2018.

Thomas Galasz Nielsen, Mahroona Hussain Syed, David Vestenskov,

"Counterinsurgency and Counterterrorism: Sharing Experiences in Afghanistan and Pakistan", Royal Danish Defence College Publishing House, September 2015.

Vishal Chandra, *The Unfinished War in Afghanistan 2001 – 2014*, New Delhi: Pentagon Press, 2014.

Wolfgang Danspeckgruber ed. , *Working Toward Peace and Prosperity in Afghanistan*, Princeton: The Trustees of Princeton University, 2011.

Whit Mason ed. , *The Rule of Law in Afghanistan: Missing in Inaction*, UK: Cambridge University Press, 2011.

Zubeda Jalalzai, David Jefferess, *Globalizing Afghanistan: Terrorism, War, and the Rhetoric of Nation Building*, Drham and London: Duke University Press, 2011.